合同法学

（第3版）

赵旭东　主编

国家开放大学出版社·北京

图书在版编目（CIP）数据

合同法学／赵旭东主编．—3版．—北京：国家开放大学出版社，2022.1（2024.11重印）

ISBN 978-7-304-11130-4

Ⅰ．①合… Ⅱ．①赵… Ⅲ．①合同法-法的理论-中国-开放教育-教材 Ⅳ．①D923.61

中国版本图书馆CIP数据核字（2021）第266909号

合同法学（第3版）
HETONGFAXUE
赵旭东　主编

出版·发行：国家开放大学出版社
电话：营销中心 010-68180820　　总编室 010-68182524
网址：http://www.crtvup.com.cn
地址：北京市海淀区西四环中路45号　　邮编：100039
经销：新华书店北京发行所

策划编辑：赵文静　　版式设计：何智杰
责任编辑：张倩颖　　责任校对：吕昀谿
责任印制：武　鹏　马　严

印刷：河北吉祥印务有限公司
版本：2022年1月第3版　　2024年11月第7次印刷
开本：787mm×1092mm　1/16　　印张：22.25　　字数：421千字

书号：ISBN 978-7-304-11130-4
定价：44.00元

意见及建议：OUCP_KFJY@ouchn.edu.cn

编写委员会

主　编：赵旭东

编　委：（按姓氏拼音排序）

刘家安　刘亚天　易　军

周　昀　邹学庚

序

国家开放大学（原中央广播电视大学）自1979年创建至今已有40多年，为国家培养了近百万名法学专业的高等专门人才。1999年，为适应我国社会经济发展和建设社会主义法治国家的需要，教育部现代远程教育工作开始实施，国家开放大学的“人才培养模式改革和开放教育试点”项目作为国家重点科研课题正式启动。法学专业本科人才培养模式改革和开放教育试点是该项目的重要组成部分。为了实现教育资源的优化配置，国家开放大学和中国政法大学合作推出了法学专业专科起点的本科教育，同时邀请了北京大学、中国人民大学等高等院校的专家参加教学资源的建设。2007年试点结束，法学专业对人才培养模式改革的探索得到了教育部评估专家的高度评价。

为了更好地探索现代远程开放教育的规律，充分体现学生自主学习的特点，国家开放大学结合40多年的办学经验，从教材的体例、版式设计、教学内容上进行了改革，形成了具有现代远程开放教育特色的法学教材。教材在内容上突出应用性的特点，使学生掌握本学科的基本概念和理论体系，具有分析问题和解决问题的能力，培养其自学能力和认识事物的创新能力，以满足人才培养模式改革和开放教育的要求。在建设文字教材的同时，我们还根据远程开放教育的特点，辅之以网络、卫星电视（录像）、CAI课件等学习媒介以及面授和远程辅导，为学生提供学习支持服务。本书是国家开放大学实施教育部现代远程教育“人才培养模式改革和开放教育试点”项目法学专业系列教材之一。

该系列教材由国家开放大学出版社出版。在教材建设过程中，我们得到了国家开放大学、北京大学、清华大学、中国人民大学、中国政法大学、中国人民公安大学、中央民族大学、对外经济贸易大学、华东政法大学、武汉大学、吉林大学、西南政法大学、国家法官学院、国家检察官学院等高校，中国社会科学院等研究机构，最高人民检察院、最高人民法院、司法部、商务部等国家机关的有关专家、学者的大力支持，在此我们谨表衷心感谢。

国家开放大学法学教材编委会

2021年2月

前　言

合同法是市场经济的基本法，是调整合同法律关系的法律规范，是我国法学体系中的一个重要部门法。“合同法学”既是高等教育法学专业的必修课程和专业核心课程或法学专业的一个重要部分，也是其他许多相关专业的一门重要课程。

我国的合同法立法已相当完备，合同法理论和实践在不断发展，合同法原理已十分成熟，适用不同对象的合同法教材也丰富多彩。本教材根据国家开放大学合同法教学的实际需要，总结目前合同法教学的通说原理，吸收合同法立法和理论研究的最新成果，以《中华人民共和国民法典》（以下简称《民法典》）合同编的立法体例作为基本结构，对我国的合同法原理作了较为全面、系统的讲解和阐述。

根据国家开放大学教学和成人继续教育的特点、要求，本教材的编写力求体现以下特色：

一是内容更新，突出先进性。对现有合同法教材的内容进行更新，补充合同法立法、司法理论研究和实践的最新成果，将其中较为成熟的内容加以整理、提炼，归纳为一般原理。同时，缩减和剔除现有合同法教材中陈旧的内容，从而使本教材成为反映最新理论与实践成果的合同法教材。

二是突出法学教材应有的规范性。教材的特点和要义在于以规范的结构和文字阐述通说的学科原理，此与学术著作强调创新性和独立性明显不同。我们在现有合同法教材的基础上，进行内容上的系统整合和加工，力图使本教材阐释的基本原理具有公认性，概念更为精确，逻辑更为严谨，文字更为规范、简洁，更符合教学活动的实际需要。

三是加强教材应有的导学、助学功能。开放大学教材与一般全日制高校教材不同，为满足面授和学员自学相结合的需求，突出成人继续教育教学的特点，本教材编设导学和助学内容，即在每一章的开头，设“导言”和“学习目标”，简要提示各章的主要内容、教学重点和教学要求；根据各章的不同情况，以二维码形式设计 2 ~ 5 个典型案例，帮助学员在具体案例中理解抽象的合同法原理和规则；在每一章的最后，设“思考与练习”，涵盖名词解释、单项选择题、多项选择题、简答题和案例分析题五种题型并附有部分参考答案，以帮助学员在课后结合教材中讲到的原理进行必要的不同题型的综合训练（课程组特别设计了“小试身手”二维码，以便学员进行单项选择题和多项选择题的训练），由此使本教材的导学、助学功能得以加强。

随着《中华人民共和国民法典》于2021年1月1日正式施行，我们在第2版教材的基础上，按照《民法典》合同编的立法体例和内容，对本版教材的体例和内容进行了较大篇幅的修订，主要修订情况如下：

（1）新增第十四章“其他合同”，本教材由13章调整为14章；

（2）对“导言”和“学习目标”进行了调整和更新，突出体现导学、助学功能；

（3）将第二章更名为“合同的订立”；

（4）将第三章更名为“合同的效力”，新增第二节“合同的各种效力及其相互关系”；

（5）将第五章更名为“合同的保全”，将原“合同的担保”相关内容改写并移至第十四章第一节“保证合同”；

（6）新增第十二章第五节“物业服务合同”。

扫一扫看变化

《民法典》出台后，我国的合同法立法更为完善，《民法典》合同编相关司法解释正在紧锣密鼓地研究和制定中，因此，课程组特别设计了“扫一扫看变化”二维码，以便学员及时了解有关立法变化的最新情况和教材勘误信息。

本教材的作者均来自中国政法大学。赵旭东教授任主编，具体写作分工如下：赵旭东教授编写第一章、第三章、第四章；刘家安教授编写第五章、第六章、第七章、第十四章第一节；易军教授编写第二章、第八章、第十一章、第十二章（除第五节）、第十三章；刘亚天教授编写第九章、第十章；周昀教授编写第十二章第五节、第十四章（除第一节）；邹学庚博士编写本教材案例。

在本教材编写、建设过程中，清华大学法学院崔建远教授，中国人民大学王轶教授，中国政法大学刘心稳教授、姚新华教授、刘智慧教授、戴孟勇教授等对本教材的编写大纲、多媒体教材一体化设计方案、文字教材初稿等进行了审定，并提出了宝贵意见。参加审定工作的还有国家开放大学牛慧教授、吴国祥教授等，主持教师薛杉老师在本教材的建设工作中作了大量的组织工作和文稿整理工作。国家开放大学出版社策划编辑赵文静、责任编辑张倩颖作了大量的文字编辑工作。

在本教材的编写过程中，我们参考了一些学者已出版的著述，在此谨表谢意。由于各种原因，本教材的不足之处在所难免，敬请读者批评指正。

编　者

2021年10月

目　录

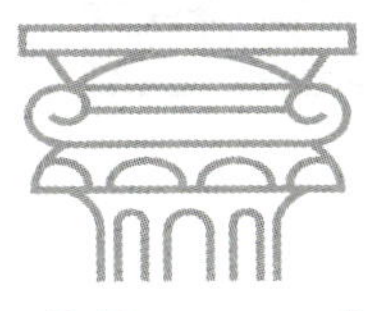

第一章 合同与合同法概述

导言

合同是平等主体的自然人、法人、非法人组织之间设立、变更、终止民事权利义务关系的协议。合同法是调整合同法律关系的法律规范。合同法是市场经济的基本法，是民商法的一个重要组成部分。合同法在规范市场主体及其交易行为、维护市场秩序、促进经济发展方面，起着无可替代的作用。

本章分析了合同和合同法的一般概念、特征，阐释了合同法的性质和作用以及合同法基本原则的具体内容，介绍了传统合同法理论和现行合同立法对合同的分类。

学习目标

完成这一章内容的学习之后，你将能够：

辨认合同的概念和法律特征，在理解合同法基本原则的基础上，运用这些原则分析和处理具体的合同关系。

清楚地区分不同法律性质的合同，并根据各类合同的性质确定其不同的法律关系。

对合同的性质和作用及其立法的发展有一般性的了解与评价。

第一节　合同的概念和法律特征

一、合同的概念

（一）合同的一般意义

合同是平等主体的自然人、法人、非法人组织之间设立、变更、终止民事权利义务关系的协议。合同是现代民法中重要的法律概念之一。除了民法，其他法律中也有合同概念，如行政法有行政合同、劳动法有劳动合同。《民法典》中所称的合同是指民事合同。理论上讲，民事合同既可能包括以财产关系为内容的合同，也可能包括以身份关系为内容的合同。但根据《民法典》第464条的规定，合同法调整的是以财产关系为内容的合同；以婚姻、收养、监护等身份关系为内容的合同，不由合同法调整，而适用其他法律的规定。

在法律上和实际生活中，在不同的场合或语境下，合同经常会有以下不同的含义：其一，合同是指合同行为，即当事人订立协议的法律事实或法律行为；其二，合同是指一种法律关系，即当事人之间形成和存在的权利义务关系；其三，合同是指合同文件，即由当事人签署的载明合同权利义务内容的书面文件。对合同概念的使用和理解，需考虑、注意具体或特定的条件和语境。

（二）合同与协议

在合同法中，“协议”基本上是“合同”的同义语。这种协议就是合同当事人意思表示达成一致，也就是“合意”。协议既然是一种合意的结果，就必然包含下列要素：其一，协议必须是两个以上的当事人所达成的；其二，当事人作出了设立、变更或者终止民事权利义务关系的意思表示；其三，当事人的意思表示达成了一致。在法律文件和实际生活中，在不同的场合，人们习惯性地使用合同或协议的称谓。一般来说，法律规范中多使用合同的称谓，当事人之间常使用协议的称谓；有名合同多使用合同的称谓，无名合同多使用协议的称谓；正式合同多使用合同的称谓，非正式合同多使用协议的称谓。

（三）合同与契约

一般认为，合同即契约。但古今中外对合同与契约曾有不同的认识。据查，汉语中“合同”一词在两千年前就已存在，但当时广泛应用的是“契约”一词。近代，中国法学家认为合同与契约并非等同。国外也有学者将二者区别开来，认为合同是当事人内容相同、方向一致的协议，即约定共同完成某一行为，如成立社团或合伙；而契约则是当事人内容相同、方向相反的协议，即约定相互完成某一对应性的行为，现代学术界一般认为其是合同的一种类型。随着历史的演进，中华人民共和国成立后一些规范性文件中出现了合同与契约交替使用的情形。直至20世纪70年代，合同一词在我国得到广泛的承认与使用；契约则被看作较为陈旧的词语，人们只在学术研究和日常生活中偶尔使用，在现行立法中实际上已经淘汰了契约的称谓。学者们在学术上也主张合同即契约，对二者没必要严格区分，以免引起用语的混乱。所以，时至今日，合同与契约是作为同义语而被使用的。

二、合同的法律特征

作为一种法律行为，合同的法律特征如下：

（一）合同是双方或多方的法律行为

法律行为，根据其是由一方、双方还是由多方作出意思表示，可以分为单方法律行为、双方法律行为及多方法律行为。所谓单方法律行为，指仅由一个意思表示所构成的民事行为，如遗嘱、遗赠。所谓双方法律行为，指由两个方向相反的意思表示所构成的民事行为。所谓多方法律行为，指由两个以上方向一致的意思表示所构成的民事行为，或称共同行为，如公司设立行为。合同是基于双方或多方的意思表示而成立的，双方之间成立的合同为双方法律行为，即双方合同；多方之间成立的合同为多方法律行为，即多方合同，如合伙合同。

（二）合同是意思表示一致的法律行为

法律行为，根据是否以意思表示为要素，分为表意行为和事实行为。合同是双方或多方的表意行为，而且是双方或多方意思表示一致的法律行为。任何合同都是在双方或多方都有意思表示，而且各方意思表示一致的条件下成立的。合同是两个以上的意思表示一致的协议，或者说，合同是当事人协商一致的产物。真实的意思产生于当事人的自由和自愿，因此当事人必须在平等、自愿的基础上进行协商，才能使其意思表示一致；如果不存在平等、自愿，也就没有真正的一致。所以，因欺诈、胁迫、重大误解、显失公平等意思表示不真实而成立的合同，在法律上都属于可撤销的合同。

（三）合同以设立、变更或者终止民事权利义务关系为目的

当事人订立合同都有一定的目的，即设立、变更或者终止民事权利义务关系。所谓设立民事权利义务关系，指当事人订立合同以形成某种法律关系，设定某种民事权利和民事义务。所谓变更民事权利义务关系，指当事人通过订立合同使原有的合同关系在内容上发生变化。所谓终止民事权利义务关系，指当事人通过订立合同消灭原法律关系。合同法中的合同所涉及的权利义务都是民事性质的，而非民事性质的行政关系中的权利义务不属于民事合同的内容。同时，有关身份关系的协议，如婚姻、收养、监护等，也不由合同法调整，民事合同的内容实际就是民事财产关系中的债权债务关系。

第二节　合同的分类

一、合同分类的标准及意义

合同的分类是将合同的诸多种类按照特定的标准进行抽象性的区别与划分。一般来说，依据合同所反映的交易关系的性质划分合同的种类，如买卖、租赁、借款、承揽、运输、保证、委托、中介、合伙等，在立法上是为了建立各种有名合同的法律制度，适应社会经常进行经济交易活动的需要。在学理上对合同种类的抽象分类，其主要意义在于：①把握各类合同关系的差别，进而认识和了解此类合同与彼类合同的相互联系；②在同一类合同中划分出若干子合同，因为子合同具有自身的特性，所以通过这种划分能认识某些合同关系的主要环节；③通过划分，在市场交易与各种经营活动中正确处理不同的合同关系，促进社会主义市场经济的发展；④从分类中掌握同一类合同的共同特征及其成立条件等，有助于合同立法的完善与健全，并决定合同的管理、案件的管辖和法律的适用。

各个国家或地区在合同分类上有不同的划分标准。其中，大陆法系的分类方法最科学，常被英美法系以及各国合同法采用。我国合同法在理论上也吸纳了大陆法

系在分类上科学、明晰的可取之处，将合同分为不同的类别。

二、合同的类别

（一）诺成合同与实践合同

根据合同成立是否需要实际交付实物，可以将合同分为诺成合同与实践合同。

诺成合同，又称不要物合同，是指不以交付标的物为成立要件，仅当事人双方意思表示一致便可成立的合同。实践合同，又称要物合同，是指除了当事人双方意思表示一致，尚需交付标的物才能成立的合同。在这种合同中，仅有当事人的意思表示一致还不能产生一定的权利义务关系，还必须有一方的实际给付行为，才能产生法律效果。例如，《民法典》第 888 条规定的保管合同即属于实践合同，保管人与寄存人就保管合同达成协议并不能使合同成立，寄存人还需要实际交付保管物，保管合同方能成立。

诺成合同与实践合同的确定，通常应根据法律的规定及交易习惯而定。根据传统民法，买卖合同、租赁合同、承揽合同等属于诺成合同，而借款合同、保管合同、运输合同等属于实践合同。虽然如此，随着某些行业的专业化发展，某些合同逐渐脱离了实践合同的范围，如运输合同中的货物运输合同，在合同法中已成为诺成合同。

（二）要式合同与不要式合同

根据合同成立是否以一定的形式为要件，可以将合同分为要式合同与不要式合同。

要式合同是指依据法律规定必须采取一定形式方能成立生效的合同。对于一些重要的交易，法律通常要求当事人采取特定的形式订立合同。例如，《民法典》第 668 条第 1 款规定："借款合同应当采用书面形式，但是自然人之间借款另有约定的除外。"因此，借款合同一般为要式合同。

不要式合同是指当事人订立的合同不需要采取法律规定的某种形式，当事人可以任意约定合同的形式。合同除法律有特别规定的以外，均为不要式合同，这也是合同自由原则的体现。

（三）主合同与从合同

根据合同相互间的主从依附关系，可以将合同分为主合同与从合同。

主合同是指不需要其他合同的存在即可独立存在的合同。例如，对于保证合同来讲，主债务合同就是主合同。

从合同就是不能独立存在，而以其他合同的存在为存在前提的合同。例如，保证合同相对于主债务合同而言即为从合同。由于从合同要依赖于主合同的存在而存在，因此从合同又被称为附属合同。从合同的主要特点在于其附属性，即它不能独立存在，必须以主合同的存在、生效为前提；主合同无效或终止，从合同也随之无效或终止；主合同转让，从合同必须依附于主合同而转让。

（四）双务合同与单务合同

根据当事人双方是否互负对待给付义务，可以将合同分为双务合同与单务合同。

双务合同是指当事人双方互负对待给付义务的合同，即一方当事人愿意负担义务，目的在于使相对方因此负担对待履行的义务，例如买卖合同、租赁合同等均为双务合同。双务合同建立在“你与则我与”的基础上，是财产交换关系在法律上最典型的表现，体现了平等、等价的交易原则，生活中的绝大多数合同属于双务合同。

单务合同是指仅有一方负担给付义务的合同。例如，在借用合同中，只有借用人负担按约定使用并按期归还借用物的义务。单务合同还指仅有一方当事人承担合同约定的主要义务；另一方不负主要义务，也不负担与对方相对应的义务，但要负担次要义务。例如，在附条件赠与中，赠与人负有将赠与物交付受赠人的义务，而受赠人也负有按约定履行某行为的义务，但双方所负担的义务不是对应的，或者说不是对等的给付，因此，此种合同仍属于单务合同。

此种分类的意义有：①区分是否适用同时履行抗辩权。所谓同时履行抗辩权，指双务合同的当事人一方在他方未为对待履行以前，在自己并无先为给付义务的条件下，可以拒绝自己的履行。这一规则产生的原因在于，双务合同成立以后，当事人各基于合同负担履行义务，一方负担义务是以他方负担义务为前提的，只有在双方均同时履行了自己的义务以后，才能达到当事人订约的目的。因此，一方当事人只有在自己已经履行或者已提出履行以后，才能要求对方当事人向自己履行义务。只有双务合同当事人方能行使这种抗辩权；单务合同当事人因并无对待给付义务存在，故无此抗辩权。②在风险的负担上不同。由于双务合同中双方的权利义务互相依存、互为条件，如果非因一方当事人导致不能履行合同义务，那么其合同债务应被免除，其享有的合同权利亦归于消灭。在此情形下，一方因不再负担合同义务也无权要求对方履行；如果对方已经履行，则应将其所得返还给对方。单务合同则不会发生上述问题。③因一方过错导致合同不能履行的后果不同。在双务合同中，当事人因过失不履行或不完全履行合同时，非违约方若已经履行合同，则可以要求违约方履行合同或承担违约责任。在单务合同中，由于一方负担给付义务，因此不存在上述问题。

（五）有偿合同与无偿合同

根据当事人之间的权利义务是否互为对价，可以将合同分为有偿合同与无偿合同。

有偿合同是指当事人之间互为对价给付的合同。在实践中，绝大多数合同为有偿合同。所谓互为对价，指当事人双方互相给予对方某种利益且两种利益具有概括的等价性。这不一定意味着双方互相给予的利益完全相等，只要双方当事人互以对方的给付为自己给付的条件即可。一般来说，只要双方互相给予的利益大致相等，即可满足此要求，构成有偿合同。

无偿合同是指当事人之间无对价关系的合同。无偿合同属于合同类型的例外情形，在实践中较少。在无偿合同中，一方当事人虽不必向对方支付对价，但并非不承担义务。例如，无偿借用合同中的借用人虽不必支付报酬，但仍需负担正当使用与按期返还的义务。合同的有偿与无偿的区分，与合同的单务与双务的区分并非完全等同。一般来说，双务合同均属有偿合同，但单务合同并非都是无偿合同，如有偿的借款合同。

有偿合同与无偿合同的区分有如下意义：①义务内容不同。在无偿合同中，利益的出让人原则上只需承担较少的注意义务；而在有偿合同中，当事人所承担的注意义务显然较多。②主体要求不同。在无偿合同中，无行为能力人和限制行为能力人可以成为纯受利益的一方当事人；而在有偿合同中，当事人双方均必须是完全行为能力人。③对债权人行使撤销权来讲，如果债务人将其财产无偿转让给第三人，严重减少债务人的财产，有害于债权人的债权，那么债权人可以请求撤销该转让行为。但对于有偿合同而且不是明显的低价处分合同，债权人撤销权只有在第三人有恶意时方能行使。在善意取得制度中，依据《民法典》第 311 条，也要求善意第三人系通过有偿合同（以合理的价格转让）取得该不动产或动产，否则不能成立善意取得。

（六）有名合同与无名合同

根据法律上是否规定了一定的合同名称，可以将合同分为有名合同与无名合同。

有名合同，又称典型合同，是指法律上已经确定了一定的名称和内容的合同，如《民法典》合同编中所规定的买卖合同、租赁合同、承揽合同等。对于有名合同的内容，法律通常设有一些规定，但这些规定大多为任意性规范，当事人可以通过约定改变法律的规定。也就是说，法律关于有名合同内容的规定，主要是要规范合同的内容，并非要代替当事人订立合同。有名合同的不断增多并非意味着对当事人合同自由的干预大大加强，而是为了进一步规范合同，使当事人之间的合同更完善、齐备。

无名合同，又称非典型合同，是指法律上未确定名称与内容的合同。根据合同自由原则，当事人可以自由决定合同的内容。因此，即使当事人订立的合同属于无名合同的范围，只要不违背法律的强行性规定和公序良俗，也仍然是有效的。无名合同可以分为三类：一是纯无名合同，即对于其内容法律完全无规定的合同；二是混合合同，即在一个有名合同中规定其他有名合同事项的合同；三是准混合合同，即在一个有名合同中规定其他无名合同事项的合同。

有名合同与无名合同的分类意义在于两者适用的法律规则不同。有名合同直接适用合同法中的专门规定；无名合同的法律适用则较复杂，一是适用《民法典》合同编通则的规定，二是参照适用《民法典》合同编或其他法律最相类似合同的规定。

（七）为本人利益的合同与为第三人利益的合同

根据订约人究竟为谁的利益而订立合同，可以将合同分为为本人利益的合同与为第三人利益的合同。

一般情况下，订约人都是为了本人的利益而订约，其合同是为本人利益的合同。但在某种情况下，订约人并非为本人的利益而是为他人的利益订立合同，这种合同是为第三人利益的合同，又称利他合同。例如，指定受益人的人寿保险合同就是典型的为第三人利益的合同。

为本人利益的合同，其权利义务均为本人设定。为第三人利益的合同的突出特征在于：第三人并不参与合同的签订，但可以享有合同权利而无须履行合同义务，可以纯获利益，因此，第三人通常又称为受益人。根据《民法典》第522条，为第三人利益的合同又可分为两类：一为不真正利他合同，第三人仅可被动地领受债务人的履行，不享有履行请求权，也不可要求变更、撤销合同或者要求债务人承担违约责任。二为真正利他合同，其特殊构成要件有二：法律规定或者当事人明确约定赋予第三人履行请求权；第三人没有行使拒绝权，若第三人在合理期限内明确拒绝，则该履行请求权仍归债权人享有。若成立真正利他合同，第三人可以直接享有对债务人的履行请求权，也有权请求债务人承担违约责任；但由于第三人非合同相对方，不享有变更、撤销合同的权利；而债务人对债权人的抗辩，可以向第三人主张。

（八）预约合同与本约合同

案例 1－1

根据订立合同是否存在事先约定的关系，可以将合同分为预约合同与本约合同。

预约合同，又称预约，是指当事人通过签订认购书、订购书、预订书等，约定在将来一定期限内订立合同。本约合同，又称本合同，是指基于预约合同的约定而订立的、确定当事人具体权利义务的合同。二者的区别主要有两点：①合同内容和目的不同。缔结预约合同是为了在将来另行订立合同；而缔结本约合同是为了在当事人之间形成特定的法律关系，约定具体的权利义务，如买卖、租赁等。②违反合同的法律后果不同。根据《民法典》合同编第八章“违约责任”的规定，承担违约责任的形式主要包括继续履行、采取补救措施、赔偿损失等。违反本约合同的，依照其规定承担违约责任即可，但违反预约合同应承担的违约责任较为复杂，主要表现在：①当事人违反预约合同的，非违约方可否请求继续履行存在较大争议，学界尚未达成一致意见。支持可请求继续履行的理由主要为：作为合同的一种类型，预约合同应遵守《民法典》对违约责任的一般规定，且不具备履行不能、不适于强制履行的客观情况，即可请求继续履行。反对可请求继续履行的理由主要为：订立预约合同作为当事人磋商的一个阶段，并不必然导致订立本约合同的结果，双方未就订立本约合同达成合意，因此无法强迫其订立本约合同。②当事人违反预约合同后的损害赔偿范围存在争议。根据《民法典》第584条的规定，当事人违约的“损失赔偿额应当相当于因违约所造成的损失，包括合同履行后可以获得的利益；但是，不得超过违约一方订立合同时预见到或者应当预见到的因违约可能造成的损失。”对此，学界的共识是，违反预约合同、本约合同的损失赔偿额不同，因为预约合同履行后可获得的利益不同于本约合同履行后可获得的利益。

实践中，一个合同究竟是预约合同还是本约合同应根据当事人的内心真意予以认定。如果当事人明确约定或合同主要内容即为将来订立本约合同，则应认定为预约合同。如果当事人对合同类型没有约定或约定不明，且合同具备了主要条款，无另行订立合同的必要，则应认定为本约合同。当预约合同与本约合同无法区分时，应认定为本约合同，因为预约合同在交易上属于例外。

（九）格式合同与非格式合同

根据合同必要条款是否由当事人一方预先拟定，可以将合同分为格式合同与非格式合同。

格式合同，又称标准合同，是指合同必要条款由当事人一方为了重复使用而预先拟定，另一方当事人无法就合同内容进行磋商、变更，只有作出同意的意思表示方可缔约的合同，如铁路、公路、航空的运输合同。实践中，较常见的是合同中某些条款由当事人预先拟定，该条款为格式条款。非格式合同，是指合同一方当事人未对合同内容预先拟定，由合同当事人磋商达成合意的合同，实践中绝大多数的合同均属于此类。值得注意的是，合同当事人就预先拟定的格式合同或格式条款进行了实际磋商，进而达成合意的，不认定其为格式合同或格式条款。

区分这两类合同的法律意义在于：格式合同和格式条款须严格遵守法律的特殊规定，否则可能导致无效。《民法典》第 496 ~ 498 条对格式条款作出了特别限制，目的是在尽可能公平的前提下，保证处在弱势的相对人的利益受到切实保障，而非格式合同已充分考虑并给了当事人双方合意自治权，无须再给予特殊的法律救济。

（十）确定合同与射幸合同

根据合同的法律效果在订立合同时是否已经确定，可以将合同分为确定合同与射幸合同。

确定合同是指合同的法律效果在订立合同时已经确定的合同。射幸合同是指合同的法律效果在订立合同时尚未确定而取决于偶然事件的合同。

合同一般都属于确定合同，射幸合同属于特殊的情况。例如，保险合同、赌博合同、彩票购买合同、抽奖式有奖销售合同等都属于射幸合同。法律对于射幸合同往往是严加管理或者予以禁止的。例如，保险合同由《中华人民共和国保险法》（以下简称《保险法》）专门规定，彩票的发行须经严格审批，抽奖式的有奖销售最高奖金不得超过 5 万元（《中华人民共和国反不正当竞争法》第 10 条第 3 项），赌博合同违法。

第三节　合同法的概念和性质

一、合同法的概念、调整对象和范围

（一）合同法的概念

与其他法律部门的概念一样，合同法也有广义与狭义之分。狭义的合同法，又

称形式意义上的合同法，是指《民法典》合同编，包括通则、典型合同、准合同三个分编，共计 526 个条文。其中，通则部分主要规定了合同的一般规则，包括合同的订立、效力、履行、保全、变更和转让、权利义务终止、违约责任等内容；典型合同部分则规定了 19 种有名合同的具体规则，以解决常见的合同纠纷；准合同部分规定的是无因管理和不当得利制度，严格来说其应属于债法总则的内容，而不应归于合同法。由于《民法典》未规定债法总则，因此《民法典》合同编同时发挥债法总则的某些功能，将无因管理和不当得利暂且归类为准合同，列入合同编中。

法律速查

《民法典》合同编

与之相对，广义的合同法，又称实质意义上的合同法，是指调整合同法律关系的法律规范的总称。在此意义上，所有调整合同权利义务关系的法律规范都属于合同法的范畴。广义的合同法主要包括：①狭义的合同法，即《民法典》合同编；②《民法典》其他分编中关于合同的规定，如总则编对法律行为效力的规定适用于合同法，物权编对抵押、质押合同等的规定；③散见于其他法律规定之中的合同法律规范，如《保险法》中有关保险合同的规定；④行政法规、司法解释中的合同法律规范，如《中华人民共和国道路运输条例》中有关合同的规定。

（二）合同法的调整对象和范围

《民法典》合同编第 464 条第 1 款规定："合同是民事主体之间设立、变更、终止民事法律关系的协议。"其中"民事主体"是针对《民法典》第 2 条"平等主体的自然人、法人和非法人组织"的统称，而第 464 条第 2 款排除了合同法的部分调整对象，即"婚姻、收养、监护等有关身份关系的协议，适用有关该身份关系的法律规定；没有规定的，可以根据其性质参照适用本编规定"。根据以上规定，合同法所规范的合同，就是平等主体的自然人、法人、非法人组织之间设立、变更、终止民事权利义务关系的协议。需要注意的有两点：①合同是平等主体之间订立的关于民事权利义务关系的协议，属于民事法律关系。合同法是民法的一个重要组成部分，民法属于私法，因而合同法也只调整平等主体之间的关系。这样政府对经济的管理活动属于行政关系，不适用合同法。企业单位内部的管理关系，是管理者与被管理者之间的关系，也不适用合同法。②合同法只调整民事法律关系中的财产关系。因此，民事关系中有关身份关系的问题，也不适用合同法。

现行《民法典》合同编主要继受于 1999 年颁布实施的《中华人民共和国合同法》（以下简称《合同法》），仅对《合同法》内容作出有限的修改。在《合同法》颁布之前，我国存在三部合同法，分别是《中华人民共和国经济合同法》（以下简称《经济合同法》）、《中华人民共和国涉外经济合同法》（以下简称《涉外经济合同法》）和《中华人民共和国技术合同法》（以下简称《技术合同法》）。1999 年的《合同法》统一了原来三部合同法的内容并扩大了原来三部合同法的调整范围。原来三部合同法的调整范围各有侧重。《经济合同法》是平等民事主体的法人、其他经济组织、个体工商户、农村承包经营户相互之间，为实现一定的经济目的，明确相互之间权利义务关系而订立的合同，不包括公民之间以及公民与法人、其他经济组织之间的合同。《涉外经济合同法》是中国的企业、其他经济组织同外国的企业、其他经济组织、个人之间订立的经济合同，不包括我国公民与外国的企业、其他组织或者个人之间的合同。《技术合同法》是法人之间、公民之间以及公民同法人之间订立的技术合同，不包括涉外技术合同。《合同法》第 2 条规定的调整范围比原来三部合同法的调整范围有所扩大，表现在：其一，合同的主体范围扩大了，无论是中国的还是外国的自然人、法人、其他组织之间订立的合同都是合同法调整的范围；其二，合同的种类范围扩大了，不仅包括经济合同、技术合同，而且包括其他各类有关债权债务的民事合同。

二、合同法的性质和作用

（一）合同法的性质

合同法本质上是财产流转关系的法律规范。合同法以债权债务关系，即当事人之间的权利义务关系为直接调整对象。其深层的社会关系则是社会的财产流转关系。民法调整的财产关系包括静态的财产关系和动态的财产关系，即财产所有和财产流转关系两大部分。合同法调整的是其中的动态的财产流转关系。它反映的是平等主体间在转让产品或货币，完成工作和提供劳务的活动中产生的债务的清偿或履行，具体体现为财产从一个民事主体到达另一个民事主体的合法移转过程。这是合同法与物权法分工的明显不同。虽然合同法与物权法都是财产法，但是物权法，尤其是其中的所有权法，直接规定社会财产的归属关系，所要解决的是现存财产归谁所有的问题。因而，所有权法乃至整个物权法，在本质上是规定和反映社会财产关系的静止状态，保护财产静的安全。合同法作为调整债权债务关系的法律规范，规定和反映的是社会财产或其他劳动成果从生产领域移转到交换领域，并经过交换领域进入消费领域，其内容主要表现为转移已占有的财产，转移的目的是实现对财产的占有，或是创造一个新的占有。因此，合同是当事人处分财产或获得财产的一项重要的法律手段，充分反映着流通领域内的财产运动状态。合同法则通过确认和保障合同当事人正当地行使权利、履行义务，依法约束自己的行为，而对这种财产流转关系进行规范和调整，以保护财产流动的安全。

（二）合同法的作用

合同法在社会经济生活中有着举足轻重的作用。近代以来，人类社会发生了“从身份到契约”的根本性转变，由身份地位主导的时代进入了平等、自由和意思自治的契约时代，许多社会关系都被纳入合同关系中，合同成为连接人们生产、生活关系的基本纽带，合同法由此成为近代以来具有举足轻重地位的基本私法。在我国现阶段，合同法成为市场经济的基本法律。合同法的具体作用主要表现为以下三个方面。

1. 保护合同当事人的合法权益

合同当事人的合法权益，是指合同当事人依照国家法律、法规的规定，从订立合同到终止合同的全过程中享有的权利和利益。保护合同当事人的合法权益是合同法的重要任务之一。在合同当事人中，债权人是有权请求对方当事人依照法律和合同的规定履行一定义务的合同关系的主体，债务人则是依据合同和法律负有实施一定行为义务的合同关系的主体。合同法通过明确规定当事人订立、履行、变更、解除、终止合同的原则、条件和程序以及违反合同所应承担的责任，保护合同当事人的合法权益。

2. 维护社会经济秩序

良好的社会经济秩序是保障社会主义市场经济发展、合同当事人合法权益得以实现的必要条件。其中，维护交易安全是合同法的一项重要任务。随着市场交易的发展，财产的交换越来越频繁，对交易安全的保护和规范的呼声越来越高，合同法则是规范交易关系的基本法律，它所确立的是基本的交易规则，交易的安全主要是通过合同法进行维护的。同时，协调个人利益与社会公共利益的关系也是合同法的一项重要功能。在自由资本主义时代，契约自由是传统合同法的灵魂和精髓，它使个人利益得到了充分的体现和保护。然而，民事主体的自由始终存在着相互的矛盾和冲突，过分的个人自由和不受限制的个人利益必然意味着对他人利益的损害和限制。经济生活中的极度竞争自由走向了垄断，反过来又损害了自由竞争赖以存在的机制，破坏了社会公共利益和正常的社会经济秩序。因此，近代各国开始对经济活动施以必要的国家干预，并通过合同法对合同自由予以限制，以保护经济上处于弱者的个人及中小企业的利益，矫正合同当事人因经济实力的差距造成的实质上的不平等，从而实现了个人利益和社会公共利益的协调。

3. 促进社会主义现代化建设

市场经济在我国已经初步确立并不断走向成熟，而市场经济就是合同经济、信用经济、法律经济。合同是联结生产、流通、消费的纽带，是经济合作、技术交流、贸易往来的法律形式，是维护商业信用的法律保障。各市场经济主体只要认真贯彻执行合同法，依照诚实信用原则履行合同，就可以保证生产、流通、消费各环节正常运行，实现经济合作、技术交流、贸易往来的预期目的，推动社会主义市场经济发展，进而促进社会主义现代化建设。

三、我国合同法的立法与特点

（一）我国合同法的发展进程

中华人民共和国成立后，国家较为重视经济领域里的合同法制建设。为了恢复国民经济，开展有计划的经济建设，适应当时多种经济成分并存的经济结构，国家在经济领域广泛实行合同制度。至 1956 年，中央各部委总共制定了 40 多个合同法规。在 1956 年 12 月完成的民法草案中，设有合同通则性规定及买卖等 16 种合同。但由于历史条件的限制，当时的合同立法尚未形成完备的体系。1958 年以后，生产资料所有制的社会主义改造已经完成，中国实行集中统一的计划经济体制，由于经济上的集中、政治上的集权、法律上的虚无主义，在长达 20 多年的历史中，我国合同立法几乎一片空白，作为商品交换法律形式的合同制度也被取消。

1978 年以后，中国实行对内搞活、对外开放的经济体制改革，合同在发展国民经济中的重要作用重新被人们认识。特别是党的十一届三中全会后，中国开始了由集中计划体制向有计划商品经济体制过渡的改革。1981 年 12 月 13 日，我国制定了中华人民共和国成立以来有关合同的第一部法律——《经济合同法》，迈出了用法律而不是用行政条例或规章来规定合同的第一步。此后，国务院依据《经济合同法》，于 1983 年至 1986 年，制定和批准发布了 12 个合同条例或实施细则，中央各部委也制定了许多有关合同的规章。1985 年 3 月 21 日，我国制定了《涉外经济合同法》，1987 年 6 月 23 日又制定了《技术合同法》。至此，在我国合同立法体系中形成了《经济合同法》《涉外经济合同法》《技术合同法》“三足鼎立”的局面。除三部合同法及其与之配套的实施条例、细则和适用意见、解答外，1986 年 4 月 12 日制定的《中华人民共和国民法通则》（以下简称《民法通则》）中第五章第二节对合同作了原则性规定；另外，后来的《保险法》、《中华人民共和国海商法》（以下简称《海商法》）、《中华人民共和国铁路法》（以下简称《铁路法》）、《中华人民共和国著作权法》、《中华人民共和国票据法》、《中华人民共和国担保法》（以下简称《担保法》）、《中华人民共和国合伙企业法》（以下简称《合伙企业法》）等也对有关合同作出了特别规定。这些规定也是我国合同法渊源的组成部分。

上述合同法律、法规的制定和实施，对规范交易、激励交易、维护交易安全和交易秩序起到了一定的作用，但仍未能解决中国合同法制不完备的问题。随着市场经济的发展，合同立法落后于实际需要的情况日益突出：

首先，原合同法体系缺少系统、科学的总体性规定。同时，其规定过于简略，不仅当事人在订立和履行合同时难以适用，法院在处理合同纠纷时适用合同法也经常遇到困难。

其次，按照经济合同、涉外经济合同、技术合同三大部分分别立法，形成人为的割据，内容重复多，结构不合理，在基本原则和制度上存在很大差别，无法与全国统一的大市场的要求相衔接和交融。

再次，以主体的不同确定合同法的调整对象，对法人组织和公民、中国当事人和外国当事人适用不同的合同法，违背了市场经济条件下主体平等的要求。

最后，法律规定的合同种类过少，不能满足各种合同实践的需要。

（二）统一《合同法》的制定

1993 年，全国人民代表大会常务委员会法制工作委员会（以下简称“全国人大常委会法工委”）开始《合同法》的起草工作，同年 8 月，全国人大常委会法工委民法室拟出《合同法主要条款》。1995 年年初，中国社会科学院法学所、北京大学、中国人民大学、中国政法大学等 12 个单位的学者起草了《合同法》（试拟稿）。1995 年，全国人大常委会法工委民法室在此基础上起草了《合同法》的第二试拟稿，共计 42 章，将其印发并征求有关部门的意见。1997 年，全国人大常委会法工委办公室将草拟的《合同法》（征求意见稿）印发各地和各个部门征求意见。1998 年 8 月召开的第九届全国人大常委会第四次会议第一次审议了《合同法》（草案）。1998 年 9 月，全国人大常委会办公厅发出通知，公布《合同法》（草案），征求意见，此后，全国人大常委会又先后三次审议了《合同法》（草案）。最后，第九届全国人民代表大会于 1999 年 3 月 15 日通过了《合同法》，并于当年 10 月 1 日实施。

1999 年《合同法》的制定有两个具有重要影响的举措：其一，法学科研和教学机构的学者全面参与法律的起草工作，为《合同法》的立法质量和立法技术提供了良好的基础，《合同法》实施的实践证明，《合同法》几乎是所有的法律中最具科学性的，除了最高人民法院的几个司法解释，至今没有被修订过，但依然能适应社会经济发展的需求；其二，将一个尚未生效的法律草案向全社会公开征求意见，集思广益，给公众提供一个参与立法的机会，这一民主立法的举措对我国的立法和司法意义深远。

1999 年《合同法》的制定在我国民事立法史上具有十分突出的意义。综观全部立法程序和该法的具体内容，《合同法》在立法指导思想和法条规范以及立法技术上，表现出以下七个显著的特点：

第一，从实际出发，总结与借鉴吸收相结合。整部《合同法》的立法充分考虑了从中国改革开放和发展社会主义市场经济、建立全国统一的大市场及与国际市场接轨的实际出发；总结中国合同立法、司法实践经验和理论研究成果；广泛参考借鉴市场经济发达国家和地区立法的成功经验、判例学说，尽量采用反映市场经济客观规律的共同规则，并注意与国际公约和国际惯例协调一致等重大问题。与过去三部合同法相比较，《合同法》在立法技术、规范用语、内容协调上都较为充分地体现了先进性与科学性。尤其是《合同法》将总则部分作为立法的重点，科学地总结和概括出了各类合同的共性、规律性的内容，确立了既继承历史经验，又反映时代精神的合同基本准则，同时，从结构体系到具体法条规范，都保持了与世界先进立法和相关的国际公约的基本一致和趋同。

第二，充分体现鼓励交易与意思自治的理念。合同法是民法的组成部分，主要保护“私”权利，私法观念要求较高。《合同法》充分考虑了该法应有的保障市场交易、拉动经济增长的需求，在鼓励交易、指导交易的同时，还注重体现当事人意思自治的现代私法理念。许多条文明确反映了在不违反法律和公序良俗的前提下，允许当事人作不同的约定，以保障当事人享有充分的合同自由，不受行政机关及其他组织干预的思想。非基于重大的正当事由，行政机关不得对当事人的合同自由予以限制。

第三，表现了《合同法》制定和实施的时代特色。《合同法》在制定时，我国基本上处在计划经济体制向市场经济体制过渡，同时又要毫不犹豫地向市场经济坚定迈进的时期。此时法律的制定，既应考虑过渡时期的特点，又要兼顾中国建成社会主义市场经济体制后对法律调整的要求。《合同法》较好地处理了时代的矛盾问题，即与旧法衔接的问题，注意了适应新情况、新形势、新特点，体现了改革创新精神，同时注意了承上启下，保持了法律的连续性、稳定性。例如其与《民法通则》基本原则保持统一，总则中合同成立程序、合同履行中抗辩权的规定，合同保全的内容、违约责任的归责原则都吸纳了世界通行的合同法制，对发展和巩固市场经济大有助益。

第四，经济效率与社会公正、交易便捷与交易安全的价值取向相互兼顾。这一特点可以从《合同法》众多的法律条文中反映出来，如合同订立形式和格式合同的规定就考虑到了交易便捷与经济效率，而缔约过失责任条款、合同效力的若干条款和违约责任的规定则注重了社会公正与交易安全。这两个方面的规范交相呼应、全面照应，既有利于提高效率、促进生产力的发展，又有利于维护社会公共利益；保护消费者、劳动者权益，保护自然人、法人的合法权益，维护市场经济的道德秩序，不允许靠损害国家和社会公共利益、损害民众利益而发财致富；既体现了现代化市场经济对交易便捷的要求，又体现了不可因此损及交易安全和交易秩序的原则。

第五，普遍化的合同制度与类型得到了全面规制。《合同法》注重了法律的规范性和可操作性，重要条文的繁简比较适当，概念定义较为准确（如合同概念、不可抗力概念、违约责任概念等），有明确的适用范围、构成要件和法律后果的制度，尽可能对这些内容作了明确规制，有利于《合同法》在实务中的运作与适用（如合同权利义务的终止、合同的转让、合同约定内容不明的履行、买卖合同的交付等）。此外，《合同法》将过去零乱分散的合同制度进行了科学的整合，在丰富发展的同时，也理顺了各种经济关系，避免了使合同法律关系趋于复杂，有利于保障债权人的利益，符合 21 世纪合同法统一化的发展潮流。

第六，法律框架科学严谨，各种制度构筑完备。为充分保证《合同法》能发挥出对百姓生活、企业经营以及市场经济发展的重要作用，《合同法》的法典化框架模式与我国以往几部合同法均有不同。它科学地分为总则、分则、附则三大部分，但以总则、分则为主要内容，分别规范了合同的共性问题和基本规则；规范了 15 种具体、典型的合同类型（有名合同）。为保障合同当事人利益、促进经济发展、保障交易安全而建立的各种新的制度在各章均有明显的反映和占有突出位置，例如要约、承诺规则、前契约义务、后契约义务、代位权、撤销权、抗辩权、法定解除权、严格责任原则、违约损害赔偿规则、责任竞合等；分则中规定了一些新类型合同，如居间合同、行纪合同、委托合同、融资租赁合同等。此外，与《合同法》适用密切相关的内容也融入了法条，如无名合同的适用、合同的解释、合同纠纷处理程序、其他行政机关对违法合同行为的处理原则等。这些都充分显示出我国这部《合同法》统一、完备、新颖、科学的特点。

第七，立法技术水平较高，立法语言规范。《合同法》在构建和设计中，立法技术较过去计划经济时期有了很大改观，立法体例虽然沿袭了传统民法的样式，但是不失科学性、规范性；立法内容的归纳分布和条目的排列基本上按照从一般到特殊、从抽象到具体的逻辑顺序；概念准确，沿用了许多合同法上的固有术语，在使用同一概念时，在内涵及外延上保持了一致；在立法语言上，通俗而不失规范，易懂而不失严谨，用语较为准确、清晰，繁简适当，文字流畅，条文规整、逻辑性强，显示了较高的立法技术水平。

（三）《民法典》的正式颁布

2015 年 3 月，全国人大常委会法工委启动《民法典》编纂工作。该编纂采取

"两步走"的工作思路进行：第一步，制定民法总则，作为《民法典》的总则编；第二步，编纂《民法典》各分编，经全国人大常委会审议和修改完善后，再与民法总则合并为一部完整的《民法典》草案。2017年3月第十二届全国人民代表大会第五次会议审议通过了《中华人民共和国民法总则》。之后，第十二届、第十三届全国人大常委会抓紧开展作为《民法典》编纂第二步的各分编编纂工作。全国人大常委会法工委与《民法典》编纂工作其他参加单位以原物权法、合同法、担保法、婚姻法、收养法、继承法、侵权责任法等为基础，结合我国经济社会发展对民事法律提出的新需求，形成了包括物权、合同、人格权、婚姻家庭、继承、侵权责任在内的《民法典》各分编草案。2020年5月28日，第十三届全国人民代表大会第三次会议表决通过了《民法典》，该法自2021年1月1日起施行。《合同法》《担保法》《民法通则》等同时废止。

最终施行的《民法典》包括7编以及附则，共1260条，各编依次为总则、物权、合同、人格权、婚姻家庭、继承、侵权责任。其中，合同编是对1999年《合同法》的继受和发展完善，在1999年《合同法》的基础上，贯彻全面深化改革的精神，坚持维护契约、平等交换、公平竞争，促进商品和要素自由流动，发展完善了我国合同制度。

第四节　合同法基本原则

一、合同法基本原则概述

（一）合同法基本原则的概念和特征

合同法基本原则是指对合同关系的本质和规律进行集中抽象和反映、其效力贯穿合同法始终的根本规则，是指导合同立法、司法和合同实践的具有普遍指导意义的基本准则。

合同法基本原则具有一般规范性和不确定性。首先，合同法基本原则具有一般规范性。一般规范性是相对于民法的具体规范而言的，是指其确立一般的行为模式，并由合同法规定的一般的责任作为保障。合同法基本原则的存在价值不仅在于通过其能够准确地理解和适用合同法，而且在于合同法没有具体规定时还可以直接作为判案的依据，具有在个案中可资援引的规范意义。换言之，合同法基本原则主要是与具体的合同法规范结合起来发挥法律调整作用，主要具有补充性质，但在特殊情况下可以作为独立的法律依据。其次，合同法基本原则具有不确定性。不确定性指基本原则是由抽象概念构成的，其理解和适用具有较大的自由裁量余地。

（二）合同法所规定的基本原则

注重基本原则的规定，将基本原则作为整部法律的灵魂，是我国立法的重要特点。合同法基本原则在《民法典》合同编中没有专门规定，而合同法作为民法的一部分，应当遵循《民法典》总则编第 4 ~ 9 条规定的民法基本原则，即平等原则、自愿原则、公平原则、诚信原则、守法和公序良俗原则、绿色原则。

（三）合同法基本原则的法律意义

合同法基本原则是指导立法、执法和守法活动并贯穿合同法规范的指导思想和根本准则。合同法基本原则主要具有以下法律意义：

1. 凝固和体现了立法精神

合同法的规范是一个有机的体系，该体系是以贯穿合同法具体规范的基本精神或者基本原则为基础的。立法者在这些基本精神或者基本原则的基础上确定立法的定位，据此设计合同的具体规范。立法者将立法的基本精神或者基本原则具体化为法律条文，形成了基本原则条款，该条款显然是凝固了的立法精神。

2. 是合同法具体规范的总的指导思想

合同法基本原则是立法者制定合同法所采纳的价值标准的反映，是合同法具体规范的总的指导思想。合同法的具体条款都是基本原则的具体体现。例如，自愿原则实质上就是合同自由的价值理念的反映，是合同法的根本原则，这一原则在合同法的具体规范中的突出体现就是遍设任意性条款，让合同当事人充分自主地进行选择，法律不作过多的强制性干涉。

3. 提供了最高的行为规范并确立了一般行为模式

合同法的规范都是指导当事人作为或者不作为的行为规范，这些规范构成了当事人的行为模式。合同法的规范有最高的行为规范和具体的行为规范之分，与此相对应，其所确立的行为模式有一般行为模式与具体行为模式的不同。基本原则条款在合同法中是确立最高的行为规范的，具体条款则是确立具体的行为规范的；基本原则条款确立的是抽象的一般行为模式，具体条款确立的是具体行为模式。具体条款具有直接的操作性，其实施本身就是基本原则条款的落实。因此，在援引此法律时，凡有具体规定的，就不必再援引基本原则条款的一般规定；没有具体规定的，可以直接适用基本原则条款，此时基本原则条款就直接作为裁判的依据，具有直接的操作性。

4. 是实施法律的根本依据

无论是司法机关、仲裁机关适用合同法，还是当事人遵守合同法，合同法基本原则都是必须遵守的基本准则。例如，在缺少具体规定的情况下，法官可以依据基本原则的精神行使裁量权，依法处理合同纠纷。尤其是合同法显然不实行法定主义，在法律没有具体规定的情况下，法律允许也要求法官根据基本原则条款和一般规定处理合同纠纷，因此，基本原则条款在合同法中更具有特殊的意义。

二、合同法基本原则的具体内容

（一）平等原则

《民法典》第4条规定："民事主体在民事活动中的法律地位一律平等"，即为平等原则。这一原则意味着民事主体的地位平等，任何一方当事人不得将自己的意志强加于对方。

平等原则最初是与奴隶制的民主政治联系在一起的，早在罗马法中就确认了罗马市民享有市民法规定的平等权利的原则。在资本主义制度下，为了彻底废除封建特权和等级制度，发展资本主义商品经济，资产阶级在其民法中确立了平等原则。在我国社会主义市场经济条件下，同样要求民事主体在民事活动中地位平等。

我国民法的平等原则具体表现为：①自然人的民事权利能力一律平等。《民法典》第14条明确规定："自然人的民事权利能力一律平等。"②不同的民事主体参与民事关系，适用同一法律，具有平等地位。在我国，参与民事关系的有各种类型的法人、自然人、合伙组织、个体工商户和农村承包经营户等，在某些情况下，国家也可以作为民事主体参与民事关系，无论是何种主体，在参与民事关系时都要适用民法的规定，不允许有任何例外。③民事主体在民事法律关系中必须平等协商。合同法中所讲的平等原则，主要的意思即在于此。任何民事主体参与民事关系，无论其性质如何，都不能凌驾于他人之上，将自己的意志强加于人，而只能通过平等协商的方式去设定、变更、终止民事法律关系。

（二）自愿原则

自愿原则是我国民法的一项基本原则。《民法典》第5条规定："民事主体从事民事活动，应当遵循自愿原则，按照自己的意思设立、变更、终止民事法律关系。”该原则实质上就是传统民法中所谓的意思自治原则或合同自由原则。

合同自由原则最早起源于罗马法，但真正的合同自由原则在法律上的出现则始于近代民法。由于资本主义生产关系的逐渐形成，封建的身份关系和等级观念逐渐被侵蚀，个人从身份、等级的束缚中解放出来，在这一过程中，合同自由原则得以确立，这就是所谓“从身份到契约的运动”。

具体来讲，合同自由原则有以下内容：

第一，缔结合同的自由，即当事人有权自主决定是否与他们缔结合同。该自由是合同自由原则其他内容的前提和基础，若当事人不享有此项自由，也就谈不上其他自由。

第二，选择相对人的自由，即当事人有权自主决定与何人订立合同。

第三，决定合同内容的自由，即当事人有权自主决定合同的内容。只要当事人在合同中约定的内容不违背法律、法规和社会公共利益，任何人就不得干涉当事人订立合同的内容。据此，当事人有权通过其协议改变法律的任意性规定。合同法中规定了有名合同，当事人不必受其中任意性规定的限制，可自行约定合同的内容，同时，当事人也可以在有名合同之外订立无名合同和混合合同，只要合同符合法律规定的有效要件即为有效，应受到法律的保护。

第四，变更或解除合同的自由，即当事人有权通过协商，在合同成立后变更合同的内容或者解除合同。既然当事人可自由缔结合同，当然也可以通过协议自由变更或解除合同，这是合同自由原则的必然结果。

第五，决定合同方式的自由，即当事人可自主选择订立合同的方式。《民法典》合同编规定，除法律、法规规定采取一定形式的合同以外，当事人可自由选择口头形式、书面形式或其他形式缔结合同。

合同自由不是绝对的自由，它要受到国家法律、法规的限制。传统民法中“契约自由”原则是建立在民事主体地位的“平等性”与“互换性”的基础上的，因为民事主体总体上来说是彼此平等的，而且可以互换，如手工业者和农产品生产者彼此之间不存在经济地位的巨大差距而且可以互相转换，所以，完全贯彻契约自由不会导致不公平的结果。但是，现代社会这两项基础早已不复存在，随着大规模的具有垄断地位的跨国公司的出现，社会分工越来越细化，专业化程度越来越高，生产者与消费者、雇主与雇员之间的地位存在实质性的不平等越来越突出，故不能再坚持完全的“契约自由”或“合同自愿”原则，而是需要“合同正义”予以矫正。首先，在合同的订立方面，强制缔结契约就是这种限制的表现之一。强制缔结契约就是给当事人施加必须订立某种合同的义务，如邮电、煤气、电力、铁路运输等公用服务事业、公用事业单位对顾客提出缔结合同的要约不得拒绝。其次，国家在法律中规定一些强行性的规范，当事人不能通过约定排除这些规范的适用，如合同法规定的诚信原则、公平原则、守法和公序良俗原则，当事人不能通过约定排除适用。最后，国家设立具有准司法性质的行政机关，对合同进行监督、管理、控制，如国家市场监督管理总局设反垄断部门以维护公平交易和竞争。除上述限制以外，为达到所谓的“合同正义”，立法和判例确认了公平、诚实信用、公序良俗等原则，赋予法官以较大的自由裁量权，使其能根据上述原则变更、解释、补充合同内容，或确认合同条款的效力，从而尽可能协调各种利益和矛盾，维护社会经济秩序和生产秩序。

（三）公平原则

《民法典》第6条规定：“民事主体从事民事活动，应当遵循公平原则，合理确定各方的权利和义务。”公平是一个比较模糊的概念，它要求当事人双方的利益要平衡，由于公平概念具有模糊性，因此赋予法官较大的自由裁量权。公平原则包含了等价有偿的意思，即在民事活动中，除法律另有规定或当事人另有约定以外，当事人取得他人财产利益应向他方给付相应的对价。公平是整个民法的精神，它渗透到民法的每个制度中，合同制度当然也不例外。在合同法中，公平原则体现在各方面，其中集中体现公平原则的主要有：情势变更制度、显失公平制度和重大误解制度。情势变更制度是指合同成立以后，合同的基础条件发生了当事人在订立合同时无法预见的、不属于商业风险的重大变化，继续履行合同对于当事人一方明显不公平的，允许当事人变更合同或解除合同的制度。该项制度在国外已被广泛采用，《民法典》合同编第533条也已明文规定。在显失公平的情形下，相对人可以请求人民法院或者仲裁机构撤销合同。因重大误解而订立的合同，行为人可以请求人民法院或者仲裁机构撤销合同。

（四）诚信原则

《民法典》第7条规定：“民事主体从事民事活动，应当遵循诚信原则，秉持诚实，恪守承诺。”诚信原则，又称诚实信用原则，在合同法中是一项极为重要的原则。在大陆法系，它常常被称为债法中的最高指导原则或“帝王规则”，其含义是指民事主体在从事民事活动中应诚实可信，以善意的方式行使权利和履行义务。同时，诚信原则要求当事人之间的利益以及当事人利益与社会公共利益之间的平衡。具体来说，诚信原则具有以下内容和功能：

第一，确定诚实可信，以善意方式行使权利和履行义务等行为规则。

第二，诚信原则不仅要求平衡当事人之间的利益冲突和矛盾，而且要求平衡当事人的利益与社会公共利益之间的冲突与矛盾。

第三，解释法律和合同的作用。诚信原则要求在法律与合同缺乏规定或规定不明确时，司法审判人员应依据诚实、信用、公平的观念，准确解释法律和合同。

当事人在行使权利和履行义务时要遵循诚信原则，该原则在合同订立、履行的各阶段均有体现。具体来说，在合同的订立阶段，尽管合同尚未成立，但当事人彼此间已具有订约上的联系，应依诚信原则，对相对人负善意的注意义务；当事人不履行该义务的，应承担缔约过失责任。在合同订立后，尚未履行前，当事人双方都应依诚信原则认真作好履约准备。在合同的履行阶段，当事人应当依诚信原则，根据合同的性质、目的和交易习惯履行通知、协助、保密等义务。在某些情形下，当事人可以解除合同。解除合同时，当事人也应遵循诚信原则，如在长期的继续性合同中，任何一方解除合同，应当提前通知对方，使对方有充足的时间作准备。在合同终止以后，尽管当事人之间不用承担合同义务，但也应当按照诚信原则的要求，承担某些必要的附随义务。例如，雇员在雇佣合同终止后，应当对雇主的商业秘密等情况负有保密义务。此外，在合同用词含混不清、意思不明时应当依据诚信原则对合同进行解释。依诚信原则解释合同，需要平衡当事人双方的利益，公平、合理地确定合同内容。最后，在合同发生争议时，当事人双方都应当依诚信原则妥善地处理争议，避免给对方造成不应有的损失，受损失的一方，也应采取适当措施尽量减少损失，否则无权就扩大的损失请求赔偿。

（五）守法和公序良俗原则

《民法典》第 8 条规定："民事主体从事民事活动，不得违反法律，不得违背公序良俗。"本条规定的是守法和公序良俗原则。守法一般指当事人订立、履行合同应当遵守法律、行政法规的规定，主要是指遵守法律的强制性规定。合同法将当事人的意思放在突出地位，以任意性规定为多。任意性规定具有补充当事人意思的作用，不存在违法问题。公序良俗是公共秩序与善良风俗的合称。所谓公序是指社会的公共秩序，即国家社会存在及其发展所必要的一般秩序，这种秩序是否等同于法律秩序，理论上有不同的主张。根据法律规范的逻辑关系和合同法的立法意旨，这种公共秩序应指一般社会秩序，其中包括法律秩序，也包括法律规范强制之外形成的社会秩序。公共秩序条款作为一般性条款，相对于法律的强制性规定和禁止性规定而言，应具有补充性的作用。因此，这里的公共秩序不应仅等同于普遍意义上的公共秩序。所谓良俗是指社会的善良风俗，是以道德为核心的概念，是一定社会应有的道德准则，在我国通常称为"社会公德"。但善良风俗应注意与另一种具有道德规则的诚信原则区别开来。诚信原则主要是对市场交易行为的要求，而善良风俗主要是对人们在亲属、婚姻家庭和两性关系中的行为所提出的要求。

公序良俗是现代民法一项重要的概念和法律原则，这一原则的主要功能是在市场经济中维护国家社会的一般利益和一般道德观念。在社会主义市场经济改革和发展过程中，有许多成就和成功的经验。同时，在商品交换等过程中也出现了一些损害国家利益和违反社会一般道德准则的丑恶行为，而公序良俗原则的建立，将进一步完善市场经济法制和建立健康、有序的市场经济法律秩序，抑制合同中的不良行径，维护交易的稳妥安全。中国的文化传统一贯重视道德教化和儒礼治国，古今法律表现出鲜明的伦理化特点。因此，公序良俗原则这种法律化的道德标准易被社会接受。

违背公序良俗行为的类型，从市场交易或商品交换的角度看，主要有：危害国家公序行为，如订立违反国家宏观经济或金融调控政策的契约，订立以从事犯罪或帮助犯罪行为为内容的合同等；违反性道德行为，如以非法同居为条件进行财产的转让等；射幸行为，即以他人之损失而获偶然利益的行为，如赌博、巨奖销售又未经政府特许的情况；违反人权和人格尊严的行为，如过分限制人身自由的契约，以债务人人身作为抵押的合同等；违反公平竞争的行为；实行经济垄断与暴利的行为；违反消费者、劳动者保护的行为；等等。

由此可见，公序良俗原则除包含对当事人法律与道德的约束外，更多地包含了法官自由裁量权因素，具有十分灵活的特性，尤其在确保国家一般利益、社会道德秩序以及协调各种利益冲突、保护弱者、维护社会道德秩序等方面发挥着重要的作用。

（六）绿色原则

《民法典》第9条规定："民事主体从事民事活动，应当有利于节约资源、保护生态环境。"本条是民法新规定的一项基本原则，一般称为绿色原则或生态保护原则。在逻辑上，节约资源与环境保护并非彼此独立的关系，而是种属关系，对资源的节约和高效利用应认为是环境保护的重要举措和固有内容。我国现存比较突出的环境问题在于自然资源浪费严重，因此单独列举加以强调。

民法，特别是合同法以自愿原则为根基，而绿色原则需要限制私人意思自治以实现保护资源和环境的公共利益，这就产生了价值取向上的冲突，因此部分学者排斥将绿色原则写入《民法典》。但法律基本原则之间存在一定的冲突极为常见，作为法律核心价值与社会化需求之间的一种平衡，在民法中确立绿色发展的理念，以协调经济发展与环境保护之间的关系，其价值主要在于：

第一，回应环境问题对我国经济社会发展带来的挑战。近些年，随着我国经济的快速发展，环境污染、资源浪费问题越来越突出，自党的十八大将生态文明建设纳入“五位一体”总体布局以来，绿色发展的观念逐渐深入社会各方面。绿色原则的确立，是《民法典》对环境问题的一个回应，也是生态文明建设应有的态度。

第二，贯彻宪法对保护生态环境的要求。《中华人民共和国宪法》第 9 条第 2 款规定：“国家保障自然资源的合理利用”，第 26 条第 1 款规定：“国家保护和改善生活环境和生态环境”。绿色原则是对宪法精神的贯彻，将自然资源的合理利用、生态环境的保护落实到民法中，有助于实现宪法保护生态环境的要求。

本章小结

本章的主要内容是合同与合同法的基础知识，包括合同的概念和分类，合同法的概念、性质和基本原则等。合同是平等主体的自然人、法人、非法人组织之间设立、变更、终止民事权利义务关系的协议。合同是意思表示一致的法律行为，以设立、变更或者终止民事权利义务关系为目的。实践中合同有很多种类，依据不同的分类标准可以分为诺成合同与实践合同、要式合同与不要式合同、主合同与从合同、双务合同与单务合同、有偿合同与无偿合同、有名合同与无名合同、为本人利益的合同与为第三人利益的合同、预约合同与本约合同、格式合同与非格式合同、确定合同与射幸合同等。

合同法本质上是财产流转关系的法律规范，在社会经济生活中有着举足轻重的作用。合同法有广义和狭义之分，广义的合同法是指调整合同法律关系的法律规范的总称，狭义的合同法仅指《民法典》合同编。合同法基本原则是指导立法、执法和守法活动并贯穿合同法规范的指导思想和根本准则，我国合同法基本原则包括平等原则、自愿原则、公平原则、诚信原则、守法和公序良俗原则、绿色原则。

思考与练习

小试身手

一、名词解释

1. 合同
2. 诺成合同
3. 实践合同
4. 要式合同
5. 主合同
6. 单务合同
7. 有名合同
8. 合同法基本原则

二、简答题

1. 试述合同的法律特征。
2. 如何理解合同法的性质和作用？
3. 我国合同法有什么特点？
4. 简述合同法自愿原则、公平原则、诚信原则的内容和要求。
5. 简述有名合同与无名合同区分的意义。
6. 什么是格式合同？法律对格式合同的条款有何特别限制？

三、案例分析题（请扫描下方二维码）

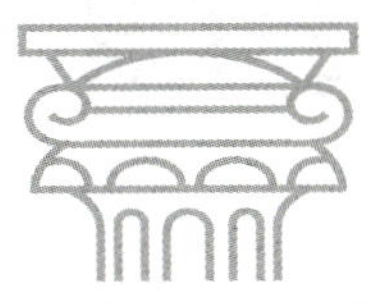

第二章 合同的订立

导 言

在法律上，合同的成立是判断合同有效、发生履行效力、转移合同权利义务、使当事人承担违约责任等的起点。在学习上，合同的成立问题是学习《民法典》合同编其他章节的前提性知识。

本章首先分析了合同成立的要件；然后阐明了合同订立的主要环节，即要约和承诺，并在此基础上介绍了以合意成立合同的其他方式以及非基于合意成立合同；之后分析了合同成立的时间、地点和效果；最后介绍了缔约过失责任的内容。

学习目标

完成这一章内容的学习之后，你将能够：

描述要约、承诺的基本原理，并明了其在合同成立中所具有的重要地位。

辨认合同的一般成立要件与特别成立要件，并能对实务中存在的各种具体交易能否成立合同作出基本的判断。

复述交叉要约、同时表示、意思实现等合同成立方式的基本内容，并掌握强制缔约、事实上的合同关系、缔约过失责任的基本原理。

第一节　合同的订立概述

合同的成立是判断合同有效、发生履行效力、转移合同权利义务、使当事人承担违约责任等的起点。一般而言，合同的成立是指当事人分别作出意思表示，并就合同的主要条款达成一致意见。

合同是法律行为最主要的类型，因此，作为法律行为成立一般要件的当事人、标的（内容）与意思表示亦为合同成立所必备。除此之外，合同的成立还需要具备特定的条件。

一、合同的一般成立要件

合同的一般成立要件，就是双方当事人意思表示一致，或者说意思表示合致，亦即达成合意。详言之，合同的一般成立要件包括以下两个条件：

第一，存在着两个以上的缔约主体。合同是一种双方法律行为，必须由两个以上的主体参与缔结。当然，缔约主体略异于合同当事人，毕竟缔约主体既可能是其所缔结合同的当事人，也可能是合同当事人的代理人。

第二，当事人意思表示一致，即当事人达成合意。《民法典》第483条规定："承诺生效时合同成立……"第905条规定："仓储合同自保管人和存货人意思表示一致时成立。"两条规定均鲜明地体现了此点。合意当然是数个意思表示的一致，然而，如同意思表示的判断存在着主观标准与客观标准的差异，对合意的判断究竟是采取主观标准还是客观标准？换言之，此处"意"究竟是"内心的意思"，还是"意思表示的意义"？一般认为，对于合意的判断原则上采取客观标准——应根据表示行为的客观意义加以判断。因此，"合意"是指当事人表示内容一致，对合同条款在客观上意思表示一致，而非指内心意思的一致。如甲的内心意思是出租A地，甲在给乙的信中误将A地写为B地，乙不知，复函表示愿意以市价承租B地，虽然甲的内心意思与外部表示不一致，但从乙的立场看，应以其所认知的作为准据，即甲在出租B地，双方当事人意思表示客观上趋于一致，合同成立。不过，甲可以错误为由主张撤销其意思表示。

若当事人达成合意，则合同成立；若当事人不合意——构成合同的各个意思表示未趋于一致，则合同当然不能成立。不合意可分为公然不合意与隐藏不合意。公然不合意又称为意识的不合意，即当事人明知意思表示不一致。如甲要以 10 万元出卖，乙要以 8 万元购买。此时，合同当然不能成立。隐藏不合意又称为无意识不一致，是指当事人不知意思表示不一致，换言之，当事人信其意思表示已趋于一致，而实际上并未趋于一致。隐藏不合意虽然与公然不合意不同，但效果并无差异，均使合同不能成立。隐藏不合意主要有两种情况：一是当事人长期谈判，以为合同成立，不知关于某项已经提出的问题实际上并未达成合意。二是当事人的意思表示客观上具有多义性，不能经由解释排除其歧义。

二、合同的特别成立要件

以上所述只是合同的一般成立要件。因合同的性质不同，部分合同在具备一般成立要件之外，可能还需要具备特别成立要件才能成立。要式合同与要物合同即为如此，对这两类合同而言，在当事人达成合意后，还要履行特定的形式或交付标的物，合同才能成立。如《民法典》第 586 条第 1 款关于定金合同成立的规定、第 679 条关于自然人之间借款合同成立的规定、第 890 条有关保管合同成立的规定等。

第二节　要约

一、要约的概念

要约是指一方以缔约为目的，向对方所作的意思表示。发出要约的人称为要约人，接受要约人的人称为受要约人、相对人或承诺人。

二、要约的构成要件

《民法典》第 472 条规定，“要约是希望与他人订立合同的意思表示，该意思表示应当符合下列条件：（一）内容具体确定；（二）表明经受要约人承诺，要约人即受该意思表示约束。”根据该规定以及结合理论的研究，要约的构成需要具备以下要件：

（一）必须是特定人所为的意思表示

要约必须是特定人所为的意思表示，只有要约人特定，相对人才能够承诺并与之成立合同。特定人是外界能客观确定的人，至于其是自然人还是法人，是本人还是代理人均在所不问。自动售货机也可视为特定人。

（二）具有缔约的意图并表明一经对方承诺即受约束的意旨

一般而言，通过对行为人所使用的语言、文字、词汇等进行判断，若能发现其已经决定订约，而非准备、打算订约或者正在考虑订约，即可表明其具有订约的意图。至于提供商业信息的行为，或者行为人在表示中指出“仅供参考，不构成要约”等字样，则表明其尚未决定订约，不构成要约。

（三）内容具体确定，包含合同成立的必备条款

要约的内容必须具体确定，包含合同成立的必备条款，换言之，必须具备合同成立的最低限度内容。必备条款是合同成立必须具备的条款，合同若缺少这些条款，则不能成立。必备条款应根据合同的性质决定，合同性质不同，必备条款也会存在差异。如对买卖合同而言，至少需要具备货物名称与数量；对雇佣合同而言，必须具备劳务、价款；对无偿合同而言，价格则并非必备条款。我国以往的立法未区分合同的性质，泛泛规定合同的必备条款，实不足取。

（四）向要约人希望与之缔约的相对人发出

要约必须向相对人发出，否则，无人会作出承诺，合同无法成立。至于相对人，可以是特定人，也可以是不特定人。向特定人发出，表明要约人对谁有资格作出承诺进行了选择；向不特定人发出，是要约人广泛选择交易伙伴的需要。如商品标价陈列、自动贩卖机的设置都是典型的向不特定人发出的要约。

具备以上条件后，要约即可有效成立。值得注意的是，《民法典》第486条规定：“受要约人超过承诺期限发出承诺，或者在承诺期限内发出承诺，按照通常情形不能及时到达要约人的，为新要约；但是，要约人及时通知受要约人该承诺有效的除外。”该条将受要约人逾期同意的意思表示规定为要约，若原要约人对此为承诺，则仍可成立合同。

三、要约与要约邀请的区别

（一）概念

要约邀请是指希望他人向自己发出要约的表示。对要约邀请的性质，在理论上

存在着一定的争论，有主张为事实行为的，也有主张为意思通知的。不过，要约邀请并无法律意义，本身不能产生法律上的效果，其作用仅在引诱他人向自己发出要约，是订约的预备行为，表明当事人仍处于订立合同的准备阶段。要约为意思表示，其作用在于唤起相对人为承诺从而成立合同，不仅具有法律意义，而且能够产生一定的法律效果，对要约人和受要约人产生一定的拘束力。

（二）区分标准

在实践生活中，可以根据以下标准来区分要约与要约邀请：

1. 根据是否具有订约的目的或意图区分

如果行为人的表示表明其具有订约的目的或意图，则为要约；反之，则为要约邀请。

2. 依据是否包含合同成立的必备条款区分

如果行为人的表示包含合同成立的必备条款，则为要约：反之，则为要约邀请。

3. 根据法律规定来区分

如果法律明确规定某种行为为要约或者要约邀请，则依据法律的规定。《民法典》第473条规定："要约邀请是希望他人向自己发出要约的表示。拍卖公告、招标公告、招股说明书、债券募集办法、基金招募说明书、商业广告和宣传、寄送的价目表等为要约邀请。商业广告和宣传的内容符合要约条件的，构成要约。"不过，这一规定是任意性规定。例如，虽然商品标价陈列被规定为要约，但出卖人可在其橱窗内展示的衣服上标示"样品"的字样，从而排除其为要约。在超市或自助商店内，商品标价陈列，顾客的承诺应向商店主人或店员为之，此前，即使顾客已将商品放入购物篮中仍可随时放回。

4. 依当事人的声明予以区分

如某人的表示中有"需以我方最后确认为准""仅供参考""本提议不构成要约"等字样，显然表明此种表示是要约邀请。再如商店临街的橱窗内展示的衣服上标明"正在出售"的字样，并标有价格，则可构成要约；但如果标有"样品"的字样，即使上面附有价格，也只能是要约邀请。

5. 依交易习惯予以区分

如出租车司机将出租车停在路边招揽顾客，如果根据当地的习惯和规定，出租车可以拒载，则此种招揽是要约邀请；如果不能拒载，则认为是要约。再如当事人之间因多次从事某种物品的买卖，始终没有改变其买卖货物的品种和价格，那么根据双方的交易习惯，一方仅向对方提出买卖的数量，也可以成为要约。

6. 其他因素

其他要素包括要约是向一人还是多数人为之，是否注重相对人的身份、信用、资力、品行，是否实际接触，一方发出的提议是否使他方产生要约的信赖等。总之，应综合各种因素考虑某项提议是要约还是要约邀请。如向多数人发出的出售房屋的广告中即使包含了明确的订约目的和合同的主要条款，也应视为要约邀请。

四、要约的效力

（一）开始生效时间

要约开始生效时间，因要约为“对话的要约”抑或“非对话的要约”而有异。《民法典》颁行后，由于其总则编对意思表示生效设一般规定，因此《民法典》第474条规定：“要约生效的时间适用本法第一百三十七条的规定。”《民法典》第137条针对“以对话方式作出的意思表示”与“以非对话方式作出的意思表示”分别设置规则。

1. 对话的要约

对话的要约，从相对人知道或了解之时，开始发生效力。所谓“知道或了解”，是指依通常情形，客观上可能知道或了解。因此，相对人故意掩耳不听或者不注意而不了解，表意人的意思表示仍生效。但相对人有客观不能了解的障碍的，则以实际了解为必要。

2. 非对话的要约

一般而言，非对话的要约要经历表达（或表示）、发信、到达、了解等过程，因此，要约的生效在理论上或立法例上存在表示主义、发信主义、到达主义、了解主义等不同的做法。其中最重要的两种：一为发信主义，又称为投邮主义或者信筒规则，是指要约一经要约人发出，处于其控制范围之外即发生效力；二为到达主义，又称为受信主义，是指要约到达受要约人时才发生效力。《民法典》第137条第2款规定：“以非对话方式作出的意思表示，到达相对人时生效。以非对话方式作出的采用数据电文形式的意思表示，相对人指定特定系统接收数据电文的，该数据电文进入该特定系统时生效；未指定特定系统的，相对人知道或者应当知道该数据电文进入其系统时生效。当事人对采用数据电文形式的意思表示的生效时间另有约定的，按照其约定。”据此，非对话的要约的生效时点原则上采取到达主义。到达是指意思表示进入相对人可能支配的范围，置于相对人随时可了解内容的客观状态而言。

（二）要约效力的存续期间

要约效力的存续期间，又称为承诺期限，是要约人受要约约束的期间。该期间对要约人与受要约人均具有意义。只有在此期间内，要约人才受要约约束，期限届满，要约人不受约束；只有受要约人在此期间内作出承诺，才能成立合同。承诺期限届满，受要约人不作出承诺的，要约失去效力。承诺期限可分为约定承诺期限与法定承诺期限。

1. 约定承诺期限

要约人可以在要约中约定承诺期限。该约定承诺期限，可于要约后延长，但不得缩短。

（1）要约人仅表示终止期限时，如何计算？如“应于 2020 年 6 月 1 日前承诺”是承诺通知的发出时间应于 2020 年 6 月 1 日前，还是承诺通知的到达时间应于 2020 年 6 月 1 日前？应探求要约人的意思而定，有疑义时，应理解为承诺通知的到达时间应于 2020 年 6 月 1 日前，较符合要约人利益。

（2）要约中仅包含承诺期限时，该期限应从何时起算？如“甲要求乙一周内答复”，对此，在未规定起算期限的国家或地区存在争论，有的认为从要约的通知发出时起算，有的认为从要约的通知到达时起算。《民法典》第 482 条规定：“要约以信件或者电报作出的，承诺期限自信件载明的日期或者电报交发之日开始计算。信件未载明日期的，自投寄该信件的邮戳日期开始计算。要约以电话、传真、电子邮件等快速通讯方式作出的，承诺期限自要约到达受要约人时开始计算。”该条明确采纳发信主义，较为合理。

2. 法定承诺期限

法定承诺期限根据要约是以对话方式作出还是以非对话方式作出而呈现两种形态。

（1）以对话方式作出要约的，原则上受要约人应立即承诺。“立即”是指尽其客观上可能的迅速而言，应依据交易观念加以认定。如甲电话要约，电话中断，乙不久接通而承诺，仍属于立即承诺。当然，以对话方式作出的要约，如果要约人约定受要约人可不必立即承诺，则依其约定。

（2）以非对话方式作出要约的，存续期间为合理期间，或者说“依通常情形可期待承诺达到之时期”。一般包括三段期间：一是要约到达相对人的期间；二是相对人考虑承诺的期间；三是承诺达到要约人的期间。其中第一项、第三项较易确定，而第二项较难确定，对此，应根据交易惯例、合同类型、相对人的性质等因素加以认定。

（三）要约效力的内容

要约效力，也称为要约的拘束力，可分为对要约人的效力与对相对人的效力，又分别称为形式拘束力与实质拘束力。形式拘束力与实质拘束力具有密切联系。要约生效后，要约人不得变更要约或撤销要约，其目的在于使要约人不能妨碍相对人依其承诺而使合同成立。

1. 实质拘束力

要约的实质拘束力，也称为要约的承诺能力或承诺适格，是指要约一经相对人承诺，合同即为成立的效力。在要约生效后，相对人取得一种依其承诺成立合同的法律地位。对受要约人而言，承诺是权利而不是义务，即使要约人在要约中规定“不表态，就是承诺”，对受要约人也无拘束力，因为任何人都不能单方面为他人设定义务，这在现物要约中表现得十分明显。

2. 形式拘束力

要约的形式拘束力，是指要约生效后，在其存续期间，要约不得扩张、限制、变更或取消的效力，也称为要约的不可撤回性或不可撤销性。根据形式拘束力，要约人在要约效力存续期间，不得将要约扩张、限制、变更或取消。我国理论通说承认要约具有形式拘束力，因此，要约生效后，如果要约人扩张、限制、变更或取消要约的，均不发生效力，要约仍有效。不过，由于《民法典》承认要约的撤销制度，允许要约人在要约生效后取消要约，因此，要约的形式拘束力其实是受到一定限制的，或者说要约的形式拘束力在要约的撤销制度的范围内是被排除的。

五、要约的撤回与撤销

（一）要约的撤回

1. 概念

要约的撤回是指要约人在要约发出后并于要约到达受要约人前即要约生效前，宣告取消要约的行为。

市场行情总是瞬息万变的，或者要约人基于某种考虑需要改变计划，因此允许要约人撤回要约，不仅使要约人能够适应市场行情的变化，而且也尊重了要约人的自由意思。不仅如此，由于要约尚未到达受要约人，允许要约人撤回要约，也不影响受要约人的利益，因此无论是大陆法系还是英美法系均承认要约的撤回。

2. 生效的条件

《民法典》第 475 条规定：“要约可以撤回。要约的撤回适用本法第一百四十一条的规定。”第 141 条系有关意思表示撤回的一般规定，该条规定：“行为人可以撤回意思表示。撤回意思表示的通知应当在意思表示到达相对人前或者与意思表示同时到达相对人。”据此，撤回的通知应同时或先于要约到达受要约人，才发生撤回的效力。到达是指使相对人居于可了解的地位，如到达相对人的居所或营业所，并不要求相对人取得占有，不要求交付给相对人本人或其代理人，也不要求相对人阅读。例如，撤回的通知已投入相对人信箱，但后来被别人取走，仍发生到达的效力。若撤回的通知用挂号信送达，相对人不在，未能受领，其到达时间如何决定？在理论上存在着三种见解：第一种是邮差送达的时间；第二种是领取通知书所载最早可能领取信件的时间；第三种是实际领取信件的时间。其中，第二种兼顾双方当事人的利益，合理分配风险，较为可采。

（二）要约的撤销

1. 概念

要约的撤销是指要约人在要约生效后并于受要约人发出承诺通知前，宣告取消要约的行为。

要约到达受要约人后，受要约人可能已经了解了要约的内容，甚至可能为订立或者履行合同开展了一些准备工作，若要约人取消要约，势必影响受要约人的利益。但是，取消要约对于要约人有时也是必要的。因此，最好的方式是允许要约人取消要约，同时对此作出一定限制，以兼顾受领人信赖的保护。

2. 生效的条件

《民法典》第 476 条规定，“要约可以撤销，但是有下列情形之一的除外：（一）要约人以确定承诺期限或者其他形式明示要约不可撤销；（二）受要约人有理由认为要约是不可撤销的，并已经为履行合同做了合理准备工作。”第 477 条规定：“撤销要约的意思表示以对话方式作出的，该意思表示的内容应当在受要约人作出承诺之前为受要约人所知道；撤销要约的意思表示以非对话方式作出的，应当在受要约人作出承诺之前到达受要约人。”据此，并非所有的要约皆可被撤销，即便要约人可以撤销要约，也受到一定限制：以对话方式撤销要约的，该意思表示的内容应当在受要约人作出承诺之前为受要约人所知道；以非对话方式撤销要约的，该意思表示应当在受要约人作出承诺之前到达受要约人。由于法律对撤销要约作出了一定限制，并不允许要约人随意撤销要约，这就在一定程度上维护了要约的形式拘束力。

六、要约的消灭

要约的消灭是指要约失去拘束力，详言之，是指要约人不再受其实质的拘束，相对人无从对之为承诺而成立合同。要约的消灭不同于要约的撤回，要约的消灭以要约曾经生效为前提，是使要约“失去拘束力”，而要约的撤回则是在要约生效前取消要约，是使要约“不生效力”。根据《民法典》第478条的规定，要约失效的事由主要包括以下四种：“（一）要约被拒绝；（二）要约被依法撤销；（三）承诺期限届满，受要约人未作出承诺；（四）受要约人对要约的内容作出实质性变更。”

第三节　承诺

一、承诺的概念

承诺是指受要约人接受要约的全部条件以缔约的意思表示。要约与承诺同为合同成立的步骤与阶段，在一般情况下，这两个意思表示一个在先，一个在后，具有因果关系。

二、承诺的构成要件

案例2-2

根据《民法典》的规定，承诺的构成需要具备以下要件：

（一）必须由受要约人作出

承诺必须由受要约人作出，因为只有受要约人享有承诺的权利，其他人并不享有承诺的权利。受要约人为特定人的，承诺由该特定人作出；受要约人为不特定人的，该不特定人中的任何人皆可作出承诺。承诺可由受要约人本人作出，也可由其代理人作出。受要约人以外的第三人作出同意的意思表示，不能构成承诺，而视为发出要约。如甲向乙提出要约，乙不同意，乙的家属丙表示接受要约条件，则合同不成立，丙的行为非承诺。

（二）必须在要约的效力存续期间向要约人作出

承诺必须在要约的效力存续期间向要约人作出，否则，要约就失去效力，受要约人所作出的同意的意思表示不构成承诺。对定有存续期间的要约，应在此期间内作出。对未定有存续期间的要约，如以对话方式作出的要约，原则上承诺人必须立即承诺；如以非对话方式作出的要约，受要约人应于合理的期间内作出承诺。

无论是受要约人在要约效力存续期间届满后才作出承诺，还是在要约效力存续期间作出承诺且该承诺按照通常情形需要约效力存续期间届满后才到达相对人，都是承诺逾越要约效力存续期间到达要约人的现象，也就是逾期承诺，又称为承诺迟到。如承诺期限至 6 月 30 日，受要约人于 6 月 29 日发出书面的承诺通知，而该通知 7 月 1 日才到达要约人。《民法典》第 486 条规定：“受要约人超过承诺期限发出承诺，或者在承诺期限内发出承诺，按照通常情形不能及时到达要约人的，为新要约；但是，要约人及时通知受要约人该承诺有效的除外。”据此，逾期承诺原则上不发生承诺的效力，为新要约，原要约人欲与该逾期承诺人成立合同，则自己必须作出承诺。同时，《民法典》为了便利当事人而作出了较有弹性的设计，即要约人也可以承认该承诺的效力，不过其应当及时通知受要约人。

受要约人在要约效力存续期间作出承诺，按照通常情形能够及时到达，但由于传达故障等而超过承诺期限到达的，根据《民法典》第 487 条的规定，原则上该承诺有效，除非要约人及时通知受要约人因承诺超过期限不接受该承诺。此条中要约人通知承诺迟到，是一种事实通知，属于准法律行为的范畴。这里要约人的通知义务不是法律上的义务，违反该义务不发生损害赔偿责任。

承诺必须向要约人作出，受要约人向要约人以外的第三人作出同意的意思表示，不构成承诺，只能视为发出要约。当然，受要约人向要约人的代理人作出的，也视为向要约人作出。

（三）必须接受要约的全部实质性条件

受要约人的表示必须与要约的实质性内容保持一致才能构成承诺。不过，各立法例对要约与承诺相符性要求的程度存在着差异。传统理论认为，承诺必须是无条件的，不得对要约的内容进行任何变动，否则视为对要约的拒绝，构成反要约。英美合同法中更是存在着所谓的“镜像原则”，要求承诺必须如要约在镜子中所成的像那样与要约完全相同。其实，如果要求承诺的内容与要约的内容绝对一致、完全相同，是对合同成立设置的过高要求，不利于鼓励交易。因此，承诺制度的重要发展趋势之一就是不要求承诺与要约绝对一致，只要求两者的实质性内容保持一致。

《民法典》第488条规定："承诺的内容应当与要约的内容一致。受要约人对要约的内容作出实质性变更的，为新要约……"第489条规定："承诺对要约的内容作出非实质性变更的，除要约人及时表示反对或者要约表明承诺不得对要约的内容作出任何变更外，该承诺有效，合同的内容以承诺的内容为准。"因此，当受要约人同意要约的全部条件时，承诺固然有效；当受要约人对要约作出非实质性变更，而要约人未及时表示反对且要约未表明承诺不得对要约作出任何变更时，受要约人的承诺仍然有效，合同成立。总之，原则上，受要约人未对要约的内容作出实质性修改，受要约人的表示就构成有效的承诺，合同成立，而合同的内容则以承诺的内容为准。

何谓承诺对要约的实质性变更？《民法典》第488条规定："……有关合同标的、数量、质量、价款或者报酬、履行期限、履行地点和方式、违约责任和解决争议方法等的变更，是对要约内容的实质性变更。"该条固然较为明确，但它所列举的范围比较宽泛，这就使得立法所欲缓和合同成立严苛性的意旨难以实现。我们认为，下列情况可认定为对要约的非实质性变更：①对合同必备条款的轻微改变。②对合同非必备条款作出修改。如将履行期由3日改为4日，将履行地点由某市东站改为西站。③在承诺中添加了法定义务。如受要约人要求出售货物的要约人提供产品说明书。④若要约中包含的合同条款可分开，则对部分条款的同意也可构成承诺。当然，若要约中包含的合同条款不可分开，则对部分条款的同意不能构成承诺。如甲对乙表示出售某套图书，乙表示只购买其中第四册，由于甲出售的是整套图书，要约不可分，乙的表示不构成承诺。

（四）必须表明受要约人已经决定与要约人订立合同

承诺必须表明受要约人已经决定与要约人订立合同，换言之，受要约人要有订约的目的与意图，受要约人作出的表示足以表明他已经决定订约。若受要约人表示"我方愿意考虑你所提出的条件""原则上赞同你所提出的条件""价格甚优，但目前还有大量现货尚待出售"等，都不能表明受要约人已经决定订约，从而这些答复不能构成承诺。

（五）必须符合要约所要求的方式

要约人在要约中对承诺的方式提出要求的，原则上承诺必须按照要约人所要求的方式作出；要约人在要约中并未明确排除其他方式的，受要约人采用比要约人要求的方式更迅速的方式作出承诺，应为有效。若要约人未对承诺的方式提出要求，受要约人原则上应采用与要约相同或比要约更快的方式作出承诺。

与其他的意思表示一样，承诺可以采取明示方式作出，也可采取默示方式作出。明示的承诺，包括口头形式与书面形式，指表意人直接将效果意思表示于外，如受要约人甲向要约人乙电话表示愿以 1 万元购买某套家具。当受要约人以明示方式为承诺时，由于承诺与要约一样，均属于须受领的意思表示，因此，承诺需要通知要约人。《民法典》第 480 条规定："承诺应当以通知的方式作出；但是，根据交易习惯或者要约表明可以通过行为作出承诺的除外。"承诺通知在性质上为观念通知或意思通知，属于准法律行为的范畴。只要能将承诺的意思传达到要约人即可，无须由受要约人亲自作出。如以实际发货的方式表达承诺的意思，承运人将货物到达的信息通知要约人，只要该通知是在承诺期限内作出的，也可以发生承诺通知的效果。通知也无须专门向要约人发出，可以以广告的方式向不特定人发出，只要预期要约人会看到该广告亦可。如甲自其同事处获悉乙有兴趣购入并转售甲的商品，便主动向乙发货（现物要约），乙以在甲阅读的商业报纸上刊出该商品的出售广告的方式承诺，甲在阅读到此则广告时知悉对方的承诺。按照"到达主义"规则，报纸送到要约人甲处时合同成立。

默示的承诺包括推定形式与沉默形式。推定形式也称为行为默示形式，是指受要约人虽未以口头形式、书面形式作出意思表示，但实施了某种有目的、有意义的积极行为，从而使要约人根据常识、交易习惯或与受要约人的默契，推定受要约人作出了承诺的意思表示。受要约人以行为作出承诺，是否与明示的承诺一样，也要通知要约人？一般来说，以行为作出承诺可分为两种类型：第一种是根据交易习惯或者要约表明可以通过行为作出承诺；第二种是由受要约人自主选择通过行为作出承诺，但第一种情况除外。依据《民法典》第 480 条的规定，第一种构成意思实现，无须通知要约人。对第二种，《民法典》未设明文，我们认为，由于《民法典》未将其列入无须通知的范围，因此其也要受"承诺须经通知"原则的拘束。

默示的承诺也需要通知要约人，受要约人应如何通知？大体而言，承诺的通知可区分为两种类型：一是承诺的行为直接向要约人作出，此时承诺的行为与承诺的通知集合为一体。如要约人甲发函表示愿以某价格购买受要约人乙的某产品，乙未作明示的承诺而直接送货上门。二是承诺的行为并非直接向要约人作出，则需要受要约人另作承诺通知。如要约人甲愿意购买受要约人乙的某产品，由受要约人乙送货给第三人丙，此时，仅有乙送货上门的行为，尚不能发生承诺的效力，只有在乙将关于送货上门的信息传达给要约人甲时，合同才能成立。当然，乙的通知既可以在送货前作出，如乙表示"我将送货给丙"，也可以在送货后作出，如乙表示"我已将货物送给丙”。

沉默也称为单纯的缄默，是指既无语言表示也无积极行为。一般而言，承诺不能采用沉默形式，沉默不能构成承诺。不过，在例外的情况下，沉默可以构成承诺。《民法典》第140条第2款规定：“沉默只有在有法律规定、当事人约定或者符合当事人之间的交易习惯时，才可以视为意思表示。”据此，在有法律规定、当事人约定或者符合当事人之间的交易习惯时，沉默可构成承诺。详言之：①依照法律特别规定。如根据《民法典》第638条第1款的规定，在试用买卖中，若试用期间届满，买受人对是否购买标的物未作表示的，其沉默视为购买。②受要约人先前向要约人发出要约邀请，在要约邀请中表示，对方向自己发出要约后，自己不作出答复的，对方就可送货。③双方当事人达成初步协议后，一方更改初步协议中的某些条款，要求对方就这些条款修改尽快作出答复，并提出如不在规定的时间内答复，则视为接受。④依法律规定负有承诺义务者，若没有拒绝要约，则其沉默视为承诺。⑤依据交易习惯，一方发出要约后另一方在规定时间内不作出意思表示或者实施积极行为，其沉默也可构成承诺。

三、承诺的生效

（一）生效开始的时间

在世界范围内，对承诺何时生效，主要存在着发信主义与到达主义两种不同的立法例。《民法典》第484条则将承诺是否以通知的方式作出视为区分标准，兼采以上两种模式，即“以通知方式作出的承诺，生效的时间适用本法第一百三十七条的规定。承诺不需要通知的，根据交易习惯或者要约的要求作出承诺的行为时生效”。

（二）生效的后果

《民法典》第483条规定：“承诺生效时合同成立，但是法律另有规定或者当事人另有约定的除外。”承诺生效的基本后果是合同成立，即合同的产生或形成。相较于《合同法》第25条，该条增加了但书条款。其原因在于，承诺生效时合同成立仅是合同成立的一般原则。在例外的场合，承诺生效时合同仍未成立，仍有待于法律所规定的特殊条件或当事人所约定的特殊条件的成就。

《民法典》第483条所称“法律另有规定”的情形包括《民法典》第490条、第491条规定的特殊情形下合同成立的特殊规则，第586条第1款有关定金合同成立、第679条有关自然人之间借款合同成立、第814条有关客运合同成立、第890条有关保管合同成立的规定亦复如此。《民法典》第483条所称“当事人另有约定”的情形在《民法典》上亦有明确体现。如第814条规定：“客运合同自承运人向旅客出具客票时成立，但是当事人另有约定或者另有交易习惯的除外。”第890条规定：“保管合同自保管物交付时成立，但是当事人另有约定的除外。”这两条中均允许当事人“另有约定”。此外，当事人完全可以针对诺成合同特别约定该合同在完成特定给付行为时成立。

（三）承诺的撤回

承诺的撤回是指受要约人发出承诺后到达要约人之前，宣告取消承诺的行为。《民法典》第485条规定：“承诺可以撤回。承诺的撤回适用本法第一百四十一条的规定。”据此，撤回承诺的通知应当在承诺通知到达要约人前或者与承诺通知同时到达要约人。此外，如果撤回承诺的通知，依照通常情形应先于或者同时于承诺达到要约人，但因传达故障而迟于承诺到达，则除要约人及时通知承诺撤回迟到因而不发生撤回承诺的效力外，承诺撤回的通知仍然有效。

第四节　以合意成立合同的其他方式

一、交叉要约与同时表示

交叉要约又称为交错要约、要约交错或者要约的吻合，是指当事人偶然的互为同一内容的要约。如甲向乙发出以10万元出售A房屋的要约，而乙也恰好向甲发出愿意以10万元购买A房屋的要约。此际，虽然乙的表示与甲的表示完全吻合，但由于乙根本不知甲已向其发出要约，因此，乙的意思表示不构成承诺。

交叉要约可否成立合同，在德国民法典制定之际，存在着较大争论，有实质说与形式说两种不同的观点。实质说认为，既然两个意思表示的内容一致，自然可成立合同。形式说则认为，合同仅能依据要约与承诺的方式成立，在交叉要约的情形下，只有其中之一是对要约为承诺，合同才能成立。由于分歧较大，德国民法典对交叉要约未设明文。不过，在德国民法典制定之后，实质说占据优势地位。在我国台湾地区，其民法对交叉要约也未作出规定，不过，通说认为可以成立合同。我们认为，在交叉要约中，双方当事人的意思表示不仅在内容上一致，而且均有与相对人缔约的意思，完全符合合同的成立要件，因此可以成立合同。在合同的成立时间上，应认为较后的要约到达相对人时为合同成立之时。

交叉要约往往发生在非对话的意思表示的场合。在对话的意思表示的场合，若双方当事人同时为同一内容的意思表示，如对他人草拟的合同文本，双方当事人同时同意，一般不称为交叉要约而称为“同时表示”。双方当事人为同时表示，合同亦可成立。

二、意思实现

意思实现是承诺意思依一定行为而实现的简称，是指根据交易习惯或者要约的声明，受要约人可以行为作出承诺且不需要通知，则在受要约人作出该有可认为承诺意思的行为时承诺生效，合同成立。

对意思实现的本质，在理论上存在着一定的分歧。有认为它并非意思表示的，有认为它属于一种广义的意思表示的，还有认为它在本质上仍可作为一种意思表示的。我们认为，无论怎样看待意思实现与默示的承诺之间的关系，意思实现以有承诺意思为必要，在本质上仍属于意思表示的范畴。

《民法典》第480条规定：“承诺应当以通知的方式作出；但是，根据交易习惯或者要约表明可以通过行为作出承诺的除外。”第484条第2款规定：“承诺不需要通知的，根据交易习惯或者要约的要求作出承诺的行为时生效。”这两条规定包含了意思实现制度的内容。根据这两条规定，意思实现的构成需要具备以下要件：

（一）承诺不需要通知

因意思实现而成立合同，不需要通知要约人，这对双方当事人利益的影响皆甚巨，故须限于特别情形。这主要包括两种情形：一是根据交易习惯，承诺不需要通知。如房客可自由取出宾馆房间内冰箱中的饮料或食品，最后统一结算。二是根据要约的声明或者要求，承诺不需要通知。如甲向乙紧急购物，嘱咐乙即刻发货。

（二）受要约人作出有可认为承诺意思的行为

该要件包含以下两个方面的要素：

1. 作出可认为承诺的行为

这主要包括履行行为与受领行为。履行行为，即受要约人履行因合同成立所负担的债务，如寄送邮购的物品；为履行合同进行准备，如旅馆为旅客预留房间。受领行为，即受要约人行使因合同成立所取得的权利的行为，如拆阅现物要约寄来的杂志。

2. 行为人具有承诺意思

在依意思实现方式缔约的场合，应否考虑作出可认为承诺行为的人的真实意思？如寄送试阅的杂志以后，继续寄送的杂志不再盖有试阅字样，收受人误认为试阅而开封阅读，合同能否成立？对此，在理论上存在不同观点。我们认为，默示的承诺与意思实现虽有差异，但在具备“承诺意思”上并无不同。意思实现也应当作为意思表示来加以处理。对误拆现物寄来的杂志这一行为而言，传统观点认为，因无表示意思，该行为不成立意思表示，当然也不构成承诺，进而不能成立合同；现在的观点则认为，因表示意思并非意思表示的要素，该行为仍可构成承诺，唯受要约人可以错误为由主张撤销该合同。

三、竞争缔约

竞争缔约并非对以要约承诺方式缔约的背离。它只是在缔约过程中引入竞争机制，从而使合同订立更为公平与有效而已。比较典型的竞争缔约包括拍卖与招标投标。

（一）拍卖

拍卖是指以公开竞价的方式，将特定物品或者财产权利转让给最高应价者的买卖。因此，拍卖非私卖，而是公卖，即非由当事人私下就交易条件进行协商，而是将买卖的物品、时间、地点以及相关的事项予以公告，其所面向的是不特定第三人。

作为一种特殊的买卖形式，拍卖合同的订立具有特殊性。在拍卖中，需要由竞买人竞价，由最高应价者购得拍卖物，进而成立合同。拍卖合同成立过程中有以下较为典型的行为：一是发布拍卖公告。《中华人民共和国拍卖法》（以下简称《拍卖法》）第45条规定：“拍卖人应当于拍卖日七日前发布拍卖公告。”第46条规定，“拍卖公告应当载明下列事项：（一）拍卖的时间、地点；（二）拍卖标的；（三）拍卖标的展示时间、地点；（四）参与竞买应当办理的手续；（五）需要公告的其他事项。”拍卖公告在性质上属于要约邀请（参见《民法典》第473条）。二是竞买人出价。该行为在性质上属于要约。为最大限度保障竞买人参与竞买的公平性，《拍卖法》第22条规定：“拍卖人及其工作人员不得以竞买人的身份参与自己组织的拍卖活动，并不得委托他人代为竞买。”三是拍定。拍定是拍卖人以拍板、击槌或其他惯用方式确定拍卖合同成立或宣告竞争终结的行为，在性质上为承诺。《拍卖法》

第 51 条规定："竞买人的最高应价经拍卖师落槌或者以其他公开表示买定的方式确认后，拍卖成交。"拍卖成交后，买受人（竞买人）和拍卖人应当签署成交确认书。当然，拍卖合同的当事人为委托人（出卖人）与买受人，拍卖人并非拍卖合同的当事人。

（二）招标投标

招标是指提出招标项目、进行招标的法人或其他组织以招标公告或招标邀请的方式，向不特定人或向特定的多个当事人发出的、以吸引或邀请相对方发出要约为目的的意思表示。投标则是投标人（出标人）按照招标人提出的要求，在规定的期间内各自秘密地制作投标文件向招标人发出的以订立合同为目的、包括合同全部条款的意思表示。

招标投标买卖一般经过三个阶段，即招标、投标、中标。在投标人投标之后，应当进入评标程序。评标委员会完成评标后，应当向招标人提出书面评标报告，并推荐合格的中标候选人。从性质上看，招标公告为要约邀请（参见《民法典》第 473 条），因为招标人实施招标行为是订约前的预备行为，其目的在于引诱更多的相对人提出要约，从而使招标人能从更多的投标人中选择条件最佳者并与之订立合同。投标为要约。招标人向投标人发出中标通知书为承诺。相较于一般的买卖合同，招标投标买卖在订约程序上更为复杂。依据《中华人民共和国招标投标法》第 46 条的规定，招标人与中标人应当自中标通知书发出之日起三十日内，按照招标文件和中标人的投标文件订立书面合同。招标人和中标人不得再行订立背离合同实质性内容的其他协议。在合同订立以后，中标人应当按照合同约定履行义务，完成中标项目。中标人不得向他人转让中标项目，也不得将中标项目支解后分别向他人转让。

第五节　非基于合意成立合同

当事人借合意而成立合同，乃是合同成立的最基本的形式，其中，合同依要约与承诺而成立最为寻常。此外，交叉要约、同时表示、意思实现也属于借合意而成立合同的方式。不过，在合意的方式之外，合同亦可不基于合意而成立，最为典型的有强制缔约、事实上的合同关系与格式条款三种形式。当然，以强制缔约、格式条款等方式成立合同，其中是否全无意思的因素，甚至事实上的合同关系本身能否存在，都还存在着较大分歧。

一、强制缔约

（一）概念

强制缔约，又称为强制契约、契约强制、契约缔结之强制或强制性合同，一般有广义与狭义之分。广义的强制缔约不仅包括受要约人对要约人的要约有承诺的义务的情形，而且包括特定的主体有向他人发出要约的义务的情形。狭义的强制缔约则仅指前者。《民法典》对这两种情形均作了规定。《民法典》第494条第2款规定："依照法律、行政法规的规定负有发出要约义务的当事人，应当及时发出合理的要约。"此为强制要约，如法律规定机动车车主应当办理强制保险。《民法典》第494条第3款规定："依照法律、行政法规的规定负有作出承诺义务的当事人，不得拒绝对方合理的订立合同要求。"此为强制承诺，即个人或企业负有应相对人之请求，与其订立合同的义务，即对相对人之要约，非有正当理由不得拒绝承诺。强制承诺相较于强制要约更为普遍，因此被称为狭义的强制缔约。

（二）类型

根据违反强制缔约义务的后果的不同，强制缔约可以分为直接的强制缔约与间接的强制缔约两个基本类型。

1. 直接的强制缔约

对直接的强制缔约而言，当负有缔约义务的一方不接受他方的要约时，要约人得诉请公权力介入，强制受要约人为承诺的意思表示；对间接的强制缔约而言，受强制而有缔约义务的一方虽然对他方的要约有为承诺的义务，但是，如果缔约义务人拒绝承诺，要约人只能依民法关于侵权行为的规定请求损害赔偿，因为滥用法律上或者事实上的独占地位，特别是居于这种优势地位的企业拒绝以一般所接受的且妥当的条件来缔约是违反善良风俗的行为。综观大陆法系国家或者地区民法的规定，直接的强制缔约一般包括越界建筑、法定地上权的成立、法定租赁权的成立、承揽人抵押权的成立、共有人以及承租人优先购买权、土地所有人对地上权人工作物的购买权等。

2. 间接的强制缔约

间接的强制缔约义务主要包括以下类型：

（1）公用事业的强制缔约义务。《民法典》第648条第2款规定："向社会公众供电的供电人，不得拒绝用电人合理的订立合同要求。"《民法典》第810条规定："从事公共运输的承运人不得拒绝旅客、托运人通常、合理的运输要求。"《中华人民共和国电力法》第26条第1款规定："供电营业区内的供电营业机构，对本营业区内的用户有按照国家规定供电的义务；不得违反国家规定对其营业区内申请用电的单位和个人拒绝供电。"立法规定公用事业的强制缔约义务的原因在于，这些事业具有独占的性质，如果允许其享有缔约自由或者选择相对人的自由，必将危害一般公众的日常民生需要，因此，法律强使此类公用事业负有强制缔约的义务，非有正当理由，不得拒绝消费者的缔约请求。

（2）基于特定身份或职业而发生强制缔约义务。如《中华人民共和国医师法》第27条第1款规定："对需要紧急救治的患者，医师应当采取紧急措施进行诊治，不得拒绝急救处置。"由于医护人员承担着救死扶伤的社会职责，因此其所承担的强制缔约义务是医学伦理法律化的结果，或者说将伦理规范法律化以加强其强制性质。

二、事实上的合同关系

传统合同法理论认为，合同仅能依双方当事人意思合致的缔约方式而成立，此外别无其他建立合同关系的途径。但是，德国学者豪普特于1941年1月29日提出了"事实合同关系理论"。所谓事实上的合同关系，简言之，就是并非因合同的缔结而是因事实过程而成立合同关系。它的基本类型包括：基于社会接触而生的事实上的合同关系、基于团体关系而生的事实上的合同关系、基于社会给付义务而生的事实上的合同关系。事实合同关系理论的核心，是主张用一种"客观的事实过程"取代主观的"法律效果意思"，以期重构合同的概念，这对以合意为中心价值体系的传统民法无疑造成了颠覆性的冲击。

我们认为，虽然事实合同关系理论者标新立异的勇气令人感佩，但该理论的合理性还是大有可疑之处。如事实上的合同关系的概念能否成立，就颇值得怀疑。合同的基本精神在于自主决定，非有意思合致，不能成立合同，换言之，合同关系在本质上是一种基于意思合致而成立的法律关系，而当事人在事实行为中并无创设规律彼此之间权利义务规范的意思。因此，以该事实行为为基础而成立的法律关系绝无为合同关系的可能性。在此意义上，所谓事实上的合同关系是一个自相矛盾的概念。此外，事实合同关系理论存在着相当的危险性。事实行为固然是一个客观的范畴，但究竟哪些事实行为可以创设规律当事人行为的合同法律关系，是取决于立法者或者裁判者的意思。对当事人而言，虽然并未"自主决定"，但要"为之负责"，承受国家机关为其创设的权利义务。这一理论显然呈现出强烈的整体主义的倾向。

三、格式条款

（一）概念与特征

根据《民法典》第496条的规定，格式条款是当事人为了重复使用而预先拟定，并在订立合同时未与对方协商的条款。格式条款的概念与格式合同的概念有一定差异，格式合同在其他国家或地区也称为标准合同、附合合同、定型化合同等，指的是全部合同条款均由格式条款构成的合同。在实践中，一个合同的条款固然可能全由格式条款组成，但亦可能仅包含一条或数条格式条款，即格式条款仅是该合同的部分条款，除格式条款外，该合同还具有非格式条款。《民法典》使用格式条款的概念，使其调整范围更为广泛，具有合理性，其规定既可适用于格式合同，也可适用于具有格式条款的非格式合同。

格式条款具有以下特征：

第一，条款由单方预先拟定。格式条款是由一方当事人在缔约前预先拟定，而不是在双方当事人反复协商的基础上制定出来的。该拟定方也称为条款使用方或提供方，往往为固定提供某种商品或服务的公用事业部门、企业和有关的社会团体。当然，有关政府部门有时也可能为企业制定格式条款，如电报稿上的发报须知、飞机票的说明等。一般来说，条款拟定方预先拟定格式条款是为了与不特定多数人重复缔约之用而非一次性使用。

第二，条款未与对方协商。由于格式条款是一方预先拟定的，因此格式条款也就是在订立合同时不能协商的条款，具有不可协商性。格式条款普遍适用于一切与拟定方订立合同的不特定相对人，这些条款构成为一个整体，具有定型化特征。对之，相对人要么全部同意，要么全部不同意，即“接受或离开”，而不能对条款的内容加以修改或变更。此外，在格式条款适用过程中，要约人与承诺人的地位是固定的，而不像一般合同在订立过程中，要约人与承诺人的地位可以随时改变。

第三，格式条款的细节性。条款拟定方提出的条款，往往对他们与相对人之间的权利义务作出详细安排。这种细节性为相对人只要作出同意的意思表示即可导致合同成立提供了可能性。

第四，格式条款适用于不特定相对人，且相对人处于附从地位。与格式条款拟定方发生交易订立合同的人，往往是社会上分散的主体，尤其是广大消费者，这也使得格式条款是为不特定相对人拟定的，而不是为特定相对人拟定的。不仅如此，由于相对人不参与协商过程，只能对拟定方制定的格式条款概括地加以接受或不接受，不能与拟定方就合同条款讨价还价，因此相对人在合同关系中处于附从地位。这既使相对人的合同自由受到限制，也极易造成对相对人利益的损害。

（二）格式条款订入合同

《民法典》第496条第2款规定："采用格式条款订立合同的，提供格式条款的一方应当遵循公平原则确定当事人之间的权利和义务，并采取合理的方式提示对方注意免除或者减轻其责任等与对方有重大利害关系的条款，按照对方的要求，对该条款予以说明。提供格式条款的一方未履行提示或者说明义务，致使对方没有注意或者理解与其有重大利害关系的条款的，对方可以主张该条款不成为合同的内容。"该款明定条款拟定方的提示与说明义务，以在一定程度上矫正因格式条款并非与相对人自由协商从而损害相对人自由的现象，是在程序上保护相对人的利益。

1. 提示、说明义务的范围

《合同法》第39条规定："……提供格式条款的一方应当……采取合理的方式提请对方注意免除或者限制其责任的条款，按照对方的要求，对该条款予以说明……"依此规定，条款拟定方提示、说明义务的范围仅限于"免除或者限制其责任的条款"，而《民法典》第496条的表述是"免除或者减轻其责任等与对方有重大利害关系的条款"，进一步扩大了条款拟定方提示、说明义务的范围。后者显然更为合理。据此：首先，条款拟定方应提请对方注意的是"与对方有重大利害关系的条款"。这是一种高度概括的表述，显然有解释空间，且应根据个案予以具体化。但毫无疑问，它不以限制或免除其责任的条款为限，其他较典型的情形还应包括限制或排除对方权利、加重对方责任的条款等。其次，该条采取了"列举加兜底"的立法技术，判断"有重大利害关系"的条款时，应将"免除或者减轻其责任"条款作为标准，即只有达到与"免除或者减轻其责任"相同程度，才能认定为"有重大利害关系"的条款。最后，该条未要求条款拟定方提请对方注意所有格式条款，而是限于"与对方有重大利害关系的条款"，毕竟格式条款的内容宽泛，而且并非一律不公平，因此将提请注意的范围限制在"与对方有重大利害关系的条款"也有助于节约交易成本、鼓励交易。

2. 合理的方式

格式条款拟定方履行提示、说明义务应"采取合理的方式"。在判断该方履行义务是否"合理"时，可考虑以下因素：①记载条款的载体的外观。记载了格式条款的载体从外观上看能给人以一种它记载了足以影响当事人权利义务条款的印象，否则相对人可能会认为它是随随便便的一张纸，根本不重视，不会去阅读。②提请注意的方法。原则上应个别提请注意，只有当个别提请注意在事实上存在困难时，才可以采用告示的方法提请注意。③条款清晰明白的程度。一般而言，个别提请注意的，其条款应清晰明白；公开提请注意的，其条款不仅应清晰明白，而且也要醒目，并悬挂在订约地点。④提请注意的时间。必须在合同成立前提请注意，如果在合同订立后提请注意，则条款不能成为合同的内容。⑤提请注意的程度。提请注意应该达到引起一般相对人注意的程度。若一个正常人都难以注意到格式条款的存在，则很难说其尽到了以合理方式提请注意的义务。

3. 未履行提示、说明义务的后果

根据《民法典》第496条第2款的规定，条款拟定方提示义务与说明义务的履行存在差异。履行说明义务，应以“对方的要求”为前提。如果对方未要求，则条款拟定方仅负有提示义务。若条款拟定方未以合理方式履行提示、说明义务，其法律效果如何？该款规定：“……提供格式条款的一方未履行提示或者说明义务，致使对方没有注意或者理解与其有重大利害关系的条款的，对方可以主张该条款不成为合同的内容。”若格式条款不成为合同内容，则无须对没有订入合同的条款进行效力判断。当然，即使条款拟定方未履行提示与说明义务，但相对人仍接受格式条款的，该条款仍可成为合同的内容。

（三）格式条款的解释

格式条款订入合同后，它就成为合同的内容。在审查格式条款内容的有效性之前，应当先解释该条款的含义，此即格式条款之解释优先于该条款有效性之审查。《民法典》第498条规定：“对格式条款的理解发生争议的，应当按照通常理解予以解释。对格式条款有两种以上解释的，应当作出不利于提供格式条款一方的解释。格式条款和非格式条款不一致的，应当采用非格式条款。”据此，对格式条款的解释，应遵循以下规则：

1. 按照通常理解予以解释

由于格式条款不是为特定的个人制定的，而是为不特定的多数人制定的，因此，应当考虑多数人对该条款的理解，即对格式条款应当以可能订约者一般、合理的理解对格式条款予以解释。具体而言：首先，格式条款的解释，应超脱于具体的订约环境与特别的意思表示，换言之，除了当事人有特别约定，不应把各个具体的订约环境或特别的意思表示作为解释格式条款的考虑因素。其次，对某些特殊的术语，应作出通常的、日常的或通俗的解释。若条款涉及的知识或术语不能为某个可能订约者所理解，则应以可能订约者的一般、合理的理解为基础进行解释。条款制定者

不能主张该条款具有特殊含义。若可能订约者本身是具有专业知识的人，当然应就该条款所使用的特殊术语作出解释。再次，格式条款经过长期使用后，消费者对其中某些用语的理解与条款提供者的理解不同时，应以消费者的理解为标准进行解释。最后，应根据不同地域、职业团体的可能订约者的一般、合理的理解来解释合同。

2. 对条款提供者作不利的解释

之所以要对条款提供者作不利的解释，是因为条款是由提供者拟定的，提供者可能制定出对自己有利的条款，还可能故意使用意思不明确的文字损害相对人利益，甚至基于其优势地位将不合理的解释强加给相对人。因此，为了维护相对人利益，有必要作出对条款提供者不利的解释。如某保险公司的“老来福终身寿险条款”规定的免责事由包括“被保险人违反法律、法规或其他犯罪行为”，该条款既可理解为被保险人的违法行为与犯罪行为，也可理解为被保险人的犯罪行为。对此，解释为“被保险人的犯罪行为”较为妥适。

3. 格式条款与非格式条款不一致时，采用非格式条款

非格式条款是当事人个别磋商而约定的条款。当格式条款与非格式条款不一致时，应采用非格式条款，这既体现了当事人的意思，也有利于保护相对人的利益。

（四）格式条款的有效性

1. 格式条款内容控制的概括规定

《民法典》第496条第2款规定：“采用格式条款订立合同的，提供格式条款的一方应当遵循公平原则确定当事人之间的权利和义务……”该条将公平原则作为我国格式条款内容控制的概括规定。公平原则在格式条款内容控制中处于基础性地位。

2. 格式条款无效的具体情形

《民法典》第497条规定，“有下列情形之一的，该格式条款无效：（一）具有本法第一编第六章第三节和本法第五百零六条规定的无效情形；（二）提供格式条款一方不合理地免除或者减轻其责任、加重对方责任、限制对方主要权利；（三）提供格式条款一方排除对方主要权利。”该条规定了格式条款无效的数种具体情形。

（1）绝对无效情形。《民法典》第497条第1项引用了适用于所有民事法律行为的无效规范。该条中“本法第一编第六章第三节”是指《民法典》总则编第六章第三节“民事法律行为的效力”。这一部分无效的民事法律行为包括：无民事行为能力人实施的民事法律行为（《民法典》第144条），违反法律、行政法规的强制性规定的民事法律行为（《民法典》第153条第1款），违背公序良俗的民事法律行为（《民法典》第153条第2款），恶意串通的民事法律行为（《民法典》第154

条)。“本法第五百零六条”是有关免责条款无效的规定，即“合同中的下列免责条款无效：(一) 造成对方人身损害的；(二) 因故意或者重大过失造成对方财产损失的。”

(2) 不合理的权利失衡条款。《合同法》第 40 条规定：“……提供格式条款一方免除其责任、加重对方责任、排除对方主要权利的，该条款无效。”《民法典》第 497 条则规定：“有下列情形之一的，该格式条款无效……(二) 提供格式条款一方不合理地免除或者减轻其责任、加重对方责任、限制对方主要权利……”相较于前者，《民法典》增设了“减轻其责任”“限制对方主要权利”的情形，使列举更为周密完整，更重要的是，《民法典》还增加了“不合理地”的限定语，这一增加是合理的。依据《合同法》第 40 条的文义，只要提供格式条款一方免除其责任、加重对方责任、排除对方主要权利，该条款就“一律”无效。此种规定固有助于保护相对人的利益，但也欠妥当：首先，该规定过于绝对与刚性，有矫枉过正之弊。如果格式条款一概不能免除条款拟定方的责任、加重对方责任，则将在一定程度内压缩民事主体使用格式条款的空间。其次，该规定导致《合同法》第 39 条第 1 款与第 40 条之间存在冲突。《合同法》第 39 条第 1 款规定：“采用格式条款订立合同的，提供格式条款的一方应当……提请对方注意免除或者限制其责任的条款……”第 40 条规定：“……提供格式条款一方免除其责任、加重对方责任、排除对方主要权利的，该条款无效。”前者允许使用该类条款，后者则规定此类条款无效，条款拟定方难以措其手足。

(3) 排除对方主要权利条款。《民法典》第 497 条将“提供格式条款一方排除对方主要权利”单列为一项，并且没有“不合理地”的限定。“排除对方主要权利”这一表述本身即揭示该行为程度特别严重，其效力应当为无效。换言之，格式条款所影响的相对人权益的重大性与格式条款内容控制的严重性成正比。“排除对方主要权利”的格式条款使得合同成立之时便丧失了正当性的根基，其不合理性、不公平的程度较其他情形更甚，很显然会导致相对人遭受不公平的对待，客观上已然具备不合理的特征，不必以“不合理”的定语加以限制。

具有上述情形之一，格式条款即为无效，即使它业已成为当事人之间合同的一部分，但也不能发挥规范效力。《民法典》第 156 条规定：“民事法律行为部分无效，不影响其他部分效力的，其他部分仍然有效。”因此，格式条款无效并不意味着含有格式条款的整个合同无效。若格式条款无效不影响其他合同条款效力，则其他合同条款仍然有效。当然，若格式条款无效影响其他合同条款效力，则合同全部无效。

第六节　合同成立的时间与地点

一、合同成立的时间

（一）一般规则

《民法典》第483条规定：“承诺生效时合同成立，但是法律另有规定或者当事人另有约定的除外。”此为我国法律确定合同成立的时间的一般规则，即承诺生效时，合同成立。承诺可能需要通知亦可能不需要通知。承诺需要通知的，在承诺通知到达要约人时，合同成立；承诺不需要通知的，则根据交易习惯或者要约的要求，受要约人作出承诺的行为时，合同成立。

（二）特别规则

1. 采用合同书形式订立的合同，自签名、盖章或者按指印时成立

《民法典》第490条规定：“当事人采用合同书形式订立合同的，自当事人均签名、盖章或者按指印时合同成立……”这是针对“合同自承诺时生效”规则的例外规定。合同书是指记载合同内容即当事人合意的文件或文字凭据。根据该规定，凡是依据法律、行政法规规定或者当事人约定必须采用合同书形式订约的，在经过了要约、承诺的缔约程序后，合同还不能成立，只有当事人均在合同书上签名、盖章或者按指印时，合同才能成立。签名、盖章或者按指印不在同一时间的，则在最后完成签名、盖章或者按指印时合同成立。

2. 采用确认书形式订立的合同，自签订确认书时成立

《民法典》第491条第1款规定：“当事人采用信件、数据电文等形式订立合同要求签订确认书的，签订确认书时合同成立。”首先，该款中的“等形式”，应当是除合同书、信件、数据电文外的与信件、数据电文性质相同且适于远程交易磋商的其他书面形式或者兼具口头形式与书面形式的混合形式。其次，确认书是指订立合同的双方当事人为了确认在订立合同过程中所达成协议的具体内容而签订的合同条款确认文书。当事人采用信件、数据电文等形式订约时，在磋商过程中，可能会发生多次的文件资料往来。这些文件的内容可能不尽相同，此际，当事人虽达成了协议，但可能在以何种文件作为确定合同内容的标准上仍存在分歧。为了避免此种情况的发生，双方当事人可能会通过签定确认书以明确一个双方都认可的标准合同文本。签订确认书就具有表征确认合同成立的作用。最后，该款中“要求签订确认书的”措辞意味着，是否签订确认书不是强制性的，而是当事人的自由。如果采用信件、数据电文等形式订立合同的当事人没有要求签订确认书，则合同的成立时间不是依该条，而是依《民法典》第 483 条、第 490 条等规定来确定。值得注意的是，确认书不仅可对既存协议作非实质性变更，而且可对之作实质性变更，此际确认书使双方当事人达成的新的合意。

3. 通过互联网订立的合同，自选择商品或者服务并提交订单成功时成立

《民法典》第 491 条第 2 款规定：“当事人一方通过互联网等信息网络发布的商品或者服务信息符合要约条件的，对方选择该商品或者服务并提交订单成功时合同成立，但是当事人另有约定的除外。”当事人一方通过互联网等信息网络发布商品或者服务信息，无论其行为是经营性活动，还是非经营性活动（如行为人利用互联网零星出售二手物品、闲置物品等），只要发布的信息符合要约条件，另一方当事人即可对之作出承诺从而成立合同。当事人选择商品或者服务并提交订单的行为在性质上属于《民法典》第 480 条所规定的“通过行为作出承诺”，不需要通知发布信息的当事人。无论发布信息的当事人是否以及何时收到承诺方提交订单成功的通知，均不影响合同的成立。《民法典》第 491 条第 2 款中“当事人另有约定的除外”意味着当事人可以基于自由意思就合同成立的时间作出与该款确立的标准不一致的约定，如当事人可约定买受人付款后合同成立。

二、合同成立的地点

合同成立的地点与合同成立的时间具有密切联系，合同成立的时间是确定合同成立的地点的重要因素。确定合同成立的地点具有重要的法律意义。合同成立后，若因合同发生纠纷，则合同成立的地点对于确定合同纠纷的诉讼管辖以及确定解决纠纷的准据法具有很大的影响。

（一）一般规则

根据《民法典》第 492 条第 1 款的规定，承诺生效的地点为合同成立的地点。这是确定合同成立的地点的一般规则。承诺需要通知时，无论是以对话方式通知，还是以非对话方式通知，承诺通知到达要约人时生效，此际合同成立的地点就是要约人所在地；承诺不需要通知时，因根据交易习惯或者要约的要求作出承诺的行为时合同成立，此际，合同成立的地点为承诺行为作出地。

（二）特别规则

1. 采用数据电文形式订立的合同

《民法典》第492条第2款规定："采用数据电文形式订立合同的，收件人的主营业地为合同成立的地点；没有主营业地的，其住所地为合同成立的地点。当事人另有约定的，按照其约定。"该款中的"收件人"在文义上是指收据电文的收件人，但显然应对其作限缩解释，即它是包含着承诺内容的数据电文的收件人，即要约人。数据电文形式不同于传统的口头或书面订约方式的一个重要特点在于：数据电文形式建立在现代电子技术的基础上，突破了传统的地理概念，其收件装置的地址具有模拟性，如电子邮件的收件人无论身处何方，只要其电脑中装有电子邮件信箱，就可随时随地收到发件人发来的邮件。其实际地址的变化对邮件的接收不产生影响。此际，若仍以承诺生效的地点，即要约人电子信箱实际所在的地点作为合同成立的地点，势必徒增困扰。有鉴于此，法律不以数据电文收件装置的实际地点，而直接以收件人的主营业地作为合同成立的地点；若当事人没有主营业地，则以其住所地作为合同成立的地点。该款中的"没有主营业地"包含两种情形：一是商事主体有多个营业地，但无法判断出哪一个是主营业地；二是根本就没有主营业地。此外，基于私法自治原则，若当事人对以数据电文形式订约的地点另有约定，则以当事人约定的地点作为合同成立的地点。

2. 采用合同书形式订立的合同

《民法典》第493条规定："当事人采用合同书形式订立合同的，最后签名、盖章或者按指印的地点为合同成立的地点，但是当事人另有约定的除外。"当事人采用合同书形式订立合同时，合同自当事人双方签名、盖章或者按指印时成立，因此当事人签名、盖章或者按指印的地点也就是合同成立的地点。签名、盖章或者按指印不在同一地点的，以最后签名、盖章或者按指印的地点为合同成立的地点。同样，基于私法自治原则，当事人可以对合同成立的地点作出不同于法定标准的约定。《民法典》第493条在《合同法》第35条的基础上增加除外条款，目的就是明确说明这一宗旨。

3. 采用确认书形式订立的合同

《民法典》未明确规定采用确认书形式订立合同时合同成立的地点。我们认为，以确认书形式订立的合同的成立地点，应根据该确认书在合同成立中的地位加以确定：若签订合同确认书为当事人事先约定的成立合同必须满足的特殊方式，即签订确认书时合同成立，则应以当事人签订确认书的地点为合同成立的地点；若确认书仅具有对已经达成的合同进行确认的功能，则应以先于合同确认书而存在的且表明合同已成立的初步协议或意向书的签订地点为合同的成立地点。

三、特殊情形下合同成立的时间与地点

为了尊重当事人的真实的意思并兼顾交易便利，《民法典》第 490 条规定："……在签名、盖章或者按指印之前，当事人一方已经履行主要义务，对方接受时，该合同成立。法律、行政法规规定或者当事人约定合同应当采用书面形式订立，当事人未采用书面形式但是一方已经履行主要义务，对方接受时，该合同成立。"该内容例外地承认违反形式要求的合同可以成立。对这两种情形下的合同成立的时间和地点，可以根据具体的情形，以接受对方当事人履行主要义务的时间为合同的成立时间，以接受对方当事人履行主要义务的地点为合同的成立地点。

第七节 合同成立的效果

一、合同成立的直接效果

合同一旦成立，即便尚未有效或生效，也会直接发生法律效果——该合同发生约束力。这典型地表现在双方当事人皆要受合同约束。当然，该合同只有进一步符合有效要件，才能发生一方当事人请求另一方当事人履行合同义务、不履行合同义务的当事人应承担违约责任等效果。有关合同效力的具体分析，可参见下一章的阐述。

二、不具有约束力的约定

在实践生活中，当事人经过协商形成了某种约定，该约定完全具有"合意"的外观，但它可能不是合同，从而不具有约束力。这主要有以下几种情形：一是双方当事人明示排除约束力，如君子协定、意向书。二是亲属关系中的约定。三是好意施惠关系。以下重点阐述好意施惠关系。

（一）好意施惠关系的判断

甲知乙某日将赴郑州开会，向乙表示其亦有事到郑州，乙可搭便车。乙对甲有无搭便车请求权？如果甲于该日未通知乙搭便车，致使乙支出额外费用到郑州，乙可否向甲请求损害赔偿？如果甲让乙搭便车，途中发生车祸使乙受伤，乙可否向甲请求损害赔偿？若甲、乙之间存在合同关系，那么答案是肯定的；反之，此种情况属于法外空间，不具有法律意义。这就涉及合同与非法律的情谊行为或好意施惠关系之间的界限的问题。

"好意施惠关系"又称为"社会层面上的行为"或者"情谊行为"。对好意施惠关系而言，行为人不具有受法律约束的意思，从事这些行为也不会依法发生法律上的权利、义务与责任等后果。在法律效果上，好意施惠关系与合同的区别相当明显，但在社会生活中，有些约定究竟是合同，还是好意施惠关系则很难判断。此时应考虑某些客观的或者规范性的标准来认定当事人是否具有受法律约束的意思，亦即应"考虑到双方当事人的利益状态，依据诚实信用原则，并顾及交易习惯"来认定当事人是否具有受法律约束的意思。详言之：

第一，行为是有偿的还是无偿的。如果是有偿的，则行为人与相对人往往就具有受法律约束的意思，如果是无偿的，则往往无受法律约束的意思。当然有偿与否只能作为重要标准而不能作为唯一标准。如外出期间支付一定报酬请邻居代为浇花、邻居数人约定轮流开车上班，可认定存在合同关系；搭便车到某地、火车到站提醒、代为投寄信件、邀请参加宴会等基本上均可认定为好意施惠关系。

第二，一方托付给另一方的法益是否具有重大价值或者是否可能产生重大风险。若相关法益具有重大价值，则可认定双方当事人都具有受法律约束的意思，反之则否。如一方委托邻居照看小孩，应认为该邻居有义务采取措施避免小孩遭受各种生命健康危险。

第三，行为所涉事务在法律上和经济上的重要性。如果在法律上与经济上均很重要，则可认定具有受法律约束的意思。

第四，相对人是否明显信赖该行为产生的利益。

（二）好意施惠关系的法律效果

好意施惠关系可能产生以下法律效果：

首先，当事人无履行请求权。好意施惠关系不属于合同，无法律上的约束力，自不发生给付请求权，如甲、乙约定，甲于某日去外地时允许乙搭便车，乙不得向甲主张有搭便车的权利。但是，这种好意施惠关系仍可作为受有利益的法律上原因，因此，甲让乙搭便车后不得主张，乙受有利益无法律上原因属于不当得利。

其次，当事人无违约损害赔偿请求权。如就搭便车而言，由于无合同关系，因此受害人无合同上请求权，就其因车祸所受损害，不得请求违约损害赔偿。

最后，有可能发生侵权损害赔偿请求权。如甲同意当火车经过郑州时叫醒乙，甲故意或过失未叫醒乙，致乙在郑州站未下车。此际，甲并未侵害乙的权利而是使其蒙受纯粹经济上的损失。如甲故意以悖于善良风俗的方法加害乙，则乙可以请求损害赔偿。

第八节 缔约过失责任

一、缔约过失责任的概念

在缔约的过程中，一方当事人的过错导致缔约未能成功，或者合同虽然成立，但相对人因该方当事人的疏忽或不注意而蒙受损失，相对人可否请求损害赔偿？若相对人可以请求赔偿，则其请求权基础又何在？该相对人请求的依据就是缔约过失责任。缔约过失责任也称为先契约责任，是指在缔约过程中，有过错的一方当事人违反基于诚实信用原则产生的先契约义务，使对方当事人遭受损害时，依法所承担的损害赔偿责任。

二、缔约过失责任的构成要件

（一）当事人准备缔约或者已经开始缔约

该要件要求缔约过失责任必须发生在缔约的过程中。在缔约阶段之前，仅发生侵权行为；在合同有效成立后，若当事人实施了违反诚实信用原则的行为，则应适用违约责任的规定。准备缔约或者已经开始缔约，说明当事人具有订约的意图，因此，若当事人到商店闲逛或者进入新建住宅小区的样板间，虽有订约的可能性，但难以认为其是为订约进行准备。

（二）当事人违反了基于诚实信用原则而产生的先契约义务

合同关系是一种基于信赖而发生的法律上的特别结合关系。为了使债权能够圆满实现，或者为了保护债权人的其他法益，债权人除了应履行给付义务，还应履行基于诚实信用原则产生的附随义务。在缔约的阶段，当事人之间虽尚未建立合同关系，自然无发生给付义务的可能性，但当事人毕竟从先前毫无关系的状态进入了特殊的联系阶段，甚至会建立起某种合理的信赖关系，因此，当事人也应遵守诚实信用原则。所谓遵守诚实信用原则，具体言之，就是遵守根据诚实信用原则产生的协力、通知、保护、照顾、忠实等附随义务。由于这些附随义务发生在缔约阶段，不同于合同关系存续中以及合同关系消灭后当事人依据诚实信用原则应承担的附随义务，因此称为先契约义务。先契约义务基于诚实信用原则而来，但并非自始确定，而是随着债的关系的进展，依据事态情况而发生，其性质与强度，超过一般侵权行为法上的注意义务。在缔约的过程中，当事人是否负有此等义务以及负有何种义务，应根据诚实信用原则，视具体情形而定，至于行为人是否违反此等义务，应视行为人是否已尽交易上必要的注意而定。此际，必须特别斟酌缔约当事人彼此之间的信赖关系以及各方当事人在交易上通常所应承担的风险。

（三）当事人在主观上具有过错

《民法典》第500条、第501条并未一般性地要求加害人在主观上必须具有过错，仅在第500条第1款前两项对恶意磋商行为与不据实履行说明义务行为提出了“恶意”或者“故意”的要求，但这并不意味着其他缔约过失行为不要求加害人在主观上存在过错。根据世界各国或者各地区通例，缔约过失责任的发生以加害人主观上具有过错为条件。因此，除恶意磋商行为和不据实履行说明义务行为外，其他违反先契约义务的行为引致缔约过失责任的前提都必须是行为人在主观上存在过错，包括故意与过失两种情形。

（四）对方当事人遭受损害

只有缔约一方当事人遭受损害，其才可以行使基于缔约过失责任的请求权。这里的损害，主要是一种信赖利益的损害。信赖利益又称为消极利益或者消极的契约利益。所谓信赖利益的损害，是指基于信赖合同能有效成立而支付的代价或者费用因合同不成立、无效或者被撤销无法得到补偿而蒙受的损失，一般包括为订约支出的费用、为履行合同进行准备而支出的费用、丧失订约机会等。不过，缔约当事人所受损害以信赖利益为常见，但不以之为限，在加害人不履行保密义务、保护义务等先契约义务并未使合同不成立却导致相对人蒙受损害的场合，则侵害了相对人的固有利益。固有利益也称为维持利益，是指相对人所享有的不受他人侵害的人身权益与财产权益。如消费者到商店购物，因踩到地面上的香蕉皮摔倒受伤而遭受损失。

三、缔约过失责任的类型

根据《民法典》第500条与第501条的规定，缔约过失责任应包括以下类型：

第一，假借订立合同，恶意进行磋商。这就是当事人根本就没有缔约的意图，仍进行缔约，以拖延时间或者使对方丧失商业机会。恶意是此种缔约过失行为最核心的要件，是指并无缔约意图，但为了给对方造成损失，仍然进行缔约的主观心理状态。它包含两个方面的内容：一是行为人并没有缔约的意图，二是行为人具有给对方造成损失的意图。

第二，故意隐瞒与订立合同有关的重要事实或者提供虚假情况。根据诚实信用原则的要求，在一定范围内，当事人应如实向相对人告知或者说明与订约有关的重要事项。需注意：①隐瞒或者虚假陈述的，必须是与订立合同有关的重要情况，甚至即便某些信息属于与订立合同有关的重要情况，若关涉当事人隐私或者人格尊严的维护，该当事人也无如实提供信息的义务；②故意隐瞒与订立合同有关的重要事实或者提供虚假情况的行为，同时构成“故意以悖于善良风俗的方法加损害于他人”的侵权行为，因此，发生与侵权责任的竞合。此外，该行为也构成《民法典》第148条规定的欺诈行为，因此，发生与受欺诈合同的竞合，此际，受欺诈方既可依《民法典》第148条行使撤销权，使该合同溯及既往的归于无效，也可以依《民法典》第500条，在不否认合同有效的情况下，要求加害人承担缔约过失责任。

第三，泄露或者不正当地使用他人的商业秘密。无论他人是否要求保密还是不得使用其秘密，一方泄露或者不正当地使用他人的商业秘密，应当承担缔约过失责任。所谓不正当地使用，是指未经授权他人的商业秘密而使用或者将该商业秘密转让给第三人。不仅如此，此种行为也构成“故意以悖于善良风俗的方法加损害于他人”的侵权行为，受害人可在缔约过失责任请求权与侵权请求权之间择一行使。

除《民法典》明确规定的上述三种情形外，缔约过失责任还可适用于以下主要类型：

第一，一方当事人的过错致使合同不成立、无效或被撤销。此时，有过失的当事人应赔偿对方当事人所受的信赖利益损失。

第二，缔约之际未尽通知义务致使他方遭受财产上损失。如甲向乙发出出售房屋的提议，约定乙可前来察看，在乙到来前，甲将该房屋出卖给丙，但未通知乙，使得乙耗费钱财。此际，甲未履行通知义务，应承担损害赔偿责任。

第三，缔约之际未尽保护义务致使他方身体健康权或者财产权遭受损害。在缔约之际，一方当事人未尽保护、照顾等义务导致他方当事人遭受损害，加害人应承担缔约过失责任还是侵权行为责任，在理论上颇有争议。我们认为，若侵权责任制度不足以保护受害人，则当然适用缔约过失责任；若侵权责任制度足以保护受害人，也不妨认为可构成侵权责任与缔约过失责任的竞合，让受害人选择损害赔偿请求权，以使其利益获得周全的保护。

第四，恶意中断缔约。《民法典》借鉴《国际统一私法协会国际商事合同通则》规定了“假借订立合同，恶意进行磋商”这一类型，但未规定“恶意中断缔约”这一缔约过失行为。根据合同自由原则，在缔约过程中，当事人可以可随时中断缔约，民法上也设置了要约的撤回与撤销、承诺的撤回等制度，以保障当事人的缔约自由，但在例外的情况下，若当事人恶意中断缔约，有违诚实信用原则，则该缔约方亦应承担缔约过失责任。

四、缔约过失责任的法律效果

一方当事人的缔约过失行为造成对方当事人遭受损害，不论合同最终是否成立，受害人均可以请求加害人承担损害赔偿责任。通过让加害人承担缔约过失责任，受害人的利益可以处于缔约阶段先契约义务未被违反时所应有的状态。不过，因加害人违反义务的样态不同，其所承担的损害赔偿责任的范围也不相同。当加害人违反保护义务，侵害受害人的身体健康或者所有权时，构成对受害人固有利益或者维持利益的损害，加害人应赔偿受害人因身体健康或者所有权受侵害所蒙受的一切损失。此际，受害人所受的损害可能远远超过其因履行合同所获得的利益，因此，固有利益的赔偿并不以履行利益为限。当加害人违反信赖义务，造成受害人信赖利益遭受损失时，受害人可请求赔偿信赖利益损失。对信赖利益损害赔偿的范围，《民法典》未设明文。我们认为，此际，加害人对信赖利益损害的赔偿，应以履行利益为限，即不得超过受害人因合同履行而可能获得的利益。

本章小结

本章的基本内容包括合同的成立条件、要约规则、承诺规则、以合意成立合同的其他方式、非基于合意成立合同、合同成立的时间与地点、合同成立的效果、缔约过失责任。

合同的成立是判断合同有效、发生履行效力、转移合同权利义务、使当事人承担违约责任等的起点。从程序上来说，合同的成立要经过要约与承诺的阶段或过程。通过要约、承诺的方式订立合同是以合意成立合同的典型方式。以合意成立合同的其他方式包括交叉要约与同时表示、意思实现、竞争缔约。合同一旦成立，即便尚未有效或生效，也会发生约束力。

缔约过失责任是一方当事人违反先契约义务产生的责任。《民法典》第500条与第501条明确规定了当事人承担缔约过失责任的三种情形。一方当事人的缔约过失行为造成对方当事人损害，不论合同最终是否成立，受害人均可以请求加害人承担损害赔偿责任。因加害人违反义务的样态不同，其所承担的损害赔偿责任的范围也不相同。

思考与练习

小试身手

一、名词解释

1. 要约邀请　　2. 意思实现　　3. 强制缔约

4. 好意施惠关系　　5. 缔约过失责任

二、简答题

1. 试述要约与要约邀请的区别。
2. 要约的形式拘束力与实质拘束力有何关联与区别?
3. 合同的约束力与合同效力有何差异?
4. 试述意思实现与默示的承诺的区别。
5. 意思实现的构成需要哪些要件?
6. 缔约过失责任主要有哪些类型?

三、案例分析题（请扫描下方二维码）

案例分析

第三章 合同的效力

导 言

合同的效力是合同对当事人所具有的法律约束力，使合同具有法律效力是当事人订立合同的最基本也是最重要的要求。《民法典》对合同的成立和生效规定了统一的要件，同时，当事人也可以约定合同生效的特殊要件。未具备约定条件的合同称为未生效的合同。合同的有效、无效则特指合同是否具有一般法律约束力，只有符合法定条件或约定条件的合同才具有法律上的效力，不符合法定条件或约定条件的合同被认定为无效合同。因此，合同的效力问题是合同法中的一个核心问题，关于合同效力的制度是合同法中内容十分丰富、法理性极强的制度。

本章根据一般合同法原理，结合我国合同法的立法，分析了合同效力的含义以及合同的成立、生效、未生效、有效、效力未定等之间的相互联系，系统地介绍了附条件和附期限的合同，阐释了导致合同无效或被撤销的各种行为和情况，并说明了合同无效或被撤销后的法律后果。

学习目标

完成这一章内容的学习之后，你将能够：

复述合同的成立要件和生效要件以及导致合同无效或被撤销的各种法定情形或行为。

熟悉催告权、追认权和撤销权制度、无权代理和表见代理。

鉴别合同的成立和生效、有效、无效和可撤销。

第一节 合同效力的含义

合同效力，有广义和狭义两种含义。广义的合同效力指合同的一般法律约束力，它存在于合同自成立至终止的全过程，合同的有效与无效以及合同的效力未定中所称效力均指此意。狭义的合同效力指合同约定的具体权利义务的约束力，它存在于合同自生效至失效的全过程。

一、合同的一般法律约束力

广义的合同效力指合同的一般法律约束力，它是法律赋予合同对当事人的强制力，即当事人如违反合同约定的内容，就会产生相应的法律后果，包括承担相应的法律责任。约束力是当事人必须为之或不得为之的强制状态，这种约束力或来源于法律，或来源于道德规范，或来源于人们的自觉意识。来源于法律的约束力，对人们的行为具有最强的强制力。合同的一般法律约束力主要表现为：其一，当事人不得擅自变更或者解除合同；其二，当事人应按合同约定履行相应的义务；其三，当事人应依法或依诚信原则履行一定的合同外义务，如完成合同的报批手续以使合同生效，不得恶意影响附条件法律行为的条件成就或不成就，不得损害附期限法律行为的期限利益等。

合同从成立时起，即具有一般法律约束力。合同是当事人之间关于设立、变更和终止民事权利义务关系的协议。无论是民事权利，还是民事义务，都是法律的强制力保护之下人们为某种行为或不为某种行为的可能性或必然性。因而，以民事权利和民事义务为内容的合同当然应具有法律约束力，否则合同就成为儿戏或与“君子协议”无别。同时，合同也只能从其成立时起具有法律约束力，成立之前合同尚不存在，当然不存在合同的约束力问题。虽然在合同成立前，可能会有复杂的订约过程，在此过程中，亦存在着当事人的先契约义务或产生缔约过失责任，但它们都不属于合同本身的约束力，而属于订约过程中的要约、承诺行为的约束力以及先契约义务的法律后果。

二、合同权利义务的约束力

这是狭义的合同效力，这种效力非指一般的法律约束力，而是特指合同约定的具体权利义务对当事人的约束力。一般情况下，合同在成立并具有一般法律约束力的同时，其约定的具体权利义务也就发生了，但在有的情况下，这种狭义的效力并不同时发生。附条件或附期限的合同以及需批准才能生效的合同即为如此。所谓附条件或附期限的合同，是指当事人对合同的生效约定一定条件或期限，合同虽已签订成立，但并不立即发生效力，而待条件成就或期限到来时合同才生效。此时，所谓合同的效力显然已不是指合同的一般法律约束力，因为这种约束力此前已在合同成立时发生。这里的合同效力实指当事人约定的具体权利义务的约束力，在合同生效前，这种权利义务虽由合同约定，但只是一种可能性（附条件的合同）或是将来发生的必然性（附期限的合同），只有在条件成就、期限到来时，即合同生效后，可能性才变成一种现实性，合同的具体权利义务才真正发生，即合同各方当事人才实际地取得合同权利和承担合同义务。《民法典》在规定附条件或附期限的民事法律行为或合同时，所称的“生效”和“失效”，显然是指此种意义上的效力。

与合同的法律约束力和合同的效力直接联系的是合同的成立与生效。按《民法典》的规定，合同的成立产生合同的一般法律约束力（广义的合同效力）；合同的生效产生合同的具体权利义务，即合同的权利义务发生效力（狭义的合同效力）。

第二节　合同的各种效力及其相互关系

一、合同的成立

合同的成立，一般情况下，是指当事人意思表示一致。《民法典》第483条规定，“承诺生效时合同成立”。同时，《民法典》合同编分别规定了承诺通知到达要约人，双方当事人签名、盖章或者按指印以及当事人签订确认书等要约承诺生效的具体方式，而无论何种方式，其核心都是当事人意思表示的一致。合同一经成立具有法律约束力，此为合同最基本的法律效力，是合同效力的最初状态。因此，我国合同法中规定的合同的成立要件极其简单：其一，要有两个以上的当事人；其二，当事人的意思表示一致（通过要约和承诺的过程）。合同实践中，对于合同成立效力发生的争议通常表现为以下几种情形：合同未经当事人签名或盖章；他人假冒当事人签订合同；当事人签订的意向书、备忘录等法律文件是否构成合同等。

需要指出的是，按照一般合同法原理，在要物合同或要式合同中，仅有当事人的意思表示一致尚不能成立合同，还需有物的交付或履行特定的法律形式。然而，我国合同法中明定为要物合同的只有保管合同。对要式合同，根本未作规定，对于需办理批准等手续，以往人们视为要式合同的情况，合同法将其规定为生效要件，而非成立要件，因而不再成为要式合同。因此，根据我国合同法，意思表示一致几乎是合同成立的唯一要件，保管合同成立所要求的保管物的交付是合同法中的例外。

二、合同的生效

案例 3－1

合同的生效不同于合同的成立，合同成立后，能否发生法律效力和产生当事人所预期的法律后果，即约定的具体权利义务能否实际发生，还取决于其是否具备合同生效的要件。一般合同的生效要件与其成立要件并无不同，合同成立的同时，合同也当即生效，合同的成立效力与合同的生效效力同时发生。但也有许多合同，其具有不同于成立要件的特别生效要件，合同的成立并不等于合同的生效，只有具备了特定的生效要件时，合同才生效，当事人才开始取得具体的合同权利和承担具体的合同义务。

根据我国合同立法与实践，合同特别生效要件可以分为法定生效要件与约定生效要件。法定生效要件由法律、行政法规等统一直接规定，最为多见的法定生效要件就是政府主管机关的批准，如商业银行法、证券法、保险法等法律规定购买商业银行、证券公司、保险公司 5% 以上股权须经相关主管部门批准；涉及投资项目的合同有的需要政府相关部门的审批；涉及国有资产转让、交易的合同需要国有资产管理机关的审批；涉及外国投资或对外经济活动的合同有的需要经过政府商务部门的审批；涉及采矿权等矿产资源方面的合同有的需要矿产资源主管机关的审批。约定生效要件由合同当事人自愿协商确定，任何合同当事人都可以根据交易的需要和安排，或者为了控制交易的进程和风险，对合同生效约定特定的要件，这种要件只要写入合同条款之中，就能决定合同是否生效。如当事人约定合同经双方公司董事会或股东会批准后生效；合同经公证机关公证后生效；合同自其他相关合同签订后生效；合同自一方当事人支付首笔款时生效等。在合同实践中，就合同生效经常发生的争议就是合同的生效要件是否具备、合同是否需要得到有关机关批准或者是否已经得到批准、合同对生效要件的约定是否有效以及此要件是否已经成就等。

合同法在区分合同成立与生效的同时，对合同的生效问题特别规定："依照法律、行政法规的规定，合同应当办理批准等手续的，依照其规定……"（《民法典》第 502 条第 2 款）。依此，在法律、法规明定批准为生效要件时，在完成批准行为之前，合同虽然成立，但并不生效，当事人并不享有合同约定的权利、不需承担合同义务。批准是合同生效要件而不是合同成立要件的原因在于合同本是当事人相互一致的意思表示，只要意思表示一致的事实存在，合同当然成立。要物合同或要式合同，究其实质，不过是对一方意思表示形式的特别要求。因此，合同的成立纯粹是当事人范围的事情，与法律、国家机关、第三人的行为无关。合同的生效则不然，它是合同取得法律上的强制力，因此它就不只是当事人的意思，也当然包含了国家意志，包含了国家对当事人行为的评判和取舍，法律不可能赋予违背其要求的合同以法律的强制力。批准是介入合同的国家意志或外来因素，作为反映国家意志的行政行为，意在通过国家权力对私人生活的干预，实现合同关系在符合当事人利益的同时，也符合国家和社会的利益。批准不是要决定合同的成立，而是要决定以国家强制力保证当事人实现其预期的合同目的，达到其希望的民事法律后果，而这正是合同生效制度所要解决的问题。

三、合同的未生效

所谓合同未生效，是指合同已经成立但尚欠生效要件，此属合同成立之后、生效之前的效力状态。合同未生效不等于合同无效，此时合同已经成立，已经具有法律效力，即具有了合同的一般约束力，任何一方不得擅自撤回、解除、变更合同，虽然合同约定的具体权利义务尚未发生，但合同当事人已受其约束。对于需要批准才能生效的合同，合同批准前当事人虽尚未取得该合同本身约定的权利和承担合同义务，但负有向有关机关办理报批的义务，相对方也就享有请求其办理报批手续的权利。对于附条件的合同，虽然合同尚未生效，但当事人负有不得恶意促成条件成就或恶意阻碍条件成就的义务。因此，合同未生效实际上是合同的一种特殊效力状态。

《民法典》第502条第2款的规定清晰地反映了未生效的合同的特殊效力。该款规定："依照法律、行政法规的规定，合同应当办理批准等手续的，依照其规定。未办理批准等手续影响合同生效的，不影响合同中履行报批等义务条款以及相关条款的效力。应当办理申请批准等手续的当事人未履行义务的，对方可以请求其承担违反该义务的责任。"《民法典》的这一规定也是我国既往相关司法实践和司法裁判规则的总结和反映。《最高人民法院关于审理外商投资企业纠纷案件若干问题的规定（一）》中也有规定，外商投资企业股权转让合同成立后，转让方和外商投资企业不履行报批义务，经受让方催告后在合理的期限内仍未履行，受让方请求解除合同并由转让方返还其已支付的转让款、赔偿因未履行报批义务而造成的实际损失的，人民法院应予支持。此外，它还规定，受让方请求转让方与外商投资企业在一定期限内共同履行报批义务的，人民法院应予支持；同时请求在转让方和外商投资企业于生效判决确定的期限内不履行报批义务时自行报批的，人民法院应予支持。《民法典》的规定亦清楚表明，须经行政机关批准生效的合同，对报批义务及未履行报批义务的违约责任等相关内容作出专门约定的，该约定独立生效。当事人不履行报批义务，应承担合同约定的相应违约责任，这种责任应包括继续履行报批义务的责任和缔约损失赔偿责任。

四、合同的有效与无效

所谓合同的有效与无效，是指合同因符合或不符合法定条件而发生的法律后果。有效者，即合同具有法律效力，亦即具有法律的强制力，能够实现当事人预期的合同目的。无效者，即合同不具有法律效力，亦即不具有法律的强制力，不能实现当事人预期的合同目的。在此，有效与无效中的“效力”显然非指当事人对具体合同权利义务的实际享有与承担，而是指合同的一般法律约束力。对于附条件或附期限的合同而言，如果这种合同因违法或意思表示不真实而无效，应是指合同从成立时起不具有法律约束力，而不只是合同权利义务的不发生。换言之，对此种无效合同，在约定的条件发生或期限到来前，当事人完全可以有效地阻碍条件的成就或处分期限利益，而此种行为并不为法律所禁止，因为此种合同原本无效。由此可见，有效合同与无效合同所称的“效”与“效力”，其实就是合同的一般法律约束力。因此，《民法典》第155条规定：“无效的或者被撤销的民事法律行为自始没有法律约束力。”此外，效力未定的合同中所称的“效力”，亦指此种合同的一般法律约束力。

合同的有效不同于合同的生效。合同有效中的“效”是合同的一般法律约束力，合同生效中的“效”是合同具体权利义务的发生，即当事人实际取得合同权利和承担合同义务。有效的合同不仅包括已经生效的合同，而且包括已经成立但尚未生效的合同即未生效的合同，还包括已经履行或解除的合同。已经生效的合同，即已具备生效要件的合同，可能是一个有效的合同，也可能是一个无效或可撤销的合同，还可能是一个效力未定的合同。如须经批准才能生效的合同，已经获得有关机关的审批，但后来可能因违法和意思表示的瑕疵而被认定为无效或被撤销。

合同的无效不同于合同的未生效。合同无效意味着其不具有一般法律约束力，而合同的未生效，只是合同约定的具体权利义务尚未发生，但其已具有一般法律约束力。未生效的合同在法律上是一个有效而非无效的合同。虽然未生效的合同可能最终因生效要件未成就而归于无效，但此为未生效的合同的最终结果，而不能由此否定未生效的合同在合同进行过程中的有效性。

五、合同的撤销

合同的撤销是指合同在法律规定的有效要件上存在瑕疵或欠缺，因该合同受到损害的当事人可以请求人民法院或者仲裁机构撤销该合同，从而使其合同效力归于消灭。合同的撤销是合同呈现出的又一种效力状态，它既非完全的无效，也非完全的有效，而是相对无效，亦即其有效与无效取决于受害当事人的意愿和选择，如果当事人主张撤销，合同即归于无效，而且是从合同成立时起无效。如果当事人在法定期间内未主张撤销，则合同有效。

合同的无效和合同的撤销所涉合同效力都指合同的一般约束力，前者主要反映国家对当事人合同行为的评判和态度，后者主要体现和尊重当事人对合同效果的认同和选择。合同被撤销同样也是合同效力的一种状态。合同的撤销制度，既反映了法律维护公平交易的基本宗旨，也体现了当事人合同自由、意思自治的民法原则。

六、合同的效力未定

合同的效力未定是指合同有效要件存在欠缺，有效与无效尚未确定，需要根据第三人承认或者拒绝的意思表示才能予以确定。效力未定的合同通常是因主体要件方面的欠缺，如未成年人签订的合同、无权代理或超越代理权签订的合同等。此种合同既不是当然无效，也不是一定有效，而是取决于合同有效要件方面存在的欠缺是否可以得到补正，即有权签订合同的民事主体是否认可或追认合同。经过有权主体事后追认的合同的效力即为有效，否则即为无效，而在有权主体对此作出意思表示之前，合同即处于效力未定状态。此为合同效力的一种特殊状态。

合同效力未定与合同未生效的区别在于，合同效力未定是合同有效与合同无效之间的效力状态，而合同未生效是合同成立与合同生效之间的效力状态。因此，不应把合同效力未定的效力与合同成立和生效的效力进行并列比较，也不应把合同未生效的效力与合同的有效和无效的效力进行并列比较。

综上，对于各种合同效力或不同合同效力状态，可以进行以下归纳和总结：合同法上的合同效力实际上存在两种不同的分类体系。其一是按照合同效力的发展进程或阶段，即按照合同进行过程的正常状态进行效力分类，分为合同成立、合同未生效、合同生效、合同解除，如图3－1所示：

图3－1 合同法上的合同效力的分类（一）

其二是按照合同是否合法和是否受法律承认、保护，即是否存在异常状态进行效力分类，分为合同有效、合同无效、合同效力未定、合同被撤销，如图3－2所示：

图3－2　合同法上的合同效力的分类（二）

而上述两种或两组分类之间，各种具体合同效力之间则呈现以下的交互关系，如图3－3所示：

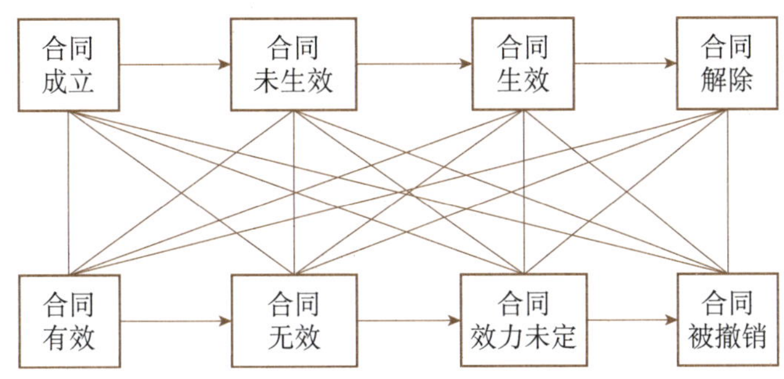

图3－3　合同的各种效力及其相互关系

图3－3表明，第一组合同效力中的每一种都可能对应或表现出第二组中的四种效力状态。如合同虽然已经成立或具有成立的效力，但可能有效也可能无效或被撤销，或者属于效力未定的合同。第二组合同效力中的每一种同样也都可能对应或表现出第一组中的四种效力状态。如一个有效的合同，可能属于已经成立的合同或者属于成立但尚未生效的合同，也可能属于已经生效的合同，还可能属于解除的合同。由此，可以进一步明晰在合同效力问题上几个确定的结论，并澄清在此问题上经常容易产生的误解：①合同成立不等于合同生效；②合同未生效不同于合同无效；③合同生效不等于合同有效；④合同未生效不同于合同效力未定。

第三节　附条件和附期限的合同

一、附条件的合同

（一）附条件的合同的概念和意义

附条件的合同是指合同当事人约定某种事实状态，并以其将来发生或不发生作为该合同生效或者解除依据的合同。也就是说，合同生效或者解除取决于合同约定的条件是否成就。例如，合同中约定，本合同在双方的公司董事会决议通过时生效，该合同即为附条件的合同。附条件的合同的作用在于，它可以将合同以外的某种因素、当事人的订约动机、合同订立后准备作出的某种安排等，作为约束合同效力的条件。在现实生活中，某种合同对于当事人是否具有意义，取决于该合同是否能够满足其生产、生活的需要，而这种需要又体现为行为的动机或基于某种因素的存在。以这些动机或因素来限制合同的效力，就使合同具有了随客观情况变化而变化的灵活性，并使当事人处于较为主动的地位。

（二）“条件”的概念和要件

附条件的合同中的“条件”，是指合同当事人所约定的、未来有可能发生的、用来限定合同效力的某种合法事实，这种条件既可以是事件，又可以是行为。作为条件的事实必须具备以下要件：

第一，必须是将来的事实。条件必须是合同成立时尚未发生的事实，过去的、现存的事实不能作为合同的条件。

第二，必须是不确定的事实。条件必须是不确定的，即是否发生只具有可能性，不具有必然性。将来必然发生的事实不能作为条件。例如，不能约定下雨作为合同生效的条件，因为下雨是必定要发生的事实，只能视为双方约定了合同生效的时间，是附期限的合同。

第三，必须是当事人约定的事实。条件必须是由当事人在合同中自由选定的事实，法律直接规定或者按照合同性质当然具有的限制，不属于合同的条件。法律规定的限制是当事人负有的法定义务，不由当事人作任意的取舍。如法律规定须经批准才能生效的合同，当事人不能把批准作为合同约定的生效条件。

第四，必须是合法的事实。违法的事实不能作为条件。如双方当事人不能约定杀害某人作为合同生效的条件。

（三）附条件的合同的类型

根据某一事实的发生对合同效力影响的不同，可以将附条件的合同分为附生效条件的合同和附解除条件的合同。

附生效条件的合同是指合同中的权利义务内容虽已确定，但尚未实际发生，其效力暂时处于不确定状态，待条件成就时该合同才发生效力，条件不成就时合同不生效。这里所谓的条件成就是指作为条件的事实的发生，条件不成就是指作为条件的事实的不发生。例如，甲与乙约定，如果甲分到房屋，就让乙装修。甲与乙之间的装修合同是以甲分到房屋为条件的。这种条件事实上延缓了合同的生效，或者说使合同的效力处于停止的状态，因此附生效条件的合同又称为附延缓条件或停止条件的合同。附解除条件的合同指已经发生效力的合同，在条件成就时其效力消灭，合同的权利义务终止，而在条件不成就时仍然保持其效力的合同，又称附消灭条件的合同。例如，甲与乙约定，如果甲将来买到房屋，就解除双方之间的房屋租赁关系。

（四）附条件的合同的约束力

附条件的合同是一种效力特殊的合同。对于附生效条件的合同，在合同成立之后、条件成就与否未定之前，合同的效力发生与否尚处于不确定状态，但当事人有一旦条件成就就可以取得权利的期望；对于附解除条件的合同，在其条件是否成就未定之前，合同发生效力，而一旦条件成就合同便失去效力。因此，附条件的合同中，存在着当事人取得权利的可能和希望，当事人对此享有的权利称为期待权。

因此，附生效条件的合同虽然要在条件成就时生效，但在生效前对当事人仍然具有法律约束力，双方当事人不能随意变更或者解除合同。一旦符合所附条件时，一方如果不履行，就要赔偿因此给对方造成的损失。由此可见，附条件的合同的效力可分为条件成就前的效力和条件成就后的效力。条件成就前的效力是为广义上的合同效力，即合同的一般法律约束力，它表现为当事人不得自行撤销、变更合同的约束力和对该合同生效的期待权。在附解除条件的合同中，这种约束力表现为当事人对于条件成就时合同效力归于消灭的期待权。

附条件的合同的约束力还表现在，附条件的合同一经成立，在条件成就前当事人对于所约定的条件是否成就，只能听任其自然发展，不能为了自己的利益恶意促成或者恶意阻碍条件的成就。各国民法对此均予以规定：凡因条件成就而可以受益的当事人，如以不正当行为恶意促成条件成就的，应视为条件不成就；凡因条件成就而对其不利的当事人，如以不正当手段恶意阻碍条件成就的，应视为条件已经成就。《民法典》对此也作了明确的规定，附条件的合同作为附条件的民事法律行为的一种，由总则编第 159 条进行规范：“附条件的民事法律行为，当事人为自己的利益不正当地阻止条件成就的，视为条件已经成就；不正当地促成条件成就的，视为条件不成就。”

二、附期限的合同

（一）附期限的合同的概念

附期限的合同是指以将来确定到来的期限作为合同的条款，并在该期限到来时合同的效力发生或终止的合同。《民法典》总则编第160条规定：“民事法律行为可以附期限，但是根据其性质不得附期限的除外。附生效期限的民事法律行为，自期限届至时生效。附终止期限的民事法律行为，自期限届满时失效。”附期限的合同亦属附期限的民事法律行为范畴，二者适用规则一致，因此在合同编未作额外规定。

（二）“期限”的概念和要件

附期限的合同中的“期限”，是指当事人约定的作为合同生效或者终止的条件的时间。附期限的合同中的期限，必须具备以下要件：

第一，期限是当事人约定的而不是由法律直接规定的。

第二，期限是将来确定要到来的事实，其到来在时间上是明确可知的，例如当事人可以约定下雨的那天合同生效，这也是期限区别于条件的主要特点。

第三，作为期限的将来发生的事实必须是合法的。

（三）附期限的合同的种类

根据期限对合同效力所起作用的不同，可以把合同分为附生效期限的合同与附终止期限的合同。

附生效期限的合同是指合同虽已成立，但在期限到来之前暂不发生法律效力，待期限到来时才发生法律效力。附生效期限的合同又称附延缓期限的合同、附始期的合同。使合同得以生效的期限称为始期，期限届至是指始期的到来。

附终止期限的合同是指已经发生法律效力的合同，在期限到来时，合同的效力消灭，合同解除。附终止期限的合同又称附解除期限的合同。使合同终止效力的期限称为终期，期限届满是指终期的到来。

（四）期限的设定

期限的设定可以有以下方法：

第一，以某个日历日期的到来作为事实。

第二，以一定期间的存续作为事实。

第三，以某种肯定会到来的事实发生或者存续的期间作为事实。

第四，以当事人约定的为一定行为或不为一定行为的时间作为事实。

（五）附期限的合同的约束力

与附条件的合同的效力一样，附期限的合同的效力也可分为期限到来前的效力和期限到来后的效力。期限到来前的效力即对当事人的约束力，这种约束力亦表现为当事人对期限到来时可获利益的期待权。任何一方当事人都不得恶意损害对方的期限利益。

第四节 合同的有效要件

依现行立法规定，合同的一般有效要件如下。

一、当事人具有相应的订立合同的能力

案例3－2

所谓相应的订立合同的能力，是指合同主体据以独立订立合同并独立承担合同义务的主体资格。合同是当事人以设立、变更、终止民事权利义务关系为目的，有意识地追求特定法律后果的行为，它直接关系到当事人的利害得失，因此要求当事人必须能够认识和辨认自己的行为，判断自己行为的法律后果，即必须具有相应的订立合同的能力。从事合同行为的主体分为自然人、法人及非法人组织。依据不同的主体和不同的合同，法律对其资信状况、认知能力、独立承担责任的能力有不同的要求。

对于自然人而言，相应的订立合同的能力意味着订立合同的自然人应具有完全的民事行为能力。限制行为能力的自然人只能订立与其年龄、智力或精神状况相适应的合同，无行为能力的自然人原则上不能订立合同，但这种规定的目的是保护无行为能力人的利益。因此，无行为能力人订立的自己纯获利益的合同和与其智力、年龄相适应的满足其日常学习、生活需要的合同，如接受赠与的合同、购买文具的合同无须追认当然有效。

依我国传统的法律规定和法学理论，法人及非法人组织相应的订立合同的能力表现为法律或其章程规定的符合其设立宗旨的业务活动能力。法人的行为能力与其权利能力范围相一致。法律对法人行为能力的限制规定，旨在保护交易安全，也为避免法人、法定代表人或代理人超越能力范围给法人自身或他人利益造成损害。因而法人及非法人组织超出其行为能力订立的合同可以构成合同无效的原因。但是，这种做法受到了多方面的批评，因为如果法人超越经营范围签订的合同一律无效，则不利于交易安全的维护；另外，法人中最主要的是公司，现代公司法理论一般认为除特许行业以外，公司可以从事任何合法的经营。《民法典》合同编第505条规定：“当事人超越经营范围订立的合同的效力，应当依照本法第一编第六章第三节

和本编的有关规定确定，不得仅以超越经营范围确认合同无效。”故法人超越经营范围订立的合同不当然无效，而是由法院根据具体案件的情形进行判断。但是，签订的合同违反国家限制经营、特许经营以及法律行政法规禁止经营规定的除外。

二、意思表示真实

意思表示是指行为人将其设立、变更和终止民事权利义务关系的意思表示于外部的行为。意思表示真实是合同有效的重要条件，在大多数情况下，行为人表示于外部的意思同其内心真实意思是一致的，但是，有时行为人的意思表示与其真实意思不一致。在意思表示不真实的情况下，不能仅以行为人表示于外部的意思为根据，而不考虑行为人的真实意思。例如，行为人在重大误解下作出的意思表示，与其真实意思完全不符，若仅以行为人的外部表示为准，则不利于保护行为人的利益。合同成立和合同有效对当事人意思表示的要求是有所不同的，合同成立只要求当事人意思表示的一致，而不强求真实；而合同有效则要求意思表示不仅一致而且必须真实。

意思表示不真实又称为意思表示瑕疵，依瑕疵是否基于表意人自身的原因，又可分为意思与表示不一致和意思表示不自由两种类型。意思与表示不一致，又称为意思表示欠缺，是指行为人的意思表示与其内心的效果意思不一致，这种不一致并非由外力因素所致，而是由行为人的故意或怠于注意或认识能力的局限所致。因此，意思与表示不一致又分为故意的意思与表示不一致和非故意的意思与表示不一致。故意的意思与表示不一致的主要表现为真意保留、通谋和伪装三种。怠于注意或认识能力的局限而导致的意思与表示不一致表现为错误和误解。意思表示不自由，则是因为外力干涉而使表意人违背自己真实意志的意思表示。这主要表现为因受欺诈、胁迫及不当影响而为的意思表示。

意思表示不真实的法律后果是合同的无效或撤销。根据我国法律，合同因意思表示不真实而无效与缺乏其他有效要件而无效，在法律后果上是有差别的。意思表示不真实并不导致合同绝对无效，而可能使合同处于可撤销的状态。可撤销的合同的效力处于一种不稳定的状态，在一定期限内，享有撤销权的当事人可以依法行使撤销权，导致合同无效；也可以不行使撤销权，使合同为有效合同。

三、不违反法律、行政法规的强制性规定、不违背公序良俗

合法是民事法律行为的本质属性，也是民事法律行为有效的当然要件。合同能产生法律效力就在于当事人的意思表示符合法律的规定，不合法的合同显然不能受

到法律保护，也不能产生当事人所期待的法律效果。同时，合同不仅应当符合法律规定，而且在内容上也不得违背公序良俗。《合同法》规定，合同不得损害“社会公共利益”，但从逻辑上讲，“社会公共利益”不足以包括“国家利益”“善良风俗”等内容，因此《民法典》采用“公序良俗”的概念替代“社会公共利益”。将不违背公序良俗作为有效合同的要件，可以弥补法律规定的不足。若合同虽然表面上未违反现行法律规定，但是实质上损害了国家、社会的共同利益，破坏了社会经济生活秩序，违背了道德理念和良好风俗习惯，则可被认定为违背公序良俗而无效的合同。

法律规定分为任意性规定和强制性规定。任意性规定又称为授权性规定，它并不要求当事人执行，只不过为人们提供一种可供选择的行为模式。强制性规定又称为命令性规定，它是指当事人必须遵守、不得通过协商加以改变的法律规定。强制性规定又分为效力性强制性规定和管理性强制性规定。合同不违反法律是指合同不违反法律中的强制性规定，这里的法律非指一般意义上的法，而是指法律、行政法规层次以上的法律规定，违反部门规章或地方性法规的合同并不当然构成合同无效的理由，只有在涉及金融安全、市场秩序、国家宏观政策以及公序良俗等方面，才可认定为合同无效。同时，根据《最高人民法院关于印发〈全国法院民商事审判工作会议纪要〉的通知》的规定，“强制性规定”的性质应当在考量强制性规定所保护的法益类型、违法行为的法律后果以及交易安全保护等因素的基础上审慎认定。一般情况下，效力性强制性规定包括以下五类：①涉及金融安全、市场秩序、国家宏观政策等公序良俗的；②交易标的禁止买卖的，如禁止人体器官、毒品、枪支等买卖；③违反特许经营规定的，如场外配资合同；④交易方式严重违法的，如违反招标投标等竞争性缔约方式订立的合同；⑤交易场所违法的，如在批准的交易场所之外进行期货交易。关于经营范围、交易时间、交易数量等行政管理性质的强制性规定，一般应当认定为“管理性强制性规定”。

第五节　合同的无效和撤销

一、合同的无效

（一）合同无效的概念

合同无效是指合同已经具备成立要件，但欠缺一定的有效要件，因而自始、确定、当然地不发生法律效力。自始无效是指合同从订立之时起就不具有法律效力。确定无效是指合同的无效是确定无疑的，不处于效力未定状态。当然无效是指合同不需要任何人主张即当然不发生法律效力，原则上任何人也都可主张认定其无效（绝对无效），在例外的情形下始为相对无效。

合同的无效与民事行为的无效一样，也分为全部无效和部分无效两种。《民法典》第156条规定："民事法律行为部分无效，不影响其他部分效力的，其他部分仍然有效。"

合同无效中所称的法律效力是指广义上的合同效力，即合同的一般法律约束力，这种效力是合同本身固有的依当事人的意思发生的法律效果。所谓合同无效就是不发生此种法律效果，但并不是没有任何效果；相反，合同无效后将在当事人之间产生返还财产、损害赔偿等缔约过失责任。

（二）合同无效的原因

1. 无民事行为能力人订立的合同

意思表示真实且达成一致是合同有效的基础，而8周岁以下的未成年人或者不能辨认自己行为的成年人，作为无民事行为能力人，被法律认定为无法表达自己真实的意思，因此无法作出民事法律行为，自然无法签订合同。部分学者认为行为人是无民事行为能力人直接导致的后果不是合同无效，而应是合同不成立。但《民法典》第144条明确规定："无民事行为能力人实施的民事法律行为无效。"结合《民法典》的其他相关规定，合同成立的要求比较宽泛，要求具有意思表示一致的表象即可，不探究该意思表示是否真实或存在瑕疵，因此无民事行为能力人订立的合同符合成立要件，但应认定为无效。

2. 虚假的意思表示无效、被隐匿行为需个案认定

行为人与相对人以虚假的意思表示订立的合同无效。合同当事人通谋作出与内心真实意思不一致的表示，双方或多方当事人均对此知情，该合同存在意思表示瑕疵，不符合合同的有效要件，因此无效。最典型的表现为"阴阳合同"，例如在房屋买卖过程中，当事人可能为了避税表面上签订一份价格较低的买卖合同，为"阳合同"，实际上双方达成合意的是一份价格较高的买卖合同，为"阴合同"。其中，"阳合同"即为以虚假的意思表示订立的合同，应认定无效。"阴合同"在法律上认定为以虚假的意思表示隐藏的民事法律行为，即被隐匿行为。《民法典》第146条第2款的规定："以虚假的意思表示隐藏的民事法律行为的效力，依照有关法律规定处理。"在实际的个案中，应审查该被隐匿行为是否具备合同无效、可撤销、效

力未定等的原因，从而具体认定其效力。

3. 恶意串通，损害他人合法权益

这是指合同当事人互相勾结，在明知其所订立的合同会损害他人合法权益的情况下而共同实施订立合同的行为。恶意串通的合同须具备以下三个构成要件：

（1）须订立损害他人合法权益的合同。这里的“他人”包括国家、集体或特定的第三人。

（2）须合同当事人为恶意。恶意是指当事人不仅明知与合同相关的客观事实，还在主观上有侵害他人合法权益的不良动机。

（3）须当事人之间有通谋，即当事人均相互了解对方的真意是订立损害他人合法权益的合同，而仍为配合。相反，若有一方当事人不知此情况，则不构成恶意串通的合同。

4. 违反法律、行政法规的强制性规定

通常所谓的违法的合同无效，依据合同法的规定，只能限于违反了法律、行政法规的强制性规定。在法律、行政法规中，既有强制性规定，也有任意性规定。强制性规定排除了合同当事人的意思自由，即当事人在合同中不得合意排除法律、行政法规中强制性规定的适用。对其中的任意性规定，当事人则可以约定任意排除，如当事人可以约定商品的价格，违反任意性规定不构成合同的违法。需要指出，法律、行政法规的强制性规定与禁止性规定是不同的。强制性规定是指法律、行政法规中规定人们不得为某些行为或者必须为某些行为的规定，如法律规定当事人订立的合同必须经过有关部门的审批等都属于强制性规定。禁止性规定只是规定人们不得为某些行为。因此，强制性规定应当包括禁止性规定。

还应注意的是，对合同法所称的法律、行政法规，必须作正确的理解，不能作扩大的解释。这里的法律是指全国人大及其常委会颁布的法律，如《民法典》《中华人民共和国刑法》等。行政法规是指由国务院颁布的法规，如我国税收征管、外汇管理的法规等。有关部门发布的部门规章和地方政府发布的地方性法规，则不能作为法律、行政法规，固违反其规定，不能当然地认定合同无效。这里的强制性规定也仅限于效力性强制性规定。所以，当合同违反效力性强制性规定时才无效，违反管理性强制性规定并不当然无效。

5. 违背公序良俗

《民法典》第 153 条第 2 款规定：“违背公序良俗的民事法律行为无效。”《民法典》第 8 条也规定了民法的公序良俗原则，二者所说“公序良俗”的含义是一致的，即公共秩序、善良风俗。《民法典》第 153 条第 2 款的价值在于它是具体的法

律规则，人民法院可直接依据其宣告合同无效，而《民法典》第 8 条公序良俗原则只有在没有具体规范可用的情况下，才能适用。一般情况下，暴力行为、危害家庭关系的行为、违反性道德行为、赌博性质的行为、有损人格的行为、违反公平竞争的行为、损害普通消费者利益的行为等，可能在法律上没有禁止性规定，但会违背公序良俗而导致无效。

二、合同的撤销

案例 3－3

（一）可撤销的合同的概念

可撤销的合同是指在法律规定的有效要件上存在瑕疵或欠缺，因该合同受到损害的当事人可以请求人民法院或者仲裁机构予以撤销，从而使其合同效力归于消灭的合同。可撤销的合同，由于当事人的意思表示不符合其真实意志，因此，允许其提出撤销的主张。但是，在其没有提出争议进行处理以前，这种合同事实上已经发生效力，只是这种法律效力处于一种不稳定状态，受害人有要求撤销的权利。受害人如果提出撤销合同的要求，经过人民法院或者仲裁机构调查属实，人民法院或者仲裁机构就可以撤销该合同。合同一经撤销，即与无效的合同一样，自合同订立开始就没有法律约束力。

（二）合同可撤销的原因

1. 重大误解

重大误解是指合同一方当事人因自己的过失而对合同的重要事项发生认识上的错误，并因此而订立合同。重大误解应当具备以下三个构成要件：

（1）合同的一方当事人对于合同的重要事项发生了认识上的错误。依据《最高人民法院关于贯彻执行〈中华人民共和国民法通则〉若干问题的意见（试行）》[①]第 71 条的规定，重要事项主要包括对合同性质、合同当事人、合同标的的误解：①对合同性质的误解。如误将保管作为赠与，误将赠与作为借贷等。这种误解往往会给误解人造成重大不利。②对合同当事人的误解。如将甲误认为是乙而与之订立合同。这类误解如果发生在委托等以信用为基础的合同中，或者发生在赠与、无偿

① 该文件已经被废止，但依据《最高人民法院关于印发〈全国法院贯彻实施民法典工作会议纪要〉的通知》，对于该文件的实体性规定所体现的精神，与民法典及有关法律不冲突且在司法实践中行之有效的，人民法院可以在裁判文书说理时阐述。

借贷等以感情及特定关系为基础的合同中，或者发生在演出、承揽等以特定人的技能为基础的合同中，则往往对误解人造成重大不利。③对合同标的的误解。如对合同标的物的品种、规格、数量等的误解，也会使合同目的落空，对误解人造成重大不利。

（2）该当事人基于误解而与对方当事人订立了合同。依照通常理解，如果没有发生重大误解，当事人就不会作出订立合同的意思表示。

（3）误解是由表意人的过错造成的，是本人的疏忽大意导致的，而不是对方的欺骗或者不正当影响造成的。

2. 欺诈

欺诈分为两种，行为人欺诈和第三人欺诈。

行为人欺诈是指一方当事人故意隐瞒真实情况，或者告知对方虚假情况，旨在使他人发生错误，并迎合自己作出意思表示的行为，应当符合以下四个构成要件：

（1）须有欺诈行为，包括陈述虚构事实或隐瞒真实情况，一般情况下，欺诈都表现为积极的作为，但依照法律或交易习惯负有告知义务时，沉默也可构成欺诈。

（2）须欺诈人有欺诈的故意，这种故意是指虚构事实的故意和隐瞒事实的故意，即使相对人陷入错误而与其订立合同的故意。至于是否有取得财产利益上的故意，则在所不问。

（3）须受欺诈者因欺诈而陷于内心错误，也就是说须受欺诈者陷入认识错误，而这种错误与对方的欺诈行为之间具有因果联系。欺诈与重大误解最重要的区别即在于此，当事人产生重大误解的错误，原因在于自己的疏忽大意；当事人受到欺诈而陷于内心错误，原因在于他人的故意。

（4）须受欺诈者基于错误而与欺诈人订立合同，即按照通常理解，若没有陷入这种错误，当事人就不会作出订立合同的意思表示。

第三人欺诈是指合同外的第三人实施了欺诈行为，导致合同一方当事人发生错误而订立合同，且另一方当事人知道或应当知道该第三人的欺诈行为。其构成要件与行为人欺诈类似，包括：

（1）须有欺诈行为和故意，但该行为主体为合同当事人以外的第三人。

（2）须受欺诈者因欺诈而陷于内心错误，并因内心错误而订立合同。

（3）合同另一方知道或应当知道受欺诈者因第三人的欺诈行为而订立合同，为了保护善意相对人的合法利益，只有在合同另一方存在过错的情况下，才允许受欺诈者撤销合同。

3. 胁迫

所谓胁迫是指一方当事人或第三人以将来要发生的损害或者以直接施加损害相

威胁，而使对方产生恐惧并违背自己的真实意思而订立合同的行为。其构成要件为：

（1）一方当事人或第三人实施了胁迫行为，使对方产生恐惧。胁迫行为分为两种：一是以将来要发生的损害相威胁，如以对方亲友的生命、健康、财产等相威胁；二是以直接施加损害相威胁，如以拘禁、伤害对方相威胁。

（2）一方当事人或第三人具有胁迫的故意，胁迫方采取手段要挟对方以实施某种行为，故意非常明显。

（3）胁迫行为必须是非法的，如果一方当事人有合法的理由向对方施加威胁则不构成胁迫。如威胁对方不履行合同就去法院起诉，不构成胁迫。

（4）受胁迫方因胁迫行为违背自己的真实意思而订立合同，胁迫行为与订立合同直接具有因果关系。

在《合同法》中规定，因欺诈、胁迫订立合同，导致国家利益受损的，合同无效；未损害国家利益的，合同可变更或撤销。现行《民法典》对此进行了修改：

（1）欺诈、胁迫不再导致合同无效。从逻辑上讲，受欺诈、受胁迫一方的身份，对该行为的效力没有影响，无论是国家、政府、组织，还是自然人，在合同中具有平等地位，不应区别对待。

（2）因欺诈、胁迫订立的合同，仅可请求撤销而不能请求变更。为了尊重合同自治，合同的变更应由当事人达成合意，而非由人民法院或者仲裁机构作出具有强制力的裁决，当事人无法协议变更的，仅能请求撤销。

4. 显失公平

所谓显失公平是指在双方、有偿的民事行为中，一方当事人利用对方处于危困状态、缺乏判断能力等情形，致使合同成立时权利义务明显不对等，使另一方遭受重大不利的行为。我国关于显失公平的界限尚无法律规定，有的国家对此有具体规定，如法国民法典规定，不动产的售价低于不动产价值的十二分之七者，为显失公平。显失公平的合同的构成要件包括：

（1）该合同必须是有偿合同。无偿合同一般不发生显失公平的问题。

（2）合同导致双方当事人的权利义务明显不对等，使一方遭受重大不利。在市场经济条件下，要求交易绝对公平是不可能的，因此对显失公平的认定要比较严格。不能通过显失公平制度规避正常的商业风险，此制度的设立目的在于限制一方当事人获得不符合市场交易规则的“暴利”。

（3）一方当事人故意利用对方的危困状态或对方判断能力的缺乏。利用对方的危困状态是指对方因陷入某种暂时性的紧迫状态，如急需金钱、物资等而不得已订立合同。利用对方判断能力的缺乏是指对方因缺乏生活经验或交易经验而对所订立合同的风险、收益等无法判断，如向老年人出售风险较高的理财产品。显失公平要求当事人具有主观的故意，若合同一方当事人不知他方处于危困状态或缺乏判断能力而提出苛刻的合同条款，则只能认为是正常的合同协商，不构成显失公平。

（4）显失公平发生于合同成立时。若合同成立后客观条件发生了变化，导致合同双方利益显著失衡，则不适用本制度。

（三）合同撤销权的行使期间和消灭

1. 合同撤销权的行使期间

在可撤销的合同中，具有撤销权的当事人有权撤销合同，但是当事人的这种权利并非没有任何限制；相反，撤销权人必须在规定的期间内行使其撤销权，以避免合同关系长期处于不稳定的状态。《民法典》合同编规定的撤销权的行使期间一般为自知道或者应当知道撤销事由之日起一年，在此期间内，撤销权人必须行使其撤销权，否则，就失去了撤销合同的权利。由于重大误解或胁迫导致合同被撤销的，其撤销权的行使期间有特殊的规定：重大误解的当事人行使撤销权的期间为自知道或者应当知道撤销事由之日起九十日，受胁迫的当事人行使撤销权的期间为自胁迫终止之日起一年。同时，为了交易秩序考虑，合同法还规定了撤销权行使的客观期间：自合同成立起五年内没有行使撤销权的，撤销权消灭。即使当事人五年后才知道撤销事由，也不可行使撤销权。需要特别指出的是，撤销权的行使期间是除斥期间，而不是诉讼时效。即在此期间内，不存在期间的中断或者中止的问题。除斥期间是一个不变的期间，撤销权人不能要求延长该期间。

2. 合同撤销权的消灭

撤销权是合同当事人的一种权利，撤销权人可以行使这种权利，也可以放弃撤销权。放弃撤销权即意味着撤销权的消灭。《民法典》第 152 条第 1 款第 3 项对当事人放弃撤销权的方式作了规定，它包括以下两种：

（1）具有撤销权的当事人知道撤销事由后明确表示放弃撤销权。以明示的方式放弃撤销权的行为是典型的对权利的处分的方式。放弃撤销权的明确表示可以采取口头的方式，也可以采取书面的方式。但除非有法律的明确规定，否则默示的方式不构成对撤销权的放弃。

（2）具有撤销权的当事人以自己的行为放弃了撤销权。当事人可以以自己的行为表明其愿意接受合同的约束，放弃依法应当享有的撤销权。如撤销权人在合同履行期限到来时，自动履行了合同中规定的义务或者向对方要求合同中的债权。又如撤销权人向法院起诉对方当事人违约而不是申请撤销合同等都是对撤销权的放弃行为。

三、合同无效和撤销的法律后果

（一）自始没有法律约束力

《民法典》第155条规定：“无效的或者被撤销的民事法律行为自始没有法律约束力。”本条款是关于合同无效或者被撤销的法律后果的规定。

按照本条款规定，合同无效或者被撤销后，该合同自始就不具有法律约束力。换言之，无效合同自成立时就是无效的，从来没发生过法律效力，而不是从其被确认无效之日起没有约束力；被撤销的合同自其被撤销之日起，追溯至其成立时起无效。因此，合同被确认无效或者被撤销的最终结果是一致的。

同时，在确定合同无效时，应注意区别是全部无效还是部分无效。《民法典》第156条规定：“民事法律行为部分无效，不影响其他部分效力的，其他部分仍然有效。”合同的内容往往是由多个部分组成的，各个条款在合同中的地位和作用并不相同。如果一些条款违法而另一些条款并不违法，那么违法条款对合同效力的影响就要看其在合同中的地位以及合同中各条款之间的关系。如果违法条款不影响其他条款的效力，那么其他条款仍然有效；如果违法条款影响其他条款的效力，那么其他条款也随之无效。

（二）不影响解决争议条款的效力

《民法典》第507条规定：“合同不生效、无效、被撤销或者终止的，不影响合同中有关解决争议方法的条款的效力。”合同不生效、无效、被撤销或者终止的，都属于对合同实体内容的确认或者变化，这种确认或者变化往往会在当事人之间产生争议。当事人对解决争议方法的条款的约定不属于实体权利义务的内容本身，而属于解决争议的程序问题。无论是基于这些条款的性质，还是为了便于处理当事人之间的争议，都决定了这些条款应具有本身的独立性，即合同不生效、无效、被撤销或者终止的，不影响合同中独立存在的有关解决争议方法的条款的效力。例如，当事人在合同中约定的仲裁条款不因合同无效或者被撤销而无效或者被撤销。

（三）返还财产

《民法典》第157条规定：“民事法律行为无效、被撤销或者确定不发生效力后，行为人因该行为取得的财产，应当予以返还；不能返还或者没有必要返还的，应当折价补偿。有过错的一方应当赔偿对方由此所受到的损失；各方都有过错的，应当各自承担相应的责任。法律另有规定的，依照其规定。”该条款是关于民事法律行为无效、被撤销或者确定不发生效力时的善后处理的一般规定，适用于合同法。依据该规定，合同无效、被撤销或者确定不发生效力后，当事人应当承担返还财产、赔偿损失的法律责任。

返还财产是指依合同已交付财产的当事人，在合同被确认无效或被撤销后，有权请求对方返还财产，同时，接受财产的当事人有返还财产的义务。在德国立法例下，因为物权行为的独立性与无因性，返还财产的性质属于“不当得利返还请求权”，是债权请求权。我国物权法关于物权变动的立法模式采取债权形式主义，不存在物权行为，故返还财产属于物权请求权。返还财产是恢复原状的一种处理方式，即无效合同和被撤销的合同自始没有法律约束力，已经按照合同约定进行的履行因无法律效力而需要恢复到履行前的状况，已接受履行的一方将其所接受的履行返还给对方，是恢复原状的最基本的方式。返还财产不是惩罚措施，而是消除无效合同造成的财产后果的一种法律手段。例如，已实际履行的买卖合同因欺诈被撤销后，买方和卖方应当分别返还物品和价款。返还财产不同于退货，在货物买卖或者购销合同中，因标的物瑕疵需要退货的，是一种对有效合同承担责任的方式。

但是，并不是所有的已经履行的无效合同都能够或者需要采取返还财产的方式。返还财产的适用条件是：

第一，须有返还的可能。有些合同的性质决定了无法采取返还方式，如提供劳务的合同、一些提供工作成果的合同（如建设工程承包合同）等。有些合同原物已不存在或专有技术、信息资料已被知悉，返还在客观上已不可能。无返还可能的合同只能请求赔偿损失。

第二，须有返还的必要。有些合同适用返还财产在经济上不甚合理，如返还需要的费用较高，强制返还带来经济上的极大浪费。正是由于返还的情况复杂，《民法典》结合实际情况、反映实际需要并在总结实践经验的基础上，作出了“不能返还或者没有必要返还的，应当折价补偿”的规定，这是对返还原则的一种补充。

返还财产时，除返还原物外，依据《民法典》第321条“天然孳息，由所有权人取得”的规定，还应返还原物所生之孳息；对原物有添附行为的，适用添附返还规则。此外，返还财产的方式包括单方返还、双方返还。如果只有一方给付财产，受领方有单方返还财产之义务；如果双方互为给付财产，则双方互为返还。

（四）赔偿损失

按照前述《民法典》第157条之规定，无效或被撤销的合同造成的损失需要赔偿，而过错是确定损失赔偿责任的依据。

1. 赔偿损失的范围

凡因合同无效、被撤销所遭受的财产减少都属于损失的范围，如因履行无效合同或者被撤销的合同所支付的所有费用，都属于损失。无效、被撤销合同的损失不同于有效合同的违约损失。在违约损失中，可得利益属于损失的范围；而无效、被撤销合同本来就不具备法律效力，当事人不可能据此获得预期的利益，因而不存在预期利益的损失赔偿问题。

2. 损失赔偿的原则

无效、被撤销的合同其损失赔偿是按照过错原则确定的，即合同无效或被撤销是一方当事人的过错造成的，该当事人应当向对方赔偿损失；合同无效、被撤销是双方当事人造成的，为混合过错，双方按照过错的大小各自承担相应的赔偿责任。这种相应的责任不是平均分担损失或各自承担自己的损失，而是双方按照责任的主次、轻重，分别承担经济损失中与其责任相适应的份额。

第六节　效力未定的合同

一、效力未定的合同的概念和特征

（一）效力未定的合同的概念

所谓效力未定的合同是指已成立的合同因欠缺一定的有效要件，其是否有效尚未确定，须由第三人作出承认或者拒绝的意思表示才能确定自身效力的合同。这种合同在双方当事人订立后，作为第三人的权利人对此予以认可或追认，则合同有效；第三人对此予以拒绝，则合同无效。在权利人追认或者拒绝前，该合同的效力处于未定状态。这里所称的效力显然是指广义的合同效力，即合同的一般法律约束力。

需要注意的是，合同的效力未定和合同未生效是两种不同的状态。后者一般指合同已成立，但生效要件未达成，因此合同处于成立和生效两个时间节点中间的效力状态，例如附生效期限的合同在期限未至时，应认定合同未生效。合同的效力未定是指合同效力需要补正的情况，有权人追认或者不追认会导致不同的合同效力，合同处于可能有效也可能无效的状态。

（二）效力未定的合同的特征

效力未定的合同具有以下特征：

第一，合同已经成立，也就是说已经具备了合同的全部成立要件。

第二，合同是否有效还未确定，既不是无效合同也不是有效合同。

第三，合同是否有效取决于第三人的追认与否。

导致合同效力未定的原因主要是合同主体资格的欠缺。根据合同法的规定，效力未定的合同包括限制行为能力人未经法定代理人许可与相对人订立的与其年龄、智力或者精神状态不相适应的合同，无权代理人与相对人订立的合同。

效力未定的合同并无导致合同无效的意思表示瑕疵，也不违反法律的强制性规定和公序良俗，仅仅存在主体资格上的欠缺，这种合同的订立与合同制度的目的并无根本性冲突。因此，法律出于促进民事交易、维护各方当事人利益的需要，对这种合同只作相对的否定性评价，既不使其当然有效，也不使其当然无效，而是由享有权利的第三人作出判断和选择。第三人可以以法定的方式予以补正，而使其有效。对效力未定和可撤销的合同，法律都把选择权赋予了当事人，但两种选择权是不同的，前者的积极追认可使合同产生有效的后果，后者的积极主张则可使合同无效；同时，二者之间的区别还在于，前者在追认前处于效力未定的状态，而后者在撤销前处于有效的状态。

二、合同效力的补正

对于效力未定的合同，享有权利的第三人有权予以补正，使其具有法律效力。补正的法律方式是追认，即追认权人于事后对需要追认的行为表示同意或者承认。追认行为是使合同效力得以确定的单方法律行为，也就是说效力未定的合同经追认权人的追认后即确定地成为有效合同，合同的当事人就必须依照合同的规定履行自己的合同义务。

追认行为的特征如下：

第一，追认是一种民事法律行为，因此须具备民事法律行为的成立要件、生效要件和有效要件。

第二，追认是一种单方法律行为，只需经追认权人的单方意思表示即告生效，属于形成权之行使，但作为有相对人的法律行为必须向相对人为意思表示才能生效。因此，追认虽无须相对人同意，但只有向相对人为之才能生效。追认的意思表示自到达相对人时生效，合同自订立时生效。

第三，追认是一种补助行为。所谓补助行为是相对于基本行为而言的。基本行为是指在相关联行为中具有独立的实质内容，但以相关行为为要件的行为；而补助行为是指相关联行为中不具有独立的实质内容，仅作为基本行为有效要件的行为。可见追认本身不构成合同的实质内容，仅作为某些合同的有效要件。

追认一般以明示的方式作出，也可以以有权人自愿履行债务的推定方式作出。《民法典》第503条规定："无权代理人以被代理人的名义订立合同，被代理人已经开始履行合同义务或者接受相对人履行的，视为对合同的追认。"据此，沉默不构成追认。同时，追认必须是无条件的，是对合同全部条款的承认。如果仅对部分条款予以承认，则视为新要约，还需相对人同意方可生效。

三、须经追认补正有效的合同

（一）限制行为能力人所订立的合同

此类合同须经该限制行为能力人的法定代理人追认才能认定有效。但是，并非限制行为能力人订立的所有合同都必须经过法定代理人追认才具有效力。限制行为能力人订立的纯获利益的合同或者与其年龄、智力、精神状况相适应而订立的合同不必经法定代理人追认就具有法律效力。所谓纯获利益，一般是指在合同中只享有权利或者利益，不承担任何义务，如接受奖励、赠与、报酬等，对于这些纯获利益的合同，他人不得以行为人的限制行为能力为由，主张该合同不具有效力。所谓与其年龄、智力、精神状况相适应的合同，一般是指细小的日常生活方面的合同，如购买书本、乘坐交通工具等。

对于限制行为能力人所订立的合同，一方面，其法定代理人有追认权；另一方面，为了保护合同相对人的合法权益，法律又规定了相对人的催告权和撤销权。

所谓相对人的催告权，是指根据《民法典》第145条的规定，合同的相对人可以催告限制民事行为能力人的法定代理人自收到通知之日起三十日内予以追认。法定代理人未作表示的，视为拒绝追认。承认相对人的催告权，可以避免限制民事行为能力人订立的合同效力长期处于不确定的状态，从而也维护相对人的利益。同时，相对人的催告应当以明示的方式作出。

所谓相对人的撤销权，是指合同的善意相对人在限制行为能力人的法定代理人未追认合同之前，撤销自己对限制行为能力人所作的意思表示。在此类合同中，如果仅有法定代理人的追认权，而无善意相对人的撤销权，那么，善意相对人就不能根据自己的利益进行选择，只能被动地依赖法定代理人的追认或者否认，这对善意相对人是不公平的。赋予善意相对人以撤销权，就使其享有同样的机会来对待这种合同的效力。但是，相对人撤销这类合同必须满足以下条件：

（1）撤销的意思表示必须是在法定代理人追认之前作出，对于法定代理人已经追认的合同，相对人不得撤销。

（2）只有善意相对人才可以作出撤销合同的行为。所谓善意，是指相对人在订立合同之时，并不知道或者不应该知道对方是限制行为能力人。

（3）相对人作出撤销的意思表示时，应当采取通知的方式作出，默示的方式不能构成对此类合同的撤销。

（二）无权代理人以被代理人的名义所订立的合同

无权代理人以被代理人的名义与相对人签订的合同，非经被代理人追认，不发生效力。但构成表见代理的，代理行为对被代理人有效。

1. 狭义的无权代理

《民法典》第 171 条第 1 款规定："行为人没有代理权、超越代理权或者代理权终止后，仍然实施代理行为，未经被代理人追认的，对被代理人不发生效力。"由此可见，此类合同须经被代理人追认才对被代理人有效。

无权代理人订立的合同，尽管没有代理权，存在着主体上的瑕疵，但是，这种缺陷是可以通过被代理人的追认加以补正的。将无权代理人订立的合同作为效力未定的合同，其根据在于：

第一，无权代理人订立的合同并非都对被代理人不利。

第二，无权代理行为在本质上也具有某些代理的特征，如无权代理人具有为被代理人订立合同的意思表示，第三人也有意与被代理人订立合同，如果被代理人事后追认也就意味着事后对合同的承认。

第三，通过追认，无权代理成为有权代理，有利于交易秩序的稳定和维护相对人的利益。

合同法在赋予被代理人追认权的同时，也规定了合同相对人的催告权和撤销权。其催告权、撤销权的内容和行使条件与前述限制行为能力人订立合同的情形基本一致。

2. 表见代理

表见代理属于广义的无权代理。表见代理是指行为人没有代理权、超越代理权或者代理权终止后以被代理人的名义进行民事行为，如果相对人有理由相信其有代理权，则该代理行为有效。被代理人应承担代理的法律后果。因此，表见代理就是事实上没有代理权却发生代理法律后果的代理。《民法典》第172条规定：“行为人没有代理权、超越代理权或者代理权终止后，仍然实施代理行为，相对人有理由相信行为人有代理权的，代理行为有效。”这就是关于表见代理的规定。表见代理制度的设立是为了保护善意相对人的信赖利益和交易的安全。表见代理具有以下特征：

第一，无权代理人并没有获得被代理人的明确授权。无论该无权代理人是否曾经拥有过代理权，或者是否拥有实施其他民事法律行为的代理权，都不影响表见代理的认定。

第二，表见代理在客观上、外表上具有足以使人相信行为人具有代理权的理由。一方面，根据以往的交易习惯或其他外在表现，相对人有理由相信行为人拥有代理权；另一方面，相对人对行为人拥有代理权存在合理信赖，此点需要个案认定。

第三，合同的相对人在主观上必须是善意的、无过失的，不知道或者不应当知道行为人实际上无代理权。如果相对人明知或者应该知道行为人没有代理权、超越代理权、代理权已终止，而仍与之订立合同，则不构成表见代理。

第四，表见代理产生有权代理的法律后果。表见代理虽属无权代理，但与狭义的无权代理不同。狭义的无权代理非经被代理人追认不发生代理的效果；而在表见代理情况下，将直接发生代理的效果，即被代理人须对行为人的行为负授权人的责任，应当承担有权代理中被代理人的责任，行为人的行为效果归于被代理人。

一般而言，表见代理合同的产生与被代理人的过错有关。例如，被代理人管理制度的混乱，导致其公章、介绍信被他人借用或者冒用而订立了合同，这表明被代理人是有过错的。但是，表见代理制度的目的是保护交易的安全性，不至于使没有过失的相对人遭受风险。因此，相对人只要证明自己订立合同时没有过错，就应承认合同的效力。至于被代理人在此过程中是否有过错，相对人既难以证明，也不影响表见代理的成立。因此，根据《最高人民法院印发〈关于当前形势下审理民商事合同纠纷案件若干问题的指导意见〉的通知》的有关规定，合同相对人主张无权代理的，应当承担举证责任，不仅应当举证证明代理行为存在诸如合同书、公章、印鉴等有权代理的客观表象形式要素，而且需证明其善意且无过失地相信行为人具有代理权。表见代理发生的情况如下：

第一，代理权自始即不存在，而存在着使相对人相信具有代理权的正当理由。例如，被代理人以通知或者广告的方式，告知特定相对人或者不特定相对人已将代理权授予行为人，而实际上并未授予行为人，相对人根据其告知即可相信行为人具有代理权。这种情况在民法理论上称为观念通知。

第二，代理人超越代理权而相对人有正当理由相信其有代理权。被代理人限制或者撤回代理人的代理权，相对人不知道的，可以构成此种情形。特别是在内部授权明确，但对相对人表示不清楚的情况下，常常可以构成此种表见代理。例如，授权代理人订立一定金额的合同，却交给代理人空白的介绍信或者盖章的合同书。

第三，代理权终止后实施代理行为而相对人有理由相信其有代理权。最常见的情况是，委托的代理事项完成后，未及时收回盖章的空白合同书、印鉴等证明性文件，代理人使用这些文件继续订立合同，相对人完全可以据此相信行为人有代理权。

第四，被代理人知道其以本人名义订立合同而不作否认表示。被代理人的否认表示应该向相对人作出，才能产生否认的效力；只向行为人而未向相对人作否认表示的，不发生否认的效力。因为表见代理规定的立法目的是保护善意第三人的利益和维护交易安全。

表见代理中，虽然在事实上行为人没有代理权，但发生有效代理的法律后果，而这种法律后果的发生并不需要被代理人的追认或同意。因此，它属于有效代理的一种，而不属于效力未定的无权代理。

本章小结

广义的合同效力指合同的一般法律约束力；狭义的合同效力指合同约定的具体权利义务的约束力。在一般情况下，当事人意思表示一致，合同即成立且生效；而适于某些特殊合同生效的被视为特别要件：①附生效条件或期限的合同，条件的成就或期限的到来代表合同生效；②法律、法规规定应办理批准等手续的合同，手续的完成代表合同生效。

合同的有效要件包括：①当事人具有相应的订立合同的能力；②意思表示真实；③不违反法律、行政法规的强制性规定、不违背公序良俗。合同无效是指合同已经具备成立要件，但欠缺一定的有效要件，因而自始、确定、当然地不发生法律效力。合同无效的原因分为以下几种：①无民事行为能力人订立的合同；②虚假的意思表示无效，被隐匿行为需个案认定；③恶意串通，损害他人合法权益；④违反法律、行政法规的强制性规定；⑤违背公序良俗。

效力未定的合同是指已成立的合同因欠缺一定的有效要件，其是否有效尚未确定，须由第三人作出承认或者拒绝的意思表示才能确定自身效力的合同。效力未定的合同可由享有权利的第三人以追认的方式予以补正。须经追认补正有效的合同包括限制行为能力人所订立的合同、无权代理人以被代理人的名义所订立的合同。可撤销的合同是指在法律规定的有效要件上存在瑕疵或欠缺，因该合同受到损害的当事人可以请求人民法院或者仲裁机构予以撤销，从而使其合同效力归于消灭的合同。合同可撤销的原因包括重大误解、欺诈、胁迫、显失公平。

思考与练习

小试身手

一、名词解释

1. 合同的成立要件　2. 合同的生效要件　3. 附条件的合同
4. 附期限的合同　5. 无效合同　6. 可撤销的合同
7. 欺诈　8. 胁迫　9. 撤销权

二、简答题

1. 如何理解合同的法律效力?
2. 简述合同的成立要件和生效要件。
3. 简述附条件的合同中的条件要件以及附期限的合同中的期限要件。
4. 哪些情况下合同无效?
5. 哪些情况下合同可以被撤销?
6. 无效的合同与效力未定的合同有什么区别?

三、案例分析题（请扫描下方二维码）

案例分析

第四章 合同的履行

导 言

合同履行是指合同的当事人按照合同的约定，全面完成各自承担的合同义务，使合同目的得以实现、合同关系得以终止的整个行为过程。只有通过合同的履行，当事人的权利义务才能得到实现。合同履行也是合同效力的具体体现。为保证合同履行，合同法确立了一系列的原则和制度，这些原则和制度不仅是当事人进行合同实践的行为准则，还具有丰富的学理内容和精深的理论价值，从而构成了合同法原理的重要组成部分。

本章分析了合同履行的含义和法律特征，阐述了合同履行原则和合同履行的具体规则等内容。

学习目标

完成这一章内容的学习之后，你将能够：

准确地掌握同时履行抗辩权和不安抗辩权等民事权利的含义和适用条件，对其立法目的和作用有基本的了解，并注意其适用的程序和法律后果。

在全面理解合同履行原则的基础上运用其分析和处理合同争议。

第一节　合同履行概述

一、合同履行的含义

合同履行是指合同的当事人按照合同的约定，全面完成各自承担的合同义务，使合同目的得以实现、合同关系得以终止的整个行为过程。

合同履行制度的确立和完善，经历了一个漫长的历史过程。在早期的合同法中，对履行合同的具体条件和要求一般很少涉及，仅强调违约应当承担的法律责任，没有形成专门的合同履行制度。到19世纪前后，在一些大陆法系和英美法系国家的民法或合同法中，才对合同履行的基本内容和要求作出较专门的规定。现代合同法中，对合同履行问题给予了越来越多的关注，合同履行理论研究有了较大的进展。合同履行不再被简单地归结为给付、清偿等最后阶段的完成行为，而被视为一个行为过程。合同履行的原则、抗辩权的行使、合同履行的保全措施等构成了较为完整的合同履行的理论体系。

合同履行是全部合同法律制度的核心，是合同法律约束力最集中的体现，是消灭合同之债最主要的方式，也是实现当事人订约目的的唯一途径。合同之债是当事人实现其利益要求的法律手段，而合同当事人意欲实现合同利益，只有依靠合同债务人全面地履行其债务。如果仅订立合同而没有实际履行，那么不仅为缔约所作的努力会付之东流，而且可能招致经济和信誉上的严重损失。所以，履行合同是实现合同目的最重要和最关键的环节，直接关系到合同当事人的利益。同时，合同深入社会各个领域，合同债权债务关系覆盖整个经济的运行，编织成彼此交错的合同债权债务网。所以，一些合同能否正确履行会影响与之衔接的合同债权债务关系链能否正常运行。由此可见，合同履行乃是社会经济健康、迅速、协调、持续运转的重要前提条件。没有适当、全面的合同履行，任何国家的经济都不可能正常地运行。

二、合同履行的法律特征

（一）履行是当事人完成合同约定的行为

履行是债务人按照合同约定的内容，完成标的物交付、价款支付或者实施特定行为的行为。由于合同的类型不同，履行的表现形式也不尽一致。但任何合同的履行，均须有当事人的履约行为，这是债权得以实现的一般条件。合同的履行，通常表现为债务人积极的行为，如交付约定的标的物、完成一定的工作并交付工作成果及提供一定的服务等；在一些情况下也表现为债务人消极的不作为，如技术秘密转让合同中受让人未经让与人许可不得将该技术秘密转让给第三人、租赁合同中承租人不得对外转租等。

并非债务人任何履行合同债务的行为都能使债权人实现其债权。要使债权人的权利得到完全实现，还必须要求债务人全面、适当地履行合同义务。合同履行是给付行为和给付结果的统一，其目的在于将合同债权转变成物权或与物权具有相等价值的权利，在于通过债务人的约定给付使债权人获得满足、获得给付结果。履行重在使合同的目的得以实现，而给付仅系履行之手段。

（二）履行是一个行为过程

合同履行是当事人全面完成合同义务的整个行为过程，不仅包括当事人的依约给付行为，还包括当事人为完成最终的给付行为所实施的一系列准备行为。除即时结清的合同外，绝大多数合同自成立、生效至履行完毕，都要持续一定的时间。在这段时间内，义务人均需为最终履行合同实施一系列的准备行为。准备行为是最终给付行为的基础和前提。没有准备行为即没有最终的给付行为。为确保合同的履行，必须把准备行为和最终的给付行为作为一个相互联系的整体进行考察，作为一个过程加以研究。可见，合同的履行乃是贯穿于合同成立、生效至全部义务完成的全过程的一种动态活动。

认识合同履行这一特征的法律意义在于：一方面，它能使当事人自合同成立、生效之时起，就关注自己和对方履行合同义务的情况，发现障碍并及时排除，确保合同义务得到全面、正确的履行。另一方面，它能使当事人尽早发现对方不能履约或不能完全履行合同义务的情况，以便采取相应的补救措施，避免自己陷入被动和不利，防止损失的发生或扩大。

（三）履行是合同效力的具体体现

合同效力包括合同对当事人的一般法律约束力和当事人取得具体的合同权利和承担具体的合同义务。合同的履行是合同效力的体现，只有通过合同的履行，合同的效力才能得到具体实现。同时，合同的履行是以合同的有效和生效为前提和基础的。合同若无效，则不具有法律约束力，自然不必履行也不应履行。合同一经生效，即在当事人之间产生相互的权利义务，一方当事人权利的实现有赖于他方当事人义务的履行。因此，离开了合同的履行，合同的效力也就无从实现。

一个合法、有效的合同对当事人产生行为力、约束力、保持力和强制力的效力。行为力，表现为债权人的请求权，以及债务人拒绝给付或给付不当时请求法院通过司法权力予以救济的权利。约束力，指法律为确保债的内容实现而要求当事人必须遵照债的本旨为或不为一定的行为。保持力，指债权人是由于法律上的原因而永久性保有其依债权所取得的给付利益。强制力，指债务人不履行债务时，法律授权司法机关应债权人之请求采取强制性措施对债权实施救济。由此可见，合同效力与合同履行息息相关。合同履行是合同效力作用于合同关系的必然结果。合同效力既含合同履行之意，又是合同履行的依据和原动力。

第二节　合同履行原则

一、合同履行原则的含义

合同履行原则是指法律规定的、当事人在履行合同义务时所必须遵循的准则。它是当事人履行合同的总的和基本的行为准则，是当事人是否履行合同及履行是否符合约定的基本判断标准。

并非任何与合同履行有关的准则都是合同履行原则。合同履行原则应具备以下条件。

第一，合同履行原则是合同履行过程的阶段性指导思想，是当事人在合同“履行”这一特定阶段所应遵循的准则。合同的整个过程可分为合同订立、合同成立、合同生效、合同履行、合同救济、合同解除等不同阶段，合同履行原则只是合同自成立、生效至履行完毕这一特定阶段中当事人必须遵循的准则。合同履行原则是合同法基本原则在履行问题上的具体反映，但不能简单地等同于合同法一般原则。

第二，合同履行原则是指导当事人正常完成合同义务的基本法律准则。这一说法包含两层含义：其一，合同履行原则是为法律所确认的准则，故有法律约束力；其二，合同履行原则是对当事人全面履行合同义务的基本要求。

第三，合同履行原则是对当事人完成合同义务普遍适用的准则。合同履行原则不是仅适用于某一类合同的履行，而是对各类合同履行普遍适用的准则，是各类合同履行都具有的共性要求或反映。

二、《民法典》确立的履行原则

基于《民法典》的规定，合同履行原则应包括全面履行、协作履行和绿色履行三项原则。

（一）全面履行原则

全面履行原则又称正确履行原则或适当履行原则，是指合同的当事人必须按照合同关于标的、数量、质量、价款或报酬、履行地点、履行期限、履行方式等的约定，正确而完整地履行自己的合同义务。对于该项原则，《民法典》第509条第1款作出了规定："当事人应当按照约定全面履行自己的义务。"

合同是双方当事人根据自己的实际需要而订立的，合同中的各项条款都反映了当事人所追求的目的和实际承受能力。因此，债务人只有按照约定全面地履行合同，合同目的才能得以实现，债权人的利益需求也才能得到满足。全面履行原则是合同本质要求的集中体现。全面履行原则的具体内容表现为：

1. 按照合同约定的主体履行

合同是特定当事人之间的一种民事法律关系。因此，合同的履行只能是作为该合同当事人的债务人向作为该合同另一方当事人的债权人履行自己的义务。由他人代替自己履行，即债务承担，应经合同债权人同意；否则，债权人可拒绝接受履行。有些合同由其性质决定了只能由合同债务人亲自履行。如加工承揽合同，承揽方必须以自己的机器设备、技术和力量，完成加工成果。在基于双方对人身的信任而订立的合同中，其义务也不能代替履行，如基于信任而请某人授课。有些合同，当事人可以约定由第三人代为履行或接受履行，但不能因此而损害债权人或债务人的合法权益。

2. 按照合同约定的标的履行

合同的标的是合同当事人实现合同目的的最为重要的条件，是合同的核心要素和必备条款，没有明确的合同标的，就没有合同的存在。因此，对于任何已经生效的合同，只有严格按照合同约定的标的履行，合同利益才能实现，当事人追求的目的才不会落空。

3. 按照合同约定的质量履行

合同的全面履行，意味着必须精确地按照合同约定的质量履行。不按照合同约定的质量履行，就不可能准确而完整地实现合同目的，有时甚至会使合同变得毫无意义。

4. 按照合同约定的价款或报酬履行

价款或报酬是合同的重要内容，是交付的商品、完成的工作或提供的服务的对价。若不按合同约定的价款或报酬履行，则构成严重的违约。

5. 按照合同约定的履行地点履行

履行地点对当事人实现合同目的也有着重要影响，只有在约定的履行地点履行，才符合合同全面履行的要求。合同的履行地点，通常是由合同明确约定的。若合同没有约定或约定不明确，则双方当事人可就履行地点达成补充协议；若双方没有达成补充协议，则可以按照合同有关条款或交易习惯确定的履行地点履行。

6. 按照合同约定的履行期限履行

履行期限是指债务人履行债务和债权人接受履行的时间。债的主体应依照规定的期限履行债务和接受履行。任何一方都不应无故迟延履行或迟延接受履行。

7. 按照合同约定的履行方式履行

履行方式是债务人履行债务的方法。合同可以采取不同的方式履行：一次全部履行或分期分批履行、直接交付、邮寄或托运履行等。当事人必须按照其在合同中约定的方式履行，不得擅自变更。

全面履行原则是合同履行的一项根本要求。是否符合该原则是判断合同是否履行即是否违约的标准，是衡量合同履行程度和确定违约责任的尺度。

（二）协作履行原则

协作履行原则是指当事人在合同的履行中不仅要适当、全面地履行合同的约定，还要基于诚信原则，对对方当事人的履行债务行为给予协助，使之能够更好地、更方便地履行合同。该原则是民法诚信原则在合同履行阶段的具体体现。《民法典》第509条第2款对此作了特别规定：“当事人应当遵循诚信原则，根据合同的性质、目的和交易习惯履行通知、协助、保密等义务。”

合同的履行，如果只有债务人的给付行为，没有债权人的受领给付，那么合同的内容仍难实现。不仅如此，在建筑工程承包合同、技术开发合同、技术转让合同、提供服务合同等场合，债务人实施给付行为也需要债权人的积极配合；否则，合同的目的就难以实现。因此，履行合同，不仅是债务人的事务，也是债权人的事务。只有双方当事人密切配合、相互协作，合同才能顺利地得到全面履行，合同目的才能最终实现。协作履行原则包括以下内容：

1. 及时通知义务

凡是在合同履行中所发生的对合同的履行有影响的客观情况，当事人都负有相互通知的义务。因为这些情况都可能对履行合同造成困难。如果不及时通知对方当事人，就可能使对方当事人受到损害。发生这种情况后，当事人及时通知，可使对方当事人及时了解情况，采取对策，避免造成损失。通知对方当事人后，对方当事人也应及时答复，协商妥善的解决办法。

2. 相互协助义务

协助是指权利人与义务人相互协作。合同履行是当事人的相互行为，权利的实现需要义务人的合作，义务的履行也需要权利人的帮助。没有相互协作，便没有合同的履行。因此，这就要求：

第一，债务人履行债务，债权人应当适当受领给付。

第二，债务人履行债务，有权要求债权人提供必要的条件，债权人应当提供方便。

第三，一方当事人在对方当事人因故不能履行或者不能全部履行时，应当积极采取合理的措施避免或者减少损失，防止损失扩大，否则应当对未及时采取合理措施导致损失扩大的部分自行负责。

第四，一方当事人确实不能履行合同时，应及时向对方当事人说明情况，对方当事人接到通知后应积极采取补救措施。

第五，在合同当事人之间发生纠纷后，各方当事人应当各自主动承担责任，不得相互推诿。

3. 保密义务

一方当事人在履行合同中，对属于对方当事人的商业秘密或者对方当事人要求保密的信息、事项不能向外界泄露。

（三）绿色履行原则

绿色履行原则是指当事人在合同履行中应兼顾节约资源、保护生态环境。该原则是《民法典》第9条绿色原则在合同法中的体现，是合同法应一以贯之的基本理念，在合同的各个阶段都应予以遵循。《民法典》第509条第3款首先对该原则作出了原则性规定：“当事人在履行合同过程中，应当避免浪费资源、污染环境和破坏生态。”同时，《民法典》又在具体条款中对以下两个法律义务作了具体规定：

1. 旧物回收义务

《民法典》第558条规定：“债权债务终止后，当事人应当遵循诚信等原则，根据交易习惯履行通知、协助、保密、旧物回收等义务。”将旧物回收作为当事人的一种附随义务，要求其执行。具体来讲，标的物在有效使用年限届满后应予回收的，出卖人负有自行或者委托第三人对标的物予以回收的义务。

2. 标的物的绿色包装义务

《民法典》第619条规定："出卖人应当按照约定的包装方式交付标的物。对包装方式没有约定或者约定不明确，依据本法第五百一十条的规定仍不能确定的，应当按照通用的方式包装；没有通用方式的，应当采取足以保护标的物且有利于节约资源、保护生态环境的包装方式。"根据该条的要求，出卖人不应对标的物进行过度包装，也不能使用对环境有较大危害的材料对标的物进行包装。

（四）实际履行原则的变迁及其原因

《合同法》《民法典》在合同履行原则的规定上与此前的《经济合同法》等合同立法的主要差异在于对"实际履行"采取了不同的态度。"实际履行"在传统的合同法理论中一向被视为合同履行的一个基本原则，而《合同法》《民法典》将"实际履行"作为一种救济措施而非一项基本原则。现行合同法对"实际履行"所作的不同规定体现出经济生活和经济体制的改变对合同履行观念的影响。

经济体制改革前，我国合同法之所以强调实际履行原则，是因为实行单一的指令性计划制度，合同的作用被归结为使计划任务落实并确保其实现。在这种情况下，所谓的合同关系，实质上是披着合同这一民法外衣的行政法律关系，实际履行原则正反映了这一法律关系的本质要求。因此，为保证计划的完整实现，要求当事人必须实际履行合同所规定的义务，禁止单方或双方协商变更和解除合同，即使发生违约情形，仍要求双方实际履行合同，而不允许以支付违约金或损害赔偿金代替实际履行。这种实际履行原则的贯彻剥夺了当事人的意思自由，其结果必然严重束缚合同当事人的自主性和积极性。同时，该原则产生、存在的另一个更为直接的原因，就是社会物质资料供应的长期不足。在产品匮乏的条件下，实际履行可以保证国家计划的实现和满足人民的基本生活需求。

随着经济体制改革的发展，实际履行原则的适用背景发生了重大变化。计划经济已经被市场经济替代，国家的宏观经济调控也不再主要依靠行政手段，而是主要依靠市场经济的规则和机制来实现，合同已经成为民事主体交换财产或劳动成果的手段和工具。这就要求赋予市场主体更多的自主权。这反映在合同法上，就是承认合同当事人享有一定的合同自由，其中包括通过协商变更、解除合同的自由，以及在对方违约时选择补救方法的自由。与此同时，由于市场经济的发展，物资供应日益丰富，政府对生产资料和消费品的价格控制也日趋减弱，这些因素都使传统的实际履行原则丧失了其存在的经济基础。

《民法典》将实际履行作为一种救济措施而非一项基本原则。《民法典》第580

条规定："当事人一方不履行非金钱债务或者履行非金钱债务不符合约定的，对方可以请求履行，但是有下列情形之一的除外……"由此，现行合同法不再将实际履行作为合同履行的基本原则，而规定了全面履行原则。全面履行原则不仅要求债务人按照合同约定交付标的物或者提供服务，而且要求交付标的物或提供服务必须正确、适当。因此，全面履行原则是一个更为合理的合同履行原则。

第三节　合同履行的具体规则

合同履行的具体规则是当事人履行合同时必须共同遵守的具体规范。规则不同于原则，前者是具体的规定，后者是抽象的概括；前者针对具体的个性问题，后者具有普遍的指导意义。就合同履行中经常出现的各种问题，合同法确立了以下具体规则。

一、合同履行的主体

合同履行的主体一般应是合同当事人及其代理人，包括债权人、债务人及其代理人。除法律规定、当事人约定或债权债务性质上必须由本人履行或受领的以外，债务履行和债权受领可由当事人的代理人进行。无民事行为能力或限制民事行为能力的代理人可为事实行为，如交付标的物；但无民事行为能力或限制民事行为能力的代理人不可为超出其行为能力范围的法律行为，如签订购房合同。

在特殊情况下，第三人可以成为合同履行的义务主体或受领债权的主体。

（一）向第三人履行债务

《民法典》第 522 条指出了向第三人履行的合同的相关规定。向第三人履行的合同又称利益第三人合同、利他合同。此种合同，约定债务人向第三人履行义务，第三人作为纯获利益一方，不需要在合同中签名或盖章。向第三人履行的合同又分为两类：

第一，不真正利益第三人合同。《民法典》第 522 条第 1 款规定："当事人约定由债务人向第三人履行债务，债务人未向第三人履行债务或者履行债务不符合约定的，应当向债权人承担违约责任。"虽然债权人与债务人经过约定而由债务人向第三人履行债务，但原债权人的地位不变，仅是履行方式的变化。第三人仅享有受领债权的权利，因为并非合同当事人，所以不享有履行请求权，也不可要求变更、撤销合同或者要求债务人承担违约责任。

第二，真正利益第三人合同。《民法典》第522条第2款规定："法律规定或者当事人约定第三人可以直接请求债务人向其履行债务，第三人未在合理期限内明确拒绝，债务人未向第三人履行债务或者履行债务不符合约定的，第三人可以请求债务人承担违约责任；债务人对债权人的抗辩，可以向第三人主张。"此款规定了与前款不同类型的利益第三人合同，其特殊构成要件有二：①法律规定或者当事人明确约定赋予第三人履行请求权，若当事人仅约定债务向第三人履行，而未赋予第三人特殊的权利，则适用《民法典》第522条第1款规定。②第三人没有行使拒绝权，第三人作为获益一方，可以明示、默示的方式表示接受合同赋予自己的权利，但若明确拒绝，则合同的授权对其不发生效力，该履行请求权仍归债权人享有。真正利益第三人合同有限地突破了合同相对性的限制，但为了尊重合同自治，考虑到实践中的需求，法律特别规定，允许第三人享有履行请求权、违约请求权。相应地，债务人对债权人的抗辩，也可向第三人主张。

（二）由第三人向债权人履行

合同双方当事人可以约定由第三人代替债务人向债权人履行债务，第三人不需要在合同中签名或盖章，也没有因履行债务而成为合同当事人。通常情况下，合同义务要由债务人向债权人履行。但当事人约定第三人替代债务人履行债务，只要不违反法律规定和合同约定，且未给债权人造成损失，这种履行在法律上就是有效的。因为这种替代履行从根本上说是符合债权人的意志和利益的。当然，由第三人替代履行的债务是依照法律和合同性质不必由债务人亲自履行的义务。若债务以人身专属的给付为目的，则第三人不能代为清偿。当事人约定由第三人代为向债权人履行债务的，债权人应当接受第三人的履行。

由于合同相对性的限制，债权人与债务人之间签订的合同仅对双方当事人产生法律约束力，对第三人不具有法律约束力。因此《民法典》第523条规定："当事人约定由第三人向债权人履行债务，第三人不履行债务或者履行债务不符合约定的，债务人应当向债权人承担违约责任。"

需要注意的是，实践中约定此类合同，其目的一般在于减少债务履行的环节、提高交易效率。订立由第三人向债权人履行的合同，往往基于债务人与第三人的其他法律关系，例如第三人对债务人负有债务，债务人约定由第三人直接向债权人履行以消灭原债务。但第三人与债务人之间的法律关系实际存续与否，与债权和债务人之间的合同无关，不影响债权人与债务人之间合同的效力。

（三）第三人代为履行

《民法典》第524条第1款规定了第三人代为履行的规则："债务人不履行债务，第三人对履行该债务具有合法利益的，第三人有权向债权人代为履行；但是，根据债务性质、按照当事人约定或者依照法律规定只能由债务人履行的除外。"债务在多数情况下不具有专属性，第三人代为履行不会损害债权人的利益，为了促进债权的实现，只要当事人没有禁止性约定、第三人对该债务具有合法利益，即可代为履行。此处具有合法利益的第三人一般指：①为该债务设定抵押、质押等担保财产的所有权人、受让人、用益物权人、合法占有人；②为该债务设定抵押、质押等担保财产上的后顺位的担保权人；③为该债务设定质押担保的股权持有人，持有人为公司的，包括该公司的股东；④如对债务人的财产依法实施强制执行，则将失去对该财产的权利的人。

该第三人代为履行债务，不需要考虑是否违反债务人的意思，债权人也不得拒绝。有合法利益的第三人代为履行后，债权人的债权得以实现，债权人与债务人之间原有的债权债务关系终止。代为履行债务的第三人在其代为清偿的范围内取得原债权人的地位，但不得损害债权人的利益。

（四）当事人一方发生变更时的履行规则

合同当事人的变更有两种情况：一为当事人发生实质性变动，需要原合同当事人和变动后的合同当事人重新达成合意；二为当事人姓名变化、公司分立等导致的变更，一般不影响合同效力，具体分为以下两种情况：

第一，《民法典》第529条规定："债权人分立、合并或者变更住所没有通知债务人，致使履行债务发生困难的，债务人可以中止履行或者将标的物提存。"债权人分立、合并或者变更住所可能会导致履行地点、债权人主体发生变化，从而可能导致履行债务发生困难。因此，债权人应履行及时通知债务人的义务。如果债权人没有及时通知债务人，债务人可以中止履行自己的债务或直接将合同的标的物提存。

第二，《民法典》第532条规定："合同生效后，当事人不得因姓名、名称的变更或者法定代表人、负责人、承办人的变动而不履行合同义务。"合同是合同主体之间的协议。姓名、名称仅为合同主体的符号而非合同主体本身。法定代表人、负责人、承办人皆可代合同主体作出意思表示，而自身并非合同的主体。所以，上述变动都不是合同主体的实质性改变，合同效力不受影响。当事人不得以上述变动为由而不履行合同义务。

二、合同之债的不同种类与履行要求

债是指按照法律规定或者合同约定，特定当事人之间有权请求为或不为一定行为的法律关系，其中享有权利的是债权人，负有义务的是债务人。在传统民法理论中，合同法律关系是债的一种，但《民法典》未单列债编，也未对债的关系作出统一规定，而将其必须加以规定的部分内容体现在《民法典》合同编之中，使《民法典》合同编实际承担了债法总则的功能。《民法典》合同编基于合同履行的要求，对合同之债的不同类型及其不同的履行要求分别作出了以下明确、具体的界定和规定。

（一）种类之债与特定之债

依据标的物属性的不同，可将合同之债分为种类之债和特定之债。以特定标的物为给付的是特定之债，如约定交付某一栋特定的房屋；仅约定给付的种类、数量等，未特定化为某一具体物品的是种类之债，如约定交付一袋指定规格的大米。

区分二者的意义在于：①二者对债务人给付的约束程度不同：特定之债对债务人的约束力较强，仅能为特定的给付；种类之债对债务人的约束力较弱，债务人在约定范围内可自行决定具体的给付内容。②标的物灭失的法律后果不同：特定之债标的物灭失的，债权人不得请求继续履行，仅能变更合同或者请求债务人承担赔偿责任；种类之债标的物灭失的，债权人可以请求继续履行或承担赔偿责任。

（二）金钱之债与非金钱之债

依据标的物是否为货币，可将合同之债分为金钱之债和非金钱之债。非金钱之债的标的物是金钱以外的其他物，如房屋买卖合同中的房屋；金钱之债的标的物是通用货币。

区分二者的意义在于，金钱之债具有履行上的特殊性：①债务履行方式上，金钱之债一般不可能特定化，即债权人不得要求债务人交付特定编号的货币。②金钱之债一般不存在履行不能的问题，即使即将交付的货币因不可抗力灭失，债务人也应继续履行。③金钱之债一般会约定利息。需要注意的是，以支付金钱为内容的债，若没有约定货币种类，债权人可以请求债务人以实际履行地的法定货币履行，法律另有规定或者当事人另有约定的除外。

（三）选择之债与简单之债

依据债权债务成立时债务人是否享有履行选择权，可将合同之债分为选择之债和简单之债。简单之债成立后，当事人不能在多种给付中作出选择；选择之债成立后，当事人可能对标的物、履行时间、履行地点等作出选择。

需要特别注意《民法典》对选择之债的特殊规定：①选择之债的选择权原则上归属于债务人。将选择权赋予债务人，有利于债务人根据自身情况作出最适宜债务履行的选择，从而更大限度地确保交易实现；《民法典》第 515 条第 1 款还规定，“法律另有规定、当事人另有约定或者另有交易习惯的除外”，尊重当事人的选择和交易习惯。②当事人在期限内不行使选择权的，选择权转移至对方。若当事人不行使选择权，则债的标的难以确定，影响对方当事人主张权利，因此对享有选择权的当事人进行了限制，在约定期限内或者履行期限届满未作选择，经催告后在合理期限内仍未作选择的，选择权转移至对方。③选择权的性质为形成权。自当事人行使选择权的通知到达对方时，债的标的得以确定，债权人与债务人应当按照确定后的标的履行，不得随意变更。④标的不能履行是当事人行使选择权的限制条件。为了尽可能促成债务的履行，享有选择权的人不得故意选择已经履行不能的标的，除非履行不能是由对方造成的。

（四）按份之债与不可分之债

对于复数主体的债务，按照标的是否可分，可将合同之债分为按份之债和不可分之债。按份之债的标的可分为不同的份额，各债权人与债务人按照自己的份额享有债权、承担债务；不可分之债的标的是一个整体，不能划分出份额，仅能由所有债权人共同享有债权，所有债务人共同承担债务。

《民法典》第 517 条第 1 款对按份之债作出了规定：“债权人为二人以上，标的可分，按照份额各自享有债权的，为按份债权；债务人为二人以上，标的可分，按照份额各自负担债务的，为按份债务。”依据法律规定或者当事人约定，每位按份债权人或按份债务人都有自己应有的份额，只应就自己的份额主张债权或承担债务，对超出份额范围内容的债权不得主张，对超出份额范围内容的债务可以拒绝承担。《民法典》第 517 条第 2 款还额外规定了份额难以确定的情形：按份债权人或者按份债务人的份额没有法律规定、当事人也没有约定或约定不明的，“视为份额相同”。

实践中，不可分之债与连带之债的界限较为模糊，其主要区别在于：连带之债是多数人之债的一种特殊形态，无论标的是否可分均可能形成连带之债。《民法典》未明确规定不可分之债。作为民法理论上的一种分类，在实践中一般参照适用连带之债的规定。

（五）连带之债

民法中还存在一类法律效果极为特殊的多数人之债，称为连带之债。两个以上的债权人或债务人，依照法律规定或者当事人的约定形成连带关系，部分或者全部债权人均可以请求债务人履行债务的，为连带债权；债权人可以请求部分或者全部债务人履行全部债务的，为连带债务。其成立要件为：①多数人之债，具有连带关系的债权人或债务人需为两个以上。②债权人或债务人依照法律规定或者当事人的约定形成连带关系。原则上讲，单纯的不可分之债极少，按份之债是多数人之债的常态，在没有法律规定或当事人明确约定的情况下，多数人之债多为按份之债。

实践中，连带债权人之间的纠纷较少，《民法典》对其的规定也不多，仅规定连带债权人之间的份额难以确定的，视为份额相同；实际受领债权的连带债权人，应当按比例向其他连带债权人返还；其他规则参照适用连带债务的有关规定。连带债务的履行规则如下：

1. 对外规则

债权人与债务人之间的关系为对外关系，此关系产生的基础是债权人的请求权，该请求权可以向连带债务人中的一人、数人或全体行使，也可以先后向不同的连带债务人行使。

2. 对内规则

各连带债务人之间的关系为对内关系，此关系产生的基础是各连带债务人之间的请求权，该请求权是基于连带债务人对外承担超过自身应承担部分的债务而产生的。

第一，份额的确定。连带债务人虽然共同对债权人承担责任，但其内部也常有约定的份额；份额难以确定的，视为份额相同。

第二，连带债务人的追偿权。实际承担债务超过自己份额的连带债务人，有权就超出部分在其他连带债务人未履行的份额范围内向其追偿，并相应地享有债权人的权利。但是其行使追偿权时，权利顺位应在债权人的债权之后，不得损害债权人的利益。此外，其他连带债务人对债权人的抗辩，可以向该债务人主张。

3. 某一连带债务人特殊情况的处理规则

在个案中，每个连带债务人可能存在不同的客观情况，特殊情况发生时对其他连带债务人产生何种影响是需要法律明确规定的。一般认为，连带债务人之间是相互独立的，原则上某一连带债务人与债权人之间的特殊情况不影响其他债务人对债务的履行，其主要规则如下：

第一，部分连带债务人履行、抵销债务或者提存标的物的，产生绝对效力，其他债务人对债权人的债务在相应范围内消灭。此外，因为该债务人履行、抵销债务或者提存标的物的行为导致债权人的相应债权消灭，所以该债务人对其他连带债务人享有追偿权。

第二，部分连带债务人的债务被债权人免除的，也产生绝对效力，在该连带债务人应当承担的份额范围内，其他债务人对债权人的债务消灭。因债权人免除债务的行为，导致其他连带债务人不得向该债务人追偿，若其他人的债务不得相应地免除，会产生较大的损失。考虑到债务免除权是债权人主动行使的，《民法典》认定损失由债权人承担。

第三，部分连带债务人的债务与债权人的债权同归于一人的，出现混同的情况，在扣除该债务人应当承担的份额后，债权人对其他债务人的债权继续存在。

第四，债权人对部分连带债务人的给付受领迟延的，对其他连带债务人均可发生效力。因为该迟延由债权人造成，损失也应自担。

第五，被追偿的连带债务人不能履行其应分担份额的，其他连带债务人应当在相应范围内按比例分担。即使是已经履行债务、享有追偿权的连带债务人，也应进行分担。

三、合同内容约定不明确时的履行

当事人对合同条款的约定应当明确、具体，以便于合同的履行。然而，由于某些当事人对订立合同知识的欠缺、认识上的错误以及疏忽大意等，在合同订立过程中，往往出现欠缺某些合同条款或者条款约定不明确而使合同难以履行的情况。在这种情况下，如果欠缺的是合同的标的和数量等主要条款，则合同不成立；如果欠缺的是质量、价款或报酬、履行地点等一般条款，则这种欠缺不能否认当事人确有订立合同的真实意思表示，也不能否认当事人就合同的大部分内容协商一致的事实，因此不宜简单地认定合同不成立或合同无效。为了维护交易安全和提高交易效率，可以通过协商的办法或根据一定的标准加以补救和确定。

《民法典》第510条规定："合同生效后，当事人就质量、价款或者报酬、履行地点等内容没有约定或者约定不明确的，可以协议补充；不能达成补充协议的，按照合同相关条款或者交易习惯确定。"

第一，订立补充协议。当事人对没有约定或者约定不明确的合同内容通过协商的办法订立补充协议。该协议是对原合同内容的补充，因而是原合同的组成部分。

第二，适用合同有关条款或者交易习惯。若双方当事人通过协商仍不能达成补充协议，则按照合同有关条款或者交易习惯确定。合同有关条款指在当事人双方订立的合同中与该条款内容相关的其他条款。交易习惯指同类交易所遵循的惯常做法，以及当事人历来的交易方法。如当事人之间多次从事某种物品的买卖，始终未改变其买卖货物的品种和价格，那么根据双方的交易习惯，一方仅向对方提出买卖的数量，也可以认为价格已经确定。按照这些方法，能够确定合同内容的，即可对合同的内容进行确定。

第三，适用《民法典》合同编的补救规则。如果按照上述规则仍然无法确定合同内容，则可依《民法典》第511条的具体规则履行合同：①质量要求不明确的，按照强制性国家标准履行；没有强制性国家标准的，按照推荐性国家标准履行；没有推荐性国家标准的，按照行业标准履行；没有国家标准、行业标准的，按照通常标准或者符合合同目的的特定标准履行。②价款或者报酬不明确的，按照订立合同时履行地的市场价格履行；依法应当执行政府定价或者政府指导价的，依照规定履行。③履行地点不明确，给付货币的，在接受货币一方所在地履行；交付不动产的，在不动产所在地履行；其他标的，在履行义务一方所在地履行。④履行期限不明确的，债务人可以随时履行，债权人也可以随时请求履行，但是应当给对方必要的准备时间。⑤履行方式不明确的，按照有利于实现合同目的的方式履行。⑥履行费用的负担不明确的，由履行义务一方负担；因债权人原因增加的履行费用，由债权人负担。

四、合同履行中的情势变更规则

案例 4－1

情势变更规则是指合同依法成立后，合同的基础条件发生了当事人在订立合同时无法预见的、不属于商业风险的重大变化，继续履行合同对于当事人一方明显不公平，允许当事人变更或解除合同的规则。适用该规则需满足以下要件：

第一，合同成立后，合同的基础条件发生了重大变化。该重大变化是客观的，当事人认识错误或者主观意志的改变不属于情势变更。同时，该重大变化与合同密切相关，且达到足以动摇合同基础的程度。

第二，该重大变化在订立合同时无法被预见、不属于商业风险且不可归责于当事人。需要注意的是：①无法预见的时间点为订立合同时，若合同成立生效后当事人预见了风险，不改变该规则的适用。②其与商业风险不同，商业风险一般具有可预见性，在一般商业活动中存在风险是必然的，而这些风险在客观上是可能于合同订立前被预见的，哪怕某一当事人受困于自己经验、知识等的缺乏没有预见，也不影响其商业风险的性质。③不可归责于当事人，亦即不属于当事人主动创造的情形。

第三，该重大变化发生于合同成立后、履行完毕前。若发生于合同成立前，则当事人在已知存在客观障碍的前提下仍要订立合同，只能认定其愿意承担相应的风险，合同应正常履行；若发生于履行完毕后，该重大变化不会导致合同权利义务的改变，与本合同无关。另外，当事人一方迟延履行后出现情势变更情形的，一般不适用此规则。

第四，该重大变化导致继续履行合同对一方当事人明显不公平。情势变更的适用基础即在于此，只有导致合同明显不公平，才需要法律进行调整，否则应当尊重合同自治。需要注意的是：①合同的明显不公平，要在个案中结合交易市场的变化、当时的社会因素、履行的难易程度等进行综合判断。②承受该不公平后果的，必须是一方当事人，基于合同的相对性，若该合同的履行会导致第三人承担严重损失，也不应适用此规则。

适用情势变更规则可能产生的法律效果有二：

第一，当事人协商变更或解除合同。依据法律规定，适用情势变更规则时，受不利影响的当事人可以要求与对方协商变更或解除合同，对方当事人应配合协商。这是受不利影响的当事人的权利也是义务，若在合理期限内不提出协商要求，则不能适用情势变更规则。

第二，人民法院或者仲裁机构依职权变更或解除合同。若当事人在合理期限内协商不成，则可以向人民法院或者仲裁机构提出两种请求：①请求变更合同的，人民法院或者仲裁机构应当结合案件实际情况，根据公平原则予以调整。②请求解除合同的，人民法院或者仲裁机构应予支持。在变更或解除合同后，若事人请求对方承担由此造成的损失，人民法院或者仲裁机构应当根据公平原则，综合考虑当事人的约定、是否及时减损、是否可在订立合同时预期等因素作出裁判。

五、其他履行规则

（一）提前履行规则

合同依法成立后，债务人应当按照合同约定的期限履行合同义务，原则上不应在合同履行期到来之前履行。因为在履行期限届满以前，债务人履行或债权人要求履行会使相对人失去利益。该利益被称为期限利益。当债务人享有期限利益时，债务人可以抛弃期限利益而提前履行，但债权人不能要求债务人抛弃期限利益而提前履行，如借用合同。债权人享有期限利益时，债权人为使自己的期限利益不受损害，可以拒绝债务人提前履行债务，但提前履行不损害债权人利益的除外。债务人因提前履行给债权人增加的费用，由债务人负担。

（二）部分履行规则

部分履行是指债务人没有按照合同约定全部履行合同义务而只是履行了一部分合同义务。合同履行过程中要求债务人全面履行合同义务，所以债权人若认为部分履行会损害自己利益或对自己已没有意义，可以拒绝债务人的部分履行，并在债务人不存在免责事由时，要求债务人承担相应的违约责任。债权人若认为部分履行并没有损害其利益，可以接受履行，但债务人部分履行债务给债权人增加的费用，应由债务人负担。

（三）电子合同标的交付时间的确立规则

电子合同是指通过互联网等信息网络订立，通过快递物流、在线传输等方式交付标的物或通过网络提供服务的合同。其交付方式与传统交易存在差异，若当事人没有约定，其交付时间需要通过法律进行明确，具体如下：①标的物通过快递物流方式交付的，物流公司将标的物交给收货人时的签收时间为交付时间。②标的物通过在线传输方式交付的，如购买电子书籍，合同标的物进入对方当事人指定的特定系统且能够检索识别的时间为交付时间。③合同标的为提供服务的，如在线教育的情形下，生成的电子凭证或者实物凭证中载明的时间为提供服务时间；前述凭证没有载明时间或者载明时间与实际提供服务时间不一致的，以实际提供服务的时间为准。

（四）执行政府定价或政府指导价的合同履行规则

政府定价是指依照《中华人民共和国价格法》（以下简称《价格法》）之规定，由政府价格主管部门或者其他有关部门，按照定价权限和范围制定的价格。

政府指导价是指依照《价格法》之规定，由政府价格主管部门或者其他有关部门，按照定价权限和范围规定基准价及其浮动幅度，指导经营者制定的价格。

根据《民法典》第513条的规定，执行政府定价或政府指导价的合同在履行时应遵守以下规则：“执行政府定价或者政府指导价的，在合同约定的交付期限内政府价格调整时，按照交付时的价格计价。逾期交付标的物的，遇价格上涨时，按照原价格执行；价格下降时，按照新价格执行。逾期提取标的物或者逾期付款的，遇价格上涨时，按照新价格执行；价格下降时，按照原价格执行。”

第四节　双务合同履行中的抗辩权

一、双务合同履行中的抗辩权的含义

双务合同履行中的抗辩权，是指双务合同一方当事人在法定条件下对抗另一方当事人的请求权、拒绝履行其债务的权利。抗辩权包括消灭的抗辩权和延缓的抗辩权。前者指债务人通过行使抗辩权可以使债的关系消灭的抗辩权；后者指债务人通过行使抗辩权并不能使债的关系消灭，而只能使对方的请求权在一定期限内不能实现的抗辩权。通过行使双务合同履行中的抗辩权，该合同的履行受到拒绝，或者该合同的履行中止，但都不能消灭这一合同债权人的请求权，只是合同的履行活动得到延缓，暂时不予履行。因此，这种抗辩权是延缓的抗辩权。合同履行中的抗辩权原则上只适用于双务合同，因为单务合同的当事人或者只享有权利而不承担义务，或者只承担义务而不享有权利，因此无须赋予债务人以抗辩权。

合同履行中的抗辩权对债务人而言是一种自我保护手段。经济交易中存在很大风险。在合同一方当事人未依约履行债务或一方当事人明显有不能履行债务之情状时，如仍强迫另一方当事人履行债务，则该当事人可能存在不能获得对待给付之风险，从而有违公平原则。行使抗辩权可以迫使对方当事人及时履行债务或为其履行债务提供担保，避免自己履行债务之后得不到对方履行，减少危及自己利益的风险。实践表明，这是一个在合同履行中及时防止不良债权形成的有效办法，对于摆脱我国经济流转中不良债权的长期困扰具有极重要的意义。

二、同时履行抗辩权

（一）同时履行抗辩权的含义

同时履行抗辩权是指在未约定先后履行顺序的双务合同中，当事人一方在对方未为对待给付以前，有拒绝自己给付的权利。对此，《民法典》第525条规定：“当事人互负债务，没有先后履行顺序的，应当同时履行。一方在对方履行之前有权拒绝其履行请求。一方在对方履行债务不符合约定时，有权拒绝其相应的履行请求。”

同时履行抗辩权的法律基础在于双务合同的牵连性。所谓双务合同的牵连性，是指在双务合同中，一方权利的实现依赖于另一方义务的履行，即一方的权利与另一方的义务之间具有相互依存、互为因果的关系。这种牵连性主要表现为：双务合同中双方当事人的权利义务互为条件，一方的权利义务不存在、无效或被撤销，另一方的权利义务也会不存在，也会被确认无效或被撤销；双务合同依法成立后，一方权利的实现依赖于另一方义务的履行，一方义务的履行会产生另一方权利实现的结果。因此，一方履行义务，其目的并不在于对方权利的实现，而在于换取对方对待义务的履行，保障自己权利的实现。

同时履行抗辩权的理论基础在于合同法的两项基本原则：诚信原则和公平原则。合同依法成立后，当事人的利益是均衡的。一旦由于某种情况这种均衡被打破，就有必要采取措施进行调整，以恢复利益平衡状态。同时履行抗辩权正是基于上述两项原则设定的合同当事人积极地恢复其失衡利益的重要措施。其内容就是：首先，当事人一方在对方未为对待给付之前，可以暂时不履行自己承担的义务。在对方履行不符合约定之时，可以根据情况相应地暂时不履行自己承担的义务。其次，当事人应本着诚信履行自己义务的原则履行义务，如果自己尚未履行，不得要求对方先履行。再次，依据诚信原则和公平原则，当事人不得滥用同时履行抗辩权，如在另一方仅为轻微违约，并不影响自己债权实现的情况下，不得以行使同时履行抗辩权为由拒绝对方的履行请求。最后，依诚信原则，当事人一方行使同时履行抗辩权时应及时通知对方，以免给对方造成损失。在对方已履行或提供适当担保的情况下应及时履行自己承担的义务。

（二）同时履行抗辩权的适用条件

同时履行抗辩权的发生，需要具备以下条件。

1. 双方基于同一双务合同互负对价债务

同时履行抗辩权是基于双方义务本质上的牵连性而运用公平理念的结果，这种牵连性发生的载体即义务产生的基础是双务合同。因此，双方当事人只有基于同一双务合同互负债务，才能形成双方义务本质上的牵连性。确定是否形成同一双务合同互负债务的关系，应基于以下事实：

首先，须由同一双务合同产生债务，即双方当事人之间的债务是根据同一个合同产生的。如果双方的债务是基于两个甚至多个合同产生的，即使双方在事实上具有密切联系，也不能产生同时履行抗辩权。如甲向乙出售一套音响，又向乙购买一本画册，乙不能以甲未交付音响为由而拒绝交付画册，而只能是拒绝交付音响的价款。因为音响买卖合同与画册买卖合同是两个不同的合同。两个不同合同中的债务，不能产生同时履行抗辩权。

其次，须双方当事人互负债务。当合同当事人一方的债务由于给付不能或其他原因消灭时，同时履行抗辩权也同时消灭。但给付不能，如由可归责于债务人的事由所致时，该债务即变为损害赔偿之债，与原来债务保持同一性，其同时履行抗辩权继续存在。由可归责于债务人的事由所致的迟延履行或不完全履行亦同；当一方的债权或债务不失同一性而移转于他人时亦同。

最后，当事人双方互负债务之间具有“对价性”和“牵连性”。“对价性”有客观说与主观说之分。客观说认为“对价性”不要求双方各自承担的债务在价值上完全相等，而只求大致相当。如果双方互负债务在价值上明显不对等，则构成显失公平的合同，可由明显受损的当事人一方通过人民法院或者仲裁机构予以撤销。主观说认为“对价性”是指双方所为给付，在主观上相互依存、互为因果而有报酬的关系，也就是只要求当事人主观上认为“等价”即可。“牵连性”要求两个债务之间具有互为依存、互为条件的关系。通说认为，主给付义务和从给付义务之间，在一般情况下，是不具有对价和牵连关系的。如一方只是违反了从给付义务，但已履行了主给付义务，则另一方不可行使同时履行抗辩权。至于主债务和从债务，一般认为两者之间亦无对价和牵连关系，一方当事人针对另一方当事人单纯违反从债务的行为不可以行使同时履行抗辩权。然而，根据近年来的理论，同时履行抗辩权存在法律适用扩张的倾向，即非对价的两项债务之间也可能产生同时履行抗辩权适用的情形，如从给付义务的不履行将导致合同目的不能实现时会产生同时履行抗辩权。

2. 行使抗辩权之当事人无先行给付义务

当事人只有在无法定或约定的先行给付义务时，才得行使同时履行抗辩权。在有法定先行给付义务（如承揽人首先完成交付工作的义务）或约定先行给付义务（如出版合同中约定著作权人承担先行交付著作物的义务）时，有先行给付义务的当事人不得以他方未为对待给付为由，拒绝履行债务。

3. 对方当事人未履行债务或者未按照约定正确履行债务

双务合同中一方当事人请求另一方当事人履行债务时，如果其负有的与对方债务有对价关系的债务未履行，则对方有权行使同时履行抗辩权，拒绝自己债务的履行。当然，如果一方已履行主债务，只是未履行从债务或附随之债务，且该从债务或附随之债务的履行与合同目的实现并无密切关系，则对方当事人无权行使同时履行抗辩权。

当事人“履行债务不符合约定”属于瑕疵履行，即交付的标的物有瑕疵，这种情况也可成为同时履行抗辩权的理由。履行有瑕疵包括标的物全部有瑕疵和部分有瑕疵两种。前者如交付的货物质量都不合格，后者如交付的货物质量部分不合格。

一方履行债务全部有瑕疵时与债务不履行对另一方的效果是一样的，因为合同的目的仍然没有实现，因此在此种情形下另一方可以行使同时履行抗辩权，拒绝履行债务的要求。一方履行债务部分有瑕疵，另一方可以对有瑕疵的履行部分行使同时履行抗辩权，即有权拒绝与履行债务不符合约定的部分相对应的履行要求。

4. 对方的对待给付是可能履行的

同时履行抗辩权的制度价值在于通过暂时拒绝自己的履行来促使对方作出对等履行，从而达到同时履行之效果。但如果一方出于主客观的原因，在事实上或法律上已不具有履行的可能，对方行使同时履行抗辩权已无意义，此种情况下，应当视对方不能履行的原因采取不同的对策。如果对方的不能履行是由不可抗力等所致，则双方可解除合同并可免去债务人的履行及相应的责任；如果对方的不能履行并非由不可抗力等所致，则合同应予解除，违约方（不能履行债务的一方）应赔偿其违约行为给对方造成的损失。

（三）同时履行抗辩权的行使

同时履行抗辩权只能由当事人自己行使，法院不能依职权主动适用同时履行抗辩规则。在同时履行抗辩权的行使中，双方的举证责任不同。被告行使同时履行抗辩权，只需证明双务合同已成立，且己方无先为给付义务即可；而原告为防止被告的抗辩落实，必须证明自己已先履行，或证明被告负有先履行之义务。就不完全履行抗辩权的举证责任来说，被告须证明原告之部分履行不符合约定；而原告为使被告抗辩不生效力，须证明自己的一部分履行符合合同的约定。

（四）行使同时履行抗辩权的法律效果

同时履行抗辩权是一种延缓的抗辩权。行使同时履行抗辩权后，在实体法上发生阻却他方行使请求权的效果，即在他方未履行或未按合同约定履行之时，可以暂时拒绝自己承担债务的履行，且不因此陷于迟延，但无消灭对方请求权的效力。当对方当事人完全履行了合同债务时，同时履行抗辩权即行消灭，当事人应当履行自己的债务。

三、先履行抗辩权

（一）先履行抗辩权的含义

先履行抗辩权是指在有先后履行顺序的合同中，后履行方（负有后履行义务的一方）有权要求先履行方（负有先履行义务的一方）先行履行义务，如果先履行方未履行或者履行不符合约定，后履行方有权拒绝先履行方全部的履行请求或相应的履行请求。

合同生效后，双方当事人都受其约束，当事人应严格按照合同约定履行。先履行方应当按照合同约定先为给付。如果自己不履行反而要求后履行方履行义务，则明显违反合同约定，违背合同的公平原则，侵犯后履行方的合法权益。为了维护合同秩序，增强合同当事人的权利意识，杜绝不良债权的产生，我国合同法赋予后履行方以抗辩权，使其在这种情况下能够拒绝先履行方的无理请求。

（二）先履行抗辩权的适用条件

先履行抗辩权的行使应当具备以下三个条件。

第一，双方当事人须对同一双务合同互负债务。如果当事人所负的债务不是基于同一双务合同产生，则不可能发生先履行抗辩的问题。

第二，双方所负的债务有先后履行顺序。先履行抗辩权的设立目的在于赋予后履行方以对抗先履行方的请求的权利，因此双方所负的债务必须有先后顺序；如无，则应属于同时履行抗辩权的情形。双务合同中互负债务的履行顺序一般是由合同约定的。在法律没有规定并且合同没有约定的情况下，该履行顺序还可依交易习惯确定。

第三，先履行方未履行债务或履行债务不符合约定。如果先履行方已经全面、正确、适当地履行了其合同义务，那么自然无先履行抗辩权适用的余地，后履行方应该依合同约定履行自己所负义务。此外，需要指出，与同时履行抗辩权一样，这里的义务主要指合同的主给付义务。如果仅是未履行从给付义务，则不能发生先履行抗辩权。如在买卖合同中，出卖人已交付标的物并移转标的物的所有权，而未交付与标的物相关的资料或单证的，买受人一般不能主张先履行抗辩权。但出卖人未交付相关资料致使买受人的合同目的不能实现时，买受人可主张先履行抗辩权。

（三）先履行抗辩权的行使

第一，先履行抗辩权须经当事人主张方能发生效力，而非当然发生效力。

第二，先履行抗辩权的适用范围有两种：一是先履行方不履行义务或履行义务完全不符合约定，此时后履行方有拒绝先履行方全部履行请求的权利。二是先履行方的履行部分不符合约定，此时后履行方仅对不符合约定的履行部分享有相应的先履行抗辩权。

（四）行使先履行抗辩权的法律效果

先履行抗辩权的效力，仅在于阻止对方当事人请求权的行使，而非消灭对方的请求权。如先履行方在后履行方主张先履行抗辩权后，已经履行了合同义务，先履行抗辩权即行消灭，当事人应当履行自己的义务。

由于先履行抗辩权是一种法定权利，因此先履行方迟延履行时应承担迟延履行的违约责任。若由此导致后履行方的履行超过了合同约定的履行期限，则后履行方不需要承担违约责任。

四、不安抗辩权

案例 4－2

（一）不安抗辩权的含义

不安抗辩权是双务合同中先履行方在后履行方财产显著减少或资力明显减弱，有难为对待给付的情形时，在后履行方未为对待给付或提供担保前，有拒绝自己给付的权利。

不安抗辩权制度的设立目的在于，避免由情况变化导致先履行方遭受损害。在市场经济条件下，大多数双务合同的互负债务在履行期上往往不一致。设计法律制度时必须考虑到如何保护先履行方的合法权益，不安抗辩权就是法律规定的保护手段。在对方于缔约后出现财产状况明显恶化等情况，可能危及先履行方的债权实现时，法律赋予先履行方在对方为对待给付或提供担保之前拒绝履行的权利，以维护公平。

（二）不安抗辩权的适用条件

不安抗辩权的行使应当具备以下四个条件。

第一，须同一双务合同所产生的两项债务，并且相互为对价给付。此条件与同时履行抗辩权的行使条件实质上是一样的。

第二，互为对价给付的双务合同规定有先后履行顺序，且先履行方的履行期届至。不安抗辩权只在有先后履行顺序的双务合同中才能发生，并且有权行使不安抗辩权的当事人只能是先履行方。对于没有先后履行顺序的双务合同而言，双方当事人都只能根据情况行使同时履行抗辩权。同时，有权行使不安抗辩权的当事人的履行期必须已经到来，否则其可以未届履行期为由拒绝履行，而不必援用不安抗辩权。

第三，后履行方在合同依法成立后，出现丧失或可能丧失履行债务能力。这里所说的丧失或可能丧失履行债务能力的情形主要包括：①经营状况严重恶化。如后履行方已经面临破产、处于停产或半停产、遭受经营上或财产上的重大损失、因资金困难而不能支付相互间先期发生的债务，已经严重影响到先履行方预期债权的实现，均可认为属于经营状况严重恶化。②转移财产、抽逃资金以逃避债务。如后履行方没有履行的诚意，或者根本就是为了诈骗，以逃避债务为目的，转移财产或抽逃资金，先履行方可主张不安抗辩权。转移财产指将自有的财产隐匿起来或以虚假的交易、不正当的交易（如无偿或与财产不相称的低价）将财产转让给他人的行为。抽逃资金指在不改变企业注册登记及出资记载、账簿记载的情况下，将资金转移或隐匿的行为。③丧失商业信誉。商业信誉代表了合同主体的信用，是交易的基础。在市场经济这样的信用经济中，如果丧失了商业信誉，就等于丧失了交易的资格，履约能力当然值得怀疑。如买卖合同的当事人多次发生不交货、不付款、所交货物质量低劣等情况，建筑工程合同的承包人所承建的工程发生倒塌、断裂等情况，银行发生挤兑、拖欠到期存款等情况，均可认为丧失了商业信誉，可发生不安抗辩权。④丧失或可能丧失履行债务能力的情形。后履行方虽然不存在财产恶化的情形，但丧失或可能丧失履行债务能力。例如，甲歌手与乙公司约定了一场演出，乙公司将在演出开始前付款。甲在演出前一天因生病而卧床不起，则乙公司可以主张不安抗辩权，中止履约。

需要指出的是，上述情形应发生于合同订立之后。如果这些情形在订立合同前已经发生，而另一方没有注意到或不知道，则其可以根据具体情况援用重大误解、欺诈等理由要求撤销合同。如果另一方在明知的情况下与之订立合同，则属于自愿承担风险，法律没有保护的必要。

第四，后履行方未能为对待给付或为债务的履行提供适当的担保。在此情况下，如果后履行方提出同时履行，或者先履行方已经获得了后履行方提供的适当担保，则先履行方的债权并无预料不到的危险，其履行利益已经有了保障，交易应当是安全的，自无再行使不安抗辩权的必要。但需要明确的是，后履行方提供的担保应当是适当的，而“适当”在含义上应等同于“充分”。如果后履行方提供的担保并不适当或不充分，则先履行方的利益仍然难以保障，在这种情况下，先履行方仍有权根据情况行使相应的不安抗辩权。

（三）不安抗辩权的行使

第一，不安抗辩权须经当事人主张始生效力，而非当然发生效力。

第二，为防止不安抗辩权的滥用，杜绝任意借口对方不履行债务或者不能履行债务之可能而中止履行自己应当先为履行之债务，破坏合同之债的严肃性，主张不安抗辩权的先履行方应当举出对方有法定的不能履行债务或有不能履行债务可能情形之一存在的确切证据。有确切证据的，则先履行方的不安抗辩权主张成立；相反，没有确切证据的，则先履行方的不安抗辩权主张不能成立，并构成违约。

第三，先履行方依法行使不安抗辩权时，应当及时通知对方，以避免对方因不知先履行方中止履行的情形而蒙受损失；同时，也是为了对方在获得通知之后采取措施，及时提供充分担保，以消灭不安抗辩权，使合同债权得以实现。

（四）行使不安抗辩权的法律效果

行使不安抗辩权，只产生中止履行的效力，即在后履行方为对待给付或提供适当担保前，先履行方要拒绝自己的给付，但只是暂时停止履行或延期履行，而不是消灭其履行义务。如对方在合理期限内恢复履行能力并且提供了适当担保，则行使不安抗辩权的当事人应恢复自己义务的履行，否则，将构成违约；如果对方在合理期限内未恢复履行能力并且未提供适当担保，则行使不安抗辩权的当事人有权解除合同，终止合同债权债务的履行。

（五）不安抗辩权与预期违约

不安抗辩权与英美法系的预期违约并不相同，主要有以下区别：

第一，前提条件不同。不安抗辩权要求债务履行时间有先后；而预期违约无此要求。

第二，产生的原因不同。传统大陆法系规定行使不安抗辩权的前提是对方的“责任财产显著减少而有难为对待给付之虞”；而英美法系的预期违约不限于责任财产减少，还包括经济状况不佳、商业信誉不好等情形。从这点来看，《民法典》第527条规定的不安抗辩权借鉴了预期违约。

第三，要件不同。不安抗辩权不要求对方主观有过错；而预期违约属于违约，要求对方主观上有过错。

第四，法律救济不同。不安抗辩权只是有条件地取得解除合同的权利；而预期违约则当然取得解除合同的权利。

本章小结

合同履行是指合同的当事人按照合同的约定，全面完成各自承担的合同义务，使合同目的得以实现、合同关系得以终止的整个行为过程。合同履行也是合同效力的具体体现。合同履行应遵循全面履行、协作履行和绿色履行三项原则。合同履行的具体规则包含合同履行的主体、不同种类合同之债的履行要求、合同内容约定不明确时的履行、情势变更规则等内容。

双务合同履行中还存在同时履行抗辩权、先履行抗辩权及不安抗辩权。同时履行抗辩权是指在未约定先后履行顺序的双务合同中，当事人一方在对方未为对待给付以前，有拒绝自己给付的权利。先履行抗辩权是指在有先后履行顺序的合同中，后履行方（负有后履行义务的一方）有权要求先履行方（负有先履行义务的一方）先行履行自己的义务，如果先履行方未履行或者履行不符合约定，后履行方有权拒绝先履行方全部的履行请求或相应的履行请求。不安抗辩权是双务合同中先履行方在后履行方财产显著减少或资力明显减弱，有难为对待给付的情形时，在后履行方未为对待给付或提供担保前，有拒绝自己给付的权利。

思考与练习

一、名词解释

1. 合同履行　2. 全面履行原则　3. 协作履行原则
4. 同时履行抗辩权　5. 不安抗辩权

二、简答题

1. 试述同时履行抗辩权的适用条件。
2. 试述不安抗辩权的适用条件。
3. 试述不安抗辩权与预期违约的区别。
4. 如何理解实际履行原则?

三、案例分析题（请扫描下方二维码）

第五章 合同的保全

导 言

生效的合同产生债权债务关系，债务人的依约履行可使债权人的债权实现。债权人实现债权的基础在于债务人的责任财产，如果债务人恶意减少财产，或者消极不行使对第三人的债权，从而使其用于偿债的财产能够增加而不增加，则法律有必要赋予债权人干预债务人行为的权利，此即为合同保全制度的基础。

本章主要围绕《民法典》合同编第五章“合同的保全”之规定，分别讨论债权人代位权与债权人撤销权两项保全制度，并阐明合同保全的基本原理。

学习目标

完成这一章内容的学习之后，你将能够：

理解合同保全的基础原理。

掌握债权人代位权和债权人撤销权的构成要件、行使及法律后果等知识。

第一节　合同保全概述

一、合同保全的概念与意义

合同保全实际上指的是合同债权的保全，它是债权人为了确保债权获得清偿，而防止债务人责任财产减少的一种手段。

债之法律关系具有相对性，原则上其效力仅限于双方当事人之间。由此，此债不影响彼债，同一债务人的各债权人之间地位平等，各债权并不因时间成立的先后而有效力上的差别。这种平等性首先体现在债权实现机会上的均等，债务人之一般财产为债权人之一般担保，债权人之间就此平等受偿。这种平等性对于自由竞争有益，对具体的债权人来说却并非好事。如果债务人无限订立合同而增加债务的可能性，使得债务人财产的担保力越来越弱，可能使债务人陷入不能清偿的境地。为债的实现提供一般担保的，为债务人的全部财产，也称作“责任财产”。

债的实现首先依赖于债务人的履行，在发生债务不履行的情形下，债权人可要求强制履行或主张损害赔偿。在没有特别担保的情形下，损害赔偿请求权能否实现，取决于债务人是否有充足的财产。债务人的责任财产越多，其担保债权实现的能力越强；反之，则越弱。债务人无充足的责任财产从而使债权人的债权不能实现，这是债权人需要面对的固有风险，法律并不保障债权人债权的实现。作为一种向债务人请求特定给付的权利，债权人并不支配属于债务人的责任财产。即使债务人对他人负有债务，原则上，其仍对自己的责任财产享有处分的权利。

但是，如果债务人为逃避债务的履行和强制执行，恶意减少自己的责任财产，危及债权的实现机会，则法律应赋予债权人干预债务人责任财产的权利。此种债权人干预债务人责任财产的权利，即为债权效力中的保全效力。

二、合同保全的方法与性质

在比较法上，法国民法典发展了罗马法的“赊销之诉”，开始肯定债权人代位权和债权人撤销权。德国民法典坚持债的相对性，并未规定债权人代位权，而是另辟蹊径，通过民事诉讼法的强制执行程序解决对债务人所享有的对第三人权利的实现问题。

我国台湾地区“民法”明确规定了债权人代位权与债权人撤销权，其民事诉讼法上也承认对债权的强制执行制度。我国大陆地区在1999年通过的《合同法》以及相关司法解释中，对债权人代位权和债权人撤销权作出了具有中国法特色的规定。《民法典》在合同编通则部分设“合同的保全”一章（合同编第五章），在承继《合同法》规定基础上对债权人代位权与债权人撤销权作出了规定。因此，在我国现行法体系中，合同的保全仍由债权人代位权与债权人撤销权两项制度构成。

需要指出的是，尽管债权人代位权与债权人撤销权的相关规定出现在《民法典》合同编第五章中，该章的章名也被确定为“合同的保全”，但该章并非仅针对合同之债确立保全效力，而是承认了一切债的关系均产生保全效力。

保全效力是包括合同之债在内的各种债之关系固有的效力。所谓固有的效力，指的是债权人基于债权本身，在保全的相关要件被满足时，即可享有代位或撤销的权利。债权人代位权与债权人撤销权，并非独立于债权之外的权利，应将其界定为债权的对外效力。

第二节　债权人代位权

一、债权人代位权的概念

债权人代位权是指在债务人怠于行使其到期债权而对债权人造成损害时，债权人以自己的名义行使债务人对第三人权利的权利。

债权人代位权的核心规范见于《民法典》第535条的如下规定：“因债务人怠于行使其债权或者与该债权有关的从权利，影响债权人的到期债权实现的，债权人可以向人民法院请求以自己的名义代位行使债务人对相对人的权利，但是该权利专属于债务人自身的除外。代位权的行使范围以债权人的到期债权为限。债权人行使代位权的必要费用，由债务人负担。相对人对债务人的抗辩，可以向债权人主张。”

一般认为，代位权起源于法国习惯法，法国民法典规定了债权人代位权，称为“间接诉权”或“代位诉权”。在当时强制执行制度不完善的法国，这一制度具有特别重要的意义。德国民法、瑞士民法均未规定债权人代位权，而是通过强制执行法实现代位权的功能。日本民事程序法有相应的对债权的执行规定，同时民法典中也规定了代位权制度。

在1999年《合同法》中明确规定债权人代位权制度之前，在我国司法实践中一直是在程序法的层面上通过对债权执行的方式解决相关问题。《合同法》第73条确立债权人代位权制度后，民事诉讼法上继续通过协助执行措施制度规范对债务人的债权的执行。由此可知，我国现行法也是在程序法和实体法两个层面对债权加以保全。不过，通过执行程序让第三人向申请执行人直接清偿，其前提是相关纠纷已经审判且已进入执行程序，同时必须是第三人在指定期间内无异议（一旦其提出执行异议，便无法实现对第三人的强制执行）。因此，从实体法的角度规定债权人的代位权仍有必要。

二、债权人代位权的性质

债权人代位权具有以下三个方面的性质：

（一）属于债权的对外效力

债权的相对性原理要求，债权人仅能向债务人请求债务的履行。债权人代位权使得债权人可以基于保全自己债权的需要，以自己名义向债务人之外的第三人请求某种作为或不作为。债权效力“穿透”相对关系而及于第三人，属于债权的对外效力。

（二）是债权人的固有权利

债权人代位权并非属于债务人之权利向债权人的默示让与，而是债权人的固有权利。一方面，债权人行使此项权利无须与债务人形成合意；另一方面，债务人的权利也并未因债权人具备行使代位权的条件而丧失。

（三）属于实体法上的权利

尽管《民法典》规定的债权人代位权须依诉讼行使，但该权利本身由债权的效力生成，属于实体法上的权利。

三、代位权的构成要件

根据《民法典》第535条之规定，债权人行使代位权，须具备下列要件：

（一）债权人对债务人享有债权

债权人代位权是法律为了维护债权之实现而将债权效力扩张至第三人的设计，其成立自然以债权人对债务人享有债权为前提。债权人对债务人享有的债权并不限于合同之债，由侵权行为、无因管理、不当得利等产生的法定之债也可产生代位权的效力。

从给付内容上看，债权人的债权可分为金钱债权与非金钱债权。从债权人代位权的原理出发，金钱债权与一切非金钱债权均应产生代位权的效力，无理由仅将能够主张代位的债权限定于金钱债权。但是，我国民法在代位权行使效果方面采取的直接清偿规则实际上限制了代位权的适用范围，通常仅有金钱之债才方便适用此种直接清偿后果。

（二）债务人怠于行使其债权或者与该债权有关的从权利

“怠于行使”是能够行使而不行使。所谓“怠于行使”，应指债务人对于陷入迟延的相对人不以诉讼或仲裁方式向其主张权利。债务人仅仅证明其已经以诉讼外请求方式向其相对人主张权利的，并不能成为有效的抗辩事由，因此，债权人是否曾经催告债务人行使权利，无关紧要。

关于债权人行使代位权的客体，即债务人怠于行使哪些类型的权利可以引起债权人代位行使的问题，《民法典》将其界定为“债权或者与该债权有关的从权利”。自比较法上观察，规定债权人代位权的立法例一般均广泛承认可代位行使的权利的范围，不仅包括债权请求权，也包括物权请求权以及解除权、撤销权等形成权，我国学者亦多有主张扩大可代位行使权利之范围者。不过，《民法典》第535条仅将可代位行使的权利限制在债务人对他人享有的债权，相关司法解释甚至进一步将其限定在对第三人享有的金钱债权之上。《民法典》编纂过程中，合同编草案一审稿和二审稿一度将可代位之权利表述为“债务人的权利”，后修改为“债权或者与该债权有关的从权利”。“与该债权有关的从权利”主要指附随于债权的担保权利，包括担保物权与保证。据此，在我国法上，不仅物权请求权等不能成为代位权的客体，附属于债权的解除权、撤销权等也不能被代位行使。

（三）有保全债权的必要

债务人虽怠于行使其权利，但如果其所拥有的金钱、动产、不动产或其他可用于清偿债务的责任财产仍足以清偿债务，则债权人可直接请求债务人履行债务，并在取得胜诉判决后直接申请强制执行，而不必突破债权的相对性代位行使债务人对第三人的权利。只有在债务人怠于行使权利的结果有使债权人的债权发生不获清偿的可能时，债权人才有保全债权的必要。《民法典》第535条将此要件表述为“影响债权人的到期债权实现”。

（四）债权已届履行期，债务人已陷入给付迟延

债权人须在其债权已届履行期时，才能行使代位权。未届履行期的债权，债务人享有期限利益，债权本身尚不具备向债务人行使的条件，更谈不上对债务人的相对人主张代位权的行使。同时，债权人代位权要求具备债务人对其相对人怠于行使债权的事实，这当然就意味着债务人对其相对人的债权也已经到期。

债权人行使代位权须以其债权到期为限，已如前述，但债权人的保存行为则无须以其债权到期为条件。例如，甲对乙的债权尚未到期，而乙对丙之债权已接近罹于时效，或者丙已宣告破产，若乙不主张其权利或向破产管理人申报债权，则应允许甲采取相应保存措施，以免甲在债权到期后，即便其行使代位权也将遭遇难以克服的障碍。我国《合同法》及相关司法解释对债权人的保存行为未作规范，《民法典》第536条填补了这一立法空白，该条规定：“债权人的债权到期前，债务人的债权或者与该债权有关的从权利存在诉讼时效期间即将届满或者未及时申报破产债权等情形，影响债权人的债权实现的，债权人可以代位向债务人的相对人请求其向债务人履行、向破产管理人申报或者作出其他必要的行为。”

（五）被代位行使的权利不是专属于债务人自身的权利

专属于债务人自身的债权，不得代位行使。所谓专属于债务人自身的债权，是指基于扶养关系、抚养关系、赡养关系等产生的给付请求权及劳动报酬、退休金、养老金、抚恤金、安置费、人寿保险、人身伤害赔偿请求权等权利。

四、债权人代位权的行使

（一）代位权行使方法

根据《民法典》的规定，债权人以自己的名义并须以诉讼的方式行使代位权。这与大陆法系其他规定代位权制度之民法规定不同，后者并未强制要求代位权必须以诉讼的方式行使，以诉讼之外的方式亦可行使。《民法典》之所以将“代位权”规定为“代位之诉”，主要是因为它将代位权行使的效果确立为债务人的相对人直接对债权人清偿，如此，为增强清偿的确定性，须依赖司法程序的进行。如果将代

位权行使的效果归于向债务人清偿（“入库规则”），则完全没有必要将代位权行使的手段限定于诉讼的方式。

根据相关司法解释，债权人提起代位之诉的，应以债务人的相对人为被告，法院可以将债务人追加为诉讼第三人参加诉讼。债权人代位权诉讼，由被告住所地法院管辖。根据《民法典》第535条第2款的规定，债权人行使代位权的必要费用，由债务人负担。

（二）权利行使的范围

债权人代位行使债务人权利的范围，以保全债权为限。代位权行使所获得的价值，应当与所需保全的债权的价值相当。《民法典》第535条第2款规定：“代位权的行使范围以债权人的到期债权为限……”如此规定的原因主要还是在于，代位权行使的效果被确立为债务人的相对人直接对债权人清偿，据此，债权人当然不应得到超过其对债务人享有之债权的金额。另外，如前所述，由于代位之诉基本上针对的是金钱之债，其具有的可分性也能够支持这一规则。

（三）相对人的抗辩

债权人以自己的名义对债务人的相对人提起诉讼的，相对人当然可以其对债务人的抗辩事由对抗债权人。《民法典》第535条第3款规定，“相对人对债务人的抗辩，可以向债权人主张。”该款所称“抗辩”，并不限于同时履行抗辩、时效期间届满抗辩等抗辩权，而包括了相对人可以对抗债务人的一切事由，如因受欺诈而主张撤销等。如果相对人对债务人的抗辩成立，则可以有效地阻却代位权的效力，法院应判决驳回原告债权人的诉讼请求。

五、债权人代位权的效力

规定代位权制度的大陆法系各国民法，一般将代位权的效力设置如下：

（1）对债权人的效力。债权人有代位受领权，即债权人可以代债务人受领其义务人的给付，但是债权人并无保有权，须将所受领给付返还给债务人，然后与债务人的其他债权人处于平等地位受偿。因行使代位权所支出的必要费用，可以请求债务人返还。

（2）对债务人的效力。代位权行使的结果直接归于债务人，即将因行使代位权而取得的财产先加入债务人的责任财产（“入库规则”）。

（3）对第三人的效力。债权人行使代位权，与债务人行使权利有相同的地位，所以，第三人可以对抗债务人的一切抗辩权，皆得对债权人行使。

我国首次规定债权人代位权的《合同法》第 73 条并未对代位权行使的效力明确作出规定。最高人民法院在《合同法》的相关解释中确立了次债务人向债权人直接清偿的规则。对此，解释上一般认为，我国民法采取了代位权效果直接归于债权人的立场。《民法典》编纂过程中，对代位权行使的效果采取“入库规则”，还是采取“直接清偿规则”，也产生了较大的争议。最终，立法者采取了“直接清偿规则”。《民法典》第 537 条规定：“人民法院认定代位权成立的，由债务人的相对人向债权人履行义务，债权人接受履行后，债权人与债务人、债务人与相对人之间相应的权利义务终止。债务人对相对人的债权或者与该债权有关的从权利被采取保全、执行措施，或者债务人破产的，依照相关法律的规定处理。”

案例 5－1

第三节　债权人撤销权

一、债权人撤销权的概述

（一）债权人撤销权的概念

债权人撤销权是指债权人对于债务人通过减少责任财产以损害债权的行为，有请求法院撤销的权利。

撤销权源自罗马法，它是由罗马裁判官保罗（Paulus）所创设的诉权，故也称“保罗诉权”。后世民法普遍继受了此项制度，称“废罢诉权”。不同于代位权，大陆法系各国民法一般都有关于撤销权的规定。我国《合同法》第 74 条、第 75 条首次对债权人撤销权作出规定。《民法典》在《合同法》规定基础上，于“合同的保全”一章，对债权人撤销权作出了规定。

（二）债权人撤销权的性质

有关撤销权的性质，争议颇多，有形成权说、请求权说、折衷说等。撤销权性质直接决定着撤销之诉的性质（形成之诉或给付之诉）、诉讼的被告（债务人、受益人或者受让人）、诉讼的效力（绝对效力或者相对效力）等，因此，对撤销权性质的研究十分重要。以下简要介绍这些学说：

（1）形成权说。该说认为，债权人撤销权是依债务人单方面的意思表示直接使债务人实施的法律行为归于无效的形成权，因此，撤销之诉在性质上属于形成之诉。

（2）请求权说。该说认为，债权人撤销权是对因债务人之行为而受利益的第三人直接主张利益返还的请求权，因此，撤销之诉在性质上属于给付之诉。

（3）折衷说。该说认为，债权人撤销权兼具形成权性质与请求权性质，一方面使债务人实施的法律行为归于无效，另一方面又能产生利益恢复原状的效力，因此，撤销之诉也兼具形成之诉的性质与给付之诉的性质。

我国学者多支持形成权说或折衷说。从《民法典》的规定看，债权人撤销权主要强调使债务人之行为归于无效的效果，在解释上似以采取形成权说为宜。如将债权人撤销权的效力延伸到可请求受益人归还的效力，则折衷说具有更强的解释力。

（三）债权人撤销权的对象

债权人撤销权是针对债务人实施的损害债权的行为而设的。在比较法上，一般而言，须保全之债权成立后，债务人实施的有害于债权的行为，皆可成为债权人撤销权的对象。财产行为，不问其为合同或单独行为，为处分行为或负担行为，为债权行为、物权行为或准物权行为，为给付行为或非给付行为，均可成为撤销的对象。

我国《合同法》在确立债权人撤销权的行使对象时，未系统性地按照财产行为的类型加以规定，而是区分了无偿行为和以不合理低价转让财产两种情形。《民法典》承继了此种区分方法，区分无偿和有偿两种情形并作出了规定。

二、撤销权的构成要件

债权人撤销权具有很强的效力，它突破了合同相对性，不仅干预了债务人对其财产的处分自由，而且涉及了第三人财产取得的效果。因此，只有在满足债权人撤销权构成要件的情形下，才应赋予其撤销的效力。

（一）债权人方面的要件

债权人所享有的债权，无论是其为金钱债权，还是以物之交付或劳务提供等为内容的非金钱债权，乃至以债务人不作为为内容的债权，均受债务人一般责任财产的总担保。因此，原则上，所有的债权均可产生债权人撤销权的效力。

债权人享有的债权，欲产生撤销权的效力，不必以届清偿期为必要。其理由在于，撤销权仅具保全的意义，并非债权请求权本身的行使。尽管如此，在行使撤销权时，须确保需要保全的债权已确定地发生。如果债权人指称的债务人的诈害行为发生在债权发生之前，则很难说此在先的行为会损害在后发生的债权。

（二）债务人方面的要件

1. 债务人方面有减少责任财产的行为

债务人方面必须实施了诈害债权的行为，即减少其财产或者增加其财产负担的行为。《民法典》将债务人减少责任财产的行为区分为无偿行为与有偿行为两种情形。

《民法典》第538条首先针对债务人“放弃其债权、放弃债权担保、无偿转让财产等方式无偿处分财产权益，或者恶意延长其到期债权的履行期限”的行为作出了规定。债务人放弃到期债权或无偿转让财产时，债务人责任财产的减少显而易见。债务人恶意延长其到期债权的履行期限，虽然不直接减少其责任财产，但是会影响第三人向其偿还债务，也直接导致债权人无法行使债权人代位权。因此，《民法典》增设了债务人的这一诈害行为。

在债务人实施有偿处分财产的情形下，如相关交易未体现对价性从而导致了债务人责任财产的减少，或者债务人为他人提供担保从而在其责任财产上施加了新的负担，则此类行为也可构成债权人撤销权的对象。不过，在此类情形下，第三人也可能有需要保护的利益，因此需要通过主观要件控制撤销权之有无，以实现利益平衡。《民法典》第539条将此类可能影响债权实现的债务人行为描述为“债务人以明显不合理的低价转让财产、以明显不合理的高价受让他人财产或者为他人的债务提供担保”。

如果债务人对自身财产的处置并不会减少责任财产，或并不加重责任财产上的负担，则不应成立债权人撤销权。例如，债务人以市场价格转让财产，即使出现债务人不积极主张价金债权等情形而使债权难以受偿，也不应赋予债权人以撤销权，在此种情形下，如符合债权人代位权的条件，债权人可对第三人提起代位之诉。

2. 债务人的诈害行为影响了债权的实现

债务人的诈害行为必须危及债权的实现，才有保全责任财产的必要。如果债务人的行为虽然减少了其财产，但是并未危及债权的实现，就不存在对债权的损害。这就意味着，在撤销权诉讼中，债务人或第三人可以提出如下抗辩：债务人虽然实施了减少责任财产的行为，但其剩余财产仍足以清偿债权，故债权未受损害，债权人撤销权不成立。

一个值得讨论的问题是，如果债务人的行为危及了特定债权原定给付利益的实现，债权人能否以“影响债权人的到期债权实现”为由予以撤销？例如，甲将某特定物出售给乙，在向乙交付前甲又将该物赠与丙，并交付，乙能否以其无法实现债权为由主张撤销甲无偿转让行为的效力？债权人撤销权制度的设计需要平衡债权人实现债权的诉求与债务人自由处置其财产的利益，以免造成对债务人决定自由的过度干预。在前举事例中，甲将特定物赠与丙的确导致乙无法获得标的物所有权，但是，乙仍可向甲主张损害赔偿。只要甲对丙的这项赠与并未导致其责任财产不足以承担损害赔偿责任，则不应赋予乙债权人撤销权。

3. 主观要件

总体上，《民法典》第 538 条、第 539 条未对债务人实施减少责任财产时的主观方面作出要求。第 538 条针对债务人延长其到期债权履行期限的行为，要求债务人须有“恶意”，即须有以此行为损害债权的意识。债权人撤销权，其主要意旨并非系对债务人的制裁（从而须将恶意作为制裁的前提），而是通过保全其责任财产以维护债权人的利益。故此，在解释上，除前述恶意延长到期债权的履行期情形外，债权人撤销权的构成无须考虑债务人的主观认识，仅须其实施的行为客观上减少了责任财产即可。

（三）债务人的相对人方面的要件

债务人实施的减少财产的行为，若为抛弃动产等单方法律行为，则无相对人之说。不过，此种行为必然表现为无偿行为，不论因此行为而受有利益者（如先占人）主观上是否知情，根据《民法典》第 538 条的规定，债权人均可行使撤销权。在其他无偿双方法律行为及债务人恶意延长其到期债权履行期限的情形下，相对人的主观方面同样在所不问。

在《民法典》第 539 条规定的情形下，即以明显不合理的低价转让财产、以明显不合理的高价受让他人财产或者为他人的债务提供担保的情形下，债权人撤销权的成立须以相对人知道或者应当知道债务人的行为有损债权为要件。

三、债权人撤销权的行使

（一）行使方式

债权人撤销权，仅在以诉讼的方式行使时，始能发生撤销的法律效果。债权人须以自己的名义，向法院提起撤销之诉，请求撤销债务人诈害债权的行为。债权人撤销权之所以须以诉讼的方式行使，是因为其涉及债务人及其相对人之间行为的效力，系对他人之间法律关系的强制干预，其撤销权的成立须经由司法审查方可发生效力。

（二）行使对象

行使对象，也即撤销之诉的被告。依法理，当债务人的行为是单方法律行为时（如抛弃所有权），应以债务人本人为被告，当无疑问。当撤销权针对双方法律行为时，如何安排债务人的相对人的诉讼地位，颇有争议。该问题实际上与债权人撤销权的性质界定及行使后果设置密切相关：如撤销权行使的后果仅在使被撤销的行为在法律上自始不生效力，而不及于向相对人要求返还财产，则可不将相对人列为共同被告，而仅以债务人为被告；如将撤销权行使的后果及于向相对人要求返还财产，则应将债务人与相对人作为共同被告。

（三）行使期间

依《民法典》第541条之规定，债权人需自知道或应当知道撤销事由一年内行使撤销权，逾期不行使的，撤销权消灭。自债务人行为发生起五年内不行使的，即便债权人对债务人的诈害行为并不知晓，为稳定交易秩序，债权人撤销权也消灭。

四、债权人撤销权的效力

《民法典》第542条规定："债务人影响债权人的债权实现的行为被撤销的，自始没有法律约束力。"据此，债权人撤销之诉具有形成之诉的性质，无论债务人实施的是单方法律行为还是双方法律行为，一经法院判决撤销，该行为自始没有效力。

因作为财产取得依据的法律行为被撤销，债务人的相对人或任何其他因债务人的行为所取得的财产即丧失权利取得的原因，应返还于债务人。问题是，在债权人撤销之诉中，债权人可否在要求法院撤销债务人之诈害行为的同时，要求法院判决相对人向债务人返还其所取得的财产？我们认为，如撤销债务人的诈害行为会引起相对人向债务人返还财产的后果，则应由撤销之诉一并解决，法院应一并判决相对人向债务人返还财产。

债务人之行为被撤销后，如果债务人不行使向其相对人要求返还的权利，则债权人可如何维护自己的利益？对此，《民法典》并未作出回答。为解决该问题，学者认为，法院判决撤销债务人的行为后，为限制债务人不予受领或再施处分，宜认为可由行使撤销权的债权人代为受领。不过，现行规范很难得出上述解释。在《民法典》编纂过程中，合同编草案一审稿和二审稿曾经规定，债权人提起撤销之诉时可一并主张代位行使法律行为被撤销后债务人对相对人享有的权利，但最终该规定未被采用。在解释上，如撤销后债务人怠于行使其对相对人的返还请求权等权利的，债权人仍可主张代位权。在条件具备时，债权人也可一并提出撤销与代位主张。

本章小结

合同保全是基于债权本身，通过赋予债权人直接向第三人主张权利或撤销债务人所实施的减少财产行为的方式，保全债权原本具有的受偿机会。合同保全的具体方法表现为债权人代位权与债权人撤销权。

债权人代位权针对的是债务人消极减少财产的行为（能够增加而不增加），它以债务人怠于行使其对相对人的债权及从权利为发生条件，依该权利，债权人可以在自身债权范围内直接请求债务人的相对人向其清偿。

债权人撤销权针对的是债务人积极减少财产的行为。《民法典》将债务人减少财产的行为进一步区分为无偿行为和有偿行为：对于无偿行为，受益人即便为善意，也不影响债权人撤销权的发生；对于有偿行为，只有当受益人为恶意时，债权人撤销权才能够成立。

思考与练习

小试身手

一、名词解释

1. 合同保全　2. 债权人代位权　3. 债权人撤销权

二、简答题

1. 简述债的保全的基本原理。
2. 简述代位权的构成要件。
3. 如果债权未届清偿期，债权人能否主张代位权？如何主张？
4. 简述撤销权的构成要件。
5. 简述债权人撤销权的效力。

三、案例分析题（请扫描下方二维码）

案例分析

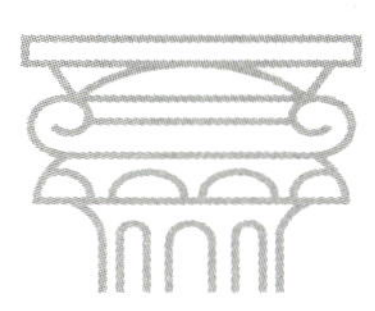

第六章 合同的变更和转让

导 言

合同债权债务关系发生之后，其关系并非一成不变。在不改变同一性的情况下，合同债权债务关系可以发生内容的变更和债权人或债务人的主体变更，前者即为狭义的“合同变更”，而后者可称为“合同的转让”。

本章主要围绕《民法典》合同编第六章“合同的变更和转让”的立法规定展开。第一节首先讨论合同的变更，强调变更合同需基于双方的合意。第二节讨论合同的转让，即合同债权债务的转让，它包括了债权转让、债务承担和债权债务的概括转让三种具体形态。

学习目标

完成这一章内容的学习之后，你将能够：

理解合同变更的含义和基本规则。

掌握合同债权转让的法律结构，理解法律为保护相关当事人所创设的相关制度。掌握合同债务承担的不同类型及法律要件。理解和掌握债权债务的概括转让的概念和基本规则。

第一节　合同的变更

一、合同变更的概述

合同变更有广义和狭义之别。广义的合同变更，包括了合同债权债务关系在内容方面和主体方面的变更。合同的内容变更指不改变合同当事人，而对合同所创设的债权债务关系的内容作出变更。例如，在合同标的物的数量、价格或报酬、履行时间、履行地点等方面作出变化。合同的主体变更指在合同债权债务不变的情况下，更换债权人或债务人，《民法典》将其称为“合同的转让”。

正是由于内容变更和主体变更都属于合同变更，因此，《民法典》将二者规定在了同一章，即合同编第六章“合同的变更和转让”。这一表述本身也意味着，《民法典》采用了狭义的合同变更的概念，仅指合同债权债务在内容方面的变更。

从广泛的意义上看，引起合同债权债务关系的内容变更的原因有许多，主要包括：

第一，合同当事人双方合意变更。合同成立并生效后，其所创设的债权债务关系即告确定，非基于双方当事人的意思或基于法律的规定，当事人不得任意变更合同。但是，双方经协商一致当然可以变更原有合同的内容。

第二，法律直接规定引起的合同变更，例如，在债务人违约且履行不能的情况下，合同所创设的债务将演变为损害赔偿之债。

第三，根据《民法典》第533条的规定，情势变更而使合同的履行会产生明显的不公平时，当事人可请求人民法院或者仲裁机构变更或解除合同等。

在前述引起合同变更的原因中，法律直接规定引起的合同变更以及情势变更而使合同的履行会产生明显的不公平时，当事人请求人民法院或者仲裁机构变更合同均属合同变更的特殊情形，且《民法典》都设有专门的规定界定其法律效果，故此，本节下文仅讨论狭义的合同变更，即合意变更。

二、合意变更的意义、条件和效力

（一）合意变更的意义、条件

合意变更是合同变更的基本形式，它是指由合同双方当事人通过协商一致的方式，变更合同的内容。合同是双方当事人意思表示一致的产物，其生效后，当事人须受其意思表示的拘束，不得单方面任意变更、解除合同。不过，由于合同法奉行契约自由的原则，原则上合同的订立和履行也仅关乎合同当事人的利益，而与第三人利益乃至公共利益无关，因此，法律当然不禁止和限制当事人通过一项新的合意变更原有的合同内容。

《民法典》上所称的“合同变更”仅指双方合意变更，《民法典》第543条规定：“当事人协商一致，可以变更合同。”从法律性质上看，当事人之间变更合同的合意实际上构成了一项新的合同，其是否发生变更合同的效果，也须通过合同订立的要约、承诺规则加以判断。合同生效后，一方当事人向另一方当事人提出变更合同的，该提议可视为要约，如他方表示同意，则该同意的表示构成承诺，于是一项变更现有合同内容的新合同即告成立。是否存在变更合同方面的协商一致，必须依意思表示的规则明确加以认定。根据《民法典》第544条的规定，当事人对合同变更的内容约定不明确的，推定为未变更。

通过协商一致的方式变更合同的，对于当事人具体变更的内容，除应遵循合同的基本原则（如守法和公序良俗原则等）外，原则上不设法律限制，当事人可以在合同的标的、价款或报酬、履行期限、履行地点、履行方式、履行费用的负担等方面作出变更约定。

当事人间变更合同的合意，原则上在成立时即发生效力，但法律另有规定或当事人另有约定的除外。

（二）合意变更的效力

合同当事人就合同变更达成一致后，合同债权债务关系就发生变更，即以新的权利义务关系取代变更前的权利义务关系，其效力可描述如下：

第一，合同变更具有确定性。即使变更后的合同陷入履行不能，亦不能回到变更前的状态，因此，合同变更后，一方主张仍按变更前的合同内容履行的，其主张不能被支持。当事人不按变更后的内容履行合同的，将构成违约。

第二，合同变更原则上仅对将来发生效力，除非当事人另有约定，否则合同变更不具有溯及力。也就是说，债务人在合同变更前已经履行的合同义务及债权人已经受理的给付，原则上不受合同变更的影响，不发生返还给付等问题。

案例6－1

第三，合同变更仅对当事人达成一致的部分发生效力，当事人未变更的部分，仍维持其原先的效力。

第二节 合同的转让

一、合同转让概述

（一）合同转让的概念与意义

所谓合同转让，实际上是合同债权债务的转让，是指债的关系在保持同一性的情况下，而发生主体的变更。因合同的缔结，债权债务关系在合同当事人之间发生，如果不变更债的内容和其他方面的效力，而仅使债权债务关系的当事人发生变更，则此种主体变更就属于合同转让。

实际上，合同法对合同转让的相关规定并不仅限于适用合同之债。根据《民法典》第468条的规定，《民法典》合同编通则部分规定的合同转让规则对侵权行为、无因管理、不当得利等法定之债的关系均有适用的余地。另外，“转让”一词通常仅指通过合同等法律行为实现的主体变更，而“转移”则可包括依法定的原因而实现的主体变更。因此，为表述的精准和方便，本节以下也使用“债的转移”这一表述。

债的关系，属于特定人之间的权利义务关系，但此乃在某一静止的时点所作的观察。债的相对性并非要排斥债的关系在不同当事人之间转移的可能。关于债的转移这一概念，可进行如下分析：

1. 债的转移属于债的变更的范畴

所谓债的变更，是指债的关系同一性保持不变而其部分要素发生的变化。债的变更包括主体、内容、客体的变更。债的变更不同于债的消灭，它并非消灭既存之债而成立新债，在此过程中，债的关系同一性保持不变。

2. 债的转移属于债的主体的变更

债的转移实际上就是债的主体的变更，即新债权人代替原债权人，或者新债务人代替原债务人。债权人发生变更的，为债权转移，通常也称债权转让；债务人发生变更的，为债务转移，通常也称债务承担。

（二）产生的原因

债的转移是债权债务关系在不同主体间发生转移的结果。究其原因，这种转移或者基于法律行为，或者基于法律的规定，也可能因法院的裁判而发生。

1. 基于法律行为而转移

债的转移可以是当事人意思自治的结果，即当事人通过实施法律行为追求债的转移的法律效果。它又可分为因合同而转移和因单方法律行为而转移，前者如债权转让、债务承担，后者如债权遗赠等。

2. 基于法律的规定而转移

债的转移可能因法律规定而直接发生，如债权或债务因法定继承而由被继承人转移于继承人。又如，因所谓“买卖不破租赁”规则（《民法典》第725条）的确立，承租人可向租赁物的受让人主张继续租赁关系，这就意味着，租赁合同关系发生了法定转移，出租人由租赁物的出让人法定变更为受让人。

3. 因司法裁判而转移

债的转移也可以因法院的裁判而发生。

（三）合同转让的样态

合同转让，根据具体转让的对象，可区分为债权转让、债务承担与债权债务的概括转让三种具体样态。以下分别对此三种样态加以讨论。

二、债权转让

（一）债权转让的概念

案例6－2

债权转让，也称债权让与，是指不改变债的内容，而原债权人（让与人）通过合同将债权转移给新债权人（受让人）。“债权转让”一词，有时指债权转让的结果，即债权人通过实施法律行为将债权转移给受让人的结果；有时则指的是转移债权的法律行为本身，即债权转让合同。

债权转让导致债之关系债权人的变更。如前所述，此种债权转移的结果，也可能因为法律的规定和裁判的效果而发生。不过，由债权让与人通过债权转让合同将债权让与受让人的情形，构成了现代债法上最重要的债权转移的原因。

债权不仅是一个等待债务人清偿以实现其经济目的的法律地位，它也是权利人享有的一种财产权，这就意味着，债权人可以对债权加以利用或对其自由处置。近代法中不仅确认了债权转让的法律可能性，而且进一步扩大了债权转让的自由，进而努力提高其安全性。改革开放以来，伴随着我国商业和金融、资本体系的发展，利用债权转让作为支付手段，将债权本身作为交易对象，将债权作为资产证券化的对象，乃至于将债权作为融资担保的对象或者未实现债权的催收（二者即可通过保理实现，而保理则通过转让应收账款债权的方式进行），债权在经济社会中发挥着越来越重要的作用。

（二）债权转让的性质

债权转让是通过让与人与受让人之间订立债权转让合同以实现债权的转移。债权转让具有如下性质：

1. 债权转让为不要式合同

债权转让一经当事人之间达成合意，即告成立，法律对于债权转让合同并无特定形式之要求，故其为不要式合同。因此，当事人可采用书面、口头及其他形式订立债权转让合同。

2. 债权转让为处分行为

债权的效力包括处分的效力，即债权人享有依其意思决定债权的转让、抛弃、设质等权利。债权转让是对债权的处置，债权转让合同当事人的意思表示直接指向债权转移的效果，因此，债权转让在性质上属于处分行为，而不属于负担行为。债权转让为处分行为，这就意味着，让与人须享有处分权，也就是说，让与人必须是其所让与之债权的权利人。具体而言，债权转让属于处分行为中的准物权行为。与物权行为直接发生物权变动的效果一样，债权转让也直接发生债权转移的效果。但是，债权转让变动的毕竟是一项债权，故称“准物权行为”。物权行为的生效，不动产须经登记，动产须经交付，而债权行为仅须当事人的合意即可发生效力。

3. 债权转让为无因行为

我国民法理论虽承认无因行为与要因行为的区分，但学理对于物权行为是否应采无因性争论不休，其中否定说似乎占据优势地位。对于债权转让的无因性，学界则有更多的支持声音。我们认为，我国民法应承认债权转让的无因性，理由有二：①任何债权人愿意转让其债权于他人，必有其原因，此原因或为买卖，或为赠与，或为代物清偿，不一而足。但是，《民法典》在规定债权转让之时，仅在抽象的意义上规定了债权转让，似有刻意忽略原因关系对债权转让效力影响之意。②债权转让不仅直接在让与人与受让人之间发生债权转让的效力，而且更与债务人的利益相关，为保护债务人的利益，法律尤其需要增强债权转让法律效果的确定性，切断让与人与受让人之间原因关系的瑕疵对债权转让效果的影响，以使其对受让人的清偿确定地产生消灭债务的效力。

以下案例可说明承认债权转让无因性的必要性。王某出借款项 10 000 元于李某，即将到期。王某以 8 000 元价格向刘某购买一台笔记本电脑，由于手头无现金支付，王某与刘某达成一致，将其对李某的债权转让于刘某，以充抵价金。王某将此债权转让的事实通知了李某。借款到期后，应刘某的请求，李某向其支付了 10 000 元。之后王某发现刘某所交付的电脑存在质量缺陷，无法正常使用，遂向刘某提出退货还款，刘某不同意。王某遂向李某提出，由于刘某出售的电脑有质量问题，债权转让合同不应发生效力，李某仍有义务将 10 000 元借款返还王某。李某认为自己已经按照债权转让的通知向刘某偿还了债务，其债务已经消灭。王某遂将李某诉至法院，要求其承担还款义务。法院审理后认为，王某、刘某之间达成了一项以充抵债务为目的的债权转让合同。在接获王某通知后，李某向受让人刘某履行了债务，其债务因此而消灭。尽管事后作为王某、刘某之间订立债权转让合同基础的买卖合同解除，但是，债权转让具有无因性，让与人不得以其在原因关系上的理由对抗已经向受让人清偿的债务人。因此，王某不得向李某要求还款。法院据此驳回了王某的诉讼请求。

（三）债权的可让与性

1. 债权转让自由原则

原则上，债权可自由转让。对于债权人而言，债权是其所享有的一项财产。对该财产，债权人应可像对物权等其他财产那样自由处分。债权人固然可以通过请求债务人给付而直接实现债权，其作为享有处分权的权利人，当然也可以将这一财产性权利转让给他人。至于其为何转让债权的问题，如系基于买卖、赠与、担保或其他目的而转让，则属于其意思自治的范畴，无须在法律上加以探究。自债务人方面观察，其所负担的给付义务究竟向何人作出，通常并不影响其利益，因此，在债的关系成立后，债务人应可预期，有朝一日或许必须面对一位新的债权人。需要注意的是，尽管《民法典》合同编第六章形式上规范的是合同的转让，但实际上规范的是所有类型之债的转让问题。就债权的可让与性而言，侵权行为之债等法定之债与合同之债并无分别，均以可自由转让为原则。

但是，债权转让的自由也有其界限。债权转让是将债权予以处分，此时债权必须具有流通商品的特性。特定于双方当事人之间的信赖关系或附加人身因素的债权，往往不能成为债权转让的对象。在这些场合，债权转让必须受到限制。《民法典》第 545 条在明确规定“债权人可以将债权的全部或者部分转让给第三人”的同时，也列举了不得转让债权的情形。

2. 债权转让的限制

根据《民法典》第545条之规定，债权转让的限制包括：

（1）依债权性质或法律规定而不得转让。某些债权，依其性质具有专属性，故不存在转让的可能。某些债权虽非性质上具有专属性，但基于特定政策上的考虑，法律也可能限制其可让与性。此类对债权转让的限制包括但不限于：①债权人变更会导致给付的内容发生变更的债权。如60岁的甲享有的请求债务人乙照顾其生活起居的债权，若甲将此债权“转让”给90岁的丙，显然债务人乙的给付内容会发生实质性变化，此类债权不得转让。另外，以不作为为标的的债权基本上也属于这个类型，因为以不作为为标的的债权原则上应向特定关系人为给付。②基于特殊信任关系产生的债权，如雇主或委托人所享有的债权。③为保障债权人生活而享有的债权，如退休金债权，虽可由他人代为行使，却不能转让。④因身体、健康、名誉、隐私等受侵害而产生的精神损害赔偿请求权，此类请求权原则上既不得继承，也不得转让。

（2）依当事人的约定不得转让。债权人和债务人约定不得转让某项债权的，基于意思自治的原则，债权人应对债务人负有不得转让的义务。问题在于，债权人与债务人之间关于债权不得转让的约定并不具备妥当的公示手段。若债权人违反与债务人的约定向第三人转让债权，后者可能完全不知晓不得转让的特约，因此，须仔细斟酌债权人与债务人之间关于不得转让之约定对受让人的效力。

《民法典》第545条第2款针对第545条第1款中当事人之间有关债权不得转让的约定，设有如下规范：“当事人约定非金钱债权不得转让的，不得对抗善意第三人。当事人约定金钱债权不得转让的，不得对抗第三人。”该条区分金钱债权与非金钱债权，确立了不同的规则：①对于金钱债权而言，一方面，与向原债务人偿付金钱相比，债务人向新债权人偿付几乎不会给其带来任何困扰，也就是说，金钱债权不得转让的约定其实对债务人不具有显著的法律利益；另一方面，在现代金融和担保体系中，金钱债权常用于质押担保或成为保理的对象，如约定禁止转让能产生对抗第三人的效力，则会影响到此类经济活动的顺利开展。若仅简单地规定禁止转让金钱债权的约定不得对抗善意第三人，固然能在一定程度上保障交易安全，但仍会导致受让人支出交易成本去审查债权人与债务人之间是否存在不得转让的特约，可谓得不偿失。故此，《民法典》规定金钱债权不得转让的约定不得对抗任何第三人，这就意味着，受让人完全不受其受让债权之当事人间特约的影响，可无障碍地取得受让的债权。在此情形下，债务人如能够证明其因此受到损害，则可向违反禁止转让约定的债权人主张违约损害赔偿。②对于非金钱债权，相对而言，债务人对于不得转让的约定享有更多的法律利益，而维持非金钱债权的绝对可让与性的必要性也明显低于金钱债权，因此，《民法典》规定，非金钱债权不得转让的约定，不得对抗善意第三人。非金钱债权当事人之间约定债权不得转让，而债权人违反约定对外转让的，如受让人为善意，则其仍可取得债权，在其向债务人主张债权时，债务人不得以债权不得转让为由进行抗辩。

（四）债权转让的效力

关于债权转让的效力，可以区分对内效力与对外效力两个方面加以说明。

1. 债权转让的对内效力

债权转让的效力发生在让与人与受让人之间的，为对内效力。具有可让与性的债权，原则上在债权转让合同成立之时，债权即由让与人转移给受让人。但法律、行政法规规定转让权利或转移义务应当办理批准等手续的除外。具体而言，债权转让的对内效力包括：

（1）债权由让与人转移给受让人。当事人达成合意，即可发生效力。债权转让合同一旦成立，债权随即转移。出让人脱离债权人地位，受让人成为新债权人，债权不失其同一性。

（2）债权的从权利随同转移。《民法典》第 547 条规定："债权人转让债权的，受让人取得与债权有关的从权利，但是该从权利专属于债权人自身的除外。受让人取得从权利不因该从权利未办理转移登记手续或者未转移占有而受到影响。"从权利附随于主权利，并随后者的转移而转移。债权转让时，只要当事人未专门约定排除，则从属于受让债权的权利也随同转移给受让人。债权的从权利主要包括担保（人的担保、物的担保）以及其他从权利（利息债权、违约金请求权）等。当从权利为不动产抵押权或其他须登记方可设立的担保物权时，尽管该种担保物权的设立须以登记为必要，但其随债权而转移时，无须经转移登记，而是在受让人取得债权时直接取得该担保物权。如债权受动产质权的担保，则即使质物尚为债权人（让与人）占有，因债权转让的发生，质权也在受让人取得债权时归属于受让人。法律如此规定的理由在于，一方面，从权利随主权利转让，这是基于从权利不能独立存在的法理而由法律直接赋予的取得效果，并非基于法律行为的物权变动，故无公示原则的适用余地；另一方面，对于第三人而言，担保物权登记于让与人名下或为让与人占有的事实，已经起到了充分公示的效果。就以登记为公示手段的抵押权等权利而言，规定受让人自动取得让与人享有的权利，还有一个重要的意义：如标的物上有数个担保物权，而让与人所享有的担保物权顺位在先，则受让人可享有此优先受偿顺位。

（3）证明文件的交付和必要情形的告知。让与人应当将证明债权的文件交付给受让人，并应当告知有关行使债权的必要情形。证明文件包括债务人出具的一切借据、票据、合同书等。告知有关行使债权的必要情形，如履行期限、履行地点、履行方式、债务人的住所、债务人可能主张的抗辩权等。

（4）让与人对让与债权的担保义务。让与人须确保其所让与的债权确实存在，这一点也是由债权转让属于处分行为的性质所决定的（让与人须具有债权的处分权）。但是，即便在有偿转让的场合，原则上，让与人的担保义务也仅限于确保让与债权的真实性，而不包括确保受让人的债权能够实现。除非债权转让合同另有约定，否则让与人对于债务人的支付能力不负有担保义务，债权不能实现的风险由受让人承担。

2. 债权转让的对外效力

（1）对债务人生效的要件：转让通知。债权转让合同因让与人与受让人之间的合意而发生债权转移的效果，无须征得债务人的同意。但是，对此转让事实，债务人未必知晓。为了避免债务人错误清偿，法律设有保护债务人之规定。

《民法典》第546条第1款规定："债权人转让债权，未通知债务人的，该转让对债务人不发生效力。"本条规定删去了《合同法》第80条"应当通知债务人"的表述，避免了将对债务人的通知解释为在让与人与受让人之间发生转移效力，值得赞同。

未经通知，该转让对债务人不发生效力。这一规定对于保护债务人之利益至关重要。但是，对于"未通知债务人的，该转让对债务人不发生效力"究竟何指，存在不同的理解。一种观点认为，债权转让未通知债务人，该转让对债务人不发生效力，即使受让人取得了债权，债务人也有权拒绝受让人的履行请求。甚至在债务人明知已经发生债权转让时，对于受让人也可以拒绝清偿。我们认为，此种观点不足采。债权转让后，让与人或受让人并未及时将转让事实通知债务人，但已涉及受让人向债务人主张债权时，债务人若已确切知晓债权已让与受让人（如受让人向其提示经公证的债权转让文书），则应向受让人清偿；债务人若此时不能肯定受让人的权利主张是否以其与债权人之间有效的债权转让为依据，则可暂时不履行债务，并要求受让人证明自己已取得债权（必要时要求获得原债权人的确认）。依诚信原则，债务人不得以未获通知为由，在受让人已向其主张债权时，仍执意向原债权人履行。

"未通知债务人的，该转让对债务人不发生效力"，其实际意义在于：如果债权转让的效果仅因债权让与人与受让人之间的合意即可对债务人发生效力，那么，在债务人因对债权转让不知情而仍向原债权人为给付之时，其给付行为并非对受领清偿人作出，故不能产生消灭债务的效果，其对真实债权人（受让人）仍负有给付义务；规定债权转让自通知债务人时才对债务人发生效力，这就意味着，债务人在接获通知前向原债权人所作的给付，同样能发生清偿的效果。在接到通知前，债务人进行提存或与让与人间发生其他导致债务消灭的事实，债务人均可因此而免责。

关于债权转让通知应由何人为之的问题，存在不同看法。由于《合同法》第 80 条设有“债权人转让权利的，应当通知债务人”之规定，故解释上一般认为，仅能由让与人通知的解释比较符合立法本意。其实，完全没有必要规定仅能由让与人通知。《民法典》第 546 条删去了“应当通知债务人”的表述，为解释上将受让人也作为通知主体提供了空间。一般认为，受让人通知的，为增强债务人对于债权转让的确信，受让人须提出债权转让的证据。

（2）对债务人效力的内容。《民法典》将通知债务人作为债权转让对债务人生效的要件，在当事人就债权转让向债务人作出通知后，债权转让对债务人发生如下效力：

第一，债务人一经获得通知，债权转让即对其生效。自此以后，债务人应当向受让人履行方可发生债务履行的效果。如债务人仍执意向让与人给付，不能发生债务清偿的效果，仍需对受让人履行义务。

第二，抗辩的援用。债务人接到通知时一切对抗让与人的抗辩事由，均可对抗受让人。债权转让是债权主体的变更，并不影响债权的同一性，所以，原有的抗辩仍然存在，债务人仍可对受让人主张。对此，《民法典》第 548 条设有明确的规定：“债务人接到债权转让通知后，债务人对让与人的抗辩，可以向受让人主张。”该条所称“抗辩”，并不限于民法上的抗辩权，包括了债权不发生、债权已消灭等一切可以对抗让与人的抗辩事由。显然，法律设此规定的理由在于，债权转让既然无须获得债务人的同意，则债权转让的结果不应陷债务人于不利之地位。

第三，债务人可向受让人主张抵销。债权转让无须征得债务人的同意，这就意味着，债务人只能被动地面对债权人变更的局面，而这一点反而要求法律强化对债务人利益的保护，以确保其债务不被加重，其地位不被削弱。为此，《民法典》不仅规定了债务人对受让人的抗辩权，而且还规定了债务人对于受让人的抵销权。债务人向受让人主张抵销，将导致其在抵销所消灭的债务范围内不必再向受让人清偿，故此抵销权实际上也属于抗辩的范畴，可称为“抵销抗辩”。

《民法典》第 549 条规定，“有下列情形之一的，债务人可以向受让人主张抵销：（一）债务人接到债权转让通知时，债务人对让与人享有债权，且债务人的债权先于转让的债权到期或者同时到期；（二）债务人的债权与转让的债权是基于同一合同产生。”

《民法典》关于抵销的一般规定见于该法第 568 条。根据该条规定，抵销权须以双方当事人互负债务为前提。《民法典》第 549 条的特点恰恰在于，债务人可将自己对让与人的债权与受让人的债权抵销。如此规定的理由当然在于，债务人原本与让与人间具备互负债务且可抵销的状态。

《民法典》第549条第1项规定的抵销须具备以下条件：①债务人对债权人享有债权，且种类、品质相同。②债务人对债权人享有的债权在其接到债权转让通知时即已存在，如系在接到债权转让通知后对让与人新生的债权，则除该条第2项规定情形外，不能依该条主张抵销。③即使两项债权均未到期，只要债务人享有的债权先于转让的债权到期的，债务人即可在收到债权转让通知后向受让人主张抵销。需要注意的是，第549条第1项关于主动债权须先到期的规定仅适用于前述情形，如果在债务人接到债权转让通知时两项债权均已到期从而符合了抵销的要求，则并不要求债务人的债权先于转让的债权到期。

第549条第2项系《民法典》新增的规定。如前所述，如果债务人对债权人的债权是其接到债权转让通知后才取得的，则通常不得向受让人主张抵销。但是，如果债务人对债权人享有的债权与转让的债权基于同一合同关系产生，则债务人仍可主张抵销。例如，甲与乙订立货物买卖合同，并将价款债权转让给丙，对乙作了通知；后甲向乙交货，由于货物存在缺陷，乙遭受损害，因此乙可向甲要求赔偿。此时，尽管此项损害赔偿债权发生在债权转让通知之后，但由于其系与转让的价款债权在同一买卖合同关系中产生，因此债务人仍可向受让人主张抵销。

第四，所增履行费用的转嫁。因债权转让而增加履行费用的，债务人可要求让与人负担（《民法典》第550条）。

第五，因向受让人的清偿而消灭债务。债务人对受让人履行债务后，确定地发生清偿的效果，其债务归于消灭。债权转让合同具有无因性，即便其原因关系不存在或有瑕疵，仍不影响债权转让的效果。债权的让与人不得以原因关系有瑕疵主张债权转让无效，并进而向债务人继续提出给付请求。

三、债务承担

（一）债务承担的概念

债务承担是指不改变债务的同一性，由第三人承受该债务或者第三人加入债之关系而为债务人。

债务承担可分为免责的债务承担和并存的债务承担。对于前者，原债务人因债务承担而免去债务，仅第三人作为新债务人。对于后者，原债务人与第三人一起承担债务，对债权人负连带清偿义务。通常所说的债务承担，多指狭义的债务承担，即免责的债务承担。

（二）免责的债务承担

1. 债务的可转移性

免责的债务承担作为债务转移的一种，同样需要可转移的债务为客体。原则上债务皆可转移，但存在以下例外情形：

（1）依债务的性质不得转移。劳务债务，比如著名歌星的出场表演债务，不得转让给第三人，因为不同之人的劳务给付不具有相互替代性。当然，因债务承担本身需要债权人同意，如果债权人同意了债务人的更替，自然能够引起原债务人免责而新债务人承受债务的法律效果。只不过，此种情形其实已经不属于真正意义上的债务承担了。

（2）依当事人的意思不得转移。当事人可以依照意思自治原则，作出禁止债务承担的约定，从而将原本可转移的债务（如金钱债务等）排除出可转移的范围。不过，与约定债权不得转让不同，此种关于债务不得承担的约定基本没有法律意义，因为，无论是否有此限制约定，免责的债务承担原本就需要征得债权人的同意。

（3）依法律规定不得转移。如果法律就某种债务作出禁止转移规定，该债务不得承担。

2. 债务承担合同

免责的债务承担可由债权人、债务人（原债务人）和第三人（新债务人）三方达成合意，也可通过以下方式缔结债务承担合同。

（1）债权人与第三人订立债务承担合同。《民法典》并未明确规定该种承担合同的订立方式。此类合同虽然没有债务人的参与，但其效果可免除债务人的债务，是使其纯获利益的合同。因此，通过此种方式转移债务的，无须获得债务人明示的同意。如果债务人不愿获得此利益，并在合理期间内表示反对，则不发生债务承担的效力。

（2）债务人与第三人订立债务承担合同。债务承担系由第三人代替债务人，第三人的责任财产和信用等因素会影响到债权人债权的实现。债务承担关系债权甚切，债务人与第三人之间订立债务承担合同，实际上是对债权的无权处分，故必须经债权人的同意方能发生效力。《民法典》第 551 条规定：“债务人将债务的全部或者部分转移给第三人的，应当经债权人同意。债务人或者第三人可以催告债权人在合理期限内予以同意，债权人未作表示的，视为不同意。”未经债权人同意，债务人与第三人之间订立的债务承担合同尚不能发生效力，可将其视为一种效力未定的合同。

一经债权人同意，债务人与第三人间订立的债务承担合同便溯及自债务承担合同成立之时发生效力。债权人的同意权，性质上属于形成权。同意的意思表示可以向债务人或第三人作出。关于该意思表示的具体形式，《民法典》并未规定，故属于不要式的法律行为。

3. 免责的债务承担的法律效果

（1）对债务本体以及从权利、从义务的效力。债务承担不改变债务的同一性，债务由债务人转移至第三人。由于债务的转移并未改变其同一性，因此，从债务原则上也随同转移。《民法典》第554条规定，债务人转移债务的，新债务人应当承担与主债务有关的从债务，但该债务专属于债务人自身的除外。比如利息债务或违约金债务，通常要一并转移。不过，已经独立发生的利息债务，因已具有独立性，故非属从债务范畴。

根据债的同一性原理，原债务的担保原则上也随同转移。第三人或债务人自己设定的担保物权，应当继续存在。法定担保物权，不问当事人意思如何，以法律规定为债权的特别效力，当然发生，债务不失其同一性，因承担而转移给第三人，继续有效。但是，对于保证债务和承担合同当事人以外的主体提供的担保物权，并不当然随同转移。因为，在发生债务承担时，信用关系会发生变化，除非征得其书面同意，否则保证人和提供担保物权的主体不应对新债务人的信用承担担保责任。

（2）对债权人的效力。发生债务承担的，债务的同一性并未改变，故附着于原债务的抗辩均转移给新债务人。《民法典》第553条就规定，债务人转移债务的，新债务人可以主张原债务人对债权人的抗辩。所以，新债务人可以以原债务人的抗辩（如债务未成立、被撤销等）对抗债权人。

与债权转让一样，债务承担合同也具有无因性，因此，第三人不得以其与债务人之间的关系来对抗债权人。例如，第三人误以为对债务人负债而以抵偿的目的承担了其债务，在获得债权人同意后，第三人不得以自己与债务人间并不具有债之关系为由来对抗债权人。

（3）对债务人的关系。发生免责的债务承担的，债务人即从债之关系中摆脱出来，不再承担任何债务。

第三人承担债务人的债务后，实施了清偿行为或提存、抵销等替代清偿的行为，可否对债务人进行求偿？这一问题并不能在抽象的债务承担合同层面上作出回答，而应依债务人和第三人之间的内部关系决定。例如，如果第三人是出于赠与的目的而主动承担债务人之债务的，自然就无求偿权。相反，如系主动为他人管理事务，则可依有关无因管理的规定向债务人求偿。

（三）并存的债务承担

《民法典》新增了并存的债务承担的规范。该法第 552 条规定："第三人与债务人约定加入债务并通知债权人，或者第三人向债权人表示愿意加入债务，债权人未在合理期限内明确拒绝的，债权人可以请求第三人在其愿意承担的债务范围内和债务人承担连带债务。"

1. 债务的可转移性

在并存的债务承担中，虽然债务人并未免除债务，但由于第三人加入进来，债务仍以第三人可以履行为必要。所以，并存的债务承担仍然要求债务具有可转移性。

2. 债务承担合同

与免责的债务承担合同相同，并存的债务承担合同也可以由债权人、债务人以及第三人三方订立，在此场合，合同直接发生效力。除此以外，并存的债务承担合同还可以其他方式订立。

（1）债权人与第三人订立债务承担合同。在此场合，债务人虽然并未参与，但是第三人的加入通常有利于债务人，故只要债务人在合理期间内未明确表示反对，即可发生并存的债务承担的效果。

（2）债务人与第三人订立债务承担合同。债务人与第三人订立并存的债务承担合同，使第三人加入既有的债之关系中来，与债务人共同对债权人承担连带责任。因此，此种场合的债务承担合同实际上使得债权人对第三人取得债权，具有利益第三人合同的性质。所以，即使没有债权人的参与，债务承担合同仍然有效。根据《民法典》第 552 条之规定，只要债权人在合理期间内未表示拒绝，就发生并存的债务承担的效力。

3. 并存的债务承担的法律效果

（1）对债务本体以及从权利、从义务的效力。并存的债务承担，第三人加入到债务关系中来，与债务人承担连带责任，债务人并不因此免负债务。

债务承担不改变债务的同一性，第三人也要就从债务承担责任。债权的从权利（如债务的担保）不发生转移或消灭的问题，因为债务人并不免除债务。

（2）对债权人的效力。并存的债务承担，第三人可就债权人主张的一切抗辩事由，第三人皆得对债权人主张。因为债务承担并不改变债务的同一性，第三人承担的债务与债务人的债务具有同一内容。

（3）对债务人的效力。第三人与债务人共负连带债务的，第三人与债务人都负有清偿全部债务的义务。至于第三人与债务人之间的关系，如一方在作出清偿后是否对他方享有清偿权等问题，应依当事人之间的内部关系而定。

四、债权债务的概括转让

（一）概念与意义

债权债务的概括转让是指债之关系的一方当事人，将其权利义务一并转移给第三人，而由该第三人承担其地位。

债权债务的概括转让可以是基于法律行为产生的，也可以是基于法律规定产生的。基于法律行为产生的债权债务的概括转让可称为意定概括转让，它可以是基于单方法律行为，如遗嘱；更多的则是基于双方法律行为，如合同的承受。基于法律规定产生的债权债务的概括转让称为法定概括转让，典型的如法定继承、法人合并情形的概括转让。

债权债务的概括转让不同于单个的债权或债务的转移，后者转移的仅仅是单个的债权或债务，附着于债之关系内容的形成权，如撤销权、解除权等并不随同转移，根本上仍属于原债权人或债务人。债权债务的概括转让则是法律地位的完全转移，一旦发生，原债之关系当事人完全退出，新的承受人完全取得债之关系当事人地位。

（二）合同承受

1. 合同地位的可让与性

近代以来，交易关系日益客观化，人们对于债权人、债务人特质的注重逐渐变弱。由此，只要不给对方造成不当的损害，原则上合同地位就可以转让，从而使得当事人能自由进入或退出债之关系，谋求更好发展。《民法典》第555条规定：“当事人一方经对方同意，可以将自己在合同中的权利和义务一并转让给第三人。”这一规定体现了合同地位的自由转让原则。

合同地位的自由转让原则并非意味着毫无限制。在某些场合，或者是由于合同关系的性质，或者是由于当事人的约定或法律的规定，合同地位并不能转让。

2. 让与合同

与债权转让、债务承担相同，合同地位的概括承受可以由原合同双方当事人以及作为受让人的第三方达成三方协议，在此场合，让与合同直接发生效力。同样，让与合同也可以仅由让与人和受让人双方达成，此时则需要合同相对方的同意。因为，合同地位不仅包括债权，也包括债务，债权转让虽不需要相对方的同意，但债务承担必须有相对方的同意。

3. 效果

发生合同承受的，一方当事人在合同中的债权债务全部转移给承受人。根据《民法典》第556条的规定，合同的权利和义务一并转让的，适用债权转让、债务转移的有关规定。这实际意味着，涉及合同权利转让的部分，适用有关债权转让的规定，涉及合同义务转移的，则适用债务承担的有关规定。所以，有关债权转让和债务承担之法律效果的规定，如从权利和从义务的随同转移等，也适用于合同承受。

如前所述，发生合同承受的，一方当事人完全退出合同关系，承受人成为合同关系的当事人。由此，附着于债之关系的形成权，如解除权、撤销权等，也转移给承受人。

（三）法定概括转让

1. 法人的合并和分立

导致债权债务的概括转让的法人合并（主要是企业法人的合并），是指既存的两个以上的法人合并为一个法人，其形式包括吸收合并和新设合并。吸收合并是指合并之后一个法人吸收其他法人，而其他法人解散的合并。新设合并则是指既存法人全部解散，设立一个新法人的合并形式。

法人分立是指一个法人分立为两个以上的法人。法人分立时，需要对分立之前的债权债务关系在分立的多个法人之间进行分配，所以它也涉及概括转让的问题。

当事人订立合同后合并的，由合并后的法人或者其他组织行使合同权利，履行合同义务。当事人订立合同后分立的，除债权人和债务人另有约定的以外，由分立的法人或其他组织对合同的权利和义务分别享有连带债权，承担连带债务。《民法典》将此规范写在了总则编“法人”一章中。该法第67条规定：“法人合并的，其权利和义务由合并后的法人享有和承担。法人分立的，其权利和义务由分立后的法人享有连带债权，承担连带债务，但是债权人和债务人另有约定的除外。”

法人合并或分立的，原法人的债权、债务发生转移，该转移属于法定转移，无须对方的同意，但须符合《中华人民共和国公司法》（以下简称《公司法》）等法律关于企业合并或分立时保护债权人的法律。

2. 其他的法定概括转让

除发生在法人合并或分立之情形外，典型的法定概括转让还可由法定继承引起。债之关系一方当事人死亡的，其在债之关系中所享有的债权及所承担的义务一并转移给其法定继承人。不过，《民法典》继承编确立了限定继承的规则，继承人对于超出遗产实际价值的债务不负清偿之责。

除此之外，《民法典》第725条规定的所谓“买卖不破租赁”规则，实际上也属于法定概括转让。据此，租赁物的受让人在取得标的物所有权后，须承受让与人与承租人之间的租赁合同关系，换言之，受让人取得租赁合同上出租人的法律地位。

本章小结

狭义的合同的变更，也是《民法典》第543条所规定的合同变更，仅指依合同双方当事人的合意变更合同的内容。从法律性质上看，当事人间变更合同的合意实际上构成了一项新的合同。合同当事人就合同变更达成一致后，合同债权债务关系就发生变更，即以新的权利义务关系取代变更前的权利义务关系。

合同转让，包括债权转让、债务承担与债权债务的概括转让三种情形。债权原则上均可转让，转让的效果通过债权转让合同实现。债权转让未通知债务人的，对债务人不发生效力。债务人可以主张其对让与人的抗辩，如债务人对于让与人也享有到期债权，则其对受让人也可主张抵销。债务承担可分为免责的债务承担与并存的债务承担。在属于债权债务的概括转让情形之一的合同承受中，需要征得合同另一方当事人同意才能发生概括转让的效果。

思考与练习

一、名词解释

1. 债权转让　　2. 免责的债务承担　　3. 并存的债务承担
4. 债权债务的概括转让

二、简答题

1. 债权债务的概括转让与债的相对性是否冲突？为什么？
2. 为什么债权转让无须征得债务人的同意？

3. 法律规定，债权转让未经通知债务人的，对债务人不生效力，这一规定的立法目的何在？

4. 债务承担为什么需要征得债权人的同意？

5. 债权债务的概括转让产生的原因有哪些？

三、案例分析题（请扫描下方二维码）

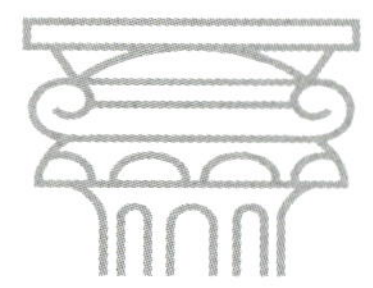

第七章 合同权利义务的终止

导 言

如果合同订立是合同的起点，那么合同权利义务的终止就是合同的终点。对于合同之债而言，通过债务人的清偿或其他替代清偿的手段（如提存、抵销等），债权人的债权才能得以实现。因此，《民法典》特别强调债的消灭这个层面，并于合同编第七章专门规定了“合同的权利义务终止”。

合同权利义务的终止，实际上包括两种情形：其一，合同所创设的原给付义务因解除而消灭，但可能同时产生恢复原状、违约损害赔偿等法律后果；其二，合同所创设的债权债务关系因清偿、抵销、提存、免除或混同等而彻底归于消灭。本章即对前述两种情形分别作出讨论。

学习目标

完成这一章内容的学习之后，你将能够：

掌握合同权利义务的终止的主要类型，并理解债的消灭即为其实现的法律原理。

了解合同解除的类型，掌握法定解除的原因与后果。理解清偿的性质，并掌握清偿的相关规则。掌握抵销、提存、免除、混同的概念及效力。

第一节　概述

一、概念

因合同的生效，当事人之间产生债权债务关系。就物权关系而言，物权的享有即为物权的实现，因此，物权的消灭意味着权利的丧失。相反，债权需要得到清偿才有意义，债权不能永续存在，只有在债务人履行债务等情形下，债权才能通过消灭其自身存在而使债权人得到满足。因此，合同权利义务的终止是合同法上一个重要的问题。

《民法典》合同编第七章专章规定了“合同的权利义务终止”。《民法典》第557条第1款规定，“有下列情形之一的，债权债务终止：（一）债务已经履行；（二）债务相互抵销；（三）债务人依法将标的物提存；（四）债权人免除债务；（五）债权债务同归于一人；（六）法律规定或者当事人约定终止的其他情形。”第557条第2款规定：“合同解除的，该合同的权利义务关系终止。”据此，合同权利义务的终止系一个广义的概念，指一切能够引起债权主债务消灭的情形。

二、类型与效力

《民法典》第557条对合同权利义务的终止作出了规定。如前所述，该条实际上将合同解除与其他真正导致债权债务消灭的情形区分开来，因此，在解读《民法典》所确立的合同权利义务的终止规范时，有必要将合同解除与狭义的合同权利义务消灭情形加以区分。

（一）合同的解除

《民法典》将合同的解除与其他导致合同权利义务消灭的情形同时归入合同权利义务的终止的概念之内。实际上，合同解除与清偿等导致合同权利义务完全消灭的情形有明显差异。在发生合同解除时，合同本身所设定的具体债权债务关系的确归于消灭，例如，买卖合同解除，则出卖人交付标的物的义务以及买受人支付价款的义务均归于消灭。但是，买卖合同解除的原因往往是债务人方面严重违约，而且买卖合同解除前可能一方当事人甚至双方当事人已经履行了债务，因此，合同解除并不能直接终止双方所有的权利义务，恰恰相反，作为解除的效果，当事人之间将发生恢复原状、赔偿损失等新的法律关系。正是基于这个原因，《民法典》第557条才将合同解除与其他真正导致债权债务消灭的情形区分开来。据此，本章第二节将专门讨论合同的解除。

（二）清偿、抵销、提存、免除、混同

《民法典》第557条第1款规定了一些必然会引起债权债务关系确定消灭的原因，它们包括清偿、抵销、提存、免除与混同这五种情形。合同经债务人完全履行，债权人的债权得以实现，合同当事人之间的权利义务关系消灭。抵销与提存是替代清偿的方式，其所产生的法律效果与清偿相同，均可终局性地消灭当事人间的权利义务关系。债权人免除债务人之债务的，也可导致当事人之间债权债务关系的终结。特殊情形下，当事人之间的债权和债务归于一人的，原则上债之关系也消灭。本章第三节具体讨论清偿、抵销、提存、免除和混同。

（三）合同权利义务的终止的其他原因

除了清偿、抵销、提存、免除和混同，还有其他一些情形也可能导致合同权利义务消灭。例如，债务人无偿付能力的，其债务并不会发生消灭，但是，债务人死亡、无继承人且未遗留积极财产的，债权债务关系即发生消灭。不过，合同债权债务关系并不必然因为债务人的死亡而发生消灭。只要债务人遗留可用于清偿债务的遗产，或者虽债务人未遗留积极遗产但其继承人愿意清偿债务，债权债务关系就不归于消灭。

第二节　合同的解除

一、合同解除的概念与类型

（一）合同解除的概念

合同解除是指合同生效后，因双方当事人的合意，或在具备解除条件时由一方

行使解除权，而使该合同权利义务关系归于消灭的行为。合同解除系针对已经生效的合同使其创设的原给付义务归于消灭，从而与意思表示瑕疵等所产生的合同被撤销相区别。

作为合同终止原因之一，合同解除具有自身的特性。合同解除仅仅是消灭了合同原有的权利义务，但可能因解除而产生新的损害赔偿等义务，其法律效果往往与违约救济相关。

（二）合同解除的类型

《民法典》所规定的合同解除，可以区分为两个不同的类型，即双方解除与单方解除。

所谓双方解除，也称协议解除或合意解除，指依合同双方当事人解除合同的协议而使合同的效力终止。《民法典》第 562 条第 1 款规定："当事人协商一致，可以解除合同。"当事人解除合同的合意，其自身也构成一项合同，其成立、效力等均应适用《民法典》合同编的一般规则，如其成立适用要约、承诺的规则，而其效力也适用《民法典》关于意思表示瑕疵等规则。双方解除并非基于解除权而解除，是否发生合同效力终止的效果，完全取决于当事人是否达成解除协议。另外，当事人通过合意方式解除合同时，往往也会就解除的后果（如是否需要返还财产、赔偿损失等）一并作出约定，因此，原则上双方解除也不适用《民法典》有关解除后果的规定。

所谓单方解除，指解除权人单方面行使合同解除权而使合同效力终止。在单方解除的情形下，解除的效力完全取决于享有解除权一方的意思，而无须征得对方的同意。单方解除的关键问题是解除权。解除权具有形成权的性质，其发生或者基于当事人之间关于解除权条件的约定，或者系法律的规定。单方解除需要探讨解除权发生的原因、解除权的行使方式以及解除的法律效力等问题，本节下文所称的合同解除仅指单方解除。

二、解除权的产生

合同解除权，或者产生于当事人在合同中关于解除权发生条件的约定，或者产生于法律的直接规定，以下分述之。

（一）解除权约定

《民法典》第 562 条第 2 款规定："当事人可以约定一方解除合同的事由。解除合同的事由发生时，解除权人可以解除合同。”该款即为约定解除权的规定。当事人在订立合同时，即可依据交易的情况对未来合同成立并生效后可能出现的情况作出预测，并就可能使一方或双方产生解除权的条件作出约定。例如，在当事人就买卖合同确定价格后，可在合同中约定“如交货期市场价格上涨 20%，则卖方有权解除合同；如市场价格下跌 20%，则买方有权解除合同”，从而有效规避市场价格波动风险。

当事人约定解除权与附解除条件的合同在形式上有相似之处，它们都涉及由当事人约定解除事由的情形。不过，在附解除条件的合同中，一旦当事人约定的条件成就，合同自动失去效力，无须当事人以解除行为终结其效力。相反，在当事人就合同解除权的发生约定事由时，如该事由发生，则仅使当事人取得解除权，此时合同原本约定的权利义务是否终止，取决于解除权人是否行使解除权：行使解除权的，合同原有的权利义务归于消灭；不行使解除权的，则债务人仍需履行合同约定的义务。

（二）法定解除权

合同解除权不仅可依当事人的约定产生，还可依关于解除权的法律规定直接产生。关于法定解除权的发生，《民法典》主要在第 563 条设有规定。根据该条，在由不可抗力致使不能实现合同目的以及债务人方面存在严重违约行为的情形下，当事人可解除合同。具体而言，《民法典》规定的一般的法定解除权发生事由包括：

第一，由不可抗力致使不能实现合同目的。在由不可抗力致使不能实现合同目的的情形下，合同的权利义务应归于消灭。至于该权利义务消灭的方式，有些国家采自动消灭的立法模式，即只要出现了不可抗力且导致当事人不能实现合同目的，无须任何一方主张，合同的权利义务自动终结。《民法典》第 563 条第 1 款则规定，在出现前述情形时，仍需要由当事人一方向对方行使合同解除权，合同的权利义务才告消灭。需要注意的是，依此种情形解除合同的，并不发生损害赔偿的问题，因为不可抗力本身就构成了违约责任的免责事由（《民法典》第 590 条）。

第二，在履行期限届满前，当事人一方明确表示或者以自己的行为表明不履行主要债务。在履行期限届满前，债务人享有期限利益，债权人不得请求债务人提前履行合同，因此，债务人未履行合同义务的状态当然不构成违约。但是，《民法典》借鉴英美法系的预期违约制度，不仅在第 578 条规定了债务人预期违约的责任，而且第 563 条也将履行期限届满前当事人一方明确表示或者以自己的行为表明不履行主要债务的行为界定为根本违约，从而成了法定解除权的发生事由。

第三，当事人一方迟延履行主要债务，经催告后在合理期限内仍未履行。债务人不履行到期债务的，构成迟延履行的违约行为。但是，一般情况下，债务人的迟延履行并不会严重影响债权人的利益，而且债权人也可期待债务人的后续履行。因此，债务人迟延履行的，债权人通常并不能立刻取得合同解除权。如果债务人在被催告后的合理期限内仍不履行，则债权人有理由认为债务人后续不会再履行合同，其合同目的将不能实现，故此时债权人可行使合同解除权。

第四，当事人一方迟延履行债务或者有其他违约行为致使不能实现合同目的。如果债务人迟延履行直接导致债权人不能实现合同目的（例如，歌手甲与演出公司乙约定于后者举办的一台演出活动中出场演唱，后甲未如约出场），则债权人无须催告可直接解除合同。在债务人不完全履行的情形下，如果该不完全履行直接导致债权人的合同目的不能实现，则债权人也不能期待债务人方面补正履行，债权人可直接解除合同。根据买卖合同相关司法解释，如果债务人仅系未履行从给付义务，但也导致了债权人不能实现合同目的，则债权人仍可解除合同。

第五，法律规定的其他情形。除前述几项解除事由外，在具体的合同关系中，当事人还可能基于法律的特别规定享有合同解除权。例如，根据《民法典》第716条的规定，承租人未经出租人同意转租的，出租人可以解除合同。

除了《民法典》第563条第1款规定的法定解除事由，尚有两种合同法定解除情形值得关注：

第一，根据《民法典》第563条第2款之规定，以持续履行的债务为内容的不定期合同，当事人可以随时解除合同，但是应当在合理期限之前通知对方。在《民法典》合同编“典型合同”分编中，不定期租赁合同（第730条）、不定期物业服务合同（第948条）、不定期合伙合同（第976条）均规定了此种合同解除权。依此类规定解除合同的，解除人无须承担损害赔偿责任。

第二，《民法典》合同编针对“典型合同”中的部分合同设有特殊的任意解除规定，合同当事人可据此任意解除合同，但需对由此给对方当事人造成的损害负损害赔偿责任。例如，根据《民法典》第787条的规定，定作人在承揽人完成工作前可以随时解除合同，造成承揽人损失的，应当赔偿损失。《民法典》第933条针对委托合同也有类似的规定。

三、解除权的行使

案例7-1

解除权属于形成权，而且不属于需要依诉讼行使的形成权。根据《民法典》第564条、第565条的规定，解除权的行使须遵循以下规则：

第一，合同解除权由享有解除权的当事人行使。解除权依当事人约定的条件发生时，解除权的归属也依当事人的约定而定。在不可抗力致使不能实现合同目的的情形下，解除权由双方当事人享有。在当事人一方根本违约的情形下，解除权归非违约方享有。

第二，合同解除权以通知对方的方式行使。当事人一方依法主张解除合同的，应当通知对方。合同自通知到达对方时解除；通知载明债务人在一定期限内不履行债务则合同自动解除，债务人在该期限内未履行债务的，合同自通知载明的期限届满时解除。对方对解除合同有异议的，任何一方当事人均可以请求人民法院或者仲裁机构确认解除行为的效力。《民法典》第565条第2款还规定，当事人一方未通知对方，直接以提起诉讼或者申请仲裁的方式依法主张解除合同，人民法院或者仲裁机构确认该主张的，合同自起诉状副本或者仲裁申请书副本送达对方时解除。

第三，合同解除权应在解除期限内行使。根据《民法典》第564条的规定，法律规定或者当事人约定解除权行使期限，期限届满当事人不行使的，该权利消灭。法律没有规定或者当事人没有约定解除权行使期限，自解除权人知道或者应当知道解除事由之日起一年内不行使，或者经对方催告后在合理期限内不行使的，该权利消灭。

四、合同解除的效力

根据《民法典》第566条的规定，合同解除后，发生如下法律效力：

第一，合同原有的权利义务消灭。无论为何解除，合同一经解除，其原有的权利义务即消灭。合同解除时，债务人如果尚未履行合同义务，则可终止履行，债权人不得要求其继续履行。

第二，合同解除的，如果债务人已经履行了债务，应根据履行情况和合同性质，恢复原状或采取其他补救措施。例如，买卖合同解除之前，出卖人已经向买受人交付标的物的，可要求买受人返还原物。不过，对于租赁等继续性合同，解除不应具有溯及力，而仅应面向将来发生合同权利义务的终止的效力，当事人已经履行的无须恢复原状。例如，在租赁合同中当事人约定租期为三年，承租人第一年正常按月支付租金，自第二年起拖欠租金，出租人在催告后依法解除了租赁合同，则此解除仅向未来发生效力，使合同的效力自解除时终止，而不发生退还已支付的租金等问题。

第三，在合同因对方当事人违约而解除的情形下，解除权的行使并不影响债权人向债务人要求其承担违约损害赔偿责任。合同解除并不消灭当事人之间的合同关系，而仅是将由合同约定所产生的原给付义务转化为次给付义务，而债务关系的同一性保持不变。于是，主合同解除后，不仅非违约方可要求违约方承担违约损害赔偿责任（而并非缔约过失责任），而且担保人对债务人应当承担的民事责任仍应当承担担保责任。

第三节 合同权利义务的消灭

一、清偿

（一）清偿的意义与性质

清偿是合同权利义务消灭最常见的原因。当事人通过合同创设债权债务关系，其直接的目的就是通过清偿使合同利益得以实现。

“清偿”这一术语和前文所提到的“履行”从两个角度表述了满足债权的给付行为的功能。“履行”是满足债权的给付行为的过程，完全适当的“履行”则会导致“清偿”。“清偿”是给付行为的结果，即使债权得到满足进而消灭。存在瑕疵的“履行”，如不完全履行、迟延履行等，不构成清偿，从而并不导致合同权利义务关系的消灭。

关于清偿的性质，在学说上主要有三种观点：①法律行为说，认为清偿需要清偿人的清偿意思和受领清偿人的受领意思，否则不发生债的消灭的效果；②非法律行为说，认为清偿不需要清偿人的清偿意思和受领清偿人的受领意思，且主张区分清偿的性质与给付行为的性质；③折衷说，认为清偿的法律性质应该与给付行为的性质相联系，给付行为为法律行为时清偿亦为法律行为，反之亦然。不同的学说其实蕴含着不同的法律价值判断。例如，法律行为说强调行为人的意思自治，即清偿的效果必须是基于当事人的意思，依这种学说，行为能力有缺陷的债务人所为的履行行为不能发生清偿的效果；而非法律行为说认为只要在客观上达成了给付效果，即便债务人无清偿的意思或欠缺行为能力，债权人仍享有给付利益。

（二）受领清偿人

受领清偿人是指有权接受清偿的人。清偿须对受领清偿人作出，并经其受领，方发生债的消灭的法律后果。受领清偿人包括以下几种：

1. 债权人

债权人享有请求给付的权利，是当然的受领清偿人。但是，在以下情形，债权人不是有效的受领清偿人：

（1）债权人的债权已被采取强制执行措施时，债权人不得受领清偿。

（2）债权人被宣告破产后，应由清算人受领清偿。

（3）债权人的债权已经出质，则非经质权人同意，债权人不得受领清偿。

2. 债权人的代理人

债权人的法定代理人一般可以为有效的受领清偿，委托代理人是否可以代理清偿则取决于授权范围。

3. 受领证书持有人

此受领证书上须有债权人的签名，并且债务人须为善意且无过失。

原则上，如清偿由无受领权人受领，则不发生债的消灭的法律后果。但是，为了交易的安全，无受领权人受领的清偿经债权人承认或受领清偿人于受领后取得债权的，也可以发生债的消灭的后果。

（三）清偿人

清偿人是指依债务的内容向受领清偿人进行清偿的人，包括清偿义务人和第三人，以下分别论述。

1. 清偿义务人

（1）债务人。债务人负有履行债务的义务，是当然的清偿人。但是，当为清偿所为的给付是法律行为时，无行为能力人和限制行为能力人不能单独为有效的清偿。同样，因破产而行为能力受限制的法人也不能为有效的清偿。

（2）债务人的代理人。法定代理人或委托代理人可以债务人的名义实施清偿行为，其效果归于债务人。

（3）破产管理人或清算人。债务人被宣告破产或进入清算程序的，由破产管理人或清算人为清偿行为。

2. 第三人

第三人可以为有效的清偿，又叫第三人代为履行。债务人不履行债务，而第三人对履行该债务具有合法利益的，第三人有权向债权人代为履行；但是，根据债务性质、按照当事人约定或者依照法律规定只能由债务人履行的除外。债权人接受第三人履行后，其对债务人的债权转让给第三人，但是债务人和第三人另有约定的除外。相关内容在第四章第三节已作论述。

（四）清偿的标的

清偿的标的即导致合同权利义务消灭的履行行为的内容。

债的清偿以全部清偿为原则，依债的本旨全部清偿方可发生债之消灭的效力。然而，为保护债权人及交易的便捷，若债的性质允许，且部分清偿不损害债权人的利益或获得债权人的同意，部分清偿也可以产生债的部分消灭的效力。

原则上，债的清偿必须依照债的具体内容，不符合内容的清偿不发生债的消灭的效力。但是，在某些情况下，债务人可以其他给付代替原定给付，从而发生债的消灭的效力，此即代物清偿。代物清偿是以他种给付代替原定给付的清偿。受领清偿人受领代物清偿后，债的关系消灭。代物清偿须符合以下要件：①须有债的关系存在；②须以他种给付代替原定给付，且必须是现实的给付，仅有合意而没有现实的给付不发生债的消灭的效力；③须当事人达成了代物清偿协议。

（五）清偿的抵充

清偿抵充是指债务人对同一债权人负担数项同种类债务，而债务人的给付不足以清偿全部债务时，决定其应抵充何项债务的办法。《民法典》第560条确立了清偿抵充的规则：①债务人对同一债权人负担的数项债务种类相同，债务人的给付不足以清偿全部债务的，除当事人另有约定外，由债务人在清偿时指定其履行的债务。②债务人未作指定的，应当优先履行已经到期的债务；数项债务均到期的，优先履行对债权人缺乏担保或者担保最少的债务；均无担保或者担保相等的，优先履行债务人负担较重的债务；负担相同的，按照债务到期的先后顺序履行；到期时间相同的，按照债务比例履行。

《民法典》第561条还对一项给付不足以清偿全部债务情形的抵充规则作出了规定，“债务人在履行主债务外还应当支付利息和实现债权的有关费用，其给付不足以清偿全部债务的，除当事人另有约定外，应当按照下列顺序履行：（一）实现债权的有关费用；（二）利息；（三）主债务。”

（六）清偿的效力

清偿在债权人与债务人之间产生债的消灭的效力。如果债权人享有担保权等从权利，则对主债务的清偿，也同时导致从权利的消灭。

清偿产生债务人的债权证书返还请求权和受领证书给与请求权。债权证书是证明债务人负债的书面凭证，在债消灭之前由债权人持有，在债消灭时应返还于债务人。债权证书的返还即可证明债已消灭。受领证书是证明清偿已被受领的书面凭证，常见的受领证书如收据。

二、抵销

（一）抵销的概念与类型

抵销是指两人互负债务时，各以其债权充当对他方债权的清偿，而使其债务与他方的债务在对等数额内相互消灭的意思表示。其中，用作抵销的债权，即抵销人的债权称为主动债权，被抵销的债权称为被动债权。

抵销仅发生在双方当事人互负债务的特殊情形。它是一种简便的消灭债权的方法，可以省去双方当事人的履行行为，有利于节约履行成本。同时，通过抵销方式可直接实现债权，故抵销行为也是一种私力救济的行为。

根据其产生依据的不同，抵销可以分为法定抵销和合意抵销。在法定抵销中，由法律规定抵销的条件，在具备相应条件时，一方当事人的意思表示即可发生抵销的效力。一方当事人以单方的意思表示即可发生抵销效力的权利称为抵销权。抵销权属于形成权。合意抵销是依据当事人的合意发生的抵销，实质上是当事人就各自债权的处分达成的合意。合意抵销与法定抵销的显著不同在于，合意抵销不要求互负债务的种类相同，不同种类的债务也可以因合意抵销而消灭。抵销由于其依据的规范不同还可分为民法上的抵销和破产法上的抵销。

关于合意抵销，《民法典》第569条设有如下规定："当事人互负债务，标的物种类、品质不相同的，经协商一致，也可以抵销。"合意抵销体现当事人的自治，其条件、效力等均取决于当事人的合意。以下仅讨论民法上的法定抵销。

（二）抵销的条件

依据《民法典》第568条的规定，法定抵销须满足以下条件：

1. 双方当事人互享债权、互负债务

双方的债权均须合法有效，债权不能有效存在的当然不能抵销。例如，附停止条件的债权在条件成就前尚不发生效力，故不得抵销。原则上，双方的债权均应是自己的债权，不得以第三人的债权为抵销。

2. 双方所负债务的种类相同

抵销的宗旨在于以相当的利益互相抵销，如果双方债的种类不同，则利益是否相等难以判断。不同种类的给付是否等值，不能由一方决定。因此，抵销要求双方债的种类相同。双方互负债务且种类相同的，多发生于金钱之债，但其他同种类债务标的之间也有抵销的可能。

3. 被抵销的债务必须已届清偿期

双方互负债务而其中一方主张抵销的，只能与对方的到期债务抵销。被抵销的债务必须到期，其理由在于，如该债务未到期，则债务人享有期限利益，自然不能由债权人单方面通过抵销而实际上使对方提前清偿债务。如果作出抵销意思表示的当事人所负担的债务尚未到期，而其自愿抛弃期限利益，主动以该债务与对方的到期债务相抵销，则应发生抵销的效果。

4. 不存在依据债的性质、当事人约定或法律规定不得抵销的情形

依据债的性质，非履行不能达到目的的债务不得抵销。例如，不作为债务以及双方约定不可抵销的债务即为此种情况。当事人约定不得通过抵销方式消灭债之关系的，应从其约定。法律规定不得抵销的债权也不得用于抵销。例如，抚恤金、退休金和扶养费债权不得被其他金钱债权抵销；故意实施侵权行为的债务人，不得主张以其他金钱债权抵销侵权损害赔偿债务。

（三）抵销的方法

抵销权的性质是形成权，行使抵销权的行为是单方法律行为。抵销应以意思表示向被动债权人为之，自意思表示到达对方当事人时生效。抵销权的行使不可附条件或期限，否则为无效，不发生债的消灭的后果。

（四）抵销的效力

抵销使双方债权在对等的范围内消灭。如两个债权的数额不等，较小数额的债权全部消灭，而较大数额的债权其债权人仍可就超出部分请求清偿。

三、提存

（一）概述

提存是指债务人将清偿的标的物交给提存机关保存以消灭债的法律制度。

在诸多合同关系中，债务人履行债务需要债权人的协助，例如，出卖人交付标的物时需要买受人受领。如果债权人拒绝受领，并不意味着债权人放弃债权，因此，债的关系并不消灭，债务人的负担不能免除。但是，这时债的关系不能消灭不是债务人的原因，让债务人长期处于负担债务的境况有失公平，而且，合同关系无法因清偿而消灭也不利于财产关系的稳定。提存制度的创设，可以满足债务人及时了却债务的合理诉求。对于债务人而言，一旦向提存机关作出提存，其效果相当于针对债权人实施了清偿行为，故其债务应归于消灭。

（二）提存的原因

提存的原因即提存发生的条件。根据《民法典》第570条的规定，有下列情形之一，导致难以履行债务的，债务人可以将标的物提存：

第一，债权人无正当理由拒绝受领。债权人客观上能够受领而拒绝受领的，债务人将无法实施清偿。

第二，债权人下落不明。这主要指作为债权人的自然人地址不详、去向不明、失踪后未确定财产代管人等情形。

第三，债权人死亡未确定继承人、遗产管理人，或者丧失民事行为能力未确定监护人。

第四，法律规定的其他情形。

（三）提存的主体和客体

1. 提存的主体

提存的主体又称提存的当事人，包括提存人、债权人（提存受领人）和提存机关。

提存人是为消灭债的关系向提存机关提出提存的人。债务人是当然的提存人，债务人的代理人也可为提存人。

在各国民法上，提存机关通常为法院或特定的行政机关。《民法典》未明确提存机关，根据司法部颁布的《提存公证规则》，目前我国的提存机关为债务履行地的公证机关。

2. 提存的客体

提存的客体，即提存的标的物，是债务人依据债的内容应当给付的标的物。提存应当依债的本旨进行，若提存的标的物不符合债的内容，则不发生债的关系消灭的后果。

提存标的物，种类上应该以适于移交、保管的为限。不作为债务、劳务债务以及不动产给付债务等，不能通过提存方式消灭。债务标的为动产，而该动产不宜提存或提存费用过高的，应该由债务人变卖后，提存价款。根据《提存公证规则》的规定，货币、有价证券、票据、提单、权利证书、贵重物品、担保物（金）或其替代物及其他适宜提存的标的物，皆可为提存的标的物。

（四）提存的方法

根据《民法典》《提存公证规则》的规定和相关理论，提存应遵循以下方法：

1. 提存的申请

提存须由提存人向提存机关提出提存申请。提存申请书应写明提存人、债权人及提存标的物的具体情况。同时，应提交所负债务的证明文件及证明提存原因的相关证据，以便提存机关审查提存人的申请是否符合提存的条件。

2. 提交提存标的物

如提存机关经审查接受提存，则提存人应根据提存机关的指示向提存机关提交提存标的物。对不能向提存机关提交的标的物，提存机关应当派人到现场实地验收。

3. 授予提存公证书

提存机关在提存人提交提存物后应该向提存人授予提存证书。由于我国提存机关为公证机关，因此提存证书又称提存公证书。提存公证书的法律效力与清偿受领证书相同，可以证明债的消灭。《提存公证规则》规定，公证处自提存之日起三日内出具提存公证书。

4. 通知提存受领人

标的物提存后，债务人应当及时通知债权人或者债权人的继承人、遗产管理人、监护人、财产代管人。

（五）提存的效力

由于提存涉及三方，故其效力也应从以下三个方面加以考察。

1. 债务人与债权人之间的效力

提存人完成提存后，对债权人与债务人之间的法律关系产生如下影响：①债的关系消灭。提存发生与清偿同样的效果，债的关系因提存而消灭。②提存物的风险转移至债权人，即提存物毁损、灭失的风险由债权人承担。③提存物的孳息和收益由债权人享有。

2. 提存人与提存机关之间的效力

提存机关有保管提存标的物的义务。《提存公证规则》对提存机关的保管义务作了具体规定。提存机关应当采取适当的方法妥善保管提存标的，以防毁损、变质或灭失。对不宜保存的、提存受领人到期不领取或超过保管期限的提存物品，提存机关可以拍卖，保存其价款。

提存人与提存机关之间关系的一个重要问题是，提存人可否撤销提存？各国立法对这一问题多持肯定态度，但是也作了一定的限制。《提存公证规则》规定，提存人可以凭人民法院生效的判决、裁定或提存之债已经清偿的公证证明取回提存物。提存受领人以书面形式向公证处表示抛弃提存受领权的，提存人得取回提存物。

提存人取回提存物的，视为未提存，因此产生的费用由提存人承担。提存人未支付提存费用前，提存机关有权留置价值相当的提存标的。提存人取回提存物的，其在提存期间所产生的收益和孳息也归于提存人。

3. 债权人与提存机关之间的效力

债权人可以随时领取提存物，并应负担提存费用。但是，债权人对债务人负有到期债务的，在债权人未履行债务或者提供担保之前，提存机关根据债务人的要求应当拒绝债权人领取提存物。

提存机关有妥善保管提存标的物的义务。提存标的物毁损、灭失的风险责任由提存受领人负担，但因提存机关过错造成毁损、灭失的，提存机关负有赔偿责任。

债权人领取提存物的权利，自提存之日起五年内不行使的，该权利消灭，提存物扣除提存费用后归国家所有。但是，债权人未履行对债务人的到期债务，或者债权人向提存机关书面表示放弃领取提存物权利的，债务人负担提存费用后有权取回提存物。

四、免除

（一）免除的概念与性质

免除是债权人抛弃债权以消灭债之关系的意思表示。关于免除，《民法典》第575条设有如下规定："债权人免除债务人部分或者全部债务的，债权债务部分或者全部终止，但是债务人在合理期限内拒绝的除外。"

免除是单方法律行为，抑或是双方法律行为？对于免除的性质问题，各国法律的规定不尽相同。法国、德国和瑞士的民法均认为免除的性质为契约，其理由是：债权人免除债务人的债务，对于债务人来说是一种利益，但是利益的给予也应以接受方的同意为条件，否则可能构成对债务人尊严的冒犯。日本民法的观点则相反，认为免除是单方法律行为。支持此种立法例的观点认为，免除即债权人抛弃债权，债务人义务的消灭仅是其间接结果。依据基本法理，权利人抛弃自己的权利不需要他人同意。因此，免除也不需要债务人的同意。根据《民法典》第575条规定的措辞，应将免除解释为单方法律行为，而其但书设计也兼顾了债务人的意志。

（二）免除的方法

在将免除界定为单方法律行为的情况下，免除应由债权人向债务人以意思表示的方式作出。该意思表示为有特定相对人的意思表示，因此，向第三人作出免除债务人债务的意思表示不发生免除的效力。

由于免除是法律行为，故民法中有关法律行为的规定都适用于免除。免除是单方法律行为，其意思表示一经到达债务人立刻发生法律效果，导致债的消灭。不过，根据《民法典》第 575 条的规定，免除意思表示到达债务人后，如果债务人在合理期限内表示拒绝，则债权人免除债务的表示不发生效力。

（三）免除的效力

免除发生债的关系消灭的效力。免除主债务的，主债务与从债务一并消灭；免除从债务的，从债务消灭，主债务不消灭。例如，债权人免除主债务的，主债务与保证之债一并消灭；债权人只免除保证之债的，保证之债消灭，主债务不消灭。

免除全部债务，则债的关系全部消灭；免除部分债务，则债的关系部分消灭。但如果债务为不可分债务，则仅免除部分债务的意思表示不发生债的消灭的后果。

五、混同

（一）混同的概念

混同是指债权和债务归于同一人的法律事实。混同系一种法律事实，一经发生即产生法律效力，无须以意思表示为之。

混同有广义与狭义之分，上述定义即为狭义的混同，即债权与债务归于一人。广义的混同还包括权利与权利的混同以及义务与义务的混同，前者如同一物的所有权和他物权归于一人；后者如主债务与保证债务的混同。显然，能够产生债的消灭效果的混同是狭义的混同，以下也仅讨论狭义的混同。

债的关系需要债权人和债务人双方的存在，如果债权和债务归于一人，则在逻辑上，债的关系没有存在的可能，所以债的关系应归于消灭。

关于混同，《民法典》第 576 条设有如下规定：“债权和债务同归于一人的，债权债务终止，但是损害第三人利益的除外。”

（二）混同发生的原因

混同发生的原因包括概括继受和特别继受两种。

概括继受包括债权人与债务人之间的继承、债权人与债务人为法人时的合并等情形。例如，甲、乙是父子关系，甲借给乙 10 万元后去世，乙是甲唯一的继承人，就借款合同而言，乙是债务人，同时乙又因继承甲的债权而取得了债权，从而发生了债权和债务归于一人的情形。

特别继受指因当事人间实施法律行为而继受债权或债务，如债务人自债权人处受让债权或债权人向债务人承担债务。它们同样会导致债权和债务归于一人的结果。

（三）混同的效力

债的关系因混同而绝对消灭，其效力及于债权的从权利，如担保、违约金债权等。但是，根据法律的规定或债权成为其他权利的标的时，债权不消灭。前者如票据在到期之前依背书转让的，如转让至债务人手中发生债权与债务归于一人，则票据仍可流通，票据所载之债权不消灭。后者如以债权作为质权的标的，为质权人的利益考虑，即使债权和债务归于一人，债权亦不消灭。《民法典》第 576 条但书所称“但是损害第三人利益的除外”指的就是以债权出质等情形。在此类情形下，如果债权因混同而消灭，第三人的利益将受损，故为第三人利益计，即使债权和债务归于一人，也不发生债之关系消灭的结果。

本章小结

《民法典》合同编第七章规定的“合同的权利义务终止”实际上包括了合同解除与其他真正导致债权债务消灭的情形。合同解除虽使合同原有的权利义务终止，但往往并不直接消灭合同当事人之间的权利义务关系。相反，该章所规定的清偿、抵销、提存、免除和混同则会导致合同债权债务关系的彻底消灭。

合同解除包括双方解除和单方解除。双方解除依当事人之间所达成的解除协议发生效力。单方解除则指解除权人单方面行使合同解除权而使合同效力终止。解除权除可依约定发生外，还可依法律规定的条件而发生。合同法主要将债务人的根本违约作为法定解除权发生的原因。解除权属于一般形成权，依解除权人单方意思表示为之，于到达相对人时发生合同解除的效力。

合同解除后，合同原有的权利义务消灭，但可能发生恢复原状和赔偿损失的后果。

正常情况下，合同因债务人全面履行合同的清偿行为而消灭。抵销和提存也能达到清偿相同的效力，从而导致合同权利义务关系的消灭。债权人免除债务人债务的，债的关系也发生消灭。债权和债务同归于一人的，债权债务终止，但是损害第三人利益的除外。

思考与练习

小试身手

一、名词解释

1. 合同解除　2. 清偿　3. 提存
4. 法定抵销　5. 免除　6. 混同

二、简答题

1. 哪些情形能够导致合同权利义务的终止？
2. 合同解除存在哪些类型？
3. 合同解除权如何行使？为什么解除权的行使不需要采用向法院起诉的方式？
4. 合同解除的效力是什么？
5. 什么是清偿抵充？清偿抵充的规则有哪些？
6. 哪些情形下可以提存的方式消灭合同债权债务关系？
7. 法定抵销需要具备哪些条件？
8. 债权债务关系为什么会因混同而消灭？

三、案例分析题（请扫描下方二维码）

案例分析

第八章 违约责任

导 言

违约责任是合同当事人不履行合同义务或者履行合同义务不符合约定时所承担的法律后果，具体内容可由当事人约定。违约责任对促进合同目的的实现具有重要意义，能够从反面实现确保合同履行的功能。《民法典》完善了《合同法》中确立的违约责任规则，使我国违约责任制度更趋于科学化与合理化。

本章结合《民法典》的规定以及合同法原理，简要地介绍了违约责任的概念、特征和性质，详细地分析了违约损害赔偿责任的归责原则，系统地说明了违约行为的形态、违约责任与侵权责任竞合时的解决方法。

学习目标

完成这一章内容的学习之后，你将能够：

阐述违约责任的基本属性，以及当事人承担违约责任的条件。

理解支付违约金、赔偿损失、强制履行、支付定金的基本知识。

掌握预期违约、履行不能、拒绝履行、迟延履行、受领迟延、不完全履行的基本原理。

第一节 违约责任概述

一、违约责任的概念和特征

（一）违约责任的概念

违约责任是指合同当事人不履行合同义务或者履行合同义务不符合约定时所承担的法律后果。违约责任在合同制度中占有举足轻重的地位，仅从《民法典》合同编关于违约责任条文的数目就可见一斑。

（二）违约责任的特征

违约责任是民事责任的一种，因此当然具有民事责任的独立性、财产性、平等性等一般特征。此外，违约责任还具有以下几个方面的特征：

1. 违约责任是当事人不履行合同债务时所产生的民事责任

违约责任的产生以合同债权债务关系的存在为前提，一方不履行债务或者不适当履行债务均可引发违约责任。在这一点上，其与缔约过失责任、侵权责任具有明显的不同。

2. 违约责任可以由当事人在合同中依法约定，具有相对的任意性

合同基于当事人的合意而产生，当事人可以在合同中约定包括违约责任在内的一切条款，违约责任的任意性最典型地表现在当事人可以事先约定违约金或者约定损害赔偿数额及其计算办法。如《民法典》第 585 条第 1 款规定："当事人可以约定一方违约时应当根据违约情况向对方支付一定数额的违约金，也可以约定因违约产生的损失赔偿额的计算方法。"侵权责任以及缔约过失责任均不具有约定性，属于纯粹的法定责任。

3. 违约责任具有相对性

违约责任的相对性是指违约责任只能在特定的当事人，即合同的债权人和债务人之间发生，只有在合同当事人之间才会发生违约责任问题，合同关系之外的第三人一般不负担违约责任，而合同当事人一般也不对第三人承担违约责任。就此，

《民法典》第465条第2款规定："依法成立的合同，仅对当事人具有法律约束力，但是法律另有规定的除外。"《民法典》第593条规定："当事人一方因第三人的原因造成违约的，应当依法向对方承担违约责任。当事人一方和第三人之间的纠纷，依照法律规定或者按照约定处理。"违约责任的相对性具体表现在：其一，债务人为其履行辅助人的行为向债权人负责；其二，债务人为由第三人的行为造成不能履行债务的后果向债权人负责。

4. 违约责任具有补偿性、强制性

违约责任的补偿性是指违约责任旨在填补或弥补受害人因违约方的行为所受的损失。在一方违约从而使他方遭受损失的情况下，通过违约方支付赔偿金、违约金或其他方式，受害人的损失得以赔偿。其中，损害赔偿是违约责任最主要的形式。违约责任的补偿性表现在一方赔偿应相当于对方所受的损失；在多种责任形式并存时，应与由违约行为所致的后果大致相当。

违约责任还具有强制性。法律责任的本质决定了法律责任具有强制性，违约责任作为法律责任也不例外，其强制性表现为违约时，法律强使违约方支付违约金或承担其他责任形式如实际履行合同义务，不以违约方意志为转移。

二、违约责任的性质

理论上对违约责任的性质存在不同看法。概括起来有制裁说、补偿说、补偿兼具制裁说等观点。我们认为，我国立法主要体现了违约责任的补偿性，如《民法典》第584条、第585条均体现了违约责任的补偿性特征。不过，也有条款体现出了违约责任的制裁性或惩罚性特征，如《民法典》第179条第2款规定："法律规定惩罚性赔偿的，依照其规定。"惩罚性赔偿是指由法院判令加害人支付给受害人的超过其财产损害范围的一种金钱赔偿，其目的在于惩罚不法行为人、制止不法行为的发生，慰藉受害人心理上的痛苦。《民法典》中关于惩罚性赔偿的规定仅针对经营者销售中的欺诈行为，旨在保护消费者的权益。不过，需要注意的是，虽然惩罚性赔偿在侵权责任制度中有很大的适用空间，但在合同制度中不宜过多采用。因为这一方式不但不符合等价交换的原则，而且这一方式的采纳将会给合同当事人带来极大的不确定风险，不符合交易的要求。

三、《民法典》中违约责任制度的特点

在《民法典》中，违约责任制度的设计体现出了以下几个方面的特点：

第一，整个违约责任制度设计的基点是“义务违反”。《民法典》第577条规定：“当事人一方不履行合同义务或者履行合同义务不符合约定的，应当承担继续履行、采取补救措施或者赔偿损失等违约责任。”这就明确指出，当事人承担违约责任的前提是合同义务的违反。由于《民法典》主要采取了以救济（违约责任承担方式）为进路的违约救济规范模式，因此对违约行为作出了“不履行合同义务或者履行合同义务不符合约定”的概括规定，而没有像一些国家或地区的民法典那样只是规定不能履行、迟延履行、拒绝履行等具体的债务不履行形态。当然，由于《民法典》增加了合同当事人应承担的法定义务，特别是附随义务，促使合同义务来源的多样化，这就使得义务违反的形式也趋于多样化。

第二，从立法的技术上来看，违约责任制度在《民法典》合同编中采取了总分则相结合的立法体例。合同编总则（第一分编通则）规定了关于违约责任的基本制度，而分则（第二分编典型合同）中除了第二十六章“中介合同”没有涉及违约责任的条款，各个典型合同中都设立了特殊的违约责任条款。因此，在法律适用上，如果典型合同对违约责任有特殊规定，则应先适用该特别规定。如对违约损害赔偿，《民法典》第584条确立了完全赔偿原则，但《民法典》第833条规定：“……法律、行政法规对赔偿额的计算方法和赔偿限额另有规定的，依照其规定。”根据《铁路法》第17条的规定，承运人的赔偿范围，原则上不超过保价额或赔偿限额；但如果损害是由承运人的故意或重大过失所致的，承运人需按实际损失赔偿。因此，《民法典》合同编分则或特别法关于承运人赔偿范围的规定已部分修正了合同编总则所确立的完全赔偿原则。

第三，从责任构成上来看，不同的责任形式适用不同的归责原则或责任构成要件。如违约金责任的承担只需当事人有违约行为，不需要非违约方受有财产上的损失。损害赔偿责任的承担则以违约行为造成非违约方财产损失为条件。

第二节 违约损害赔偿责任的归责原则

一、归责原则概述

违约损害赔偿责任的归责原则，是指基于一定的归责事由确定违约损害赔偿责任承担的法律原则。也就是说，基于一定的归责事由而确定行为人是否承担违约损害赔偿责任的法律原则。

归责原则在民法典合同制度中起着举足轻重的作用。不同的归责原则，对违约责任制度的内容起着决定性的作用，这具体表现在以下几个方面：

第一，归责原则直接决定着违约责任的构成要件。例如在过错责任中，过错是违约责任的一般构成要件。在严格责任中，虽然过错不是在归责中绝对不考虑的因素，但严格责任并不以过错为构成要件。

第二，归责原则决定着举证责任的内容。在违约责任的承担上，为了保护非违约方的利益，减轻其对过错的举证负担，一般采取了过错推定的方式，即要求非违约方仅就违约的事实举证。至于违约方是否具有过错，则由违约方反证证明。所以，在过错责任中，违约方负有证明自己没有过错的责任。但在严格责任中，过错不是构成责任的必要条件，因此，违约方没有义务证明自己没有过错。

二、归责原则的立法模式

对《民法典》第577条所确立的违约损害赔偿责任的归责原则，在理论上存在着几种截然不同的观点。一种观点认为，第577条的规定明确采纳了严格责任、无过错责任，不以过错作为归责基础和主观要件。另一种观点则认为该条采纳的是过错责任，而不是严格责任。我们认为采纳严格责任更加合理，主要原因在于：

第一，实行严格责任原则较实行过错责任原则更为优越。在违约损害赔偿责任的归责原则实行过错责任原则时，违约责任的构成要件需要存在违约行为、违约方主观上有过错等要件，非违约方要证明违约方有违约行为，违约方要举证证明自己无过错才能免责。在实行严格责任原则时，非违约方只需要证明违约方有违约行为，不需要证明违约方有过错，而违约方不需要证明自己无过错，仅需要证明存在免责事由即可免责。违约行为、免责事由属于客观事实，举证证明其是否存在相对容易，而过错属于主观心理状态，证明相对困难。

第二，违约责任区别于侵权责任。违约责任发生在预先具有密切联系的当事人之间，违约方和受害人预先通过自愿协商，建立了合法有效的合同关系，商定了相互之间的权利义务，此合同关系完全是由当事人自己商定的，当然完全符合当事人双方的意愿和利益。违约责任由合同义务转化而来，本质上是出于当事人双方的约定，而不是由法律强加的，这与侵权责任显然不同。合同相当于当事人双方自己为自己制定的“法律”，“法律”确认合同具有约束力，在一方不履行合同义务时追究其违约责任，不过是执行当事人的意愿和约定而已。因此，违约责任和一般侵权责任相比，应该更为严格。

不过，必须承认的是，严格责任的归责原则在《民法典》合同编典型合同分编中并未得到彻底贯彻，如《民法典》第 662 条第 2 款规定：“赠与人故意不告知瑕疵或者保证无瑕疵，造成受赠人损失的，应当承担赔偿责任。”第 714 条规定：“承租人应当妥善保管租赁物，因保管不善造成租赁物毁损、灭失的，应当承担赔偿责任。”《民法典》第 929 条第 1 款规定：“有偿的委托合同，因受托人的过错造成委托人损失的，委托人可以请求赔偿损失。无偿的委托合同，因受托人的故意或者重大过失造成委托人损失的，委托人可以请求赔偿损失。”综上所述，我们认为，《民法典》关于违约损害赔偿责任的归责原则实际上采取了二元立法模式，即总则中的严格责任与分则中的过错责任相结合的立法模式。

三、免责条件

案例 8－1

免责条件是指依据法律规定或当事人约定，当事人对其不履行合同的行为不承担违约责任的条件。《民法典》第 577 条虽然规定了严格责任原则，但这并非意味着违约方在任何情况下都要对其违约行为负责，承担违约责任。如果当事人之间存在着有效的免责条款，则在该条款所约定的条件成就时，相应的当事人可以免于承担违约责任。此外，在法定的免责事由发生时，当事人也可不承担违约责任。以下详述法定免责事由中的不可抗力和债权人的过错。

（一）不可抗力

根据《民法典》第 180 条第 2 款，不可抗力是指不能预见、不能避免且不能克服的客观情况。现代各国普遍将不可抗力作为违约责任的免责事由。不可抗力是普遍适用的免责条件。对不可抗力的理解，现代民法理论上主要有三种观点：主观说、客观说、折衷说。其中，主观说认为，不可抗力是指即使尽最大努力也不能防止其发生的事件，是不负责任的事由。客观说认为，不可抗力存在与否，应当与当事人有无过错问题完全分离，应当从纯粹的客观方面来认定，包括质的要素和量的要素两个要件：质的要素指必须非当事人的原因而发生的事故，量的要素指在交易上通常不发生的事故。折衷说则认为，主观说和客观说均有片面性，质的方面必须限定在当事人以外的原因发生的事故，而量的要件则要求在一定程度上考虑当事人是否具有过错。《民法典》第 180 条采用折衷说。

根据我国法律的规定，不可抗力具体包括以下情形：

第一，自然灾害。自然灾害是否属于不可抗力的范畴，在各国民法中的规定并不相同，法国民法中的不可抗力排除自然灾害，而英美法系则对其加以承认。我国民法中，自然灾害属于典型的不可抗力。

第二，政府行为。政府行为指在当事人订立合同以后，由政府颁发新的政策、法律和行政法规导致合同不能履行的情形，其中也包括战争行为。

第三，社会异常事件。社会异常事件主要是指一些偶发事件，如罢工、骚乱等，阻碍合同的履行。

（二）债权人的过错

由债权人的过错致使债务人不履行合同的，债务人不负违约责任。所谓债权人的过错是指债务人不履行合同或不适当履行合同是债权人造成的，换言之，债权人的过错与债务人不履行或不适当履行的行为之间具有因果关系。《民法典》合同编对此有明文规定，如第893条规定：“寄存人交付的保管物有瑕疵或者根据保管物的性质需要采取特殊保管措施的，寄存人应当将有关情况告知保管人。寄存人未告知，致使保管物受损失的，保管人不承担赔偿责任；保管人因此受损失的，除保管人知道或者应当知道且未采取补救措施外，寄存人应当承担赔偿责任。”《民法典》第591条、第592条也有相应的规定。

将债权人的过错作为违约方的免责事由的理论依据是履行障碍的风险由造成障碍者承担的思想。也就是说，债权人本身的过错即可视为制造了履行障碍，造成的违约后果应当由其自己承担。此外，债权人的过错在一般情况下可以表明债权人本身已构成违约，此时债务人不仅可以以债权人的过错为由而要求免责，而且可以请求债权人承担违约责任。

第三节　违约行为的形态

违约行为是合同当事人不履行或者不适当履行合同义务的客观事实，是构成违约责任的首要条件。违约行为的形态则是根据违约行为违反合同义务的性质和特点，对违约行为所作的分类。违约责任的分类始于罗马法，在罗马法中，违约形态分为给付不能和迟延履行两种。给付不能又分为广义和狭义两种，其中狭义的给付不能是指没有实际履行的可能；广义的给付不能是指虽然给付是可能的，但给付的结果在当事人之间显失公平。迟延履行也分为两种，即债务人给付迟延和债权人受领迟延。德国民法典和法国民法典都受到了罗马法的影响，基本上继受其规定。按照

《民法典》第577条、第578条、第582条、第589条等条文，结合理论上对违约行为的认识，在我国，违约行为可以分为以下几种形态：

一、预期违约

《民法典》第578条规定："当事人一方明确表示或者以自己的行为表明不履行合同义务的，对方可以在履行期限届满前请求其承担违约责任。"预期违约是英美法系从判例中发展而来的制度，可分为明示预期违约与默示预期违约两种基本类型。

（一）明示预期违约

明示预期违约，又称为明示毁约，是指在合同有效成立后至合同约定的履行期届满前，一方当事人向另一方当事人肯定地明示其将不按约定履行合同义务。明示预期违约的构成，须具备以下要件：

第一，必须发生在合同有效成立后至合同约定的履行期届满前这段时间内。

第二，当事人明确、肯定地作出将不履行义务的意思表示，不附有任何条件。

第三，当事人表示的不履行的对象是合同主要的义务，或将严重损害另一方当事人的期待利益。

第四，无正当事由不履行。一般来说，下述事由可以成为正当理由：因债权人违约而使债务人享有解除合同的权利、因合同具有无效因素而被确认无效、合同根本未成立、债务人享有抗辩权以及因发生不可抗力而使合同不能履行等。此际，就不能构成明示预期违约。

（二）默示预期违约

默示预期违约，又称为默示毁约，是指在履行期到来之前，一方当事人有足够的证据证明对方将不履行或不能履行合同义务，而对方当事人又不愿意提供必要的担保。例如在履行期限届临前，负有交货义务的一方将作为合同标的的货物以高价转售给第三方，该行为就构成默示预期违约。

默示预期违约的构成，必须具备以下要件：

第一，债权人有确切的证据证明债务人在履行期到来时将不履行或不能履行合同义务。与明示预期违约不同，债务人未明确表示在履行期届满时不履行合同义务，但根据债务人的行为和财产状况等客观情况来判断，在履行期到来时，该债务人将不履行或不能履行合同义务，这同样使债权人面临着一种因债权不获清偿而受损的危险。

第二，债务人被要求提供履行担保，而其在合理的期间内不能提供充分的担保。债权人虽然有证据证明债务人可能于清偿期届满时不履行义务，但这毕竟是一种猜测，猜测不能代替债务人自身的语言和行为表示，因此，只有在债权人要求债务人提供担保而债务人又拒绝提供或不能提供担保时，才能确信其行为构成违约。在默示预期违约的情况下，非违约方既可以在履行期到来以后要求毁约方实际履行或承担违约责任，也可以不必等待履行期限的到来而直接要求毁约方实际履行或承担违约责任。

二、履行不能

履行不能是指债务人基于某种原因不能履行其债务。例如在以提供劳务为标的的合同中，债务人丧失劳动能力为履行不能；在以特定物为标的的合同中，特定物的毁损、灭失导致合同履行不能；在以种类物为标的物的合同中，种类物全部毁损、灭失也为履行不能。一般认为，在认定何种情况为履行不能时，应当依照社会观念来判断，凡是社会观念认为债务事实上无法强制履行的即为履行不能。

依不同的标准，可将履行不能区分为以下不同的类型：

第一，以是否可归责于债务人为标准，可将履行不能分为主观不能和客观不能。主观不能是指可归责于债务人的事由导致的履行不能；客观不能则是指不可归责于债务人的事由导致的履行不能。

第二，以履行不能发生的时间为标准，可将履行不能分为自始不能和嗣后不能。自始不能是指在债务成立时即不能履行；嗣后不能是指在债务成立之后方不能履行。

第三，以履行不能是否持久为标准，可将履行不能分为永久不能和一时不能。前者是指履行期限届满时不能履行；后者指履行期限届满时因暂时阻碍而不能履行。

第四，以导致履行不能的事实的性质为标准，可将履行不能分为事实不能与法律不能。前者指债务在事实上不能履行，后者指债务因法律上的规定而不能履行。

第五，以范围为标准，可将履行不能分为全部不能和部分不能。前者指债务全部不能履行，后者指债务部分不能履行。

三、拒绝履行

拒绝履行又称为毁约，是指债务人能够履行其债务而在履行期届满时对债权人表示不履行债务。拒绝履行的构成，必须包括以下要件：

第一，必须存在有效债务。

第二，债务可能履行。

第三，债务人有拒绝履行的表示。债务人作出拒绝履行的表示可以以明示方式或默示方式。

第四，债务人出于故意，即债务人明知有债务且未履行而拒绝履行。

第五，债务人拒绝履行无正当理由。如果债务人行使同时履行抗辩权、不安抗辩权、先诉抗辩权等，则为正当权利之行使，不构成拒绝履行。

四、迟延履行

迟延履行又称为逾期履行或债务人迟延，是指债务人能够履行，但在履行期届满时没有履行债务的情形。迟延履行的构成，必须包括以下要件：

第一，存在着有效的债务。

第二，债务人能够履行。如债务已不可能履行，则属于履行不能而不构成迟延履行。

第三，债务已届履行期，即债务履行期限已届满。债务的履行期限对于迟延履行的认定有重要意义。合同明确约定有履行期限的，债务人在履行期届满时未履行债务的，构成迟延履行。其中，约定确定期限的，该日期为履行期届满时间，如甲、乙约定乙必须在5月1日之前履行合同，则5月1日为履行期届满时间；约定履行期间范围的，以最后期限为履行期届满时间，如甲、乙约定乙必须在5月1日至6月1日履行合同，则6月1日为履行期届满时间。合同未明确约定履行期限的，则债权人应定一合理期限，催告债务人履行义务，此期限届满，债务人未履行债务的，构成迟延履行。

第四，债务人未履行债务。债务人迟延履行，应当承担迟延履行的违约责任，同时根据《民法典》第590条第2款的规定，还要承担迟延期间不可抗力造成的标的物损害的赔偿责任。若债务人迟延后的履行，对债权人无利益的，债权人可以拒绝接受履行，并由债务人承担不履行的违约责任。

第五，债务人须无正当理由。如债务人行使各种抗辩权或债权人未协助等均为不履行债务有正当理由，此时债务人的不履行不能构成迟延履行。

五、受领迟延

受领迟延又称为债权人迟延，是指债权人对于已提供的给付，未为受领或未为其他给付完成所必要的协助的事实。

债务的履行有时不需要债权人协助配合，仅债务人单方即可完成，如债务人承担保密、竞业禁止等不作为债务即属此列。但债务的履行有时又需要债权人协助配合，否则债务人不能完成债务履行，如出卖人交付标的物（或承揽人交付工作成果）需要买受人（或定作人）受领；房屋装修期间债权人应允许债务人进入房间等。此际，虽然债务尚未得到履行，但显然不能使债务人承担迟延履行所生的负担，受领迟延制度即通过对债务人提供合理的救济途径以妥善处理债务人与债权人之间的法律关系。

受领迟延的构成，必须包括以下要件：

第一，债务履行需要债权人协助。若债务履行不需要债权人协助，债务人即可自行完成债务之履行，不发生受领迟延的问题。

第二，债务已届履行期。

第三，债务人已依债务本旨履行。所谓依债务本旨履行是指以适当方式、在适当时间、在适当场所提供履行。这也表明，受领迟延以债务人履行可能为根本前提，若债务人履行不能，则不发生债权人受领迟延问题。

第四，债权人不为受领或不能受领。债权人不为受领表现为拒绝受领或需债权人协助时未为协助。拒绝受领是债权人不为受领或协助的消极状态。对债务人已提供的给付，债权人拒绝受领的，则债权人自提供给付时起负受领迟延责任。债权人不能受领是指债权人自己的原因在客观上无法受领，如债权人仓库倒塌、场地未准备就绪等，再如债权人下落不明、债权人死亡未确定继承人或者丧失民事行为能力未确定监护人等。

《民法典》规定了受领迟延的法律效果。根据《民法典》第589条的规定，债务人按照约定履行债务，债权人无正当理由拒绝受领的，债务人可以请求债权人赔偿因此增加的费用。在债权人受领迟延期间，债务人无须支付利息。据此：一是增加费用的赔偿。债务人可以请求债权人赔偿因受领迟延增加的必要费用，如标的物的保管费用、提存费用、货物往返运送费用、债务履行所支出的路费或通知费、对不宜保存的标的物的处理费用等。二是约定利息的停止。债权人受领迟延时，债务人的债务并不消灭，债务人仍应随时准备履行，亦不能利用该笔钱取得收益，因此自受领迟延发生时起，债权人即不得请求嗣后的利息。

六、不完全履行

不完全履行又称为不完全给付或不适当履行，是指当事人虽以适当履行的意思进行了履行，但履行的内容不符合法律的规定或者合同的约定，即不符合债务的本旨。

不完全履行可以分为以下几种类型：

第一，量的不完全履行。这是指标的物数量短缺或过多。

第二，瑕疵履行。这是指债务人交付的标的物不符合法定或约定的质量标准，从而造成债权人履行利益受损失。履行利益是指债务人依照债务本旨履行时，债权人可以获得的利益。如果债务人未依合同规定履行，债权人依合同本来可得到的利益未得到，会给债权人造成损失，此种损失就是履行利益受损失。如甲向乙交付有病的家畜，使家畜的价值减少；房屋修缮人偷工减料，使房屋价值减少等。

第三，加害给付。加害给付又称为积极侵害债权，是指债务人实施违反合同义务的行为，从而造成债权人履行利益以外的其他利益受损。履行利益以外的其他利益，又称为固有利益或维护利益，是指债权人享有的不受其他人侵害的现存财产利益和人身利益，或者称为履行标的物以外的财产利益和人身利益。如甲向乙交付有病的家畜，使乙原有的其他家畜因传染而死亡；房屋修缮人偷工减料，使雨天房屋漏水并造成债权人挂在墙上的名画受损等。

第四，履行方法的不完全履行。如本应一次履行却分次履行；本应选择最近运输路线却选择了较远运输路线履行等。

第五，违反附随义务的不完全履行。

根据《民法典》第 582 条的规定，履行不符合约定的，应当按照当事人的约定承担违约责任。对违约责任没有约定或者约定不明确的，依据《民法典》第 510 条的规定仍不能确定的，受损害方根据标的的性质以及损失的大小，可以合理选择请求对方承担修理、重作、更换、退货、减少价款或者报酬等违约责任。

第四节　违约责任和侵权责任的竞合

一、规范竞合、责任聚合与责任竞合的概述

规范竞合是指同一事实符合数个法律规范的要件，导致这些规范都可以适用于该事实的现象。例如，某人在酒后驾车撞人致残，此违法行为既符合民法关于人格权的规范，又符合刑法关于交通肇事罪的规范，导致民法、刑法规范皆可适用于此行为。规范竞合可以发生于不同的法律领域，也可以发生在同一法律领域，在民法

领域，规范竞合表现为民事主体实施某一违法行为，符合多种民事责任的构成要件，导致多种民事责任方式皆可适用于此行为。其中，多种民事责任方式可并存的，受害人均可提出请求，称为责任聚合；多种民事责任方式虽均可产生，但不可并存，受害人仅能选择其中之一而请求，为责任竞合。因此，所谓责任竞合，是指民事主体实施某一违法行为导致了多种民事责任方式发生，但受害人仅能实现一项请求权。由于加害人承担责任与受害人行使请求权是不可分割的，因此，责任竞合从受害人角度而言，又称为请求权竞合。在责任竞合中，违约责任和侵权责任的竞合最为常见。

责任竞合具有以下特征：

第一，存在某一个违反义务的行为。义务是责任前提，责任是义务违反之后果，只有违反义务才能导致责任产生。

第二，违反义务的行为符合两个以上民事责任的构成要件。如甲为乙保管家电，甲自己进行不当使用而使家电损坏，则甲的行为构成违约行为，因为甲违反保管合同的约定；同时，甲的行为又构成侵权行为，因甲未经乙同意使用其家电并致损坏。甲的行为既符合违约责任的构成要件又符合侵权责任的构成要件，因此发生责任竞合。若同一行为不符合两个以上民事责任的构成要件，则不存在责任竞合的问题。如上例中，甲为乙保管家电，仅由疏于注意导致家电被摔坏，则仅构成违约责任而不构成侵权责任。

第三，数个责任之间相互冲突。数个在内容上不同的责任，在责任后果上也不同，对于这些不同的责任，既不能相互吸收、包容，又不能并存。并存将导致受害人享有双重请求权，取得不当利益，而加害人则要承担双重负担，违反公平原则。

二、违约责任和侵权责任的区别

不法行为人实施一定的违法行为之后，该违法行为既具备侵权行为的特征，又具备违约行为的特征，则受害人可在侵权责任请求权和违约责任请求权之间择一行使。如果违约责任与侵权责任不具有任何差别，那么，无论受害人提起何种诉讼都不会影响其利益。但事实上，违约责任与侵权责任之间存在重大区别，受害人选择不同的请求权，将对其利益产生不同的影响。侵权责任与违约责任具有如下区别：

第一，归责原则不同。侵权责任制度采用多元归责原则体系，其中以过错责任原则为主，无过错责任为辅；而在违约责任制度中，我国现行法采纳了严格责任和过错责任相结合的立法体例。

第二，责任构成要件不同。在侵权责任制度中，损害事实是侵权损害赔偿责任成立的前提，无损害事实，侵权责任就无从产生。在违约责任制度中，违约责任的承担不以损害的发生为条件，即使违约行为并未致相对人受损，违约方也可能要承担违约责任。

第三，举证责任不同。在侵权责任制度中，受害人欲获得侵权损害赔偿须举证证明侵权人有过错，即举证责任由受害人承担；而在违约责任制度中，受害人仅就存在违约事实举证，违约方要免责，就必须举证证明自己无过错或者存在法定免责事由。

第四，免责条件不同。在侵权责任制度中，免责条件皆由法律规定，当事人不能事先约定免责条件，也不能对不可抗力的范围作出约定。在违约责任制度中，除法定免责事由如不可抗力外，当事人可以事先约定免责条件，如当事人可以事先约定不承担责任的情况，也可约定不可抗力的范围。

第五，责任形式不同。侵权责任可分为财产责任和非财产责任，后者包括消除影响、赔礼道歉、恢复名誉等形式。违约责任主要是财产责任，包括强制履行、支付违约金、赔偿损失等。因此，受害人如主张修理、替换、重作或继续履行，要求对方支付违约金、承担定金责任，则只能适用违约责任。

第六，损害赔偿的范围不同。传统观点认为，违约责任的损害赔偿范围不包括对人身伤害、精神损害等的赔偿，并且要受合理预见规则即可预见性规则的限制；侵权责任的损害赔偿范围则包括财产损失、人身伤害、精神损害等的赔偿。此外，一项加害行为造成了第三人的损害（包括财产损失与人身伤害），若适用违约责任，则由于对第三人的损害不可预见，并且加害人与第三人之间无合同关系，则受害人不能获得违约损害赔偿。因此，当一项违约行为侵害了第三人的利益或者造成受害人的精神损害或人身伤害时，只有依照侵权责任，受害人的损失才能得到补偿，若提起违约之诉则不能获得补偿。不过，目前世界各国或各地区为加强对债权人的保护，已逐渐允许通过违约责任赔偿精神损害。如《民法典》第 996 条规定：“因当事人一方的违约行为，损害对方人格权并造成严重精神损害，受损害方选择请求其承担违约责任的，不影响受损害方请求精神损害赔偿。”据此，在一方当事人的违约行为损害对方当事人人格权并造成严重精神损害时，受损害方请求行为人承担违约责任的，可以请求违约方承担精神损害赔偿责任。还应注意的是，仅就赔偿财产损失而言，违约损害赔偿旨在赔偿受害人的期待利益损失；而侵权损害赔偿旨在赔偿受害人固有利益的损失，即履行利益以外的利益损失，也就是债权人所享有的任何人对其财产和人身不可侵犯的利益，不包括履行利益和可得利益损失。因此当固有利益的损失大于履行利益的损失时，侵权损害赔偿对受害人更有利，反之则违约损害赔偿更有利。

第七，法院管辖范围不同。根据《中华人民共和国民事诉讼法》第34条的规定，因合同纠纷所生的诉讼由被告住所地、合同履行地法院管辖，合同当事人可在合同中协议选择被告住所地、合同履行地、合同签订地、原告住所地、标的物所在地人民法院管辖；而因侵权行为提起的诉讼，由侵权行为地或被告住所地法院管辖。

三、责任竞合的解决

如何解决责任竞合，这是一个民法上数百年来争论不休的问题，理论上的探讨可谓见仁见智，各国和各地区立法上的处理也存在相当大的差距。

（一）三种立法模式

从各国和各地区的立法来看，在处理侵权责任与违约责任竞合的问题上，这些国家和地区提出了各具特色的处理办法。大致来说，主要存在着以下三种立法模式：

1. 禁止竞合模式

禁止竞合模式以法国法为代表。法国民法典认为，合同当事人不得将对方的违约行为视为侵权行为，只有在没有合同关系存在时才产生侵权责任，在违约场合只能寻求合同补救方法。法国最高法院一再宣称，侵权行为法条款不适用于合同履行中的过错行为。如果允许合同当事人提起侵权之诉，则法律就没有必要区分为合同法与侵权法两部分，并且也违背了合同当事人的意思自治。

2. 允许竞合模式

允许竞合模式以德国法为典型代表。德国民法典允许违约责任和侵权责任的竞合。德国民法典认为受害人基于某一双重违法行为而产生两个请求权，受害人可以提起合同之诉，也可以提起侵权之诉，如果一项请求权因时效届满而被驳回，还可以行使另一项请求权。但是，受害人的双重请求权因其中一项请求权的实现而消灭，无论如何不能使两项请求权实现。

3. 有限制的选择诉讼模式

此模式为英国法所采取。根据英国法，原告如果属于双重违法行为的受害人，那么既可以获得侵权之诉的附属利益，也可以获得合同之诉的附属利益。但是，英国法和德国法不同，英国法解决责任竞合的制度只是某种诉讼制度，它主要涉及诉讼形式的选择权，而不涉及实体法上的请求权的竞合问题。此外，在英国法中，这种选择之诉还存在着严格的限制条件。

（二）我国法的选择

我国法承认违约责任和侵权责任的竞合。《民法典》第 186 条规定：“因当事人一方的违约行为，损害对方人身权益、财产权益的，受损害方有权选择请求其承担违约责任或者侵权责任。”当事人可以依其自由意思选择请求权的行使。不过，这并不意味着完全放任当事人的选择而不作任何限制。如果法律直接规定在特定情形下只能产生一种责任，排除责任竞合的发生，则应遵守这种规定。

第五节　违约责任的形式

违约责任的形式也就是违约方当事人承担违约责任的具体方式。根据《民法典》第 577 条的规定，在我国，违约责任主要包括以下几种形式：

一、支付违约金

（一）违约金的概念和特征

违约金是指合同当事人不履行合同债务时根据法律规定和合同的约定向对方当事人支付的一定数额的金钱。支付违约金是合同债务人违反合同时应当向对方支付约定或法定的一定数额金钱的责任形式，此种责任形式只有在当事人有明确约定或法律有规定时才适用，否则就只能适用损害赔偿的民事责任形式。

违约金具有以下特征：

第一，违约金是由当事人协商确定的。当事人约定违约金的权利是合同自由原则的体现，当然，违约金的约定虽然属于当事人享有的合同自由的范围，但此种自由不是绝对的，而是应受限制的。根据《民法典》第 585 条的规定，约定的违约金低于造成的损失的，人民法院或者仲裁机构可以根据当事人的请求予以增加；约定的违约金过分高于造成的损失的，人民法院或者仲裁机构可以根据当事人的请求予以适当减少。

第二，违约金条款具有从合同的性质。从本质上看，违约金条款具有从合同的性质，它以主合同存在为必要条件，当主合同不成立、无效或被撤销时，约定的违约金条款也不能发生效力。主合同消灭，约定的违约金责任也消灭。不过，约定的违约金条款也具有相对独立性，如因一方违约而发生合同的解除，非违约方仍可请求违约方支付约定的违约金。

第三，违约金的数额是预先确定的。违约金作为预先确定的赔偿数额，在违约后对损失予以补偿，免去举证责任，也避免计算损失的困难，相对简单明确。

第四，违约金是一种违约后生效的责任方式。违约金条款在合同订立时并不生效，只是在一方发生违约后才能产生法律效力。

第五，支付违约金可与强制履行、赔偿损失等违约责任形式并存，但不能与支付定金并存，当事人只能择一行使。《民法典》第 588 条第 1 款规定："当事人既约定违约金，又约定定金的，一方违约时，对方可以选择适用违约金或者定金条款。"

（二）违约金的效力

一般而言，违约金可分为惩罚性违约金和赔偿性违约金两种类型，而违约金的效力也因违约金种类的不同而有差异。所谓惩罚性违约金，是指合同约定或法律规定，由合同违约方支付一笔钱，作为对违约行为的惩罚。赔偿性违约金则是指合同双方当事人预先估计的损失赔偿总额，违约方在承担违约金责任之后，就不再承担继续履行合同或赔偿损失的违约责任。

惩罚性违约金与赔偿性违约金之间存在着以下区别：

第一，惩罚性违约金旨在对过错违约行为进行惩罚，因此受害人除了请求违约方支付违约金，还可以要求赔偿损失或者实际履行；而赔偿性违约金又称为损害赔偿之预定，受害人请求支付赔偿性违约金之后，不得请求违约方赔偿损失或实际履行。

第二，惩罚性违约金不以实际损失的发生为要件，而赔偿性违约金则要求有实际损失。

第三，从数额上看，惩罚性违约金数额高于赔偿性违约金数额。惩罚性违约金设定时不必考虑实际损失，其数额与实际损失不完全相符；赔偿性违约金在设定时则要考虑实际损失，如数额过高，法院应根据实际损失对预定数额作出相应的调整。

在赔偿性违约金与惩罚性违约金的关系上，大陆法系以赔偿性违约金为原则，以惩罚性违约金为例外。在我国，《民法典》第 585 条第 1 款规定违约方应依据违约情况向对方支付违约金；《民法典》第 585 条第 2 款规定违约金与实际损失差距悬殊时违约方可以请求人民法院或者仲裁机构予以增减，这说明，《民法典》确立的违约金主要是赔偿性违约金。然而，《民法典》第 585 条第 3 款又规定："当事人就迟延履行约定违约金的，违约方支付违约金后，还应当履行债务。"该款规定的是惩罚性违约金，应认为属于违约金的赔偿性的一种例外。因此，《民法典》上的违约金以赔偿性违约金为原则，以惩罚性违约金为例外。

（三）违约金的增减

当事人约定违约金是其享有合同自由的体现。在法律由个人本位向社会本位发展的今天，法律已不可能对合同关系不加任何干预。在市场经济条件下，市场主体追求利益最大化的自利动机和目的必须受到社会公共利益的制约。这一原则在违约金制度上也有体现。《民法典》第585条第2款规定："约定的违约金低于造成的损失的，人民法院或者仲裁机构可以根据当事人的请求予以增加；约定的违约金过分高于造成的损失的，人民法院或者仲裁机构可以根据当事人的请求予以适当减少。"这一规定在一定程度上体现了公平原则。对该款的适用需要注意以下几点：

第一，《民法典》规定"约定的违约金低于造成的损失的"，当事人可请求予以增加，而未使用"过分"的字样。因此，原则上，只要违约金低于损失的，当事人即可请求人民法院或者仲裁机构予以增加。当事人作出请求后，最终是否增加，取决于人民法院或者仲裁机构的裁量。如何作出裁量？我国法律未作出具体规定。从比较法来看，一些国家或者地区的立法要求"明显"过低，该"明显"过低不仅是可以看得出的，而且必须是达到相当程度的。

第二，《民法典》规定"约定的违约金过分高于造成的损失的"，当事人可请求予以"适当减少"。据此，只有违约金过分高于损失的，当事人才可请求人民法院或者仲裁机构减少。然而，何谓"过分高于"，参照既往的司法解释以及我国审判实践中较普遍的做法，若当事人约定的违约金超过造成损失的百分之三十的，一般可以认定为过分高于造成的损失。人民法院或者仲裁机构适当减少违约金时，应当以实际损失为基础，兼顾合同的履行情况、当事人的过错程度以及预期利益等综合因素，根据公平原则和诚实信用原则予以衡量，并作出裁决。此外，人民法院还可考量债权人所受损失、当事人的交涉能力是否平等等因素。如双方交涉能力相当，则对违约金条款不宜过多干预；若是商人与消费者等缔结的违约金条款，则可以考虑变更。

二、赔偿损失

（一）赔偿损失的概念和特征

赔偿损失是指违约方不履行合同而给他方造成损失时，为了弥补受害人的损失而向受害人支付一定数额金钱的责任方式。该责任方式具有补偿性，即填补、弥补对方当事人因此所受的损失。我国法上的赔偿损失制度与德国法上的赔偿损失制度有异：德国法上的赔偿损失制度以实物赔偿为主，以金钱赔偿制度为例外；我国法上的损害赔偿制度主要是金钱赔偿，实物赔偿主要限于合同标的物之外的物品。

一般而言，赔偿损失具有以下特征：

第一，赔偿损失是因债务人不履行合同债务所产生的责任。

第二，赔偿损失责任原则上仅具有补偿性而不具有惩罚性。赔偿损失的主要目的在于弥补或者填补债权人因违约行为所遭受的损失，因此具有补偿性。赔偿损失的这一特性是符合等价交换的交易原则的，因为任何民事主体一旦造成他人财产损害，都必须以等量的财产予以补偿，损害与补偿之间具有等价性。当然，《民法典》也例外地承认赔偿损失的惩罚性。

第三，赔偿损失具有一定程度的任意性。当事人在订约时可以在合同中预先约定一方当事人在违约时应向对方当事人支付一定数额的金钱，也可以约定损害赔偿额的计算方法。同时，当事人还可以在法律规定的范围内事先约定免责条款以限制或者免除未来可能要承担的包括赔偿损失责任在内的违约责任。这都使赔偿损失具有一定程度的任意性。

第四，赔偿损失以赔偿当事人实际遭受的全部损失为原则。赔偿损失的这一特征就是完全赔偿原则。

第五，赔偿损失可与支付违约金、强制履行、支付定金等违约责任形式并存。如《民法典》第566条第1款规定：“合同解除后，尚未履行的，终止履行；已经履行的，根据履行情况和合同性质，当事人可以请求恢复原状或者采取其他补救措施，并有权请求赔偿损失。”《民法典》第588条第2款规定：“定金不足以弥补一方违约造成的损失的，对方可以请求赔偿超过定金数额的损失。”

（二）赔偿损失的构成要件

赔偿损失责任的承担，必须具备以下要件：

第一，须有违约行为。

第二，须受害人受有损失。原则上，受害人受有损失为赔偿损失发生的必要条件。此处所讲的损失，通说认为是指财产损失。不过，也有学者认为具有侵权行为性质的违约行为，即使提起合同之诉也应获得赔偿。财产损失可以分为积极损失和消极损失：前者是指现有或既存财产利益的减少，也称为既得利益损失；后者指本来可得利益之未取得，也称为可得利益损失。

第三，违约行为与损失之间有因果关系。

（三）完全赔偿原则

我国现行法在违约损害赔偿上采纳的一个基本原则就是完全赔偿原则。完全赔偿原则是指违约方应赔偿受害人因其违约行为所遭受的全部损失。前已有述，违约给当事人造成的损失包括积极损失和消极损失。一方当事人违反合同以后，另一方当事人不仅可能会遭受现有财产的损失，而且可能会遭受可得利益损失，对于这些损失，违约方当事人都应当赔偿。只有赔偿了非违约方的全部损失，才能使非违约方在利益上处于犹如合同得到正常履行后的状况，由此才能有效地督促债务人履行合同债务。可以说，完全赔偿旨在对受害人的利益进行全面、充分的保护，既然一方给他方造成损害，就应当以自己的财产赔偿全部损害，这也是违约损害赔偿制度的公平性要求。

一般来说，可得利益具有以下特点：

第一，未来性，即可得利益是一种未来利益而非现实利益，在违约行为发生时当事人并未实际享有，必须通过合同的履行才能实现。

第二，期待性，即可得利益只是合同当事人合理期待的利益。

第三，可得性。可得利益并非当事人随意估计的，而是具有一定的可得性，并具备实现的条件。只要合同如期履行，可得利益就会为当事人获得。

既得利益损失（积极损失）与可得利益损失（消极损失）具有以下区别：

第一，前者是现实的利益损失，包括现有财产的减损灭失、费用支出，如买方拒不付款使卖方蒙受货物损失，卖方不交付货物使买方蒙受货物损失。后者是非现实利益损失，是未来期待利益的损失。

第二，与可得利益损失相比较，既得利益损失更为确定。对既得利益损失的赔偿，法律一般无明确的限定，即对既得利益损失一般应予赔偿；可得利益损失，在一定程度上具有不确定性，对其赔偿立法上通常有一定的限制。

第三，在赔偿范围上，既得利益损失的赔偿目的是使受害人的利益达到合同订立前的状态，违约使受害人所处的现有状态与订约前状态之间的差距即为违约方所应赔偿的既得利益损失的范围；而可得利益损失的赔偿加上既得利益损失的赔偿是使受害人利益处于合同如期履行的状态，可以替代实际履行。

在违约损害赔偿的范围上，我国通说对既得利益损失持肯定观点，但对可得利益损失则存在一定的争议，有肯定说和否定说两种主张。《民法典》第584条规定："当事人一方不履行合同义务或者履行合同义务不符合约定，造成对方损失的，损失赔偿额应当相当于因违约所造成的损失，包括合同履行后可以获得的利益；但是，不得超过违约一方订立合同时预见到或者应当预见到的因违约可能造成的损失。"

该条实际上采纳了肯定说，确立了完全赔偿原则。据此，如果受害人能够举证证明其遭受的可得利益损失是违约方的违约行为直接造成，而且这些损失是违约方在订约时应当预见的，则违约方应予赔偿。《最高人民法院关于审理买卖合同纠纷案件适用法律问题的解释》（以下简称《买卖合同解释》）第22条规定："买卖合同当事人一方违约造成对方损失，对方主张赔偿可得利益损失的，人民法院在确定违约责任范围时，应当根据当事人的主张，依据民法典第五百八十四条、第五百九十一条、第五百九十二条、本解释第二十三条等规定进行认定。"不过，在赔偿可得利益损失时，需注意以下问题：

第一，可得利益损失的赔偿旨在弥补受害人遭受的全部实际损失，而并不赔偿受害人因从事一桩不成功的交易所蒙受的损失。

第二，受害人有权就其依据合同本来应该获得的可得利益要求赔偿，但可得利益必须是纯利润，而不包括为取得这些利益所支出的费用。

（四）赔偿损失的限制

综观世界各国或各地区的民法，对赔偿损失的限制一般包括可预见性规则、损益相抵规则与过失相抵规则。

1. 可预见性规则

可预见性规则是指违约方承担赔偿责任的范围不得超过其订立合同时应当预见的损失的规则。根据《民法典》第584条的规定，损害赔偿不得超过违约一方订立合同时预见到或者应当预见到的因违约可能造成的损失。据此，只有当违约所造成的损失是违约方在订约时可以预见的情况下，才能认为损失与违约行为之间具有因果关系，违约方才应当对这些损失负赔偿责任。如果损失不可预见，则违约方不应赔偿。采用可预见性规则的根本原因在于，只有在交易发生时，订约当事人对其未来的风险和责任可以预测，才能计算其费用和利润，并能够正常地从事交易活动。如果未来的风险过大，则当事人就难以从事交易活动。所以，可预见性规则将违约当事人的责任限制在可预见的范围之内，这对于促进交易活动的发展，保障交易活动的正常进行，具有重要意义。

2. 损益相抵规则

损益相抵规则是指受害人基于与受损害同一原因享有利益的，其所受的利益应在确定其赔偿数额时预先排除的原则。确立损益相抵规则的理由在于受害人不得获得双重利益，即受害人因他人违反义务的行为而受有利益时，不得就此部分再请求赔偿。如一方交付他方瑕疵之物，违约方赔偿对方履行利益的损失，该瑕疵之物应返还给违约方，若受害人保留该物，则应将物之残存价值从赔偿额中扣除。就此，《买卖合同解释》第23条规定："买卖合同当事人一方因对方违约而获有利益，违约方主张从损失赔偿额中扣除该部分利益的，人民法院应予支持。"

3. 过失相抵规则

过失相抵规则是指受害人对损失的发生、扩大有过错的，可以减轻、免除违约方赔偿责任的规则。就损失的发生而言，《民法典》第592条第2款规定："当事人一方违约造成对方损失，对方对损失的发生有过错的，可以减少相应的损失赔偿额。"就损失的扩大而言，《民法典》第591条规定："当事人一方违约后，对方应当采取适当措施防止损失的扩大；没有采取适当措施致使损失扩大的，不得就扩大的损失请求赔偿。"据此，在违约方造成非违约方受损后，非违约方应及时采取合理的措施以防止损失的扩大，否则，非违约方应对扩大部分的损失负责。

三、强制履行

（一）强制履行的概念与特征

强制履行又称为实际履行、特定履行、继续履行，是相对于"任意履行"的概念。任意履行是没有强制手段的履行，即由债务人自由决定是否履行。强制履行是指违约方不履行合同债务或履行合同债务不符合约定时，由法院通过法定强制手段强制违约方依照合同约定继续履行的责任形式。

强制履行与一般履行有相似之处，但两者之间存在着区别，主要表现在：

第一，时间不同。当事人应依照合同履行债务，只是在其不履行合同债务或履行合同债务不符合约定时才发生强制履行的问题，即只有在不能正常履行的前提下才发生强制履行的问题。因此，强制履行的时间晚于履行原合同债务的时间。

第二，性质不同。在一般履行的情况下，一方履行义务是对对方当事人的义务，不是对国家的义务，因此不具有强制性；而在强制履行的情况下，一方履行义务不仅是对对方当事人的义务，而且是对国家的义务，是在国家强制力之下实施的行为，体现了强制性。

强制履行具有以下特征：

第一，强制履行是一种补救方法。强制履行是非违约方在对方违约后寻求的一种法律上的救济方法，与支付违约金、赔偿损失等形式相比，它更强调违约方按合同约定标的物履行义务，而不仅仅强调弥补非违约方的损失，从而更有利于实现非违约方的订约目的。

第二，是否请求强制履行是当事人的权利。在一方违约后，非违约方既可以请求解除合同并要求赔偿损失，也可以要求违约方继续履行；若当事人未提出请求，则不得强制违约方继续履行，法院不得主动援引这一责任形式。

第三，强制履行可以与支付违约金、赔偿损失、支付定金并存，但不得与解除合同并存。

（二）适用要件

我国学界主流观点认为，强制履行责任的承担，必须具备以下要件：

第一，存在违约行为。强制履行为合同义务不履行的后果，以存在不履行合同义务行为即违约行为为前提。若当事人已依约履行合同，则对方不得再请求强制履行。

第二，违约方能够继续履行合同。强制履行的另一个前提是能够履行合同。若已不能履行合同，则无论是事实不能还是法律不能，都不能适用强制履行。

第三，非违约方请求违约方继续履行。《民法典》从保护债权人的利益出发，将是否请求强制履行的选择权交给非违约方当事人，由非违约方当事人根据自身的利益来决定是否采取强制履行的方式。如果非违约方不提出此种请求，则不得适用强制履行的责任形式。

（三）强制履行的限制事由

《民法典》第580条第1款采取了“原则+例外”的复合语义结构。首先对非金钱债权的强制履行请求权作出了一般性或原则性规定，其次以但书规定的方式确立了非金钱债权债务强制履行请求权的适用范围。但书规定作为权利妨碍规定为债务人提供了对抗强制履行请求权的法定事由。这些事由是立足于保护债务人的思想进行规定的，为强制履行请求权的限制事由，排除了强制履行这一违约责任形式的适用。

1. 法律上或者事实上不能履行

若违约方不能履行合同，则不能强制履行。不能履行包括法律上不能履行与事实上不能履行。无论是哪种不能形态，若要求债务人履行，实系强人所难。此际，债权人可以采取其他违约责任承担方式，而不能要求强制履行。法律上不能履行是指债务人根据法律规定不能履行债务。如债务的标的物遭查封、标的具有权利瑕疵、标的物被新法禁止交易等。事实上不能履行是指债务人因债务标的自身的问题不能履行债务。如标的物毁损、灭失，标的物因二重交易而为他人所有或占有等。

2. 债务的标的不适于强制履行或者履行费用过高

债务的标的不适于强制履行是指债务的性质不宜直接强制履行。一般而言，基于人身信赖关系所产生的合同、提供个人服务的合同是不能强制履行的。如基于委托合同、技术开发合同、合伙合同、出版合同等发生的主给付义务常常具有人身专属性，此类债务的履行行为不具有可替代性，此类债务不能由第三人替代履行，在性质上不适于强制履行。若直接对这些合同债务人的人身施以强制，将使违约责任回归传统社会的人身责任的性质，这与现代社会尊重人的尊严、保护人身自由等基本价值背道而驰。

履行费用过高是指履行债务的代价或费用远远超出债权人从合同履行中获得的利益。如强制出卖人履行买卖合同，为此出卖人需专门进口一台设备，由此花费的代价将远远超出合同上的谋利。考虑到如此处理会使债务人为履行合同付出很大的代价，而直接要求出卖人支付违约金则不会花费太大代价，基于双方当事人利益平衡的考虑，不同意买受人请求强制履行。判定履行费用是否过高，应根据比例原则，衡量债务人继续履行债务所支付的费用与债权人由债之履行所获得的利益是否相称。如果二者明显不相称，前者畸高，后者畸低，则可认为履行费用过高。当然，此需结合具体案件进行利益衡量。

3. 债权人在合理期限内未请求履行

债务人违约后，债权人自然获得依其意思自由选择采取何种救济手段以维护其利益，但由此也使债务人处于一种究竟应承担何种违约责任的不确定状态。从兼顾债务人利益的角度出发，法律要求债权人在合理期限内提出请求，即对债权人主张强制履行的权利作适当限制，以尽早结束债务人责任承担方式的不确定状态。因此，“合理期限”的规定使强制履行请求权并非合同有效存在即当然存在的事物，而是仅在一定期限内存在的权利。“合理期限”，乃是一个不确定概念，既非诉讼时效，亦非除斥期间，而属失权期间，不存在中止、中断的问题。究竟何谓“合理期限”，需要结合这一规则的规范目的，由法官在个案中具体判断。有的案件中“合理期限”可能短些，而在有的案件中则可能长些。该条中“未请求履行”，包括未采取一切主张履行请求权的方式，即债权人既未于诉讼时主张，又未于诉讼外主张。此外，“未请求履行”既包括债权人未要求债务人履行，也包括债务人现实提交履行而债权人不配合的情形。

（四）当事人申请司法终止合同

《民法典》第 580 条第 2 款规定：“有前款规定的除外情形之一，致使不能实现合同目的的，人民法院或者仲裁机构可以根据当事人的请求终止合同权利义务关系，但是不影响违约责任的承担。”该条为《民法典》新设，通说认为，其立法目的在于实现公平价值目标下合同僵局的有效化解，一方面防止以遵循合同严守原则为由对商业理性重大破坏引发的利益严重失衡，另一方面避免合同僵局导致的经济资源的巨大浪费。

这一制度的适用要件是：

第一，具有《民法典》第580条第1款规定的情形之一，即法律上或者事实上不能履行；债务的标的不适于强制履行或者履行费用过高；债权人在合理期限内未请求履行。

第二，前述情形之一致使合同目的不能实现。

第三，当事人向人民法院或者仲裁机构提出终止合同权利义务关系的请求。由于《民法典》第580条第1款并未对“当事人”作出限制，因此，所谓当事人既包括非违约方，也包括违约方。实际上，赋予违约方申请人民法院或者仲裁机构终止合同关系的权利正是《民法典》第580条的立法意旨之一。与《民法典》第562条、第567条规定的解除制度不同之处在于，第580条并未赋予违约方解除权这一形成权，而仅是赋予其请求人民法院或者仲裁机构终止合同权利义务关系的权利。合同究竟能否“终止”由人民法院或者仲裁机构确定。一般来说，人民法院或者仲裁机构在权衡是否裁决终止合同时，应当综合考虑违约方是否存在恶意违约、违约方是否因合同不终止遭受重大损失、合同是否已经部分履行、非违约方能否以较低成本获得替代履行、合同终止是否导致双方利益关系明显失衡等因素。

（五）法律效果

一般而言，强制履行具体表现为以下责任形式：

第一，限期履行应履行的债务。在拒绝履行、迟延履行、不完全履行的情况下，非违约方可以提出一个履行期限，即宽限期和延展期，要求违约方在该期限内履行合同债务。

第二，修理、更换、重作。修理是指交付标的物不合格，有修理的可能并为债权人所需要时，债务人消除标的物的缺陷的补救措施。更换是指交付标的物不合格且无修理的可能或修理所需费用过高或修理所需时间过长，债务人交付同种类、质量、数量的标的物的补救措施。重作是指在加工承揽、建筑工程合同等合同中，债务人交付的工作成果不合格，不能修理或修理费用过高，由债务人重新制作工作成果的补救措施。

四、支付定金

（一）定金的概念与特征

定金是指合同当事人约定一方在合同订立时或合同履行前预付给对方一定数额的金钱，用于保证合同债权实现的一种担保方式。

定金具有以下特征：

第一，象征性。《民法典》第 586 条第 2 款规定：“定金的数额由当事人约定；但是，不得超过主合同标的额的百分之二十，超过部分不产生定金的效力……”由于定金不得超过主合同标的额的百分之二十，因此，相较于质押、抵押等担保方式，定金的担保功能是象征性的，它并不能保证债权全部实现。

第二，预付性。定金一般是在合同订立时或合同履行前交付给另一方当事人的。根据《民法典》第 587 条的规定，债务人履行债务的，定金应当抵作价款或者收回。这表明定金具有预付性。

第三，特别约定性。当事人约定并交付留置金、担保金、保证金、订约金、押金、订金等，但没有约定其为定金的，不能认定其具有定金性质，当事人不能主张定金权利。

就定金合同而言，《民法典》第 586 条第 1 款规定：“……定金合同自实际交付定金时成立。”这说明定金合同为实践合同。当事人仅就一方应向另一方交付定金达成合意，并不能使定金合同成立。交付定金为定金合同的特别成立要件。因此，即使双方当事人已就定金达成合意，但若一方向另一方交付定金时，另一方提出异议并拒绝接受，则定金合同仍不成立。在实践中，当事人实际交付的定金可能与约定的定金数额有出入，就此，第 586 第 2 款规定：“……实际交付的定金数额多于或者少于约定数额的，视为变更约定的定金数额。”这是指应以实际交付的定金数额成立定金合同。此外，值得注意的是，《担保法》第 90 条规定：“定金应当以书面形式约定。当事人在定金合同中应当约定交付定金的期限……”这是将定金合同规定为要式合同。但《民法典》未对定金合同作出类似要求，因此定金合同为不要式合同。

（二）定金的种类及效力

定金的种类不同，其功能即有不同，效力亦存在差异。

1. 订约定金

订约定金是指以交付定金作为订立主合同的担保。当事人约定以交付定金作为订立主合同担保的，给付定金的一方拒绝订立主合同的，无权要求返还定金；收受定金的一方拒绝订立主合同的，应当双倍返还定金。

2. 成约定金

成约定金是指以交付定金作为主合同的成立或有效要件。当事人约定以交付定金作为主合同成立或者有效要件的，给付定金的一方未支付定金，但主合同已经履行或者已经履行主要部分的，不影响主合同的成立或者生效。

3. 解约定金

解约定金是指以交付定金作为解除主合同的代价。在此种情形，交付定金后，交付定金的一方可以按照合同的约定以丧失定金为代价而解除主合同，收受定金的一方可以双倍返还定金为代价而解除主合同。

4. 违约定金

违约定金是指以定金作为违约的赔偿金。《民法典》第 587 条规定："债务人履行债务的，定金应当抵作价款或者收回。给付定金的一方不履行债务或者履行债务不符合约定，致使不能实现合同目的的，无权请求返还定金；收受定金的一方不履行债务或者履行债务不符合约定，致使不能实现合同目的的，应当双倍返还定金。"此即"定金罚则"。值得注意的是，适用定金罚则的前提条件包括两个方面的要求：一是一方不履行债务或者履行债务不符合约定，二是前述违约行为致使不能实现合同目的，以及违约行为须达到根本违约的程度。当事人轻微违约不能适用定金罚则。

《民法典》第 588 条规定："当事人既约定违约金，又约定定金的，一方违约时，对方可以选择适用违约金或者定金条款。定金不足以弥补一方违约造成的损失的，对方可以请求赔偿超过定金数额的损失。"据此，在定金与赔偿金并存的情况下，定金与赔偿金的总额不能超过违约造成的损失。

案例 8－2

本章小结

本章的基本内容包括违约责任的概念、特征、性质，违约损害赔偿责任的归责原则，违约行为的形态，违约责任和侵权责任的竞合，以及违约责任的形式。

违约责任是合同当事人不履行合同义务或者履行合同义务不符合约定时所承担的法律后果。违约损害赔偿责任的归责原则是基于一定的归责事由而确定行为人是否承担违约损害赔偿责任的法律原则。《民法典》关于违约损害赔偿责任的归责原则实际上采取了二元立法模式，即总则中的严格责任与分则中的过错责任相结合的立法模式。在严格责任之下，债务人因存在法定免责事由或约定免责事由而免责。

在我国，违约行为包括预期违约、履行不能、拒绝履行、迟延履行、受领迟延、不完全履行几种形态。违约责任包括支付违约金、赔偿损失、强制履行、支付定金等形式。此外，《民法典》承认违约责任和侵权责任的竞合。

思考与练习

小试身手

一、名词解释

1. 默示预期违约　　2. 受领迟延　　3. 责任竞合

4. 过失相抵规则　　5. 强制履行

二、简答题

1. 违约责任有哪些特征？

2. 如何理解违约损害赔偿责任的归责原则？

3. 既得利益损失与可得利益损失有哪些差异？

4. 损害赔偿责任有何限制规则？

5. 如何理解《民法典》第580条第2款规定的当事人请求终止合同权利义务关系？

6. 如何理解违约责任和侵权责任的竞合？

三、案例分析题（请扫描下方二维码）

案例分析

第九章 转移所有权合同

导 言

转移所有权合同是指义务人将标的物的所有权转让于权利人，而权利人取得所有权的合同类型。在合同法中，转移所有权的合同主要包括买卖合同，供用电、水、气、热力合同，赠与合同和借款合同。

本章共四节，分别对买卖合同，供用电、水、气、热力合同，赠与合同和借款合同进行了阐述，对不同种类合同的概念、法律特征、特殊规定等进行了系统的梳理。这些合同具有一些相同的特点。在这些转移所有权的合同中，买卖合同是最基本的、最普遍的合同类型，应予以重点学习和掌握。

学习目标

完成这一章内容的学习之后，你将能够：

熟悉买卖合同的类型和内容、买卖合同的效力、标的物的风险负担、买卖合同解除的特别规定。

了解买卖合同的概念和法律特征、特种买卖的法律规定。注意买卖合同和赠与合同、租赁合同的区别。

了解供用电、水、气、热力合同，赠与合同和借款合同的基本内容。

第一节　买卖合同

一、买卖合同概述

（一）买卖合同的概念和法律特征

案例 9－1

1. 买卖合同的概念

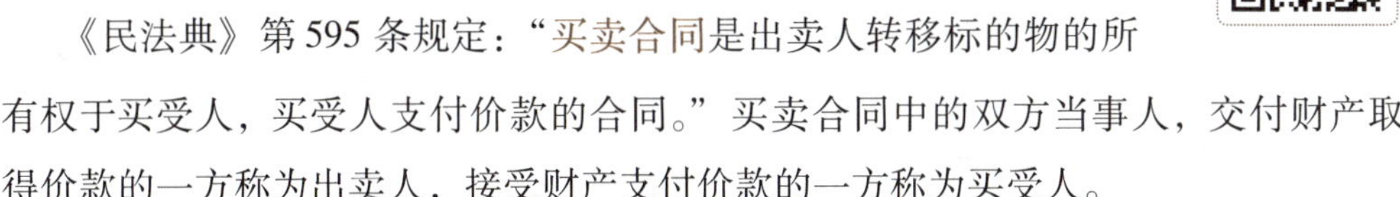

《民法典》第 595 条规定：“买卖合同是出卖人转移标的物的所有权于买受人，买受人支付价款的合同。”买卖合同中的双方当事人，交付财产取得价款的一方称为出卖人，接受财产支付价款的一方称为买受人。

2. 买卖合同的法律特征

买卖合同具有合同的一般法律特征，即合同的共同属性；除此之外，买卖合同还具有专属的法律特征，即自身的个别属性，这些特征使买卖合同与其他的合同相区别，并独立存在。

买卖合同主要有以下法律特征：

（1）买卖合同是转移标的物所有权的合同。所谓转移标的物所有权的合同，是指合同的双方当事人在合同中约定，一方当事人在交付其标的物时，同时将该标的物的所有权转移给另一方当事人。所以，在买卖合同中，出卖人的标的物所有权因出卖而消灭，买受人对于标的物的所有权因买受而发生，从而使标的物的所有权由出卖人转移至买受人。

（2）买卖合同是标的物所有权与价款对价转移的合同。在买卖合同中，一方当事人把标的物的所有权转移给另一方当事人时，另一方当事人应支付一定的价款。标的物的所有权与价款是对等给付的。如果买受人接受标的物的所有权而不给付价款，则不属于买卖合同。价款必须是一定数量的货币，不是其他物品或者劳务，这一点，使买卖合同与赠与合同、易货合同区别开来。

（3）买卖合同是双务有偿合同。如前所述，合同可分为单务合同和双务合同。只有一方当事人承担义务的合同是单务合同，双方当事人互相承担义务的合同是双务合同。依照是否支付价款、酬金或给予对方相应的利益，合同又分为无偿合同和有偿合同。一般来说，单务合同都是无偿合同，双务合同多为有偿合同。因为单务合同只需一方当事人承担合同义务，而对方在取得利益时无须偿付任何代价。例如在赠与合同中，虽然赠与人要向受赠人转移财产的所有权，但是受赠人只需无偿地接受赠与物，这是一种单务无偿合同。双务合同是双方当事人的权利义务相互对应的合同，双方互为权利义务关系，一方当事人在取得自身利益的同时必须给另一方当事人相应的金钱或其他物质利益，这表现为一种有偿形式。在买卖合同关系中，双方当事人都享有一定的权利，同时也负有一定的义务，一方的权利正是对方的义务；反之亦然。买卖合同的出卖人享有收取货款的权利，却因履行交付标的物的义务而丧失其对于该项财产的所有权，而买受人履行交付一定数额货款的义务并取得标的物的所有权，因此，买卖合同是双务有偿合同

（4）买卖合同是诺成合同。诺成合同的双方当事人就合同的主要条款经过协商一致，合同即告成立。此外，根据法律规定或当事人约定，必须经鉴证、公证或主管机关核准登记，才能产生法律效力的合同，通常也认为是诺成合同。诺成合同与实践合同相对应，实践合同除双方当事人意思表示一致外，还须实际交付标的物才能成立。只要买卖合同的当事人意思表示一致，买卖合同就可成立，不需要以交付标的物为要件，因此买卖合同是诺成合同。

（5）买卖合同是不要式合同，有特殊规定的除外。买卖合同的成立、有效一般并不需要具备特别的形式和特殊的手续，但在法律有明确规定的情况下，买卖合同必须有一定的形式。

对于《民法典》来说，买卖合同的规定具有重大的价值，其不仅作为“买卖合同”这一有名合同的具体规则指导实践，还基于《民法典》第646条的规定：“法律对其他有偿合同有规定的，依照其规定；没有规定的，参照适用买卖合同的有关规定。”其中，对“买卖合同的有关规定”采用扩大解释，调整买卖合同的法律、行政法规、规章、司法解释等，均可被其他有偿合同准用。买卖合同规则在适用上具有特殊性，原因在于市场交易中买卖活动的普遍性和重要性。其他有偿合同类型繁多、性质各异，在参照适用的过程中应仔细甄别其与买卖合同的相似与不同，进而决定是否应适用买卖合同的具体规则。

（二）买卖合同的类型

依据不同的标准，可以将买卖合同分为多个类型。

1. 一般买卖合同和特种买卖合同

根据法律有无特别的规定，可以将买卖合同分为一般买卖合同和特种买卖合同。一般买卖是指法律上没有特殊规定的买卖，它适用于合同法关于买卖合同的一般规

定。特种买卖是指法律有特别规定的买卖，适用于法律关于买卖合同的特别规定。从世界各国的规定看，特种买卖主要包括：买回、试验买卖、样品买卖、分期付款买卖、拍卖、房屋买卖、易货交易、招标投标买卖。从我国合同法的规定看，特种买卖主要包括：分期付款买卖、样品买卖、试用买卖、招标投标买卖、拍卖及易货交易。

2. 特定物买卖合同和种类物买卖合同

根据标的物性质的不同，可以将买卖合同分为特定物买卖合同和种类物买卖合同。特定物买卖合同是以交付特定物作为合同的标的物的买卖合同。种类物买卖合同是以交付种类物作为合同的标的物的买卖合同。对于这种分类，一般认为其主要区别在于标的物所有权转移的时间及标的物灭失的后果有所不同。

3. 竞争性买卖合同和非竞争性买卖合同

根据合同订立方式的不同，可以将买卖合同分为竞争性买卖合同和非竞争性买卖合同。竞争性买卖是指以公开竞价的方式，将标的物出卖给出价最高的买方。拍卖和招标是典型的竞争性买卖。非竞争性买卖是指当事人双方协商一致订立合同的买卖。

4. 即时买卖合同和非即时买卖合同

根据合同履行时间的不同，可以将买卖合同分为即时买卖合同和非即时买卖合同。即时买卖是指当事人双方在订立合同的同时也履行了合同，即当时钱货两清的买卖。非即时买卖则是订立合同与履行合同有一定时间差的买卖。

5. 一次性买卖合同和连续交易的买卖合同

根据当事人的买卖是否一次完结，可以将买卖合同分为一次性买卖合同和连续交易的买卖合同。一次性买卖是指当事人只交易一次就结束买卖关系的买卖。连续交易的买卖则是指当事人在一定的期限内定期或者不定期进行交易的买卖，并且每次交易都有关联性。

（三）买卖合同的订立

当事人订立买卖合同时，除遵守一般规定外，还应遵循以下特别规定：

（1）当事人之间没有书面合同，一方以送货单、收货单、结算单、发票等主张存在买卖合同关系的，合同是否成立，应当由人民法院结合当事人之间的交易方式、交易习惯以及其他相关证据作出认定。

（2）当事人之间存在对账确认函、债权确认书等函件、凭证，即使没有记载债权人名称，买卖合同当事人一方以此证明存在买卖合同关系的，人民法院也应当予以确认，但有相反证据足以推翻的除外。

（3）当事人签订认购书、订购书、预订书、意向书、备忘录等预约合同，约定在将来一定期限内订立买卖合同，一方不履行订立买卖合同的义务，对方请求其承担预约合同违约责任或者要求解除预约合同并主张损害赔偿的，人民法院应予支持。

（4）当事人一方以出卖人在缔约时对标的物没有处分权为由主张合同无效的，人民法院不予支持。但是，根据《民法典》第597条的规定，因出卖人未取得处分权致使标的物所有权不能转移的，买受人可以解除合同并请求出卖人承担违约责任，人民法院应予支持。这说明，买卖合同的效力不因出卖人无权处分而受到影响，买受人仍可请求解除合同并同时请求出卖人承担违约责任。出卖人无权处分的直接法律后果并非买卖合同无效，而是导致出卖人履行不能，构成根本违约。

（5）人民法院在按照合同法的规定认定电子交易合同的成立及效力的同时，还应当适用电子签名法的相关规定。

（四）买卖合同的内容

买卖合同的内容一般包括标的物的名称、数量、质量、价款、履行期限、履行地点和方式、包装方式、检验标准和方法、结算方式、合同使用的文字及其效力等条款。

二、买卖合同的效力

（一）对出卖人的效力

1. 交付标的物或者交付提取标的物的单证，并转移标的物所有权

《民法典》第598条规定："出卖人应当履行向买受人交付标的物或者交付提取标的物的单证，并转移标的物所有权的义务。"买卖合同的买受人订立买卖合同的目的就是取得标的物的所有权，而标的物的所有权必须交付才能由出卖人转移给买受人。因此，出卖人出卖的标的物，应当属于其所有或者其有权处分；否则，出卖人无权交付。

2. 交付提取标的物单证以外的有关单证和资料

《民法典》第599条规定："出卖人应当按照约定或者交易习惯向买受人交付提取标的物单证以外的有关单证和资料。"这些单证和资料是买受人获得标的物所有权、办理报关等法律手续，向出卖人、承运人及有关部门行使赔偿请求权、检修权的重要证据。这里的"有关部门"包括范围较广，如人民法院、市场监督管理部

门、消费者协会、商检部门、维修部门等。

3. 按照约定的时间交付标的物

《民法典》第601条规定："出卖人应当按照约定的时间交付标的物。约定交付期限的，出卖人可以在该交付期限内的任何时间交付。"当事人约定的交付时间可以是具体的日期，也可以是一段期间。当事人对标的物的交付时间没有约定或者约定不明确的，可以协议补充；不能达成协议的，出卖人可以随时交付标的物，买受人也可以随时要求出卖人交付标的物，但应当给对方必要的准备时间。

4. 按照约定的地点交付标的物

根据《民法典》第603条的有关规定，出卖人应当按照约定的地点交付标的物。当事人没有约定交付地点或者约定不明确，依据《民法典》第510条的规定仍不能确定的，适用下列规定：①标的物需要运输的，出卖人应当将标的物交付给第一承运人以运交给买受人；②标的物不需要运输，出卖人和买受人订立合同时知道标的物在某一地点的，出卖人应当在该地点交付标的物；不知道标的物在某一地点的，应当在出卖人订立合同时的营业地交付标的物。

5. 按照约定的质量要求交付标的物

根据《民法典》第615条的规定，出卖人应当按照约定的质量要求交付标的物。出卖人提供有关标的物质量说明的，交付的标的物应当符合该说明的质量要求。当事人对标的物的质量要求没有约定或者约定不明确，依据《民法典》第510条的规定仍不能确定的，适用《民法典》第511条的规定，即按照强制性国家标准、推荐性国家标准、行业标准的顺序决定履行标准；以上标准均没有的，按照通常标准或者符合合同目的的特定标准履行。

6. 按照约定的包装方式交付标的物

根据《民法典》第619条的规定，出卖人应当按照约定的包装方式交付标的物。对包装方式没有约定或者约定不明确，依据《民法典》第510条的规定仍不能确定的，应当按照通用的方式包装；没有通用方式的，应当采取足以保护标的物且有利于节约资源、保护生态环境的包装方式。

7. 对标的物的瑕疵负担保责任

首先，出卖人应对标的物的质量瑕疵承担违约责任。出卖人交付的标的物不符合质量要求的，根据其不符合的程度，买受人可以请求其承担瑕疵履行或不履行的违约责任，适用《民法典》第582～584条关于违约责任的规定。

其次，出卖人应对标的物的权利瑕疵承担担保责任。权利瑕疵是指标的物上所负担的第三人的合法权利。权利瑕疵担保则是指出卖人保证第三人不能就买卖的标的物向买受人主张任何权利。对此，《民法典》第612条规定："出卖人就交付的标的物，负有保证第三人对该标的物不享有任何权利的义务，但是法律另有规定的除外。"但《民法典》第613条规定："买受人订立合同时知道或者应当知道第三人对买卖的标的物享有权利的，出卖人不承担前条规定的义务。"

8. 旧物回收的义务

《民法典》第625条规定："依照法律、行政法规的规定或者按照当事人的约定，标的物在有效使用年限届满后应予回收的，出卖人负有自行或者委托第三人对标的物予以回收的义务。"这是《民法典》合同编对绿色原则的具体落实，其中，当事人约定在标的物有效使用年限届满后回收的，从其约定；法律、行政法规规定应当回收的旧物一般是对环境有毒有害的废弃物，例如化工生产中应用的部分材料、废旧电池、废弃电器等。

（二）对买受人的效力

1. 支付价款

出卖人交付标的物的目的是取得价款，而买受人取得标的物就应当支付价款。所以，买受人支付价款是其主要的义务。根据《民法典》第510条、第511条、第626条、第627条和第628条的相关内容，买受人支付价款时须遵守以下规定：①价款的数额。买受人应当按照约定的数额支付价款，当事人没有约定或者约定不明确的，可以协议补充；不能达成协议的，按照合同的有关条款或者交易习惯确定；仍不能确定的，应当按照合同订立时履行地的市场价格履行；依法应当执行政府定价或者政府指导价的，按照规定履行。②价款支付的地点。买受人应当按照约定的地点支付价款。对支付的地点没有约定或者约定不明确的，可以协议补充；不能达成协议的，按照合同的有关条款或者交易习惯确定；仍不能确定的，买受人应当在出卖人的营业地支付，但约定支付价款以交付标的物或者交付提取标的物单证为条件的，在交付标的物或者交付提取标的物单证的所在地支付。③价款支付的时间。买受人应当按照约定的时间支付价款，对支付价款的时间没有约定或者约定不明确的，当事人可以协议补充；不能达成协议的，按照合同的有关条款或者交易习惯确定；仍不能确定的，买受人应当在收到标的物或者提取标的物单证的同时支付。买受人有确切证据证明第三人可能就标的物主张权利的，可以中止支付相应的价款，但出卖人提供适当担保的除外。

2. 接受标的物

买受人应按合同约定的时间、地点和方式接受出卖人交付的标的物。如果买受人未按合同规定的时间接受货物，即为迟延接受，应负迟延履行的法律责任。未按合同指定的地点和方式接受货物造成标的物的遗失或毁损的，买受人责任自负，仍要承担付款的义务。出卖人多交标的物的，买受人可以接收或者拒绝接收多交的部分。买受人接收多交部分的，按照约定的价格支付价款；拒绝接收多交部分的，应当及时通知出卖人。

3. 对标的物进行检验

买受人或其他收货人收到标的物时应当在约定的检验期间内检验，可能存在以下三种情形：①当事人约定检验期间的，买受人应当在检验期间内将标的物的数量或者质量不符合约定的情况通知出卖人。买受人怠于通知的，视为标的物数量或者质量符合约定。②当事人没有约定检验期间的，买受人应当在发现或者应当发现标的物数量或者质量不符合约定的合理期间内通知出卖人。买受人在合理期间内未通知或者自标的物收到之日起两年内未通知出卖人的，视为标的物的数量或者质量符合约定，但对标的物有质量保证期的，适用质量保证期，不适用该两年的规定。对于该“合理期间”的规定，应当综合当事人之间的交易性质，交易目的，交易方式，交易习惯，标的物的种类、数量、性质、安装和使用情况、瑕疵的性质，买受人应尽的合理注意义务，检验方法及其难易程度，买受人或者检验人所处的具体环境，自身技能以及其他合理因素，依据诚信原则进行判断。③当事人约定了检验期间，但该期限过短，根据标的物的性质和交易习惯，买受人在检验期限内难以完成全面检验的，该期限仅视为买受人对标的物的外观瑕疵提出异议的期限。约定的检验期限或者质量保证期短于法律、行政法规规定期限的，应当以法律、行政法规规定期限为准。

买受人或其他收货人收到标的物时应当按照约定的标准进行检验，但在出卖人依照买受人的指示向第三人交付标的物的合同中，若出现出卖人和买受人约定的检验标准与买受人和第三人约定的检验标准不一致的情况，则以出卖人和买受人约定的检验标准为准。

4. 通知责任

出卖人多交付标的物的，买受人可以接收或者拒绝接收多交付的部分，对拒绝接收的部分应当及时通知出卖人。买受人拒绝接收多交付部分标的物的，可以代为保管多交付部分标的物。买受人既可以主张出卖人负担代为保管期间的合理费用，也可以主张出卖人承担代为保管期间不是买受人故意或者重大过失造成的损失。

三、标的物的风险负担

标的物的风险是买卖合同订立后债权债务清结之前标的物因不可归责于双方任何一方的事由而发生灭失的损失。在这种情况下，由于任何一方都不对该损失负责，于是就出现了标的物的风险负担问题。

对于标的物的风险负担问题，《民法典》作了以下的规定。

1. 一般原则

在标的物的风险负担问题上存在两种立法体例：一种体例为标的物的风险随所有权的转移而转移；另一种体例为标的物的风险随标的物的交付而转移。《民法典》第604条规定："标的物毁损、灭失的风险，在标的物交付之前由出卖人承担，交付之后由买受人承担，但是法律另有规定或者当事人另有约定的除外。"当事人对风险负担没有约定，标的物为种类物，出卖人未以装运单据、加盖标记、通知买受人等可识别的方式清楚地将标的物特定于买卖合同，买受人不负担标的物毁损、灭失的风险。

2. 特殊情况下风险转移

特殊情况下风险转移的规则包括：①由买受人造成标的物不能按照约定的期限交付的，买受人应当自违反约定之日起承担标的物毁损、灭失的风险。②出卖人出卖交由承运人运输的在途标的物，除当事人另有约定的以外，毁损、灭失的风险自合同成立时由买受人承担；但出卖人在合同成立时知道或者应当知道标的物已经毁损、灭失未告知买受人，则标的物毁损、灭失的风险由出卖人承担。③出卖人根据合同约定将标的物运送至买受人指定地点并交付给承运人后，标的物毁损、灭失的风险由买受人负担，但当事人另有约定的除外。当事人没有约定交付地点或者约定不明确的，标的物需要运输的，出卖人应当将标的物交付给第一承运人以运交给买受人。出卖人将标的物交付给第一承运人后，标的物毁损、灭失的风险由买受人承担。这里的"标的物需要运输的"，是指标的物由出卖人负责办理托运，承运人系独立于买卖合同当事人之外的运输业者的情形。④出卖人按照约定或者将标的物置于交付地点，买受人违反约定没有收取的，标的物毁损、灭失的风险自违反约定之日起由买受人承担。

另外，出卖人按照约定未交付有关标的物的单证和资料的，不影响标的物毁损、灭失风险的转移；标的物质量不符合要求，致使不能实现合同目的的，买受人可以拒绝接受标的物或者解除合同。买受人拒绝接受标的物或者解除合同的，标的物毁损、灭失的风险由出卖人承担；标的物毁损、灭失的风险由买受人承担的，不影响因出卖人履行义务不符合约定，买受人请求其承担违约责任的权利。

四、买卖合同解除的特别规定

（一）涉及主物和从物合同的解除

主物是能够独立发生效用的物，从物是辅助主物发生效用、具有从属关系的物。按照“从随主”的原则，在以主物和从物为标的物的合同中，因主物不合约定而解除合同的，单独履行从物已经失去意义，所以解除合同的效力及于从物。《民法典》第631条规定：“因标的物的主物不符合约定而解除合同的，解除合同的效力及于从物。因标的物的从物不符合约定被解除的，解除的效力不及于主物。”

（二）以数物为标的物的合同的解除

数物是否具有可分性，其解除的规定是不同的。当数物可分，解除一物并不影响其他物时，当事人可以解除合同；当数物具有不可分的特点时，如果解除一物对其他物有影响，即解除一物使其他物的价值显然受到损害，则当事人只能就数物解除合同。《民法典》第632条规定：“标的物为数物，其中一物不符合约定的，买受人可以就该物解除。但是，该物与他物分离使标的物的价值显受损害的，买受人可以就数物解除合同。”

（三）连续供货合同的解除

出卖人分批交付标的物的，出卖人对其中一批标的物的不交付或者交付不符合约定，致使该批标的物不能实现合同目的，买受人可以就该批标的物解除合同。

出卖人不交付其中一批标的物或者交付不符合约定，致使今后其他各批标的物的交付不能实现合同目的的，买受人可以就该批及今后其他各批标的物解除合同。

买受人如果就其中一批标的物解除合同，而该批标的物与其他各批标的物相互依存，则可以就已经交付和未交付的各批标的物解除合同。

（四）分期付款合同的解除

分期付款的买受人未支付到期价款的金额达到全部价款的五分之一的，经催告后在合理期限内仍未支付到期价款的，出卖人可以要求买受人支付全部价款或者解除合同。出卖人解除合同的，可以向买受人请求支付该标的物的使用费。

五、特种买卖

（一）分期付款买卖

分期付款买卖是指买受人应按照一定期限分批向出卖人支付价款的买卖。

分期付款买卖是一种特殊的买卖，其特殊性体现在，买受人在受领标的物后才按照约定向出卖人分批分期地付清总价款。分期付款买卖从实质上看是赊销的一种买卖形式，但与一般赊销不同，买受人取得标的物后不是于一定期限内一次性付清价款，而是按照一定期限分批支付价款。分批分期的次数，由当事人决定。

分期付款买卖是出卖人先交付标的物，而买受人是在出卖人交付标的物后分若干次结清款项。对于出卖人，其风险是显而易见的。因此，一般在合同中，出卖人都会提出一些为了保护自己利益不受损害的条款，但有时这会损害买受人的利益。为了平衡这种关系，解决矛盾，法律一般限制出卖人的某种权利；与此同时，也要考虑对出卖人的保护。《民法典》第634条规定："分期付款的买受人未支付到期价款的数额达到全部价款的五分之一，经催告后在合理期限内仍未支付到期价款的，出卖人可以请求买受人支付全部价款或者解除合同。出卖人解除合同的，可以向买受人请求支付该标的物的使用费。"这里的"分期付款"是指买受人将应付的总价款在一定期间内至少分三次向出卖人支付。

《民法典》第634条规定的内容有以下含义。

（1）若分期付款买卖合同的约定违反该条的规定，损害买受人利益，则买受人有权主张该约定无效。

（2）对买受人的保护是：只要买受人未付款的金额不超过合同全部价款的五分之一，即无论是几次，出卖人是无权要求买受人支付全部价款或者解除合同的。

（3）对出卖人的保护是：只要买受人不支付合同款项，一旦达到合同全部价款的五分之一，经催告后在合理期限内仍未支付到期价款的，出卖人就可以无须同买受人协商，要求买受人支付全部价款（而不是本期价款）或者解除合同。

（二）样品买卖

样品买卖是指出卖人交付的货物须与当事人保留的样品具有同一品质的买卖。样品买卖是一种特殊的买卖，其特殊性表现在以样品来确定标的物。所谓样品，是指当事人选定的用以决定标的物的品质的货物。因此，样品买卖的根本特征在于出卖人交付的货物与样品须具有同一品质。

样品买卖应具有下列特征。

（1）样品是确定标的物的唯一标准。样品是用于确保标的物品质的，在样品买卖中，标的物的品质与样品相同是当事人关于标的物品质的约定，是当事人一方即买受人的基本要求。

（2）样品买卖须有样品的存在。这种存在是订立合同时就已经存在的，当事人在订立样品买卖合同时应当包括“以样品确定标的物的质量”或“按样品买卖”等条款，以此作为履行合同的法律依据。如果当事人双方在订立合同时没有样品或者出卖人先向买受人提示样品，而后双方订立买卖合同而未表明为样品买卖合同，则双方订立的合同并不是样品买卖合同。

（3）凭样品买卖的当事人应当封存样品，并可以对样品质量予以说明。出卖人交付的标的物应当与样品及其说明的质量相同。合同约定的样品质量与文字说明不一致且发生纠纷时当事人不能达成合意，样品封存后其外观和内在品质没有发生变化的，应当以样品为准；其外观和内在品质发生变化，或者当事人对是否发生变化有争议而又无法查明的，应当以文字说明为准。

另外，凭样品买卖的买受人不知道样品有隐蔽瑕疵的，即使交付的标的物与样品相同，出卖人交付的标的物的质量仍然应当符合通常的标准。

（三）试用买卖

试用买卖是指当事人约定试验或检验标的物，以买受人认可标的物为生效条件的买卖。试用买卖为买卖的一种。因此，对于试用买卖除法律另有规定外，应适用一般买卖的有关规定。但试用买卖为一种特殊的买卖，与一般买卖相比，试用买卖具有以下特征。

（1）试用买卖约定由买受人试验或检验标的物。试用买卖是以买受人试验或检验标的物为前提条件的，没有买受人的试用就不能认为是试用买卖。买受人有试用的权利，而出卖人则有让买受人试用的义务。这与一般的买卖合同有明显的区别。如果出卖人不同意买受人的试用，买受人可以请求出卖人交付标的物或者解除合同。

（2）试用买卖是以买受人认可标的物为生效条件的买卖。一般买卖合同自合同订立时合同就成立，而试用买卖合同必须自买受人认可标的物时起才生效。如果买受人在约定的试用期间，经试验或者检验对标的物不认可，则试用买卖合同不发生效力。可见，买受人认可标的物，为条件成就，合同生效；买受人未认可标的物，则为条件不成就，合同失去效力。买受人是否认可标的物，完全取决于自己的意愿，不受出卖人的干预或者其他条件的限制。如果当事人约定，标的物经试验或检验符合一定要求，买受人就须买下标的物，则不为试用买卖，而为一般买卖。

（3）试用买卖的当事人可以约定标的物的试用期间。对试用期间没有约定的或者约定不明确的，可以协议补充；不能达成协议的，按照合同的有关条款或者交易习惯确定；仍不能确定的，由出卖人确定。

（4）试用买卖的买受人在试用期间可以购买标的物，也可以拒绝购买。试用期间届满，买受人对购买标的物未作表示的，视为购买。试用买卖的买受人在试用期内已经支付一部分价款的，人民法院应当认定买受人同意购买，但合同另有约定的除外。在试用期内，买受人对标的物实施了出卖、出租、设定担保物权等非试用行为的，人民法院应当认定买受人同意购买。

（5）试用买卖的当事人没有约定使用费或者约定不明确的，由出卖人承担，因而出卖人无权请求买受人支付使用费。

买卖合同存在下列约定内容之一的，不属于试用买卖：①约定标的物经过试用或者检验符合一定要求时，买受人应当购买标的物；②约定第三人经试验对标的物认可时，买受人应当购买标的物；③约定买受人在一定期间内可以调换标的物；④约定买受人在一定期间内可以退还标的物。买卖合同存在上述约定内容之一，买受人主张属于试用买卖的，人民法院不予支持。

（四）招标投标买卖和拍卖

对于招标投标买卖和拍卖，《民法典》没有作特别的规定，根据《民法典》第644条、第645条的规定，合同当事人的权利义务及招标投标买卖、拍卖的程序依照其他有关法律、行政法规的规定。

（五）易货交易

易货交易是指当事人约定双方相互交换金钱以外的财产权的协议，又称以物易物合同、以货换货合同、互易合同等。转移标的物所有权的易货交易，根据《民法典》第647条的规定，参照适用买卖合同的有关规定。

六、所有权保留

（一）所有权保留制度

所有权保留是指在买卖合同中，根据法律规定或双方当事人之间约定买受人先占有使用标的物，但在双方约定的特定条件成就前，出卖人仍保留标的物所有权的法律制度。

《民法典》第 641 条第 1 款明文规定："当事人可以在买卖合同中约定买受人未履行支付价款或者其他义务的，标的物的所有权属于出卖人。"

（二）适用范围

所有权保留的客体范围，是指作为买卖标的物的哪些财产可以进行所有权保留。从所有权保留的立法实践来看，一些国家和地区关于所有权保留的法律条款多针对动产而规定。不动产是否可为所有权保留，各国、各地区立法也有不同规定。《民法典》第 641 条规定了所有权保留制度，对其客体范围未作限制。

（三）公示方式

在所有权保留制度下，标的物所有权人不占有标的物，买受人占有标的物却并不享有所有权，这种权利构造模式使标的物的实际权属状态与其表象不尽一致，从而容易引发利害关系人之间的权利冲突。也就是说，在所有权保留制度下的权利分化现象，虽然深合买卖双方当事人的利益，但因缺乏公示，第三人无从知晓，容易引发彼此之间的权利冲突。因此，通过设立有效的所有权保留公示方式来解决由权利分化所生之冲突便成为所有权保留制度的必然选择。综观各国、各地区立法，所有权保留的公示方式有所不同。

（1）意思主义：主张所有权保留约定仅凭当事人之间的合意即可成立，而不问其采用的形式。

（2）书面主义：主张当事人为所有权保留之约定，除须达成当事人间合意外，还须采用书面形式为之。

（3）登记要件主义：主张当事人为所有权保留之约定，除有当事人合意外，还必须以一定的方式进行登记方能生效。登记公示的效力又可分为积极效力与消极效力。前者指所有权保留的设定经登记后，出卖人对标的物再为处分或买受人将标的物让与第三人时，即使该第三人为善意亦不能取得标的物上的权利。后者指所有权保留的设定非经登记不能成立，但登记簿并不具有公示力，故出卖人取得经登记之标的物时，并不能据此信其为真正所有权人。另外，该项登记亦不能排除第三人的善意取得，法律亦不推定第三人知悉登记之事由。

（4）登记对抗要件主义：主张当事人间的所有权保留约定非经以书面形式为之不得成立，非经登记不得对抗善意第三人。

（5）折衷主义：有限制的登记对抗主义，主张所有权保留有的须登记，有的无须登记，应登记而未登记的不得对抗善意第三人。

（四）所有权保留的效力

1. 出卖人取回权的效力

当事人约定所有权保留，在标的物所有权转移前，买受人有下列情形之一，对出卖人造成损害，出卖人有权主张取回标的物：①未按约定支付价款的；②未按约定完成特定条件的；③将标的物出卖、出质或者作出其他不当处分的。

取回的标的物价值显著减少，出卖人要求买受人赔偿损失的，人民法院应予支持。

2. 买受人赎回权的限制效力

出卖人依据规定取回标的物后，买受人在双方约定或者出卖人指定的合理赎回期限内，消除出卖人取回标的物的事由的，可以请求赎回标的物。

买受人在赎回期限内没有赎回标的物，出卖人可以以合理价格将标的物出卖给第三人，出卖所得价款扣除买受人未支付的价款以及必要费用后仍有剩余的，应当返还买受人；不足部分由买受人清偿。

第二节　供用电、水、气、热力合同

一、供用电合同概述

案例9－2

（一）供用电合同的概念、类型与法律特征

1. 供用电合同的概念、类型

供用电合同指合同当事人中一方提供电力，另一方使用电力并支付价款的合同。其中，提供电力的一方称为供电人，使用电力并支付价款的一方称为用电人。供用电合同主要有两种：一种是工农业和其他生产经营用电的供用电合同；另一种是生活消费用电的供用电合同。

2. 供用电合同的法律特征

供用电合同具有以下法律特征：

（1）供用电合同属于转移标的物所有权的合同。

（2）供用电合同属于双务有偿合同。

（3）供用电合同多为标准合同。

（4）供用电合同要受计划的控制。

（二）供用电合同的内容

供用电合同的内容一般包括供电的方式、质量、时间，用电容量、地址、性质，计量方式，电价、电费的结算方式，供用电设施的维护责任等条款。

（三）当事人的权利义务

（1）供电人应当按照国家规定的供电质量标准和约定安全供电。供电人未按照国家规定的供电质量标准和约定安全供电，造成用电人损失的，应当承担赔偿责任。

（2）向社会公众供电的供电人具有强制缔约义务，不得拒绝用电人合理的订立合同要求。一方面，供用电合同具有明显的社会公益性，电力是满足人民生产、生活的必需品；另一方面，公共服务领域的供电人一般具有市场垄断地位，为了保障人民的基本需求，不得由供电人随意拒绝提供服务。

（3）供电人因供电设施计划检修、临时检修、依法限电或者用电人违法用电等，需要中断供电时，应当按照国家有关规定事先通知用电人；未事先通知用电人中断供电，造成用电人损失的，应当承担赔偿责任。

（4）因自然灾害等断电，供电人应当按照国家有关规定及时抢修；未及时抢修，造成用电人损失的，应当承担赔偿责任。

（5）用电人应当按照国家有关规定和当事人的约定及时支付电费。用电人逾期不支付电费的，应当按照约定支付违约金。经催告用电人在合理期限内仍不支付电费和违约金的，供电人可以按照国家规定的程序中止供电。

（6）用电人应当按照国家有关规定和当事人的约定安全、节约和计划用电。用电人未按照国家有关规定和当事人的约定用电，造成供电人损失的，应当承担赔偿责任。

二、供用水、气、热力合同

《民法典》第656条明确规定："供用水、供用气、供用热力合同，参照适用供用电合同的有关规定。"因此，当事人的权利义务参照供用电合同的规定，此处不再赘述。

（一）供用水合同

供用水合同指合同当事人中一方提供水，另一方使用水并支付相应价款的合同。其中，提供水的一方称为供水人，使用水并支付价款的一方称为用水人。与供用电合同一样，供用水合同也属于双务有偿、转移标的物所有权的合同，国家对供用水合同也实行一定的控制，在订立供用水合同时也多采用标准合同的形式。

一般来说，供用水合同应包括以下主要条款：①供水方式、供水质量和供水时间；②用水容量、用水地址和用水性质；③计量方式和水价、水费计算方式：④供用水设施维护责任的划分：⑤合同的有效期限、违约责任和当事人共同认为应当约定的其他条款。

（二）供用气合同

供用气合同指供气人向用气人供气，用气人支付相应价款的合同。供用气合同的标的物以燃气为主，如天然气、液化石油气等。与供用电、水合同一样，供用气合同也具有集中经营、分散使用、连续供给的特点。供用气合同中用管道供应的，实行区域性统一经营；用瓶装设备供应的，可以多家经营。

一般来说，供用气合同包括下列条款：①供用气的地点；②设备；③年或者月、日的用气量；④气质要求；⑤供用气压力；⑥气价、净化费、输气费；⑦计量交接地点；⑧结算方式和时间；⑨违约责任。

（三）供用热力合同

供用热力合同指一方当事人依约提供热力，另一方当事人使用热力并支付价款的合同。其中，提供热力的一方称为供热力人，使用热力的一方称为用热力人。供用热力合同主要适用于供热企业对各单位、各家庭的生活供暖，但也有因生产需要而供用热力的情况。供热力人一般为集中对外供热，少数为自供热力有余而对外供应，供热力人应经市场监督管理机构批准，并取得供热资格后方可营业。凡属管道式供用热力的，对本营业区内的单位和个人提出的用热要求，无正当理由不得拒绝。

第三节　赠与合同

一、赠与合同概述

案例9－3

（一）赠与合同的概念和法律特征

1. 赠与合同的概念

赠与合同是指当事人双方约定一方将财产无偿地转移给另一方

所有的合同。赠与合同与赠与紧密相连，但两者不能混同。赠与是一种转移财产所有权的法律行为；而赠与合同则是以赠与为内容的合同。合同是双方法律行为，只有当事人双方的意思表示一致时才能成立。如果一方有赠与的意思表示，而另一方拒绝接受赠与；或者一方表示接受赠与，而另一方不愿赠与的，赠与合同均不能成立。

2. 赠与合同的法律特征

与其他合同相比，赠与合同具有以下法律特征。

第一，赠与合同是转移财产所有权的合同。赠与合同以赠与人将财产无偿地给予受赠人为主要内容，所以赠与人应对该财产享有所有权和处分权。若赠与人对该财产没有所有权，但具备处分权，赠与合同也可以成立。

第二，赠与合同是单务无偿合同。无偿是赠与合同的最典型特征，赠与人方面财产减少而使受赠人方面财产增加，这并不以受赠人给予回报或补偿为条件，受赠人纯受利益，不需要为取得财产而支付对价，这使赠与合同和买卖、租赁等有偿合同相区别。此外，赠与合同属于单务合同。赠与人负有给付的义务而不享受权利，受赠人享有接受赠与财产的权利而不承担任何给付义务，即使在附义务的赠与中，这种义务也不是受赠人向赠与人为给付的履行行为，而只是合同成立后的期待义务，不具有法律上的强制执行力。

第三，赠与合同为诺成合同，但这种诺成是效力极弱的诺成。《民法典》第657条规定："赠与合同是赠与人将自己的财产无偿给予受赠人，受赠人表示接受赠与的合同。"从这一规定可以看出，赠与合同是诺成合同。同时，《民法典》第658条第2款规定："经过公证的赠与合同或者依法不得撤销的具有救灾、扶贫、助残等公益、道德义务性质的赠与合同，不适用前款规定。"在这种情况下的赠与合同是完全的诺成合同。但《民法典》第658条第1款规定："赠与人在赠与财产的权利转移之前可以撤销赠与。"这就说明了在财产交付之前可以撤销赠与合同，体现出赠与合同诺成性的效力极弱。

（二）赠与合同的类型

赠与合同可作以下分类。

1. 一般赠与合同和特种赠与合同

根据有无特殊情形，赠与合同可分为一般赠与合同和特种赠与合同。前者指不具有特殊情形的单纯赠与，后者指具有特殊情形的赠与。

2. 书面赠与合同和口头赠与合同

书面赠与又称有字据的赠与，指赠与人以书面形式作出赠与的意思表示。此时一经双方达成合意，合同就成立，赠与人不得擅自撤销或变更。口头赠与又称无字据的赠与，指一方当事人仅以口头形式向对方作出赠与的意思表示。口头赠与合同只有在实际履行后，受赠人才享有法律上的保有力，所以书面赠与合同的效力要强于口头赠与合同的效力。

3. 须登记财产的赠与合同和不须登记财产的赠与合同

须登记的财产不仅包括房屋、土地、林木等不动产，还包括汽车、船舶等采用财产所有权变动登记制的动产和记名证券等权利凭证。这些财产的赠与如果没有经过法定登记程序，不得对抗善意第三人。不须登记的财产包括绝大部分动产，如衣物、金钱等，以这些财产赠与的，经交付即可发生所有权变动的效力，不须再履行登记手续。

4. 附义务的赠与合同和不附义务的赠与合同

附义务的赠与合同指受赠人在接受财产时应履行一定附随义务，否则赠与人可以请求其履行或撤销赠与合同。不附义务的赠与合同则是指受赠人在接受赠与时只单纯地享受财产利益，不须履行任何附随义务，这也是典型意义上的赠与合同。

5. 现实赠与合同和非现实赠与合同

这是根据赠与合同成立和履行的时间关系所作的划分。现实赠与又称即时赠与，指在合同成立的同时就将财产所有权转移于受赠人的赠与，即合同的成立和履行是同时进行的，不存在赠与人违约的情况。非现实赠与是指合同成立一段时间后赠与人才按约将财产所有权转移于受赠人的赠与。

二、赠与合同的成立与效力

（一）赠与合同的成立

赠与合同成立的认定与赠与合同的性质有关：认定为实践合同的，不仅有当事人的意思表示一致，而且必须交付赠与标的物，赠与合同才成立；认定为诺成合同的，则赠与合同自当事人双方的意思表示一致即可成立，不需要交付赠与标的物。《民法典》第657条规定：“赠与合同是赠与人将自己的财产无偿给予受赠人，受赠人表示接受赠与的合同。”从这一规定可以看出，赠与合同为诺成合同。

（二）赠与合同的效力

赠与合同为单务合同，因此，其合同效力主要体现为赠与人的义务方面。

1. 给付赠与标的物的义务

赠与人的主要义务是将赠与标的物按照赠与合同约定的期限、地点、方式交付受赠人，并转移标的物的所有权于受赠人，法律另有规定或当事人有约定的除外。赠与标的物因财产的交付而转移其所有权，法律规定其产权变动须办理登记等手续始生效的，赠与人应当办理有关手续，否则视为赠与未履行。若属于不可撤销的赠与，受赠人可以请求其依法履行有关手续。

2. 赠与人的瑕疵担保责任和赔偿责任

赠与合同为无偿合同，赠与人原则上不承担赠与物的瑕疵担保责任和赔偿责任，但这一原则不是绝对的，否则将给受赠人带来不必要的损失。

《民法典》第 662 条规定，附义务的赠与，赠与的财产有瑕疵的，赠与人在附义务的限度内承担与出卖人相同的责任。如果赠与人明知赠与财产有瑕疵，却故意不告诉受赠人；或者赠与人向受赠人明确保证赠与财产无瑕疵，但赠与财产有瑕疵，由此给受赠人造成的损失，赠与人要承担损害赔偿责任。

对于经过公证的赠与合同或者依法不得撤销的具有救灾、扶贫、助残等公益、道德义务性质的赠与合同，受赠人对赠与财产具有合法的期待利益，享有交付请求权；并且，若赠与财产因赠与人故意或者重大过失而毁损、灭失的，赠与人应当承担赔偿责任。

三、赠与合同的撤销

（一）赠与合同的任意撤销

赠与合同的任意撤销，指赠与合同成立后赠与人按照自己的意思而撤销赠与。民法上撤销合同一般应具备法定原因，否则不得撤销。但由于赠与合同具有无偿性，因此法律允许赠与人任意撤销。由于这种撤销具有任意性，如果不对其加以限制，则等于赠与合同对当事人没有任何约束力。因此，对赠与合同的任意撤销有以下两个方面的限制。

一方面，可以任意撤销的赠与合同仅限于一般的赠与合同。如果赠与合同是经过公证的赠与合同或者是为具有救灾、扶贫、助残等公益、道德义务性质的赠与合同则是不能撤销的。

另一方面，撤销必须在赠与财产权利转移之前作出。对不需要办理产权变动登记手续的财产，由于所有权以交付为变动要件，一经交付，标的财产的所有权就从赠与人转移到受赠人，因此赠与人只能在标的财产交付以前予以撤销。如果赠与财产的一部分已经交付，则仅可撤销未交付的部分。对产权变动须经登记的财产，如汽车、船舶等，一旦经过登记，赠与人不得任意撤销。

（二）赠与合同的法定撤销

赠与合同的法定撤销，指在具备法定事由时，由有撤销权的人对赠与合同予以撤销。与任意撤销相比，法定撤销需要法定事由作为条件，而不是由赠与人按自己的意志随意撤销。只要法定事由发生后，无论赠与合同是采用口头还是采用书面形式订立的，也无论赠与财产是否已经交付或登记，撤销权人均可以主张撤销赠与合同。

按照《民法典》第663条的规定，受赠人有下列情形之一的，赠与人可以撤销赠与：①严重侵害赠与人或者赠与人近亲属的合法权益；特殊情况下，若由受赠人的违法行为致使赠与人死亡或者丧失民事行为能力的，赠与人的继承人或者法定代理人可以撤销赠与，该权利人应自知道或者应当知道撤销事由之日起六个月内行使撤销权。②对赠与人有扶养义务而不履行的。③不履行赠与合同约定的义务。

（三）赠与合同撤销的法律后果

赠与合同撤销后，赠与人不再负担给付赠与标的物的义务，对尚未给付赠与标的物的，可以不给付，已经交付的，赠与人可以请求返还。赠与人的经济状况显著恶化，严重影响其生产经营或者家庭生活的，可以不再履行赠与义务。

（四）赠与合同撤销的期限

《民法典》第663条规定："赠与人的撤销权，自知道或者应当知道撤销事由之日起一年内行使。"《民法典》第664条第2款规定："赠与人的继承人或者法定代理人的撤销权，自知道或者应当知道撤销事由之日起六个月内行使。"

四、特种赠与

（一）附义务的赠与

附义务的赠与又称附负担的赠与，指使受赠人负担一定义务的赠与。在普通的赠与关系中，受赠人仅享有权利而不负担义务，但在附义务的赠与中，赠与人对其赠与附加一定的条件，使受赠人负担一定的给付义务。该负担是赠与合同的一部分内容，而非单独的另一合同；该负担也不构成赠与的对价，原则上赠与人履行给付义务后，受赠人才履行负担的义务。

附义务的赠与有以下特殊之处。

（1）受赠人应履行约定义务。受赠人不履行约定义务且无正当理由的，构成撤销赠与合同的法定事由。赠与人交付赠与财产后，受赠人若不履行其义务，包括拒绝履行、不完全履行和迟延履行等情况，赠与人有权请求其履行或撤销赠与。如果合同中约定义务的受益人为第三人，则第三人也有权请求受赠人履行合同义务；如果约定义务的受益人为一般公众，则有关部门有权请求受赠人履行。

受赠人履行其义务，不得超过赠与财产的价值限度。赠与原应是使受赠人纯受利益的，受赠人的负担超过赠与财产的价值，则受赠人无任何利益可言，也与赠与的本质不符。赠与所附的负担超过赠与财产价值的，受赠人对超出部分可以不予履行；如果该义务不能分开，不能为一部履行的，受赠人可以拒绝履行。

（2）赠与人的瑕疵担保责任。在一般的赠与合同中，赠与人原则上不负瑕疵担保责任。但在附义务的赠与中，受赠人虽享有利益，却也须履行义务。就受赠人履行负担方面而言，其地位类似于买卖合同中的买受人，所以在附义务的赠与合同中，赠与人在受赠人负担义务的限度内负有与出卖人相同的瑕疵担保责任。

（3）受赠人无正当理由不履行附随义务的，赠与人有权撤销赠与合同。赠与合同一经撤销即被视为自始无效，受赠人应将赠与物返还赠与人；受赠人已经履行一部分附随义务的，赠与人应给予适当补偿。

（二）捐赠

捐赠是指为了社会公益事业或其他目的，无偿地将财产给予他人的法律行为。根据性质，捐赠可以分为三类：不附任何条件的捐赠、附加特定义务的捐赠和为特定目的的募捐。

第四节 借款合同

一、借款合同概述

（一）借款合同的概念和法律特征

1. 借款合同的概念

《民法典》第667条规定：“借款合同是借款人向贷款人借款，到期返还借款并支付利息的合同。”其中，向对方借款的一方称为借款人，出借钱款的一方称为贷款人。

2. 借款合同的法律特征

（1）借款合同是诺成合同。根据《民法典》的有关规定，借款合同的双方当事人就合同的主要条款达成合意的，借款合同即告成立，并不以合同标的物的交付作为合同成立的要件。从当事人双方达成协议之时起，借款合同就正式成立、生效。

（2）借款合同是双务合同。在借款合同中，借款人享有使用借款的权利，同时又负有按照合同约定的期限和利率，及时偿还借款本金并支付利息的义务；贷款人享有按照合同约定的期限和利率及时收回借款，并取得利息的权利，同时又负有按照合同约定的时间和数量向借款人提供借款的义务。如果其中的一方不履行自己应承担的义务，另一方就不能实现其应享有的权利。因此，双方当事人之间的权利义务关系，是一种相互联系、相互依赖的关系。由此可见，借款合同属于双务合同。

（3）借款合同可以是有偿合同，也可以是无偿合同。借款合同当事人双方可以约定利息，公民之间的借款也可以不约定利息。但是，当事人约定的利息不得高于国家的规定，不得违反国家有关限制借款利率的规定。当事人约定利息的，借款人不仅应于约定的期限内返还同等数量的货币，而且应当支付约定的利息。但是，借款的利息不得预先在本金中扣除。利息预先在本金中扣除的，按照实际借款数额计算利息。

（二）借款合同的类型

借款合同的类型有很多，按照不同的标准，可以进行不同的划分。

1. 按照借款对象划分

按照借款对象的不同，借款合同可以分为银行或者其他金融机构借款合同和民间借款合同两类。

银行或者其他金融机构借款合同是指以银行或其他金融机构为贷款人的借款合同，又称贷款合同、信贷合同。它是银行或其他金融机构与借款人之间关于银行或其他金融机构将货币出借给借款人使用，借款人于规定期限内返还借款并支付利息的合同。

民间借款合同是指以银行或其他金融机构以外的人为贷款人的借款合同，是非金融机构之间关于一方贷与另一方金钱的协议，也包括公民之间的借款合同。

2. 按照借款的货币种类划分

按照借款的货币种类不同，借款合同可以分为人民币借款合同和外币借款合同两类。

人民币借款合同是指借贷的货币为人民币的借款合同。外币借款合同是指借贷的货币为人民币以外的其他货币的借款合同。

3. 按照担保方式划分

按照担保方式的不同，借款合同可以分为信用担保借款合同和财产担保借款合同两类。

信用担保借款合同是指采用信用担保的方式签订的借款合同，即在借款合同中，由借、贷双方当事人以外的第三人，应借款人的要求，向贷款人保证借款人能够按期、全面地履行借款合同中约定的偿还借款本息的义务。这种借款合同也称为保证借款合同。

财产担保借款合同是指采用财产担保即抵押的方式而签订的借款合同，即在借款合同中，由借款人或者第三人为保证合同约定的义务能够按期得到履行，而向贷款人提供一定的财产作担保。这种借款合同也称为抵押借款合同。

4. 按照借款的期限划分

按照借款的期限不同，借款合同可以分为短期借款合同、中期借款合同和长期借款合同三类。

短期借款合同主要指合同中约定的借款期限在一年以下的借款合同。

中期借款合同一般指合同中约定的借款期限在一年以上，五年以下的借款合同。

长期借款合同一般指合同中约定的借款期限在五年以上的借款合同。

（三）借款合同的内容

按照《民法典》和《中华人民共和国商业银行法》的有关规定，借款合同应当具备的主要条款包括：借款种类、借款的货币种类、借款用途、借款数额、借款利率、借款期限、还款方式、担保条款、违约责任等。

二、借款合同的效力

（一）对借款人的效力

根据《民法典》的规定，借款人的合同义务主要有以下内容。

1. 依约提供担保

借款人应依据金融机构的要求提供担保，该项义务常发生在借款合同的主要内容生效之前。

2. 如实申报义务

订立借款合同，借款人应当按照贷款人的要求提供与借款有关的业务活动和财务状况的真实情况。该项如实申报义务也常发生在借款合同的主要义务生效之前。

3. 容忍义务

在贷款人按照约定检查、监督借款的使用情况时，借款人应当按照约定向贷款人定期提供有关财务会计报表等资料。该项义务基于约定产生，未作约定的，借款人有权拒绝贷款人对借款使用状况进行检查、监督的请求。

4. 按照约定用途使用借款

借款人应当按照约定的借款用途使用借款。借款人未按照约定的借款用途使用借款的，贷款人可以停止发放借款、提前收回借款或者解除合同。

5. 按期支付利息

借款合同约定应支付利息的，借款人有义务按照约定的期限支付利息。①双方当事人对支付利息没有约定的，视为没有理由。②双方当事人对支付利息约定不明确的，可以协议补充；不能达成补充协议的，按照当地或者当事人的交易方式、交易习惯、市场利率等因素确定利息；自然人之间借款的，视为没有利息。③双方当事人对支付利息的期限没有约定或者约定不明确的，可以协议补充；不能达成补充协议的，按照合同有关条款或者交易习惯确定。依据前述方法仍不能确定的，借款期间不满一年的，应当在退还借款时一并支付；借款期间在一年以上的，应当在每届满一年时支付，剩余期间不满一年的，应当在退还借款时一并支付。

利息数额应当按照中国人民银行规定的贷款利率的上、下限确定。

6. 按期退还借款

借款人应当按照约定的期限退还借款。双方当事人对借款期限没有约定或者约定不明确，可以协议补充；不能达成补充协议的，按照合同有关条款或者交易习惯确定。依据前述方法不能确定的，借款人可以随时返还；贷款人也可以催告借款人在合理期限内返还。借款人未按照约定的期限返还借款的，应当按照约定或者国家有关规定支付逾期利息。但借款人在还款期限届满之前向贷款人申请展期，贷款人同意的，可依照新确定的期限返还借款。

借款人提前偿还借款的，除非当事人另有约定，借款人有权按照实际借款的期间返还借款。

（二）对贷款人的效力

根据《民法典》的规定，借款合同对贷款人的效力有以下内容。

1. 按期、足额提供借款

贷款人应当按照约定的日期提供借款，未按照约定的日期提供借款，造成借款人损失的，应当赔偿损失。贷款人还应当按照合同约定的数额足额提供借款，借款的利息不得预先在本金中扣除。利息预先在本金中扣除的，借款人有权按照实际借款数额返还借款并计算利息。贷款人未足额提供借款给借款人造成损失的，应赔偿损失。该项义务系贷款人的主合同义务。

2. 保密义务

作为贷款人一方的金融机构，对于其在合同订立和履行阶段所掌握的借款人的各项商业秘密，有保密义务，不得泄密或进行不正当使用。该项义务系贷款人的附随义务。

三、借款合同的担保

（一）借款合同的保证担保

借款合同的保证担保是指保证人与合同当事人之间协商达成的，当被保证的借款人不履行或不完全履行合同规定的义务时，由保证人代为履行或者承担连带责任的协议。保证人应当是具有代偿能力的人。

签订保证合同一般应当包括以下内容：①签订保证合同的主要依据和目的；②保证人的名称、地址、注册资本、开户银行及银行账号；③保证人所担保的借款合同的编号、名称及其签订的时间、地址；④借款合同中的借款数额、货币种类、借款用途、期限、利率和计息方法；⑤借款人偿还借款本息的资金来源和偿还方法；⑥保证人予以担保的数额、期限；⑦保证的方式；⑧合同当事人协商议定的其他条款。

（二）借款合同的抵押担保

借款合同的抵押担保是抵押人（借款人或第三人）为保证借款合同的履行而采取的一种担保措施，即抵押人以自己所有的财产或者自己依法经营管理的财产，作为履行借款合同的担保。当借款人不能履行或不履行合同规定的义务时，由贷款人依照法律、法规的规定或借款合同的约定，对抵押物进行处理，并从中优先受偿。抵押物不足以履行合同义务的，不足部分由债务人清偿；抵押物履行合同义务有余的，多余部分归还抵押人所有。

抵押物是指由抵押人提供并经抵押权人（贷款人）认可的，当借款人到期不能履行或不履行借款合同规定的义务时，贷款人有权依照法律、法规的规定或借款合同的约定予以处分的财产。根据《民法典》的有关规定，下列财产可以作为抵押物：①抵押人所有的房屋和其他地上定着物；②抵押人所有的机器、交通运输工具和其他财产；③抵押人依法有权处分的国有的土地使用权、房屋和其他地上定着物；④抵押人依法有权处分的国有的机器、交通运输工具和其他财产；⑤抵押人依法承包并经发包方同意抵押的荒山、荒沟、荒丘、荒滩等荒地的土地使用权；⑥依法可以抵押的其他财产。

下列财产不得抵押：①土地所有权；②耕地、宅基地、自留地、自留山等集体所有的土地使用权，但抵押人依法承包并经发包方同意抵押的荒山、荒沟等荒地的土地使用权，以及乡（镇）、村企业的厂房等建筑物抵押的其占用范围内的土地使用权除外；③学校、幼儿园、医院等以公益为目的的事业单位、社会团体的教育设施、医疗卫生设施和其他社会公益设施；④所有权、使用权不明或者有争议的财产；⑤依法被查封、扣押、监管的财产；⑥依法不得抵押的其他财产。

借款合同的抵押担保应当以书面形式由抵押人和抵押权人订立抵押合同。抵押合同应当包括以下内容：①被担保的借款种类、借款数额；②借款人履行偿还借款义务的期限；③抵押物的名称、数量、质量、状况、所在地、所有权权属或者使用权权属；④抵押担保的范围；⑤当事人认为需要约定的其他事项。

抵押合同的主要条款和内容经当事人协商一致后，由当事人双方签章，抵押合同即告成立。但对于以法律规定的财产抵押的，应当办理抵押物登记，且抵押合同自登记之日生效。

（三）借款合同的质押担保

借款合同的质押担保是指借款人或第三人将其动产或权利凭证移交贷款人占有，将该动产或权利凭证作为借款合同履行的担保。当借款人不能履行或不履行合同规定的义务时，由贷款人依照法律、法规的规定或借款合同的约定对该动产或权利凭证进行处理，并从中优先受偿。

质押分为两类：一类是动产质押，另一类是权利质押。在动产质押中，质物为移交贷款人占有的动产，其范围较为广泛。在权利质押中，下列权利可以质押：①汇票、支票、本票、债券、存款单、仓单、提单；②依法可以转让的股份、股票；③依法可以转让的商标专用权、专利权、著作权中的财产权；④依法可以质押的其他权利。

借款合同的质押担保应当由出质人和质权人以书面形式订立质押合同，质押合同应当包括以下主要内容：①被担保的借款种类、数额；②借款人履行债务的期限；

③作为质物的动产或权利凭证的名称、数量、质量、状况等；④质押担保的范围；⑤动产或权利凭证移交的时间；⑥当事人认为需要约定的其他事项。

质押合同一般自质物移交质权人占有时生效。但以依法可以转让的股票出质的，应当向证券登记机构办理出质登记，质押合同自登记之日起生效；以依法可以转让的商标专用权、专利权、著作权中的财产权出质的，应向有关管理部门办理出质登记，质押合同亦从登记之日起生效。

本章小结

本章主要梳理、解读、阐述了转移所有权合同的基本内容。这些内容主要涉及转移所有权合同在合同法中的主要类型，包括买卖合同，供用电、水、气、热力合同，赠与合同和借款合同。其中，买卖合同在市场经济中是最普遍、占比最高的合同类型，而合同的特点、当事人双方的权利义务、合同标的物的风险转移以及所有权保留是买卖合同的重点内容。

思考与练习

小试身手

一、名词解释

1. 买卖合同　2. 权利瑕疵担保　3. 分期付款买卖
4. 样品买卖　5. 试用买卖　6. 易货交易
7. 供用电合同　8. 供用水合同　9. 供用气合同
10. 供用热力合同　11. 赠与合同　12. 附义务的赠与合同
13. 捐赠　14. 借款合同　15. 借款合同的保证担保
16. 借款合同的抵押担保　17. 借款合同的质押担保

二、简答题

1. 买卖合同的当事人有什么权利义务？
2. 试述买卖合同标的物的风险负担及例外规定。

3. 根据《民法典》的规定，供用电合同当事人有什么权利义务？
4. 赠与合同的撤销条件有哪些？
5. 附义务的赠与有什么特别要求？
6. 借款合同担保的法律规定有哪些内容？

三、案例分析题（请扫描下方二维码）

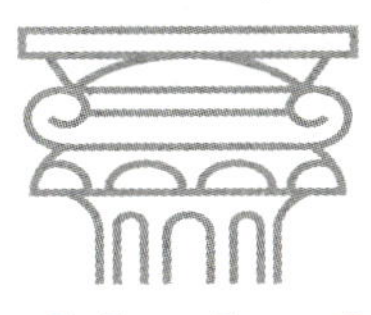

第十章 转移使用权合同

导言

转移使用权合同是一方当事人将标的物有限期地交给另一方当事人使用，另一方当事人按照约定使用该标的物并获得收益的合同类型。转移使用权合同主要包括租赁合同和融资租赁合同。租赁在人们的生产和生活中是很普遍的，如由于生产需要租赁机器，为了生活需要租赁房屋等。租赁合同是公民、法人之间调剂余缺，发挥现有物资作用，促进生产和满足生活需要所不可少的法律形式。

本章对租赁合同、融资租赁合同的概念、法律特征、效力等进行了论述，并对租赁合同中一个重要类型——房屋租赁合同作了具体的分析，有利于大家掌握相关内容。

学习目标

完成这一章内容的学习之后，你将能够：

辨别租赁合同和融资租赁合同的关系；房屋租赁合同与《中华人民共和国城市房地产管理法》（以下简称《城市房地产管理法》）的关系。

掌握租赁合同的概念、法律特征、内容及效力；房屋租赁合同的基本内容；融资租赁合同的概念、法律特征、内容；融资租赁合同对出租人、承租人和出卖人的效力。

第一节　租赁合同

一、租赁合同概述

（一）租赁合同的概念和法律特征

1. 租赁合同的概念

租赁合同就是当事人一方将物提供给对方使用，对方当事人为此支付租金的协议。将物提供给对方使用的一方为出租人，使用他人财产并支付租金的一方为承租人。被交付使用的物为租赁物，租金则为使用租赁物的代价。

2. 租赁合同的法律特征

租赁合同具有以下法律特征。

（1）租赁合同是转移财产使用权的合同。这是租赁合同区别于转移财产所有权合同最根本的特征。物的所有人对物享有占有、使用、收益、处分四项权能，如果物的所有人将其对物的这四项权能全部转移，收取价款，则为买卖；如果物的所有人或依法享有使用权的人将其对物的使用权，有时连带收益权的一部分有偿转让，则为租赁。租赁合同的期限无论多长，承租人只享有租赁物的使用权，所有权仍归出租人享有，法律及合同均规定使用完毕后须将原物返还出租人。因此，租赁合同仅转移标的物的使用权和收益权，不转移物的所有权。

（2）租赁合同是承租人须交付租金的合同。租赁合同的承租人取得标的物的使用权和收益权，以支付租金为代价。当事人一方取得标的物的使用权是否须交付租金，为租赁合同与其他类似合同的根本区别。如借用合同也是以取得标的物的使用权和收益权为目的，但借用人一方对标的物的使用无须给付代价。若使用标的物的一方须给付代价，则当事人双方之间的关系即租赁而非借用。所以，租金是租赁合同的必要条款。租赁合同若无租金条款，则不能成立。在此种情况下，只可能成立借用合同。

租金为承租人使用租赁物的代价，一般是现金，也可以是实物。但以法律禁止流通的物为租金的，应为无效。此时的无效应为租金条款约定的给付物无效，承租人得以其他物或现金代之，出租人不得请求承租人交付约定的“物”，并非指承租人不负交付租金的义务，也不是指租赁合同全部无效。

（3）租赁合同为诺成合同、双务合同、有偿合同。租赁合同自当事人双方达成协议时起成立，当事人之间即产生权利义务，而不以租赁物的实际交付为合同的有效要件，所以租赁合同为诺成合同，而非实践合同。租赁合同当事人双方都既负有一定义务，也享有一定权利，双方的权利义务具有对应性、对价性，所以租赁合同为双务合同。租赁合同当事人的任何一方从对方取得利益，均须支付一定的代价：出租人以转移租赁物的使用权和收益权取得租金，承租人以转移租金的所有权取得租赁物的使用权和收益权，因此租赁合同为有偿合同。如前所述，有偿性也是租赁合同与其他类似合同的重要区别。

（4）租赁合同是以有体、特定的非消耗物为标的的合同。租赁合同是转移财产使用权的合同，在合同有效期内所有权仍属出租人，在租赁期满后，承租人必须将原物归还。这种合同的性质决定了其标的有体、特定、非消耗的特点。

（5）租赁合同终止后承租人须返还原物。承租人为了使用的需要对租赁物有权占有，但无权处分。这是因为承租人须返还原物，而不能以其他物代原物返还。如上所述，租赁的标的物一般只能是特定的非消耗物，以消耗物为标的，则必须不能用于消费使用。

（6）租赁合同具有临时性。租赁合同只是出租人将其财产的使用权临时转让给承租人。因此，租赁合同具有临时性的特征，不适用于财产的永久性使用。《民法典》第705条第1款规定：“租赁期限不得超过二十年。超过二十年的，超过部分无效。”

（二）租赁合同的类型

常见的租赁合同主要有以下三种。

1. 动产租赁合同与不动产租赁合同

根据租赁的标的物种类，租赁合同可分为动产租赁合同与不动产租赁合同。不动产租赁主要是房屋租赁。区分动产租赁与不动产租赁的主要意义在于：不动产租赁在法律上有特别的要求，如登记；而动产租赁一般并无特别的要求，但是对于一些适用不动产制度的动产的租赁，如船舶租赁、航空器租赁等，法律也有特别的要求，应依法律特别的要求办理。

2. 一般租赁合同与特殊租赁合同

根据法律对租赁合同有无特别规定，租赁合同可分为一般租赁合同与特殊租赁合同。一般租赁是指法律没有特别规定的租赁。特殊租赁是指法律有特别规定的租赁。例如，房屋租赁在《城市房地产管理法》上有特别规定，船舶租赁在《海商法》上有特别规定，航空器租赁在《中华人民共和国民用航空法》上有特别规定等。

3. 定期租赁合同与不定期租赁合同

根据是否定有期限，租赁合同可分为定期租赁合同与不定期租赁合同。定期租赁是指当事人双方约定有租期的租赁。当事人双方未约定租期的，则为不定期租赁。《民法典》第707条规定，租赁期六个月以上，且未依法采用书面形式，无法确定租赁期限的，视为不定期租赁。同时，根据《民法典》第734条的规定，租赁期限届满，承租人继续使用租赁物，出租人没有提出异议的，原租赁合同继续有效，但是租赁期限也为不定期。

（三）租赁合同的内容

《民法典》第704条规定："租赁合同的内容一般包括租赁物的名称、数量、用途、租赁期限、租金及其支付期限和方式、租赁物维修等条款。"

1. 租赁物的名称

在租赁合同中，应写明租赁物的名称。

2. 租赁物的数量和质量

明确了租赁物的名称之后，双方当事人一般要商谈租赁物的数量和质量。在租赁合同中，应将合同标的特定化。如在租赁设备合同中，应该明确是成套设备还是单件设备，该设备具有什么样的品质，是租一套还是租几套等。这些一般由双方当事人自由协商约定。但如无特别约定，法律规定出租人对租赁物的适用性应负担保义务。

3. 租赁物的用途

租赁合同双方当事人可以约定租赁物的用途，也可以不约定；约定用途条款的，承租人必须依约定的用途使用租赁物，否则将负违约责任，致使租赁物受到损失的，还将承担赔偿责任。未约定用途的，也不等于承认可以破坏性地使用租赁物或利用租赁物进行违法行为。一般认为，未约定用途的租赁合同，承租人应依租赁物的性质使用。如果非依租赁物的性质使用使租赁物遭受损害，则应赔偿出租人因此受到的损失，但出租人知道或应当知道承租人依特定用途使用的除外。

4. 租赁期限

租赁可分为定期租赁与不定期租赁。在不定期租赁中，当事人于合同中未约定租赁的期限，因此当事人任何一方都可随时终止合同。但是，出租人终止合同的，应当给承租人一个宽限期。定期租赁合同的当事人在合同中约定了租赁期限，合同于约定的租赁期限届满时终止。关于租赁合同的期限，法律没有最短期限的规定，但有最长期限的规定。《民法典》规定租赁合同的最长租赁期限为二十年。因此，当事人约定租赁合同的租赁期限不能超过法定的最长期限；否则超过的期限应为无效，租赁期应缩减为法定的最长期限。但是，当事人于合同规定的租赁期限届满时可以续订合同。

5. 租金及其支付期限和方式

租金是指承租人为取得财产使用权而支付给出租人的报酬。租金由双方当事人约定，但若国家对该类特定租赁合同租金有规定，则按国家规定执行。

租金条款除约定租金金额外，还应约定支付租金的方式、日期以及逾期支付的责任。如果没有约定或者约定不明，租赁期限不满一年的，应当在租赁期限届满时支付；租赁期限一年以上的，应当在每届满一年时支付；剩余期限不满一年的，应当在租赁期限届满时支付。

6. 租赁物维修

关于租赁期间的财产维修保养责任，当事人可以在合同中约定，也可以不约定。租赁合同中明确约定了租赁期间财产维修保养责任的，依约定执行；未约定的，由出租人承担。因为承租人为自己获得的财产使用权支付了租金，出租人应该对租赁物的适用性负担保义务，在租赁期间保持租赁物用于一般用途或约定用途。

租赁合同对租赁期间的财产维修保养责任未作约定或约定由出租人承担，出租人不履行其修缮义务，承租人可以自行维修，维修费用由出租人负担，这是法律为保护承租人的利益而规定的承租人的自助行为，但同时又附加了通知义务。租赁关系存续期间，租赁物如有修缮的必要，应由出租人负担，但为防止危害有添加设备的必要或者有第三人就租赁物主张权利，承租人负有通知出租人的义务。

二、租赁合同的效力

（一）出租人的权利和义务

1. 交付租赁物并在租赁期间保持租赁物，使其符合约定用途

租赁合同是诺成合同，因此标的物的交付不是合同成立的要件。交付租赁物是

出租人于租赁合同成立后的一项债务。所谓交付租赁物，是指转移租赁物的使用权于承租人，包括现实交付、指示交付和简易交付三种方式。承租人不仅应交付租赁物，而且在租赁期间应保持租赁物处于约定的使用、收益状态。

2. 维修租赁物的义务

除法律另有规定或合同另有约定外，出租人对租赁物有维修的义务。出租人的该项义务实际上是出租人保持租赁物处于使用、收益状态义务的延伸。承租人在租赁物需要维修时可以要求出租人在合理期限内维修。出租人未履行维修义务的，承租人可以自行维修，维修费用由出租人负担。

出租人因维修租赁物影响承租人使用的，应当相应减少租金或者延长租期。若由承租人的过错致使租赁物需要维修的，出租人不承担维修义务。承租人未交付租金，出租人可以行使同时履行抗辩权，拒绝履行其后的维修义务。

3. 物的瑕疵担保义务

出租人应担保所交付的租赁物能够为承租人依约正常使用、收益。如果租赁物有使承租人不能为正常使用、收益的瑕疵，出租人应承担违约责任，承租人可以解除合同或者请求减少租金。双方当事人在订立合同时，承租人已知道租赁物存在瑕疵的，其后一般不得解除合同。如果租赁物危及承租人的安全或者健康的，即使承租人订立合同时明知该租赁物质量不合格，仍然可以随时解除合同。

4. 权利的瑕疵担保义务

出租人应担保不因第三人对承租人主张权利而使承租人不能依约使用、收益。由第三人主张权利致使承租人不能对租赁物使用、收益的，承租人可以要求减少租金或者不支付租金。第三人主张权利的，承租人应当及时通知出租人；承租人未及时通知出租人，就因此给自己造成的损失，无权要求出租人承担责任；如给出租人造成损失的，还应对出租人承担赔偿损失的责任。

（二）承租人的权利和义务

1. 依约定方法或租赁物的性质使用租赁物的义务

承租人在占有租赁物后，应当依照约定的方法使用租赁物，对使用租赁物的方法没有约定或者约定不明确，双方当事人可以协议补充；不能达成补充协议的，按照合同有关条款或者交易习惯确定；仍不能确定的，应当按照租赁物的性质使用。承租人按照约定的方法或者租赁物的性质使用租赁物，致使租赁物受到损失的，不承担损害赔偿责任。承租人如果未依照约定的方法或者租赁物的性质使用租赁物，致使租赁物受到损失的，出租人可以解除合同并要求赔偿损失。

2. 妥善保管租赁物的义务

承租人作为租赁物的占有人，应当妥善保管租赁物。承租人未尽妥善保管义务，造成租赁物毁损、灭失的，应当承担损害赔偿责任。

3. 不作为义务

租赁合同中，承租人的不作为义务主要包括以下内容：①不得随意对租赁物进行改善或在租赁物上增设他物。承租人基于租赁合同，对于租赁物所享有的租赁权，从权利属性上来讲，属于债权。因此，承租人只有在经过出租人同意的前提下，方可对租赁物进行改善或者增设他物；承租人未经出租人同意，即对租赁物进行改善或者增设他物的，出租人可以要求承租人恢复原状或者赔偿损失。②不得随意转租。所谓转租，是指承租人不退出租赁合同关系，而将租赁物出租给次承租人使用、收益。转租与租赁权的让与不同，租赁权的让与系承租人将其在租赁合同中享有的租赁权转由其他人享有，实为租赁合同主体的变更。同样是基于租赁权的债权属性，承租人不得随意转租租赁物，因此，承租人经出租人同意，可以将租赁物转租给第三人，若转租期限超过了承租人剩余租赁期限，超过部分的约定对出租人不具有法律约束力，但出租人与承租人另有约定的除外。对此，《民法典》第 717 条规定，“承租人经出租人同意将租赁物转租给第三人，转租期限超过承租人剩余租赁期限的，超过部分的约定对出租人不具有法律约束力，但是出租人与承租人另有约定的除外。”但出租人知道或者应当知道承租人转租，但是在六个月内未提出异议的，视为出租人同意转租。

承租人转租的，承租人与出租人之间的租赁合同继续有效，次承租人对租赁物造成损失的，基于合同的相对性，出租人仅能对承租人主张违约责任的承担。对于次承租人，在符合侵权责任的构成要件时，出租人方可对其主张责任的承担。承租人未经出租人同意转租的，出租人可以解除合同，但承租人与次承租人之间的租赁合同，仍可成为有效合同。

4. 支付租金的义务

承租人应当依照约定的期限支付租金。对支付期限没有约定或者约定不明确的，可以协议补充；不能达成补充协议的，按照合同有关条款或者交易习惯确定；仍不能确定的，租赁期限不满一年的，应当在租赁期限届满时支付；租赁期限一年以上的，应当在每届满一年时支付，剩余期限不满一年的，应当在租赁期限届满时支付。

对于转租合同，承租人拖欠租金的，次承租人可以代承租人支付其欠付的租金和违约金，但是转租合同对出租人不具有法律约束力的除外。次承租人代为支付的租金和违约金，可以充抵次承租人应当向承租人支付的租金；超出其应付的租金数额的，可以向承租人追偿。

5. 返还租赁物的义务

租赁关系终止后，租赁物仍然存在的，承租人应当返还租赁物。返还的租赁物应当符合按照约定或者租赁物性质使用后的状态。定期租赁合同应于租赁期限届满时为止；不定期租赁合同应于通知终止租赁关系时为止。承租人在退还租赁物时，就其对租赁物所支出的必要费用，也可主张返还。

6. 合同解除权

有下列情形之一，非由承租人致使租赁物无法使用的，承租人可以解除合同：①租赁物被司法机关或者行政机关依法查封、扣押；②租赁物权属有争议；③租赁物具有违反法律、行政法规关于使用条件的强制性规定情形。

7. 优先购买权

出租人出卖租赁房屋的，应当在出卖之前的合理期限内通知承租人，承租人享有以同等条件优先购买的权利；但是，房屋按份共有人行使优先购买权或者出租人将房屋出卖给近亲属的除外。

出租人履行通知义务后，承租人在十五日内未明确表示购买的，视为承租人放弃优先购买权。

出租人委托拍卖人拍卖租赁房屋的，应当在拍卖五日前通知承租人。承租人未参加拍卖的，视为放弃优先购买权。

出租人未通知承租人或者有其他妨害承租人行使优先购买权情形的，承租人可以请求出租人承担赔偿责任。但是，出租人与第三人订立的房屋买卖合同的效力不受影响。

三、违反租赁合同的责任

（一）承租人的责任

1. 由于使用保管和维护保养不当，造成租用财产损坏、灭失的

善意保管租赁物是承租人的法定义务，由于使用保管不当，造成租用财产损坏、灭失的，承租人应当首先停止继续使用。可以恢复原状的，恢复原状；不可以恢复原状的，赔偿损失。

如果合同承租人负有租赁期间的维修保养义务，因承租人维修保养不当造成租

用财产损坏、灭失的，同样适用停止侵害、恢复原状和赔偿损失三种民事责任的承担方式。

2. 擅自拆改房屋、设备、机器等财产的

租赁合同中承租人获得的是合理使用租赁物并获取收益的权利，承租人对租赁物无处分权。承租人未经出租人允许擅自行使处分权，拆改房屋、设备、机器等是严重侵害出租人权益的行为，应当立即停止。可以恢复原状的，恢复原状；不可以恢复原状的，应赔偿损失。

3. 擅自将租赁财产转租或进行非法活动

转租是租赁合同中一个特有问题。根据我国合同法的规定，转租必须经出租人同意。非经出租人同意的转租行为无效，擅自将租赁财产转租是侵害出租人合法权益的行为，应当立即停止侵害，并将收取的租金按不当得利返还出租人。出租人还可以依法采取解除合同的补救措施。

租赁合同中通常规定承租人使用租赁物的用途，有效租赁合同中约定的用途应符合法律规定。如果承租人不依合同约定的用途使用租赁物，而用于其他用途或非法活动，应当立即停止该非法活动，出租人也有权解除合同。

4. 逾期不返还租赁财产的

租赁合同期限届满，承租人返还原租赁物是承租人的主要义务之一。逾期不返还租赁财产的应当返还财产；逾期期间应付的租金视为承租人的不当得利，应交付出租人。如果给出租人造成损失的，还应赔偿损失。

（二）出租人的责任

1. 未按合同规定的时间交付出租财产

出租人按合同规定的时间交付出租财产是出租人最重要的义务。如果未依约履行，则属于严重的违约行为，应当赔偿延期履行给当事人造成的损失。未依约定时间交付租赁物严重影响承租人订立合同所期望得到的经济利益的，承租人可以解除合同。

2. 未按合同规定的数量、质量提供出租财产

出租人未按合同规定的数量提供出租财产的，属于不适当履行的违约行为。承担违约责任的方式首先是补足数额。如果不能补足，承租人可以使用的，减少租金；不可以使用的，承租人有权解除合同。

出租人未按合同规定的质量提供出租财产的，属于不适当履行的违约行为。承担违约责任的方式首先是在能修理的情况下修理，以达到合理约定的质量标准。如果不能修理或修理之后仍达不到合同约定的质量标准，承租人可以使用的，减少租金；不可以使用的，承租人有权解除合同。对于给承租人造成的损失，出租人负赔偿责任。

3. 未按合同规定提供有关设备、附件

未按合同规定提供有关设备、附件，致使承租人不能如期正常使用，这显然是出租人不完全履行的违约行为，应当如数补齐合同约定的设备和附件，并赔偿违约行为给对方造成的损失。

4. 出租船舶、车辆等大型工具违约的

出租船舶、车辆等大型工具，如出租人操作不当或服务人员的过失造成租赁逾期的，承租人可以解除合同。如果因此给承租人造成损失，出租人应赔偿损失。

四、房屋租赁合同

（一）房屋租赁合同的概念和法律特征

1. 房屋租赁合同的概念

房屋租赁合同是以房屋为租赁物的租赁合同，指的是出租人和承租人之间关于出租人将房屋交付承租人使用，承租人交付租金并于合同终止时将租用的房屋返还给出租人的协议。

2. 房屋租赁合同的法律特征

房屋租赁合同具有以下法律特征。

（1）房屋租赁合同是双务有偿合同。在房屋租赁合同中，出租人和承租人都享有权利，也都负有义务。出租人享有收取房租的权利，同时负有将出租房屋交付承租人占有、使用的义务；而承租人取得了对出租人房屋的占有、使用的权利，同时承担交付约定的房屋租金的义务。房屋租赁合同的这种双务有偿性，使其与借用合同区别开来。

（2）房屋租赁合同只转移房屋的占有、使用权利，房屋的所有权不发生转移。房屋的所有权归出租人，这是房屋租赁合同与房屋买卖合同的区别之所在，房屋买卖合同产生的法律后果是出卖房屋的所有权，房屋所有权转移到买受人手中。

（3）房屋租赁合同的标的物是房屋，它不仅是不动产，而且是特定物。所谓特定就是不能用其他同一种类、性质的物所代替。房屋租赁合同要求合同终止后必须将原有房屋返还给出租人，这是房屋租赁合同与借款合同的不同之处。

（4）房屋租赁属于对特定物的持续性行为。在租赁期间即使房屋所有权发生了转移，原租赁合同所确立的租赁关系仍然有效。新的房屋所有人必须承认并尊重承租人的合法权益。在房屋租赁期间，承租人未征得出租人同意，不得将承租的房屋转租、出借等。

（5）房屋租赁合同应当采取书面形式。租赁城市房屋，出租人和承租人必须签订租赁合同，明确双方的权利义务，并报房屋所在地房管机关登记备案。但当事人未依照法律、行政法规规定办理租赁合同登记备案手续的，不影响合同的效力。

（二）房屋租赁合同的订立

依据有关法律、法规的规定，房屋租赁合同为要式合同，必须采用书面形式。房屋租赁合同的主要条款包括以下几个方面。

1. 当事人姓名或者名称及住所

承租人及出租人是公民的，要写清楚姓名及住址，是单位法人的写清楚名称。

2. 租赁房屋的坐落、面积、装修及设施状况

房屋租赁合同的标的物是房屋，由于房屋是特定物，所以在合同中应详细写明房屋的具体地址、门牌号码、建筑结构、占地面积、租赁间数、室内原有设备的数量及新旧程度、附属设备等。不能居住或不宜居住的厨房、厕所、浴室、走廊等辅助设备不能作为房屋租赁合同的独立标的，其租赁应当附属于住房的租赁。

有下列情形之一的房屋不得作为房屋租赁合同的标的物：①未依法取得房屋所有权证的；②司法机关和行政机关依法裁定、决定查封或者以其他形式限制房地产权利的；③共有房屋未取得共有人同意的；④权属有争议的；⑤属于违法建筑的；⑥不符合安全标准的；⑦已抵押，未经抵押权人同意的；⑧不符合公安、环保、卫生等主管部门有关规定的；⑨有关法律、法规禁止出租的其他情形。

此外，在订立房屋租赁合同时，有关附属设备的使用、保管及水电、取暖费的负担等问题，都应明确规定，以免在合同履行中发生纠纷。

3. 租赁用途

合同中应明确房屋的用途，是居住还是用于从事生产、经营活动要在合同中写清楚，以使承租人能够按照租赁房屋合同的约定正确、合理地加以使用，避免因使用不当而使出租人房屋受损。

4. 租赁期限

租赁行为必须有明确的租赁期限，并在租赁期满后，出租人收回房屋。承租人有义务在房屋租赁期满后返还所承租的房屋。如需继续租赁原租赁的房屋，应当在租赁期满前征得出租人的同意，并重新签订租赁合同。出租人应当按照租赁合同的期限将出租房屋交给承租人使用，并保证租赁合同期内承租人的正常使用。出租人在租赁合同期满前需要收回房屋的，应当事先征得承租人同意，并赔偿承租人的损失；收回住宅用房的，同时要作好承租人的住房安置工作。

5. 租金及交付方式

租金是承租人使用房屋而向出租人支付的报酬，体现了房屋租赁合同的有偿性。因此这是房屋租赁合同的重要条款之一。合同中还应注明租金的计算标准，规定租金的交付方法，以及交付租金的具体日期。

承租人应按照约定交付租金。承租人拖欠房租时，出租人有权要求补交；承租人累计六个月不交付租金的，出租人不仅可以要求承租人补交其所欠租金，而且有权终止租赁关系。

6. 房屋修缮责任

租赁期间，房屋修缮责任一般由出租人负责。双方当事人也可以在合同中另行约定，这是因为房屋的所有权归出租人所有，出租人应对自己拥有的房屋承担修缮责任；出租人在提供房屋给承租人使用时，有义务保证出租房屋处于良好状态，但由于房屋由承租人占有、使用，为了便于修缮，合同中也可约定由承租人负责房屋正常的维修保养，由出租人支付费用或从租金中扣除。

承租人的过错造成房屋及其附属设施损坏的，由承租人负责修复或赔偿。出租人对出租的房屋确实无力修缮的，可以和承租人合修，承租人因此付出的修缮费，可以折抵租金或由出租人分期偿还。

7. 转租的约定

出租人与承租人在订立合同时可就在租赁期间是否允许承租人转租作出约定。约定不允许承租人转租的，在租赁期间承租人的转租行为则属违约，出租人可因此解除租赁合同；约定允许承租人转租的，承租人转租时，应当订立转租合同。转租合同是以原租赁合同为基础的，因此，转租合同的终止日期一般不得超过原租赁合同规定的终止日期，但出租人与次承租人协商另有约定的除外；原租赁合同的变更、解除或终止，也将相应地引起转租合同的变更、解除或终止。

8. 变更和解除合同的条件

房屋租赁合同的当事人双方可以在合同中约定变更或解除合同的一些事由。当这些约定的事由出现时，将引起租赁合同的变更或解除的法律后果。

9. 违约责任

违约责任的承担方式主要有两种：一种是支付违约金；另一种是赔偿损失。违约金的数额可由双方在合同中加以规定，赔偿损失方法和计算问题也应明确订立。合同中如无违约条款的规定，则以实际损失额为标准进行赔偿。

10. 当事人约定的其他条款

出租人与承租人可就一些特定的事项进行约定，但这种约定不得违反法律、法规的规定。

（三）房屋租赁合同的效力

1. 出租人的权利义务

出租人的权利包括：①按时收取租金。按照合同的规定收取租金是出租人的一项基本权利。承租人应按照合同规定按时交纳租金，不得拖欠或拒交。如果承租人没有按照合同所规定的时间、地点、数额和方式交纳租金，出租人就有权加收违约金。②对房屋使用的监督。房屋出租后就交由承租人按合同规定的方式去使用，出租人在租赁期限内不占有该房屋。承租人如果不按约定的用途使用房屋，就可能使房屋受损。所以，出租人有权对承租人使用房屋的情况进行监督。监督包括对正确使用房屋的指导和对不正确使用房屋的制止。对于擅自改变房屋用途或使用不当的，出租人不但有权制止，而且有权要求承租人赔偿损失。③在房屋租赁期间有权出售已出租的房屋。《民法典》规定：出租人出卖租赁房屋的，应当在出卖之前的合理期限内通知承租人，承租人在同等条件下有优先购买权。该规定就是授予出租人在房屋租赁期间可以出卖自己房屋的权利。只是在出卖时有一个条件，即要先通知承租人，承租人在同等条件下，享有优先购买租用房屋的权利。④租赁期满后，收回出租的房屋。租赁期满后或承租人停租，出租人有收回房屋和附属设备的权利。

出租人的义务包括：①合同签订后，出租人应按合同规定的时间将房屋交付承租人使用。不能按期交付的，应当支付违约金；给承租人造成损失的，应当承担赔偿责任。②按时修缮房屋。出租人应当履行租赁物的维修义务。保持房屋和设备完好，保障承租人的居住安全和正常使用。但也可在合同中排除出租人的该项义务。③出租人若要出卖出租的房屋，应提前通知承租人，一般期限为三个月。

2. 承租人的权利义务

承租人的权利包括：①按照租赁合同规定的使用时间、方式使用承租的房屋。

在此期限内，承租人有对房屋的使用、收益的权利，任何人不得侵犯。②出租的房屋出售时，承租人在同等条件下有优先购买权。③在租赁期限内，出租的房屋出售后，承租人有对出租房屋的继续租用权，直到期限届满，新的出租人不得以任何理由拒绝。④房屋需要维修或已到维修期出租人未予维修的，承租人有督促出租人维修的权利。

承租人的义务包括：①按照租赁合同的规定，按时交纳房租。②按约合理使用房屋，不得改变房屋用途，不得擅自拆改和扩建。确需变动的，必须征得出租人的同意。③承租期满时将房屋返还给出租人。

（四）房屋租赁合同的登记、变更和终止

1. 房屋租赁合同的登记

《城市房地产管理法》规定，房屋租赁实行登记备案制度。房屋租赁合同签订、变更、终止的，当事人应当向房屋所在地市、县人民政府房地产管理部门登记备案。房屋租赁当事人应当在租赁合同签订后三十日内，持下列文件到租赁房屋所在地直辖市、市、县人民政府建设（房地产）主管部门办理房屋租赁登记备案手续：①房屋租赁合同。②房屋所有权证书或者其他合法权属证明。③当事人的合法证件。④直辖市、市、县人民政府建设（房地产）主管部门规定的其他文件。出租共有房屋的，还须提交其他共有人同意出租的证明；出租委托代管房屋的，还须提交委托代管人授权出租的证明。

房屋租赁登记备案不同于简单的备案，主管部门在接受登记申请后，应对租赁合同进行审核。审核的内容主要应包括：一是审查合同的主体是否合格，即出租人与承租人是否具备相应的条件；二是审查租赁的客体是否合格，即出租的房屋是否是法律、法规允许出租的房屋；三是审查租赁合同的内容是否齐全、完备；四是审查租赁行为是否符合国家及房屋所在地人民政府规定的租赁政策；五是审查是否按有关规定缴纳了有关税费。只有上述条件均具备后，才能登记备案，颁发房屋租赁证。房屋租赁证是租赁行为合法有效的凭证。租用房屋从事生产、经营活动的，房屋租赁证将作为经营场所合法的凭证；租用房屋用于居住的，房屋租赁证将作为公安部门办理户口登记的凭证之一。

房屋租赁合同的登记备案非特别生效要件。首先，《民法典》第706条明确规定："当事人未依照法律、行政法规规定办理租赁合同登记备案手续的，不影响合同的效力。"否定了其作为特别生效要件的可能。其次，其他法律中对登记备案的效力一般规定为：未经登记的，不得对抗第三人。房屋租赁合同对登记备案的效力虽无具体规定，但可借鉴类似的规定，认定该登记备案为对抗要件，仅具有对抗善

意第三人的效力。

2. 房屋租赁合同的变更

房屋租赁合同的变更主要包括两个方面：一是当事人的变更，二是当事人权利义务内容的变化。

引起房屋租赁合同当事人变更的有效条件是：①出租人或出租单位姓名、名称的改变，原合同的出租人更换。如果发生这种情况，当事人应重新订立租赁合同，并到房管部门重新进行登记。②承租人由于调动工作或与其他承租人换房所引起的原租赁人变更，也应履行上述手续。③承租人死亡但与其同住的其他人尚在，需要继续租用该房屋的，应由这些人履行合同变更手续，继续租用。

对于房屋租赁合同的内容，根据具体情况，双方当事人也可协商变更。如订立的合同期长，但租金低，与市场发展水平差距较大，双方可协商作适当调整。房屋租赁合同当事人的权利义务变更后，要经过房产管理部门鉴证，经审查认为合法、合理后，才具有法律效力，受法律保护。

3. 房屋租赁合同的终止

房屋租赁合同的终止，是指合同当事人双方的权利义务依一定的法律事实而归于消灭。房屋租赁合同终止的情况有以下五种：①房屋租赁期限届满。因期限届满而终止合同是最普遍的终止形式，也叫自然终止。合同终止后，双方的权利义务关系归于消灭。对于合同中未约定租赁期限的，当事人随时都可以终止合同。②房屋拆迁。出租房屋被国家划入拆迁范围而被拆除，房屋租赁关系的客体归于消灭。房屋因国家建设需要而被拆除的，原房屋租赁关系也随之终止。但房屋拆迁后，对承租人如何安置的问题，也是实践中经常会遇到的。出租房屋拆除后，租赁关系自然终止，是指以原来的房屋为标的租赁关系终止，若承租人无法找到房屋居住，拆迁单位有义务为承租人安排住房。在有条件全部实行产权调换的情况下，原租赁关系应立即恢复。但要注意，这种新的租赁关系是重新建立的，是在有条件的情况下，法律强制出租人与承租人建立的。③出租房屋毁损。在房屋租赁期限内，不可抗拒的自然灾害（如火灾、山洪、地震等）或人为的原因（如失火、爆炸等），使房屋遭受毁损的，合同的客体归于消灭，房屋租赁合同自然就告终止。④在房屋租赁期内，一方当事人依据法律的规定，强制解除合同。比如，因承租人使用房屋不当或改变房屋用途，出租人解除该租赁合同，既是合同的解除，也是合同的终止。⑤房屋承租人死亡。承租人是合同的一方，既然合同中一方已经不存在了，合同也就不应该存在了，合同关系即应终止。与承租人同住的家庭成员或其他符合条件的人有权续租，这是新的合同关系。

第二节 融资租赁合同

一、融资租赁合同概述

案例 10－1

（一）融资租赁合同的概念和法律特征

1. 融资租赁合同的概念

融资租赁合同是出租人根据承租人对出卖人、租赁物的选择，向出卖人购买租赁物，提供给承租人使用，承租人支付租金的合同。融资租赁涉及两个合同、三方当事人。两个合同为买卖合同和租赁合同；三方当事人是出租人、承租人和出卖人。

2. 融资租赁合同的法律特征

融资租赁合同与传统的租赁合同、买卖合同、借款合同相比，具有以下法律特征。

（1）出租人须向承租人指定的出卖人购买承租人选定的标的物。出租人购买的标的物必须符合承租人的要求，满足承租人的需要，且必须向承租人事先选定的出卖人购买，而不能任意选择出卖人，否则，承租人有权拒绝交纳租金。

（2）出卖人须将出租人购买的标的物直接交付给承租人，但该物的所有权归出租人。出租人向出卖人支付了购买标的物的价款，却不必亲自接受标的物。出租人购买标的物的目的不是自己使用，而是出租给承租人，供承租人使用。

（3）出租人对租赁物不负瑕疵担保责任。租赁物是由承租人选定的，出租人只要履行了付款义务即可。因此，出租人对租赁物不负瑕疵担保责任，这与租赁合同的出租人负有瑕疵担保责任完全不同。

（4）承租人在租赁期限届满后对租赁权享有选择权。承租人通过融资租赁的方式，解决了一次性购买租赁物所需资金不足的问题。多数承租人想在租赁期满后享有对租赁物的所有权。因此，法律允许承租人在租赁期限届满后享有选择权。

除此之外，融资租赁合同还具有诺成、双务、有偿等特征。

（二）融资租赁合同的内容

《民法典》第736条第1款规定："融资租赁合同的内容一般包括租赁物名称、

数量、规格、技术性能、检验方法，租赁期限，租金构成及其支付期限和方式、币种，租赁期限届满租赁物的归属等条款。”根据这一规定，融资租赁合同应具备以下主要条款。

（1）租赁物的名称。该名称应明确、具体，不能与其他物品的名称混淆。

（2）数量。这是对租赁物的量的具体要求。

（3）规格。租赁物由承租人占有、使用，且租赁期满还可能转为承租人所有。因此，租赁物的规格由承租人选择、决定较为合适。

（4）技术性能。承租人目的在于开展生产经营活动，获取经济效益。租赁物的技术性能必须满足承租人的要求，并由承租人选择、决定。

（5）检验方法。出卖人向承租人交付租赁物时，承租人享有检验的权利。若承租人不行使此项权利，则租赁物出现瑕疵问题，承租人只好自负自责。因此，在出租人和出卖人订立买卖合同的过程中，承租人应当协助出租人商谈检验方法这一条款。因出卖人直接向承租人交付设备，出租人不再行使检验租赁物技术性能这项权利。

（6）租赁期限。出租人和承租人协商确定租赁期限，该期限应包括租赁设备的交付日、租赁的起止日等。一般来说，租赁期限应短于或相当于设备的法定折旧年限。

（7）租金构成及其支付期限和方式。租金是出租人向承租人提供融资的对价。出租人通过收取租金而收回其向出卖人购买租赁物所支付的价款、利息以及必要手续费等。当事人应当根据购买租赁物的大部分或全部成本以及出租人的合理利润确定租金的标准，并在合同中明确约定。租金的支付，可按月、季、年等不同周期进行支付，也可以采用预付的方式。

（8）币种。在出租人与出卖人的买卖合同以及出租人与承租人的租赁合同中，存在着用何种货币单位结算的问题，尤其是在有涉外因素的融资租赁合同中，更容易出现币种的兑换。如国内的租赁公司购买外国的设备，用外币结算；将设备租给国内的单位或个人，用人民币结算。

（9）租赁期限届满租赁物的归属。当事人可以在合同中约定租赁期限届满租赁物的归属，即租赁物是继续归出租人所有还是由承租人支付名义价款后，归承租人所有。

二、融资租赁合同的效力

（一）对出租人的效力

1. 出租人的权利

出租人的权利包括以下内容。

（1）出租人对租赁物的所有权。出租人按照承租人的委托购买了租赁物，自出卖人将租赁物交付给承租人，便对租赁物享有所有权。在整个租赁期间，出租人仍然对租赁物享有所有权，而承租人只享有对租赁物的使用权和收益权。

（2）出租人收取租金的权利。出租人有权依照合同的约定收取租金。因为出租人参与融资租赁活动的主要目的是取得融资的回报。因租赁物的质量、数量等问题对出卖人索赔的，如出租人无过错，不影响出租人向承租人行使收取租金的权利。

（3）出租人解除合同的权利。《民法典》第753条规定，承租人未经出租人同意，将租赁物转让、抵押、质押、投资入股或者以其他方式处分的，出租人可以解除融资租赁合同。《民法典》第754条规定，有下列情形之一的，出租人或者承租人可以解除融资租赁合同：①出租人与出卖人订立的买卖合同解除、被确认无效或者被撤销，且未能重新订立买卖合同；②租赁物因不可归责于当事人的原因毁损、灭失，且不能修复或者确定替代物；③因出卖人的原因致使融资租赁合同的目的不能实现。

（4）出租人收回租赁物的权利。当租赁期限届满，承租人没有续订租赁合同，又不留购租赁物的，出租人有权收回租赁物。在租赁期间内，承租人不履行支付租金的义务或有其他违约行为的，出租人不但有权要求承租人支付租金，也有权解除合同并收回租赁物。

（5）出租人索赔的权利。在租赁合同履行完毕之前，承租人未经出租人同意，将租赁物进行抵押、转让、转租或投资入股，其行为无效，出租人有权收回租赁物，并要求承租人赔偿损失。因承租人的无效行为给第三人造成损失的，第三人有权要求承租人赔偿。

（6）承租人占有租赁物期间，租赁物毁损、灭失的，出租人有权请求承租人继续支付租金，但是法律另有规定或者当事人另有约定的除外。

2. 出租人的义务

出租人的义务包括以下内容。

（1）出租人保证承租人占有和使用租赁物的义务。根据《民法典》第748条的规定，出租人应当保证承租人对租赁物的占有和使用。

出租人有下列情形之一的，承租人有权请求其赔偿损失：①无正当理由收回租赁物；②无正当理由妨碍、干扰承租人对租赁物的占有和使用；③因出租人的原因致使第三人对租赁物主张权利；④不当影响承租人对租赁物占有和使用的其他情形。

（2）出租人按照承租人的要求订立买卖合同。虽然出租人和出卖人订立了买卖合同，但是，出卖人、标的物、买卖的条件、标的物的交付等内容，是由承租人确定的。买卖合同还须经承租人签名或盖章确认。因此，融资租赁合同是必须经出租人、承租人、出卖人三方协商一致而成立的，租赁合同和买卖合同是相互影响的并非完全独立的合同。买卖合同的诸多内容是按承租人的意思表示确定的。出租人若变更这些内容也得经承租人同意；否则，不得变更。但是，出租人若变更不是按承租人的意志确定的内容则不在此限。

（3）出租人返还费用的义务。在当事人约定租赁期限届满租赁物归承租人所有的前提下，承租人已经支付了大部分租金，但无力支付剩余租金，据前述可知，这种情况下出租人可以行使解除合同收回租赁物的权利。在这种情况下，承租人只欠付一部分租金。如果出租人收回的租赁物的价值比支付的租金多且承租人请求返还，则出租人应当返还。

（4）出租人有协助承租人行使索赔权的义务。在融资租赁关系中，出卖人向承租人交付标的物，且该标的物是承租人选定的。标的物存在瑕疵，应由出卖人负担保责任。若合同中未规定由出租人行使索赔权，则承租人可以直接向出卖人行使索赔权，出租人有义务协助承租人向出卖人索赔。

（5）出租人购买并交付租赁物的义务。出租人接受承租人委托后，有义务向承租人指定的出卖人购买租赁物，并交付给承租人。这里的交付只是观念上的交付，实际上由出卖人直接将标的物交付给承租人。

（6）对第三人的义务。出租人对租赁物享有的所有权，未经登记，不得对抗善意第三人。

（7）出租人的赔偿责任。有下列情形之一的，当租赁物质量、数量等存在问题，在对出卖人索赔不着或不足时，出租人应承担赔偿责任：①出租人根据租赁合同的约定完全是利用自己的技能和判断为承租人选择出卖人或租赁物的；②出租人为承租人指定出卖人或租赁物的；③出租人擅自变更承租人已选定的出卖人或租赁物的。除上列情形外，出租人对租赁物的质量、数量等问题一般不承担责任。

（二）对承租人的效力

1. 承租人的权利

承租人的权利包括以下内容。

（1）承租人占有和使用租赁物的权利。承租人付出融资的对价，其目的在于对租赁物的占有与使用。这是承租人最主要的权利，可以对抗出租人对租赁物的所有权，也可以对抗出租人对租赁物的他物权。承租人占有、使用权只能在租赁期间内行使。在融资租赁合同有效期间，出租人非法干预承租人对租赁物的正常使用或者擅自取回租赁物，而造成承租人损失的，出租人应承担赔偿责任。

（2）承租人的索赔请求权。《民法典》第743条规定，出租人有下列情形之一，致使承租人对出卖人行使索赔权利失败的，承租人有权请求出租人承担相应的责任：①明知租赁物有质量瑕疵而不告知承租人；②承租人行使索赔权利时，未及时提供必要协助。出租人怠于行使只能由其对出卖人行使的索赔权利，造成承租人损失的，承租人有权请求出租人承担赔偿责任。

（3）无力支付剩余租金时的超值返还请求权。《民法典》第758条规定，当事人约定租赁期限届满租赁物归承租人所有，承租人已经支付大部分租金，但是无力支付剩余租金，出租人因此解除合同收回租赁物，收回的租赁物的价值超过承租人欠付的租金以及其他费用的，承租人可以请求相应返还。当事人约定租赁期限届满租赁物归出租人所有，由租赁物毁损、灭失或者附合、混合于他物致使承租人不能返还的，出租人有权请求承租人给予合理补偿。

（4）承租人于租赁期限届满购买租赁物的选择权。当租赁期限届满，承租人有权以支付名义价格的方式购买租赁物。即使不同意承租人的购买请求，但在出租人出卖租赁物时，在相同条件下，承租人也享有优先购买权。

（5）承租人拒绝受领权。出卖人违反向承租人交付标的物的义务，有下列情形之一的，承租人可以拒绝受领出卖人向其交付的标的物：①标的物严重不符合约定；②未按照约定交付标的物，经承租人或者出租人催告后在合理期限内仍未交付。

2. 承租人的义务

承租人的义务包括以下内容。

（1）支付租金。《民法典》第752条规定：“承租人应当按照约定支付租金。承租人经催告后在合理期限内仍不支付租金的，出租人可以请求支付全部租金；也可以解除合同，收回租赁物。”《民法典》第742条规定：“承租人对出卖人行使索赔权利，不影响其履行支付租金的义务。但是，承租人依赖出租人的技能确定租赁物或者出租人干预选择租赁物的，承租人可以请求减免相应租金。”《民法典》第746条规定：“融资租赁合同的租金，除当事人另有约定外，应当根据购买租赁物的大部分或者全部成本以及出租人的合理利润确定。”

（2）妥善保管、使用租赁物。《民法典》第750条第1款规定：“承租人应当妥善保管、使用租赁物。”在融资租赁期间，承租人通过占有租赁物来行使使用权和收益权，尽管租赁物为承租人选定，但为出租人所有。承租人不但要考虑自己对租赁物的收益，而且应考虑出租人的利益。因此，承租人在租赁期间有妥善保管和使用租赁物的义务。

（3）承租人维修租赁物的义务。《民法典》第750条第2款规定：“承租人应当履行占有租赁物期间的维修义务。”

（4）承租人接受约定的租赁物的义务。当出卖人按照合同约定向承租人交付租赁物时，经承租人验收合格后，应接受该租赁物。租赁合同的租赁物即买卖合同的标的物。

（5）赔偿损失的义务。承租人未按合同约定支付部分或全部租金，属违约行为，承租人应按合同约定支付租金、逾期利息，并赔偿出租人相应的损失。

（6）通知义务。承租人拒绝受领标的物的，应当及时通知出租人。

（三）对出卖人的效力

1. 交付标的物的义务

《民法典》第739条规定："出租人根据承租人对出卖人、租赁物的选择订立的买卖合同，出卖人应当按照约定向承租人交付标的物，承租人享有与受领标的物有关的买受人的权利。"

2. 接受承租人索赔的义务

《民法典》第741条规定："出租人、出卖人、承租人可以约定，出卖人不履行买卖合同义务的，由承租人行使索赔的权利。承租人行使索赔权利的，出租人应当协助。"

三、融资租赁合同解除特别规定

根据《民法典》第755条的规定，融资租赁合同因买卖合同解除、被确认无效或者被撤销而解除，出卖人、租赁物系由承租人选择的，出租人有权请求承租人赔偿相应损失；但是，因出租人原因致使买卖合同解除、被确认无效或者被撤销的除外。出租人的损失已经在买卖合同解除、被确认无效或者被撤销时获得赔偿的，承租人不再承担相应的赔偿责任。

根据《民法典》第756条的规定，融资租赁合同因租赁物交付承租人后意外毁损、灭失等不可归责于当事人的原因解除的，出租人可以请求承租人按照租赁物折旧情况给予补偿。

根据《民法典》第758条的规定，当事人约定租赁期限届满租赁物归承租人所有，承租人已经支付大部分租金，但是无力支付剩余租金，出租人因此解除合同收回租赁物，收回的租赁物的价值超过承租人欠付的租金以及其他费用的，承租人可以请求相应返还。当事人约定租赁期限届满租赁物归出租人所有，因租赁物毁损、灭失或者附合、混合于他物致使承租人不能返还的，出租人有权请求承租人给予合理补偿。

四、融资租赁合同效力的特别认定及其处理

《民法典》第 737 条规定："当事人以虚构租赁物方式订立的融资租赁合同无效。"但根据《民法典》第 738 条的规定，依照法律、行政法规的规定，对于租赁物的经营使用应当取得行政许可的，出租人未取得行政许可不影响融资租赁合同的效力。

《民法典》第 760 条规定："融资租赁合同无效，当事人就该情形下租赁物的归属有约定的，按照其约定；没有约定或者约定不明确的，租赁物应当返还出租人。但是，因承租人原因致使合同无效，出租人不请求返还或者返还后会显著降低租赁物效用的，租赁物的所有权归承租人，由承租人给予出租人合理补偿。"

本章小结

本章主要梳理、解读、阐述了转移使用权合同的基本内容，这些内容主要包括转移使用权合同在合同法中的主要类型，即租赁合同和融资租赁合同。显然，在市场经济社会，融资租赁合同是相对常见的合同类型，而且融资租赁合同本身很复杂，所涉及的当事人比一般合同的当事人多，导致这类合同出现了更多的纠纷，进而损害当事人的合法权益。所以，对这类合同基本内容的理解和把握，尤其是对当事人权利义务的认知，对于防范风险，解决合同争议无疑具有很大的指导价值。

思考与练习

小试身手

一、名词解释

1. 租赁合同　　2. 转租　　3. 房屋租赁合同

4. 融资租赁合同

二、简答题

1. 租赁合同有什么法律特征?
2. 租赁合同包括哪些主要内容?
3. 租赁合同的出租人有什么权利和义务?
4. 租赁合同的承租人有什么权利和义务?
5. 房屋租赁合同的登记、变更和终止有哪些内容?
6. 融资租赁合同有什么法律特征?
7. 融资租赁合同应具备哪些内容?
8. 融资租赁合同对出租人、承租人和出卖人分别有哪些效力?
9. 融资租赁合同与买卖合同、租赁合同的基本区别有哪些?

三、案例分析题（请扫描下方二维码）

案例分析

第十一章 完成工作的合同

导 言

完成工作的合同的典型特征是债务人不仅要提供劳务，而且要提交工作成果。完成工作的合同包括承揽合同、建设工程合同两种类型。本来，建设工程合同属于承揽合同的范畴，大陆法系国家或地区往往只规定承揽合同，而并不将建设工程合同作为一类有名合同独立地作出规定。《民法典》根据工作物性质的不同，对承揽合同作进一步区分。此种立法具有合理性，不过，也应注意这两类合同之间的关系。根据《民法典》第 808 条的规定，《民法典》就建设工程合同无规定的，适用承揽合同的规定。

在学习这一章时，应注意区分承揽合同与买卖合同的差异，尤其是注意买卖合同中瑕疵担保责任、风险负担制度对承揽合同、建设工程合同的适用性。

学习目标

完成这一章内容的学习之后，你将能够：

了解承揽合同、建设工程合同的基本原理。

阐述建设工程承包人行使法定抵押权所需的条件。

熟悉并能较准确地运用《民法典》有关这些合同的基本规则。

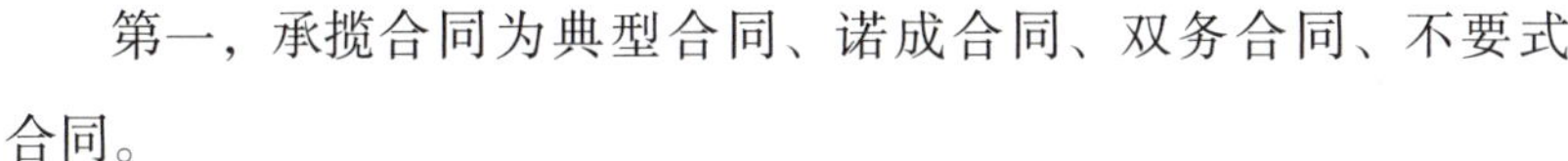

第一节　承揽合同

一、承揽合同概述

承揽合同是承揽人按照定作人的要求完成工作，交付工作成果，定作人给付报酬的合同。

承揽合同具有以下特征：

第一，承揽合同为典型合同、诺成合同、双务合同、不要式合同。

第二，承揽合同为有偿合同。若承揽合同当事人未约定报酬，则可推定承揽合同为有偿合同。

第三，承揽合同为劳务合同，且以完成工作为必要。承揽人虽然提供劳务，但未能完成工作，亦即未能发生预期的结果的，定作人不必支付报酬。

承揽可分为以下几种类型：

1. 一般承揽与特殊承揽

一般承揽指单纯由承揽人完成一定的工作，而由定作人给付报酬的承揽合同。特殊承揽则指不是单纯由承揽人完成一定的工作，而具有特殊情形的承揽合同。

2. 直接承揽与次承揽

根据承揽人产生的不同，可将承揽区分为直接承揽与次承揽。直接承揽是指由定作人直接选任承揽人的承揽；次承揽也称为再承揽，是指承揽人与定作人维持合同关系，而将工作的一部分或全部交由第三人完成。该第三人称为次承揽人或再承揽人，原承揽人则为主承揽人。

3. 规则承揽与不规则承揽

根据承揽人可否以同种类、品质、数量的材料代替定作人提供的材料为标准，可将承揽区分为规则承揽与不规则承揽。规则承揽是定作人提供材料，承揽人不得以同种类、品质、数量的材料代替而完成一定工作的承揽。不规则承揽则是指由定作人提供材料，约定承揽人可以同种类、品质、数量的材料代替而完成一定工作的承揽。

4. 单独承揽与共同承揽

根据承揽人的人数，可将承揽区分为单独承揽与共同承揽。单独承揽是承揽人仅为一人的承揽；共同承揽则是数个承揽人共同完成承揽工作的承揽。《民法典》第786条规定："共同承揽人对定作人承担连带责任，但是当事人另有约定的除外。"

二、承揽合同的效力

（一）承揽合同对承揽人的效力

1. 完成承揽工作的义务

（1）须在约定的期限内完成工作。当事人对合同期限有约定的，承揽人应在约定的期限内完成工作。若当事人对期限未作约定，则应根据《民法典》第511条的规定来确定。承揽人未在约定期限内完成工作，或者虽未约定期限但承揽人经过相当长期限才完成工作，构成迟延履行，承揽人应承担迟延履行责任。

（2）须以自己的工作依定作人的要求完成工作。承揽为一种劳务合同，其给付具有一定程度的属人性，承揽人原则上应亲自完成承揽工作，不得将其工作的全部或一部分委由他人以次承揽的方式完成。若未经定作人同意，则次承揽构成不适法次承揽，定作人可以解除合同。不过，若承揽人将辅助工作交由第三人完成，则不存在定作人是否同意的问题，在此种情形中，应由谁向定作人承担工作责任？《民法典》第773条规定："承揽人可以将其承揽的辅助工作交由第三人完成。承揽人将其承揽的辅助工作交由第三人完成的，应当就该第三人完成的工作成果向定作人负责。"

2. 接受定作人提供的材料或依约提供材料的义务

根据《民法典》第775条的规定，定作人提供材料的，应当按照约定提供材料。承揽人对定作人提供的材料应当及时检验，发现不符合约定时，应当及时通知定作人更换、补齐或者采取其他补救措施。承揽人不得擅自更换定作人提供的材料，不得更换不需要修理的零部件。

3. 交付工作成果的义务

对需要交付工作成果的承揽而言，承揽人负有交付工作成果的义务。《民法典》第780条规定："承揽人完成工作的，应当向定作人交付工作成果，并提交必要的技术资料和有关质量证明。定作人应当验收该工作成果。"

4. 转移权利的义务

除交付工作成果外，承揽人在某些情况下还负有将工作成果的所有权转移给定作人的义务。承揽人是否负有转移权利的义务，应根据不同的情况进行判断：定作人提供材料的，一般由定作人原始取得工作物所有权，承揽人无转移工作物权利的义务；但是，若承揽人提供全部或主要材料，且定作人未提供基底，亦即属于承揽人包工又包料的工作物供给合同的情形，承揽人则往往负有转移权利义务。

5. 承揽人的瑕疵担保义务

《民法典》第 781 条规定："承揽人交付的工作成果不符合质量要求的，定作人可以合理选择请求承揽人承担修理、重作、减少报酬、赔偿损失等违约责任。"该条与《民法典》第 582 条关于不完全给付的规定大体相同，不宜认定为有关承揽人的瑕疵担保义务的规定，而是有关承揽人不完全给付责任的规定。对该条的适用需注意以下问题：

第一，在承揽人不完全给付责任的归责原则上，实行严格责任原则，不以承揽人在主观上具有过错为要件。

第二，修理属于消除瑕疵，重作为完成新的工作成果。

第三，《民法典》第 781 条未明确规定定作人可否解除合同。根据《民法典》第 563 条的规定，承揽人交付的工作成果不符合质量要求致使不能实现合同目的，定作人有权解除合同。

第四，《民法典》未明确定作人可否自行修理或重作。不过，考虑到《民法典》第 713 条允许承租人自行维修，在承揽合同中也有必要允许定作人自行修理，并赋予其修理费用返还请求权；而由于重作的费用有时要低于修理，因此也无禁止定作人自行重作之理。

6. 其他义务

除上述义务之外，承揽人还可能要承担其他义务。举其要者如下：

（1）容忍义务。承揽人完成工作期间，定作人可以对承揽人的工作进行监督与检验，承揽人不得拒绝其监督与检验。

（2）保密义务与通知义务。根据《民法典》第 785 条的规定，承揽人应当按照定作人的要求保守秘密，未经定作人许可，不得留存复制品或者技术资料。承揽人违反该义务给定作人造成损失的，应向定作人承担损害赔偿责任。

根据《民法典》第 775 条、第 776 条的规定，承揽人对定作人提供的材料，应当及时检验，发现不符合约定时，应当及时通知定作人更换、补齐或者采取其他补救措施；承揽人发现定作人提供的图纸或者技术要求不合理的，应当及时通知定作人。

（3）保管义务。《民法典》第784条规定："承揽人应当妥善保管定作人提供的材料以及完成的工作成果，因保管不善造成毁损、灭失的，应当承担赔偿责任。"

7. 承揽人的留置权

《民法典》第783条规定："定作人未向承揽人支付报酬或者材料费等价款的，承揽人对完成的工作成果享有留置权或者有权拒绝交付，但是当事人另有约定的除外。"

（二）承揽合同对定作人的效力

1. 支付报酬的义务

支付报酬的义务是定作人的主给付义务。定作人应何时向承揽人清偿报酬，取决于当事人的约定。当事人未约定的，依《民法典》第782条的规定，定作人应当在承揽人交付工作成果时支付。工作成果部分交付的，定作人应当相应支付。

2. 协助义务

承揽工作需要定作人协助的，定作人负有协助的义务。定作人不履行协助义务致使承揽工作不能完成的，根据《民法典》第778条的规定，承揽人可以催告定作人在合理期限内履行协助义务并可以顺延履行期限；若期满定作人仍不为协助，则承揽人可以解除合同。

3. 受领工作成果的义务

承揽人向定作人交付完成的工作成果，产生定作人受领工作物的问题。对此，《民法典》第780条规定："承揽人完成工作的，应当向定作人交付工作成果，并提交必要的技术资料和有关质量证明。定作人应当验收该工作成果。"若承揽合同不需要交付工作成果，则在承揽人工作完成时，视为定作人受领。

4. 中途变更权及其责任

根据《民法典》第777条的规定，定作人享有中途变更权。定作人中途变更承揽工作的要求，造成承揽人损失的，应当赔偿损失。这里的"损失"主要是指承揽人因工作要求的变更为完成工作而增加支出的费用。

三、承揽合同的风险负担

对于承揽合同的风险负担问题，《民法典》并未作出规定。我们认为，应当区分对材料的风险与对报酬的风险而决定各自的风险负担规则。

首先，对材料的风险，基于天灾归物权人负担的思想，实行所有人主义，即由定作人提供材料的，应由定作人承担风险；由承揽人提供材料的，应由承揽人承担风险。

其次，对报酬的风险，应视工作成果是否需要交付而决定其规则：①工作成果需交付的，采交付主义。交付前由承揽人承担；交付后由定作人承担。若定作人受领迟延，则由定作人承担。②工作成果不需要交付的，则以工作完成时间作为报酬风险转移的时间。

四、承揽合同的消灭

引起承揽合同消灭的事由颇多，如承揽人依债之本旨清偿、承揽人将完成的工作物提存等，此处仅阐述引起承揽合同消灭的特殊事由：

（一）定作人解除合同

第一，承揽人不适法次承揽，定作人可以解除合同。《民法典》第 772 条规定，承揽人应当以自己的设备、技术和劳力，完成主要工作，但是当事人另有约定的除外。承揽人将其承揽的主要工作交由第三人完成的，应当就该第三人完成的工作成果向定作人负责；未经定作人同意的，定作人也可以解除合同。

第二，承揽人工作迟延，定作人可以解除合同。

第三，承揽人完成的工作有瑕疵，定作人可以解除合同。

第四，任意解除。《民法典》第 787 条规定："定作人在承揽人完成工作前可以随时解除合同，造成承揽人损失的，应当赔偿损失。"该条确立了定作人的任意解除权，据此，定作人可以不附理由随时解除承揽合同。对该条的适用应注意以下两点：①仅定作人享有任意解除权，承揽人不得享有，且定作人行使任意解除权的时期应限于工作未完成前。《民法典》第 787 条的规定为任意性规定，当事人可以特约使定作人丧失任意解除承揽合同的权利。②该条中所言"损失"的范围。我们认为，《民法典》第 787 条中所言"损失"，主要是指承揽人未完成工作的报酬扣除因免为给付所得的利益，此外，还包括承揽人因定作人解除合同而支出的附带费用或遭受其他损害。

（二）承揽人解除合同

第一，定作人不为协助，承揽人可解除合同。《民法典》第 778 条规定："承揽工作需要定作人协助的，定作人有协助的义务。定作人不履行协助义务致使承揽工作不能完成的，承揽人可以催告定作人在合理期限内履行义务，并可以顺延履行期限；定作人逾期不履行的，承揽人可以解除合同。”

第二，当然解除。一些国家或地区的民法规定，当承揽工作以承揽人的个人技能为条件，而承揽人死亡或者非由过失致使不能完成工作的，承揽合同自动解除。

第二节 建设工程合同

建设工程合同本属于承揽合同，由于其工作成果是重要的不动产——建设工程，需要长期使用和发挥效益，攸关国计民生，而且因建设工程而生的承揽关系与其他的承揽关系在共性之余确实存在一些显著的区别，因此《民法典》将其确立为一种独立的典型合同。

一、建设工程合同概述

建设工程合同是指建设工程的发包人为完成工程建设的任务，与承包人订立的关于承包人按照发包人的要求完成工程建设，发包人接受该建设工程并支付价款的合同。双方当事人中，勘察、设计、施工单位方为承包人，建设单位方为发包人。建设工程合同包括工程勘察、设计、施工合同。

建设工程合同除具备承揽合同所具有的诺成性、双务性、有偿性等特性外，还具有以下特征：

第一，建设工程合同的标的物为建设工程。根据《建设工程质量管理条例》的规定，建设工程包括土木工程、建筑工程、线路管道和设备安装工程及装修工程。

第二，建设工程合同的主体只能是法人。《中华人民共和国建筑法》（以下简称《建筑法》）第12条规定，从事建筑活动的建筑施工企业、勘察单位、设计单位和工程监理单位，应当具备如下条件：一是有符合国家规定的注册资本；二是有与其从事的建筑活动相适应的具有法定执业资格的专业技术人员；三是有从事相关建筑活动所应有的技术装备；四是法律、行政法规规定的其他条件。

第三，建设工程合同具有较强的国家管理性。《民法典》第792条规定：“国家重大建设工程合同，应当按照国家规定的程序和国家批准的投资计划、可行性研究报告等文件订立。”此外，我国还专门颁布了《建筑法》《建设工程质量管理条例》等法律、法规对建设工程合同法律关系予以调整。

第四，建设工程合同具有要式性。《民法典》第789条规定，建设工程合同应当采用书面形式。本来《民法典》对合同的形式以不要式为原则，但由于建设工程合同的标的物价值重大，且为便利国家对建设工程项目进行监管，法律对建设工程合同的形式作出了特别要求。建设工程合同未以书面形式订立的，应适用《民法典》第490条第2款的规定，即当事人未采用书面形式但是一方已经履行主要义务，对方接受时，该合同成立。

二、建设工程合同的订立

（一）建设工程承包合同的订立

建设工程活动的进行要依据由发包人和承包人订立的承包合同。在国际上，建设工程的承包，一般有全过程承包，设计、施工总承包，投资、设计、施工总承包，投资、设计、施工、经营一体化总承包，联合承包，施工总承包等方式。《民法典》第791条第1款规定了建设工程承包合同的两种形式：总承包合同和分项工程承包合同。

总承包合同是指发包人与承包人就建设工程的勘察、设计、施工、设备的采购及安装调试等工程建设的全部工作签订总承包协议，由承包人对整个建设工程负责，直至工程竣工，向发包人交付经验收合格且符合发包人要求的建设工程。总承包合同可以由一个承包人与发包人签订，也可以由两个以上的承包人共同与发包人签订。分项工程承包合同是指发包人将工程项目分成若干部分，由发包人分别与勘察人、设计人、施工人签订勘察、设计、施工合同，实行平行发包，各承包人分别就建设工程的勘察、设计、施工阶段的质量、工期、工程造价等与发包人产生债权债务关系，并仅对自己承包的部分向发包人负责。

发包人可自由选择订立建设工程承包合同的方式。不过，鉴于我国目前建筑市场中，一些发包人将按照性质和技术联系应当由一个承包人整体承包的工程，支解成若干部分，分别发包给多个承包人，使整个建设工程在管理和技术上缺乏相应的统筹协调，造成施工秩序混乱、责任不清，严重影响建设工程的质量，我国法律提倡对建设工程实行总承包，《民法典》第791条、《建筑法》第24条禁止发包人将应当由一个承包人完成的建设工程支解成若干部分发包给几个承包人。

（二）建设工程分包合同的订立

1. 建设工程的分包和转包

建设工程分包合同是指勘察人、设计人、施工人在经过发包人同意后，依法将其承包的工程建设任务的一部分交给第三人完成，从而与该第三人订立的合同。建设工程分包合同依附于总承包合同或者分项工程承包合同而存在，具有从属性，没有总承包合同或者分项工程承包合同，当然没有建设工程分包合同可言；总承包合同或者分项工程承包合同无效的，建设工程分包合同也无效。

建设工程转包合同是指承包人将建设工程合同中的权利义务转让给第三人，退出与发包人的承包合同关系而与第三人订立的合同。建设工程转包合同在性质上属于合同的转让，是承包人将合同的权利义务概括转让给受让人。《民法典》第791条第2款规定："……承包人不得将其承包的全部建设工程转包给第三人或者将其承包的全部建设工程支解以后以分包的名义分别转包给第三人。"由此可见，我国法律禁止建设工程转包合同。根据《民法典》第806条第1款的规定，承包人将建设工程转包的，发包人可以解除合同。

2. 分包的有效要件

按照《民法典》和《建筑法》的规定，承包人在与第三人订立分包合同时，除须符合合同的一般有效要件外，还应具备以下特别要件：

第一，工程分包须经过发包人的同意。发包人与承包人订立建设工程合同，表明了发包人对承包人的资质水平、施工能力、工程质量的信赖，因此，在承包人将工程分包给第三人时，须经发包人的同意。

第二，被分包的工程只能是承包人所承包的部分工作。《民法典》第791条第2款规定禁止承包人将其承包的全部建设工程支解以后以分包的名义分别转包给第三人。此外，《民法典》第791条第3款还规定，建设工程主体结构的施工必须由承包人自行完成，不得分包。

第三，分包人必须具备相应的资质条件，且分包人不能将其承包的工程再分包。也就是说，建设工程最多只能由承包人分包一次。

根据《民法典》第806条第1款的规定，承包人将建设工程违法分包的，发包人可以解除合同。

3. 分包关系中承包人和分包人对发包人的违约责任

为保护发包人的利益、促进承包人对工程质量的监管，《民法典》第791条第2款突破了合同相对性，明确规定，第三人（分包人）就其完成的工作成果与总承包人或者勘察、设计、施工承包人向发包人承担连带责任。

三、建设工程合同的效力

（一）承包人的义务与违约责任

1. 勘察人、设计人的义务与违约责任

（1）勘察人、设计人的义务。在勘察、设计合同中，勘察人应当按照国家规定或者合同约定的标准、规范、规程等，进行工程测量，工程地质、水文地质勘察等工作，并依照合同约定的工作进度和质量将勘察成果交付给发包人；设计人应当按照国家规定或者合同约定的条件、进度、质量交付设计成果，并配合施工方解决施工中的有关设计问题。

（2）勘察人、设计人的违约责任。在勘察、设计合同履行过程中，勘察、设计的质量不符合法定或约定的要求，或者未按期提交勘察、设计文件致工期拖延，造成发包人损失的，勘察人、设计人应当继续完善勘察、设计的任务，减收或免收勘察、设计费并赔偿发包人损失。

2. 施工人的义务与违约责任

（1）施工人的义务。在建设工程施工合同中施工人主要负有以下义务：

第一，容忍义务。我国法律赋予发包人享有对工程的进度和质量的检查权，发包人在不妨碍承包人正常作业的情况下，可以随时对工程进度、质量进行检查。

第二，隐蔽工程隐蔽前的通知义务。对于需要及时隐蔽的中间工程，承包人在工程被隐蔽之前，应当及时通知发包人检查，以确保工程质量符合合同的约定或者法律的规定。

第三，如期、按质完工并交付工程的义务。承包人应当在合同约定的期限内完成工程建设，工程的质量应符合法定的或合同约定的标准。

第四，工程保修义务。建设工程交付验收后，承包人在一定的期限内对工程仍负有保修义务，具体的保修期可以由当事人约定，当事人未约定时，应适用法定的保修期。

（2）施工人的违约责任。由施工人导致建设工程质量不符合约定的，施工人应当在合理期限内无偿修理或者返工、改建；修理或者返工、改建，造成逾期交付建设工程的，施工人应当承担逾期履行的违约责任。

建设工程的质量瑕疵造成了他人人身、财产损害的，施工人除应承担违约责任外，视情况还可能承担侵权责任。此际，施工人的责任构成责任竞合，发包人可择

一行使。

（二）发包人的义务与违约责任

1. 发包人的义务

在建设工程合同中，发包人主要应承担以下义务：

（1）按照约定时间和要求提供原材料、设备、场地、资金、技术资料等的义务。除了法律规定必须由发包人提供的，若双方当事人约定由发包人提供的，发包人也负有依约提供原材料、设备的义务。此外，发包人还须按照合同的约定或法律的规定，提供施工场地、建设资金以及相关的技术资料，以确保建设工程的顺利进行。

（2）建设工程及时验收的义务。建设工程竣工后，发包人应当根据施工图纸或说明书、国家颁发的施工验收规范和质量检验标准，及时组织验收建设工程。如《中国人民建设银行关于基本建设项目竣工验收暂行规定》《建筑工程施工质量验收统一标准》等是发包人对工程的质量进行验收的重要依据。

（3）支付价款并接受建设工程的义务。建设工程验收合格后，发包人应按照合同的约定支付价款，即在扣除一定的保证金后，将剩余的工程价款支付给承包人。同时，发包人与承包人应当办理工程的移交手续，正式接收该项建设工程。工程的风险，自接收之日起，也由承包人转移给发包人。根据《民法典》第799条的规定，建设工程竣工经验收合格后，方可交付使用；未经验收或者验收不合格的，不得交付使用。

值得注意的是，为妥善解决当事人之间的纠纷，《民法典》针对建设施工合同无效的情形，规定了发包人的“折价补偿”义务。《民法典》第793条规定，“建设工程施工合同无效，但是建设工程经验收合格的，可以参照合同关于工程价款的约定折价补偿承包人。建设工程施工合同无效，且建设工程经验收不合格的，按照以下情形处理：（一）修复后的建设工程经验收合格的，发包人可以请求承包人承担修复费用；（二）修复后的建设工程经验收不合格的，承包人无权请求参照合同关于工程价款的约定折价补偿。发包人对因建设工程不合格造成的损失有过错的，应当承担相应的责任。”

依据《民法典》第157条有关民事法律行为无效效果的规定，民事法律行为被确认为无效后，对于因该行为取得的财产，应当返还或者折价补偿；自己的过错给对方造成损失的，应当赔偿由此给对方造成的损失。但是，建设工程施工合同的履行过程是承包人将劳务与建筑材料物化到建设工程的过程，建设工程施工过程完成会有建筑物等不动产产生。基于这一特殊性，合同被确认无效时，发包人既无法向承包人返还建设工程，也无法向承包人返还已付出的劳务和使用的建筑材料，只能折价补偿。值得注意的是，建设工程施工合同无效时，发包人折价补偿承包人的条件是建设工程经验收合格。验收合格既包括一次性验收合格的情形，也包括建设工程经验收不合格但修复后经验收合格的情形。在后一种情形下，由承包人承担修复费用。值得注意的是，发包人在这里承担的义务仅是“参照”合同关于工程价款的约定折价补偿承包人。对于工程建设中大规模改变设计且施工合同的约定未进行相应变更等情形，无法参照合同关于工程价款的约定进行折价补偿的，仍需要法院根据实际情况来认定。此外，这里的折价补偿并不影响承包人承担违反法律的行政法律责任和其他法律责任。

如果建设工程施工合同无效，建设工程经验收不合格，修复后，建设工程经验收仍不合格，则承包人不能请求参照合同关于工程价款的约定折价补偿；但是，发包人对建设工程不合格造成的损失也有过错的，应根据其过错承担相应的责任。

2. 发包人的违约责任

在建设工程合同中，发包人主要应承担以下违约责任：

（1）建设工程合同中，若发包人未按照约定时间和要求提供原材料、设备、场地、资金、技术资料，应当承担违约责任；由发包人致使工程中途停建、缓建的，应承担相应的违约责任。在此方面，《民法典》第 806 条第 2 款规定：“发包人提供的主要建筑材料、建筑构配件和设备不符合强制性标准或者不履行协助义务，致使承包人无法施工，经催告后在合理期限内仍未履行相应义务的，承包人可以解除合同。”根据《民法典》第 566 条有关合同解除效果的规定，合同解除后，尚未履行的，终止履行；已经履行的，根据履行情况和合同性质，当事人可以请求恢复原状或者采取其他补救措施，并有权请求赔偿损失。但考虑到建设工程施工合同的特殊性，以及物尽其用、节约社会资源的原则和价值导向，《民法典》第 566 条第 3 款特别规定，合同解除后，已经完成的建设工程质量合格的，发包人应当按照约定支付相应的工程价款；已经完成的建设工程质量不合格的，参照《民法典》第 793 条的规定处理。

（2）发包人对勘察人、设计人的违约责任。发包人将建设工程的勘察、设计任务委托给勘察人、设计人后，勘察人、设计人即应按照合同的约定开展工作，同时发包人也应严守合同的约定。发包人若变更计划，提供的资料不准确，或者未按照期限提供必需的勘察、设计工作条件而造成勘察、设计的返工、停工或者修改设计，则应当按照勘察人、设计人实际完成的工作量支付费用。

（3）发包人未按照约定支付工程价款时的违约责任。建设工程竣工后，发包人对经验收合格的工程应予以接收，同时应按照合同约定的方式和期限进行工程决算，向承包人支付价款。发包人未按约定支付价款的，应向承包人承担逾期支付工程价款的违约责任。

（4）发包人不及时检查隐蔽工程的违约责任。当隐蔽工程具备覆盖条件时，承包人应当先进行自检，并在自检合格后实施覆盖前通知发包人进行检查验收。若发包人没有及时检查，承包人可以顺延工程日期，并有权要求赔偿停工、窝工等损失。

四、建设工程承包人的法定抵押权

《民法典》第807条规定："发包人未按照约定支付价款的，承包人可以催告发包人在合理期限内支付价款。发包人逾期不支付的，除根据建设工程的性质不宜折价、拍卖外，承包人可以与发包人协议将该工程折价，也可以请求人民法院将该工程依法拍卖。建设工程的价款就该工程折价或者拍卖的价款优先受偿。"我国学界通说认为该条确立了建设工程承包人的法定抵押权。

建设工程承包人的法定抵押权的成立必须具备以下条件：

第一，承包人与发包人之间必须存在建设工程合同。根据《民法典》第788条第2款的规定，建设工程合同本应包括工程勘察、设计、施工合同，但这里所说的建设工程合同应作狭义解释，仅指建设工程施工合同，不包括建设工程勘察、设计合同。

第二，必须是因建设工程施工合同所生的价款债权。《民法典》第807条将承包人的法定抵押权所担保的债权的范围规定为因建设工程合同所生的"价款债权"。我们认为，不能将"价款"作过于宽泛的解释，价款应仅指承包人提供劳务的报酬额，此外，根据交易习惯，价款还可包括承包人所支付的材料费，但不包括垫付的款项以及损害赔偿金。根据《最高人民法院关于审理建设工程施工合同纠纷案件适用法律问题的解释（一）》第40条的规定，承包人建设工程价款优先受偿的范围依照国务院有关行政主管部门关于建设工程价款范围的规定确定。承包人就逾期支付建设工程价款的利息、违约金、损害赔偿金等主张优先受偿的，人民法院不予支持。

第三，必须以承包人施工完成的发包人所有的建设工程为标的。在我国大陆，承包人的法定抵押权的标的物应仅限于建设工程，而不应包括地基。此外，作为法定抵押权标的物的建设工程必须属于发包人所有，若非发包人所有，则承包人不得行使优先受偿权。

第四，该建设工程须不属于"不宜折价、拍卖"的建设工程。"不宜折价、拍卖"的建设工程是指禁止流通物，包括公有物与公用物，前者如国家机关办公的房屋建筑物及军事设施；后者如公共道路、桥梁、机场、港口。

本章小结

承揽合同是承揽人按照定作人的要求完成工作，交付工作成果，定作人给付报酬的合同。承揽合同对承揽人的效力体现在：(1) 完成承揽工作的义务；(2) 接受定作人提供的材料或依约提供材料的义务；(3) 交付工作成果的义务；(4) 转移权利的义务；(5) 承揽人的瑕疵担保义务；(6) 其他义务；(7) 承揽人的留置权。承揽合同对定作人的效力体现在：(1) 支付报酬的义务；(2) 协助义务；(3) 受领工作成果的义务；(4) 中途变更权及其责任。

承揽合同的风险负担规则体现在：(1) 对材料的风险，基于天灾归物权人负担的思想，实行所有人主义，即由定作人提供材料的，应由定作人承担风险；由承揽人提供材料的，应由承揽人承担风险。(2) 对报酬的风险，应视工作成果是否需要交付而决定其规则：①工作成果需交付的，采交付主义；②工作成果不需要交付的，则以工作完成时间作为报酬风险转移的时间。

建设工程合同是指建设工程的发包人为完成工程建设的任务，与承包人订立的关于承包人按照发包人的要求完成工程建设，发包人接受该建设工程并支付价款的合同。《民法典》第 791 条第 1 款规定了建设工程承包合同的两种形式：总承包合同和分项工程承包合同。我国法律允许承包人与第三人订立分包合同，但要求其遵循相对严格的法定条件，我国法律禁止建设工程转包合同。在建设工程合同中，勘察人、设计人、施工人、发包人存在较大差异，请予注意。为保护建设工程承包人的利益，《民法典》第 807 条明确赋予其法定抵押权。

思考与练习

小试身手

一、名词解释

1. 承揽合同　　2. 共同承揽　　3. 建设工程合同
4. 建设工程承包人的法定抵押权

二、简答题

1. 如何决定承揽合同的风险负担规则？
2. 建设工程承包人如何依法行使法定抵押权？
3. 承揽合同与买卖合同有何区别？
4. 承揽合同对承揽人、定作人各具有哪些法律效力？

三、案例分析题（请扫描下方二维码）

第十二章 提供服务的合同

导 言

提供服务的合同其典型特征是债务人须向债权人提供劳务。在《民法典》中，它包括运输合同、保管合同、仓储合同、委托合同、物业服务合同、行纪合同、中介合同等形态。这一类型的合同种类繁多，各具体合同中当事人权利义务存在着较大差异。

本章对典型的提供服务的合同的概念、法律效力作了梳理。在学习过程中，不仅应注意这些合同之间的关联，如保管合同与仓储合同的异同，委托合同与行纪合同、中介合同的异同，而且应注意这些合同与代理、违约损害赔偿责任的归责原则等制度之间的联系。

学习目标

完成这一章内容的学习之后，你将能够：

阐述运输合同、保管合同、仓储合同、委托合同、物业服务合同、行纪合同、中介合同的基本原理。

熟悉并能较准确地运用《民法典》有关这些合同的基本规则。

第一节　运输合同

一、运输合同概述

运输合同，又称运送合同，是承运人将旅客及其行李或货物运送至约定地点，旅客、托运人或收货人支付票款或运费的合同。

在性质上，运输合同为诺成、双务、有偿合同，且运输合同多为格式合同。运输合同种类繁多，依不同标准可区分为不同类型。如以运输对象为标准，可将运输合同分为客运合同与货运合同；以运输工具为标准，可将运输合同分为铁路运输合同、公路运输合同、航空运输合同、水上运输合同、海上运输合同、管道运输合同；以承运人的多少为标准，可将运输合同分为单一运输合同与联合运输合同（联运合同）。

案例 12－1

二、客运合同

客运合同，即旅客运输合同，是指承运人将旅客及其行李运送至约定地点，旅客支付票款的合同。

（一）客运合同的成立、生效、变更和解除

客运合同的订立一般先由旅客向承运人支付票价，然后由承运人发售客票给旅客。承运人向公众发布的运输时刻表、承运票价、营运路线图等是要约邀请，旅客交付票款的行为为要约，承运人发售客票的行为为承诺。因此，原则上承运人向旅客发售客票，客运合同即成立。但是，双方当事人对客运合同的成立时间另有约定或另有习惯的，则依照当事人约定或习惯。如依交易习惯，旅客先乘车或先坐船后买票的，在此情况下，客运合同自旅客上车或上船之时起客运合同成立。客运合同虽自承运人向旅客交付客票时成立，但一般认为应自检票时生效。客运合同采用票证形式，如车票、船票、机票等。上述票证均为有价证券。

客运合同成立后，旅客享有变更或解除客运合同的权利。根据《民法典》第816条的规定：“旅客因自己的原因不能按照客票记载的时间乘坐的，应当在约定的期限内办理退票或者变更手续；逾期办理的，承运人可以不退票款，并不再承担运

输义务。”依此规定，旅客在约定的时间内退票的，承运人除按规定收取一定比例的手续费外，应将票款退还给旅客。超过约定的时间，旅客不得变更、解除合同，即承运人有不退票款的权利并不再承担运输义务。

（二）客运合同的效力

客运合同的效力是指客运合同依法成立后发生的法律后果，表现为旅客、承运人双方的权利和义务。

1. 旅客的权利和义务

（1）旅客享有以下权利：①按客票上载明的时间、班次、座位号乘坐运输工具。《民法典》第 815 条第 1 款规定，“旅客应当按照有效客票记载的时间、班次和座位号乘坐……”该款规定的是旅客的乘坐义务，亦可解释为旅客享有这些权利。②按约定的限量免费携带行李。③实名制客运合同的旅客丢失客票的，可以请求承运人挂失补办，承运人不得再次收取票款和其他不合理费用。④运输过程中享有承运人提供的必要方便。⑤在约定的时间内办理退票或变更手续。

（2）旅客应履行以下义务：①支付票款和托运行李的运输费用。根据《民法典》第 815 条第 1 款的规定，旅客无票乘坐、超程乘坐、越级乘坐或者持不符合减价条件的优惠客票乘坐的，应当补交票款，承运人可以按照规定加收票款；旅客不支付票款的，承运人可以拒绝运输。②遵守客运规章。根据《民法典》第 817 条的规定，旅客随身携带行李应当符合约定的限量和品类要求；超过限量或者违反品类要求携带行李的，应当办理托运手续。《民法典》第 818 条规定：“旅客不得随身携带或者在行李中夹带易燃、易爆、有毒、有腐蚀性、有放射性以及可能危及运输工具上人身和财产安全的危险物品或者违禁物品。旅客违反前款规定的，承运人可以将危险物品或者违禁物品卸下、销毁或者送交有关部门。旅客坚持携带或者夹带危险物品或者违禁物品的，承运人应当拒绝运输。”③爱护承运人的运送工具和有关设施。旅客一方的过错而损坏运送设施的，旅客应向承运人承担赔偿责任。

2. 承运人的权利和义务

（1）承运人享有以下权利：①按照公告的标准收取票款和运输费用。承运人的这一权利，一般是在合同成立时就已实现，但在旅客无票、持失效票等场合，则在合同生效后才能实现。②按照有关规定查验旅客客票和检查限运物品及危险物品。③对于旅客托运的行李，在规定期限内无法交付的，有权提存或拍卖。

（2）承运人应履行以下义务：①按客票所载明的时间和班次运送旅客。《民法典》第 820 条规定：“承运人应当按照有效客票记载的时间、班次和座位号运输旅客。承运人迟延运输或者有其他不能正常运输情形的，应当及时告知和提醒旅客，采取必要的安置措施，并根据旅客的要求安排改乘其他班次或者退票；由此造成旅客损失的，承运人应当承担赔偿责任，但是不可归责于承运人的除外。”②为旅客提供必要方便。运输途中，承运人有义务为旅客提供必要的设施和生活服务；旅客在途中发生急病、分娩或遇险时，承运人应尽力救助；旅客在途中死亡，承运人应依有关规定填写客运记录，并详细说明旅客死亡经过和负责处理。③将旅客安全送达目的地。安全运输旅客至目的地是承运人负担的最主要义务。根据《民法典》第819条的规定，承运人应当严格履行安全运输义务，及时告知旅客安全运输应当注意的事项。旅客对承运人为安全运输所作的合理安排则应当积极协助和配合。在运输途中，旅客发生人身伤亡的，承运人应承担赔偿责任。根据《民法典》第823条的规定，旅客的伤亡除其故意、重大过失或自身健康原因造成的以外，承运人均应承担损害赔偿责任。④将旅客携带或托运的行李安全送达目的地并交付给收货人。承运人应承担的损害赔偿责任因行李是托运还是旅客自带有所不同。对于办理托运的行李，可视为附随于旅客运输的货物运输。承运人对行李的损失负有严格责任，但能证明行李之毁损、灭失是不可抗力、货物本身的自然性质或合理损耗以及托运人、收货人过错造成的，不承担赔偿责任。对于自带或携带行李，法律减轻承运人承担的责任。根据《民法典》第824条第1款的规定，承运人对于旅客随身携带物品的毁损、灭失，仅承担过错责任。旅客托运的行李毁损、灭失的，适用货物运输的有关规定。

三、货运合同

（一）货运合同的概念

货运合同，即货物运输合同，是承运人将托运人交付运送的货物运送至约定地点，托运人或收货人支付运费的合同。

（二）托运人的权利和义务

1. 托运人的权利

托运人享有以下权利：①请求承运人按时将货物运送至目的地的权利。②中止运输请求权。托运人的中止运输请求权是托运人请求承运人中止运输、返还货物或为其他处分的权利。《民法典》第829条规定，在承运人将货物交付收货人之前，托运人可以要求承运人中止运输、返还货物、变更到达地或者将货物交给其他收货人。

2. 托运人的义务

托运人应当履行以下义务：①申报义务。《民法典》第825条规定，托运人办理货物运输，应当向承运人准确表明收货人的姓名、名称或者凭指示的收货人，货物的名称、性质、重量、数量，收货地点等有关货物运输的必要情况。因托运人申报不实或者遗漏重要情况，造成承运人损失的，托运人应当承担赔偿责任。②提供货物的义务。托运人应当依照合同约定的时间和标准提供托运的货物。根据《民法典》第826条的规定，货物运输需要办理审批、检验等手续的，托运人应当将办理完有关手续的文件提交承运人。托运人应按约定方式包装货物，对包装方式无约定或约定不明的，可适用《民法典》第619条的规定，即按通用方式包装货物；没有通用方式的，应当采取足以保护托运物且有利于节约资源、保护生态环境的包装方式。托运人违反此义务，承运人可以拒绝运输。③支付运费和其他费用的义务。

（三）承运人的权利和义务

1. 承运人的权利

承运人享有以下权利：①运费请求权。货物到达目的地并经收货人受领后，承运人可请求支付运费。根据《民法典》第835条的规定，在运输过程中，货物因不可抗力而灭失，未收取运费的，承运人不得请求支付运费；已经收取运费的，承运人应向托运人返还。②费用返还请求权。在运送过程中，承运人为保管货物或依托运人指示而支出的费用（如保管费、保险费、包装修缮费）有权请求偿还。即使货物在运输过程中因不可抗力而灭失，承运人仍可请求返还。③货物留置权。根据《民法典》836条的规定，托运人或收货人不支付运费、保管费或其他运输费用的，承运人对相应的运输货物享有留置权，但当事人另有约定的除外。④货物提存权。承运人将货物运送至目的地后，负有将货物交付给收货人的义务，但若收货人不明或收货人无正当理由拒绝受领货物，根据《民法典》第837条的规定，此际承运人可以提存货物。

2. 承运人的义务

承运人应当履行以下义务：①填发提单或其他提货凭证的义务。②将货物运送至目的地的义务。③依从指示的义务。托运人对于运输事项有指示的，承运人应依其指示。除遇有急迫情事并可知托运人若知有此情事亦允许变更其指示外，不得变更其指示。④承运人的通知与请求义务。根据《民法典》第830条的规定，货物运输到达目的地后，承运人知道收货人的，应当及时通知收货人，收货人应当及时提货。承运人履行此义务，使收货人得以为受领作准备。收货人不明或者收货人拒绝受领货物的，承运人应当及时通知托运人并请求其在合理期限内对货物的处置作出指示。⑤交付货物的义务。货物到达目的地后，未填发提单的，收货人提出请求，已填发提单的，收货人提出请求并缴纳提单，承运人皆有交付货物的义务。⑥货物毁损、灭失的赔偿责任。承运人运送的货物，在交付给收货人前毁损、灭失的，承运人应承担赔偿责任。根据《民法典》第832条的规定，承运人承担严格责任，仅在有法定免责事由时才可免除责任。这里的免责事由包括不可抗力，货物本身自然性质或合理损耗以及托运人、收货人的过错。

（四）收货人的权利和义务

1. 收货人的权利

收货人享有的权利为货物交付请求权。托运人在收货人取得该权利后仅丧失中止运输请求权，即不得请求承运人中止运输、返还货物、变更到达地或将货物交付另外的收货人，但仍可请求承运人向收货人为给付。如果收货人不行使该权利或因其他事由丧失权利，托运人仍可请求承运人向自己交付货物。

2. 收货人的义务

收货人应履行以下义务：①支付运费和其他费用的义务。运费及其他费用可由托运人向承运人支付，也可以由收货人向承运人支付。②及时领取货物的义务。运送货物到达目的地后，承运人通知收货人的，收货人应当及时提货；收货人逾期提货的，应当向承运人支付保管费等费用。收货人提货时应当出示提单或其他提货凭证。《民法典》第831条规定，收货人提货时应当按照约定的期限检验货物；对检验的期限没有约定或约定不明确，按照《民法典》第510条的规定仍不能确定的，应当在合理期间内检验货物。收货人在约定的期限或合理期限内对货物的数量、毁损等未提出异议的，视为承运人已经依据运输单证的记载交付的初步证据。

四、联运合同

联运合同是两个以上的承运人以不同或相同的运输方式将旅客及其行李或货物运送至约定地点的运输合同。联运合同种类较多，根据运输方式不同，分为同一运输方式联运合同与多式联运合同；根据运输对象不同，可将其分为货物联运合同和旅客联运合同；根据参加联运的运输工具的不同，可将其分为铁路公路联运合同、铁路水路联运合同、铁路航空联运合同、水陆空联运合同及海江河联运合同；根据联运是否具涉外因素，可将其分为国内联运合同与国际联运合同。本节以《民法典》的规定为据，对联运合同阐述如下。

（一）同一运输方式联运合同

同一运输方式联运合同是指当事人约定由两个以上承运人以同一种运输方式将旅客或货物运至约定地点，旅客或托运人支付运费的运输合同。

同一运输方式联运合同具有以下特征：①联运合同的承运人一方为两人以上。承运人的数量应为两个以上，若仅为一人，则不是联运合同。虽然各个承运人均为联运合同之当事人，然而在联运合同订立时，只有第一承运人代表其他承运人签订运输合同，其他承运人并不参与订立合同。托运人或旅客与承运人间只存在一个运输合同。②托运人或旅客一次交费并使用同一运输凭证。同一运输方式联运合同订立后，托运人或旅客一次交付运费，承运人收到托运人或旅客交付的货物时，签发联运单据。联运可以减少运输的中间环节，有利于加快运输速度，提高运输效率。

在司法实践中应注意，若数个承运人分别与托运人或旅客订立运输合同，托运人或旅客按不同运送区段交付运费，则各个承运人分别就自己承运的区段的运输负责，这属于数个运输合同的组合，并不属于联运。《民法典》第834条规定，两个以上承运人以同一运输方式联运的，与托运人订立合同的承运人应当对全程运输承担责任；损失发生在某一运输区段的，与托运人订立合同的承运人和该区段的承运人承担连带责任。

（二）多式联运合同

多式联运合同为托运人或旅客与联运经营人订立合同，然后联运经营人与参加联运的各区段承运人订立的运输合同。虽然实际上完成运输任务的是各区段承运人，但是联运经营人为联运合同的当事人，居于一般运输合同承运人的地位，由其承担全程运输，因此，联运经营人对全程运输享有承运人权利，履行承运人的义务。既然联运经营人承担全程运输，因此，承运人在运输中致使货物或旅客损害的，由联运经营人承担全部责任。《民法典》第842条规定："货物的毁损、灭失发生于多式联运的某一运输区段的，多式联运经营人的赔偿责任和责任限额，适用调整该区段运输方式的有关法律规定；货物毁损、灭失发生的运输区段不能确定的，依照本章规定承担赔偿责任。"

根据《民法典》第840条的规定，托运人向联运经营人交付货物时，联运经营人应当签发多式联运单据。多式联运单据是联运经营人签发的。该单据应依托运人的选择，或为可转让单据，或为不可转让单据。多式联运单据以可转让方式签发的，应列明按指示交付或向持单人交付。如列明按指示交付，须经背书后转让；如列明向持单人交付，无须背书即可转让。收货人只有交出可转让多式联运单据，并在必要时经正式背书，才能向联运人提取货物。多式联运单据以不可转让方式签发时，应指明记名的收货人。联运经营人将货物交给此不可转让的多式联运单据所指明的记名收货人或经收货人通常以书面正式指定的其他人后，该联运经营人即已履行其交货义务。托运人在托运货物时具有过错，从而造成联运经营人损失的，托运人应承担损害赔偿责任。

第二节 保管合同

一、保管合同概述

案例 12－2

保管合同，又称寄托合同或寄存合同，是保管人保管寄存人交付的保管物并返还该物的合同。在保管合同中，将物品交付他人保管的一方为寄存人或寄托人；保管寄存人交付的物品的一方为保管人或受寄人；保管人保管的物品，为保管合同的标的物，称为保管物、寄存物或寄托物。根据《民法典》第 888 条的规定，寄存人到保管人处从事购物、就餐、住宿等活动，将物品存放在指定场所的，视为保管，但是当事人另有约定或者另有交易习惯的除外。

保管合同为不要式合同、劳务合同、继续性合同。此外，它还具有以下特征：

第一，保管合同为要物合同。《民法典》第 890 条规定："保管合同自保管物交付时成立，但是当事人另有约定的除外。"这表明我国法上保管合同为要物合同。为成立保管合同，寄存人不仅要与保管人达成合意，还应将标的物交付给保管人。

第二，保管合同原则上为无偿合同。原则上，保管人为寄存人保管物品，寄存人并不向保管人支付保管费。当然，双方当事人也可以约定由寄存人向保管人支付保管费，从而使保管成为有偿合同。《民法典》第 889 条规定，寄存人应当按照约定向保管人支付保管费。当事人对保管费没有约定或者约定不明确，依据《民法典》第 510 条的规定仍不能确定的，视为无偿保管。

第三，保管合同以物品的保管为目的。保管合同的订立其直接目的在于使保管人保管物品。保管合同的这一特征使得其与借用、租赁、承揽、运输等合同区别开来。在这些合同中，当事人一方也应保管他方的物品，但保管物品并非这些合同的直接目的，也非当事人主要义务而是附随义务，这些合同的直接目的在于制作、修理、利用或使用物品。保管是控制某物并维持其原状，因此，寄存人须将保管物转移给保管人占有。若不转移保管物的占有，则保管人无法履行保管义务，当然保管人并不由此取得保管物的所有权或使用权。

二、保管合同的效力

（一）保管人的义务

保管人应承担如下义务：

1. 给付保管凭证的义务

寄存人向保管人交付保管物的，保管人应当出具保管凭证，此为《民法典》第891条所明定。保管凭证是寄存人和保管人之间存在保管合同关系的证据，也是寄存人领取其寄存物品的凭证，所以除了另有交易习惯，保管人应向寄存人出具保管凭证。

2. 妥善保管保管物的义务

妥善保管保管物是保管人承担的主要义务。这一义务包含诸多具体的要求：

第一，被告人应依照约定的保管场所或者方法进行保管。根据《民法典》第892条第2款的规定，除紧急情况或者为维护寄存人利益外，不得擅自改变保管场所或者方法。

第二，亲自保管义务。劳务合同多重视当事人之间的信任关系，因此，在保管合同中，原则上应由保管人亲自保管保管物。就此，《民法典》第894条规定："保管人不得将保管物转交第三人保管，但是当事人另有约定的除外。保管人违反前款规定，将保管物转交第三人保管，造成保管物损失的，应当承担赔偿责任。"此处所指的"保管"是指独立的保管而不包括辅助保管，保管人使履行辅助人辅助保管并不在禁止之列，换言之，此处"第三人"并不包括履行辅助人。

第三，使用禁止义务。保管是保存行为，乃占有保管物加以保护，并维持其原状，不包括对保管物的利用与改良。由此可见，保管行为不同于包括对标的物进行保存、改良与利用的管理行为。除非经寄存人同意，保管人不得擅自利用、改良保管物，更不得处分保管物。就此，《民法典》第895条规定："保管人不得使用或者许可第三人使用保管物，但是当事人另有约定的除外。"

第四，《民法典》第897条规定："保管期内，因保管人保管不善造成保管物毁损、灭失的，保管人应当承担赔偿责任。但是，无偿保管人证明自己没有故意或者重大过失的，不承担赔偿责任。”由此看来，有偿保管与无偿保管中当事人履行保管义务及其责任的程度有所差异。在有偿保管中，保管人应就一切过错负责，而在无偿保管中，保管人仅需尽普通人的注意义务，即仅需承担重大过失责任。当然，无偿保管人欲免其责，应就自己没有故意或者重大过失承担举证责任。

3. 危险通知或危险告知义务

危险通知或危险告知，是指在出现保管物因第三人或自身问题可能会灭失的危险情形时，保管人应通知寄存人。《民法典》第896条第2款规定：“第三人对保管人提起诉讼或者对保管物申请扣押的，保管人应当及时通知寄存人。”该义务是保管人依诚信原则应负担的义务的具体化。

4. 返还保管物的义务

保管合同未约定保管期限或者约定不明确的，保管人可随时返还保管物，寄存人也可以随时要求返还保管物。保管合同约定保管期限的，保管人除非有特别事由，不得请求寄存人提前领取保管物（《民法典》第899条）；寄存人则可在期限届满前随时要求返还，因为寄存人可随时放弃其享有的期限利益，但给保管人造成损失的，应承担损害赔偿责任。保管人返还的物品应为原物；保管物为货币的，保管人可返还同种类、同数量的货币，保管物为其他可代替物的，保管人应返还同种类、品质、数量的物品（《民法典》第901条）；保管物生有孳息的，保管人还应向寄存人归还原物及其孳息（《民法典》第900条）。

（二）寄存人的义务

寄存人应承担如下义务：

1. 支付必要费用的义务

无论保管合同为有偿还是无偿，寄存人均应向保管人支付为保管保管物所支出的必要费用。所谓必要费用，以维持保管物原状为准，包括重新包装、防腐、防虫、防火等费用。如果寄存人拒绝支付必要费用，保管人可以留置保管物。

2. 支付保管费的义务

如果保管合同为有偿合同，寄存人还应向保管人支付保管费。《民法典》第902条第1款规定：“有偿的保管合同，寄存人应当按照约定的期限向保管人支付保管费。”该条中保管费即为报酬。对于报酬支付时间，双方当事人有约定的，从其约定；无约定或约定不明确的，依据《民法典》第511条的规定仍不能确定的，寄存人应在领取保管物的同时支付。如果寄存人拒不支付报酬而要求保管人返还保管物，保管人可行使留置权。

3. 告知义务及损害赔偿责任

寄存人的告知义务包括：①保管物性质或瑕疵告知义务。根据《民法典》第893条的规定，寄存人交付的保管物有瑕疵或者根据保管物的性质需采取特殊保管措施的，寄存人应告知保管人。寄存人未告知上述情形，使保管物受损害的，保管人不承担赔偿责任；使保管人受损害的，除保管人知道或应当知道并未采取补救措施外，寄存人应承担损害赔偿责任。②贵重物品告知义务。《民法典》第898条规定，寄存人寄存货币、有价证券或其他贵重物品的，应向保管人声明。寄存人未声明的，该物品毁损、灭失后，保管人可按照一般物品予以赔偿。

三、保管合同的终止

保管合同的终止就是保管合同的消灭，保管合同可因以下事由而终止：

第一，返还保管物。保管期限届满，或者保管合同未约定保管期限，保管人将保管物返还给寄存人，保管合同终止。虽然保管合同为继续性合同，寄存人可随时解除保管合同，于约定保管期间的保管，保管人有特别事由也可解除保管合同，但只有寄存人领取保管物或者保管人返还保管物后，保管合同才终止。

第二，承受保管物。若保管人因继承、买卖、赠与等事由而享有保管物的权利，则保管合同终止。

第三，保管物灭失。若保管物灭失，则保管合同终止。不过，此际，应视保管人是否善尽合理注意义务而决定其是否应承担损害赔偿责任。

第三节　仓储合同

一、仓储合同概述

仓储合同，又称仓储保管合同，是保管人储存存货人交付的仓储物，存货人支付仓储费的合同。该合同的一方当事人是具有仓储设备，专事仓储保管业务的人，这是仓储合同不同于保管合同的重要特征。此外，保管合同原则上为无偿合同，而仓储合同则为有偿合同。

值得注意的是，《合同法》第382条规定：“仓储合同自成立时生效。”该条在法理上难以自圆其说。《民法典》第905条将其修改为：“仓储合同自保管人和存货人意思表示一致时成立。”明确地将仓储合同确立为诺成合同，这一变动是妥当的。这也是仓储合同与保管合同的又一重大差异。

二、仓储合同的效力

（一）保管人的义务

保管人应承担如下义务：

1. 按合同约定接受存货人交付的仓储物

保管人不能按合同约定的时间、品名、数量接受仓储物入库的，应承担违约责任。

2. 出具凭证的义务

《民法典》第908条规定：“存货人交付仓储物的，保管人应当出具仓单、入库单等凭证。”仓单是保管人应存货人的请求而签发的一种有价证券，也是存货人主张仓储物已交存并以此提取仓储物的凭证。保管人营业时，应当设置仓单簿，仓单簿为双联式，一联为仓单，填交存货人，另一联为存根，载明仓单所记载的事项，以便查考。

3. 妥善保管仓储物的义务

保管人应依照合同约定的储存条件和保管要求，妥善保管仓储物。对危险物和易变质物品，保管人应依法律规定或合同约定的要求操作储存。保管人不得损坏仓储物包装物，如因保管或操作不当使包装发生毁损的，保管人应负责修复或按价赔偿。

4. 接受检查的义务

保管人应仓单持有人的请求，应该同意其检查仓储物或提取样品。仓库持有人检查仓储物，可获悉仓储物现状及保管情况；仓库持有人提取样品，可以在出卖或出质仓储物时，得以向第三人出示样品，从而便于双方当事人尽快达成交易。

5. 危险通知义务

保管人危险通知义务，主要包括以下内容：①当仓储物变质或发生其他损坏时，保管人应当及时通知存货人或仓单持有人（《民法典》第912条）。当仓储物变质或发生其他损坏危及其他仓储物的安全和正常保管时，保管人应催告存货人或仓单持有人作出必要处置；情况紧急，保管人可以自行处置，但事后应当将该情况及时通知存货人或仓单持有人（《民法典》第 913 条）。②对于外包装或仓储物上标明了有效期或合同中申明了有效期的仓储物，保管人应在失效期到来的六十天前通知存货人或仓单持有人。③第三人对仓储物主张权利而提起诉讼或申请扣押时，保管人应当通知存货人或仓单持有人。

6. 返还仓储物的义务

存货人将仓储物交付保管人保管并不丧失对仓储物所有权，故仓储合同终止时，保管人应将仓储物返还存货人或仓单持有人。合同约定了储存期间的，在该期间届满前，存货人提取仓储物当无疑义，但是保管人不得要求存货人提取仓储物。合同未约定储存期间或约定不明确的，依据《民法典》第 914 条的规定，存货人或仓单持有人可以随时提取仓储物，保管人也可随时要求存货人或仓单持有人提取仓储物，但是应当给予必要的准备时间。此规定与保管合同的相应规定略有不同，即仓储合同中保管人要求存货人或仓单持有人提取仓储物时，应给予必要的准备时间，而在保管合同中，对保管人的相应权利应无限制。

（二）存货人的义务

存货人应当承担如下义务：

1. 交付仓储物的义务

存货人交付仓储物为其履行合同义务的行为，而非仓储合同的成立要件。存货人应当依合同约定的时间、品名、数量将仓储物交付给保管人。存货人不能全部或部分按约定交付仓储物的，应承担违约责任。

2. 支付仓储费和其他必要费用的义务

仓储合同为有偿合同，存货人应向保管人支付仓储费。仓储费即保管人堆藏、保管仓储物所应获得的报酬。对于仓储费，双方有约定的，从约定；无约定的，依保管人预定的价目表支付。存货人不支付上述费用的，保管人可以行使留置权。

3. 提取仓储物的义务

合同未约定储存期间，存货人可随时提取仓储物，合同约定了储存期间，期间届满，存货人应提取仓储物，提取仓储物时应提示仓单并缴回仓单。储存期间届满，存货人不提取仓储物的，保管人可催告其合理期限内提取，期限届满仍不提取的，保管人可以提存仓储物。

三、仓储合同的终止

仓储合同的终止就是仓储合同的消灭，仓储合同可因以下事由而终止：

第一，返还仓储物。仓储期限届满，或者仓储合同未约定仓储期限，保管人将仓储物返还给存货人的，仓储合同终止。

第二，提存仓储物。根据《民法典》第916条的规定，储存期间届满，存货人或者仓单持有人经保管人催告在合理期限内仍不提取仓储物，致保管人提存仓储物的，仓储合同终止。

第三，承受仓储物。若保管人因买卖、互易、赠与、企业合并等事由而享有仓储物的权利，则仓储合同终止。

第四，仓储物灭失。若仓储物灭失，则仓储合同终止。不过，此际，应视保管人是否善尽合理注意义务而决定其是否应承担损害赔偿责任。

第四节　委托合同

一、委托合同概述

（一）委托合同的概念与特征

委托合同，也称为委任合同，是指委托人和受托人约定，由受托人处理委托人事务的合同。该合同具有以下特征：

第一，委托合同是劳务给付合同。受托人处理他人事务，必须以给付劳务为手段，因此与承揽合同、运输合同、雇佣合同等一样，委托合同也属于劳务给付合同的范畴。

第二，委托合同建立在委托人与受托人相互信赖的基础上。委托合同具有高度属人性，建立在强烈的个人信赖关系上。该合同可以是有偿合同，也可以是无偿合同。此外，该合同是诺成合同、不要式合同。

（二）委托合同的类型

1. 特别委托与概括委托

根据受托人的权限，或者说受托人处理事务义务的内容、委托的范围，可将委托合同分为特别委托与概括委托。特别委托是指委托人特别委托受托人处理一项或者数项事务的委托。概括委托是指委托人委托受托人处理一切事务的委托。

2. 单独委托与共同委托

根据受托人的人数，可将委托合同分为单独委托与共同委托。单独委托是指受托人为一人的委托；共同委托是指受托人为两人以上的委托。关于共同委托，《民法典》第 932 条规定：“两个以上的受托人共同处理委托事务的，对委托人承担连带责任。”

3. 直接委托与转委托

根据受托人产生的不同，可将委托合同分为直接委托与转委托。直接委托是指由委托人直接选任受托人的委托；转委托，也称为复委托，是指受托人为委托人再选任受托人的委托。《民法典》第 923 条对转委托作了规定。

二、委托合同的效力

（一）委托合同对委托人的效力

1. 偿还或预付必要费用的义务

受托人处理委托事务，可能要支付一定费用，委托人有支付一定费用的义务。委托人支付费用的方式包括：预付费用与偿还费用。受托人垫付费用的，委托人偿还费用时，还应支付相应的利息。不过，受托人有权要求预付或偿还的费用应是处理委托事务所必要的费用。

2. 支付报酬的义务

在有偿委托中，受托人完成委托事务的，委托人应当向受托人支付报酬。支付报酬的义务，为委托人的主给付义务，该义务与受托人的事务处理义务具有对价关系。

3. 代受托人清偿债务的义务

受托人处理委托事务，可能负担必要债务，受托人可以请求委托人代其清偿。

4. 损害赔偿义务

《民法典》第 930 条规定：“受托人处理委托事务时，因不可归责于自己的事由受到损失的，可以向委托人请求赔偿损失。”这一规定说明：①委托人对受托人承担损害赔偿义务，以受托人无过失为要件。②委托人的责任为无过错责任，不以委托人有过错为要件。若损害的发生是他人的加害行为所致，则委托人承担责任后，可向该实际上应负责任之人追偿。根据《民法典》第 931 条的规定，委托人经受托人同意，可以在受托人之外委托第三人处理委托事务。因此造成受托人损失的，受托人可以向委托人请求赔偿损失。

（二）委托合同对受托人的效力

1. 处理委托事务的权利

处理委托事务的权利是指受托人为委托人处理事务的权限。受托人处理委托事务的权限，取决于委托合同的约定，由此存在着特别委托与概括委托两种形态。若委托合同未约定该权限，则根据委托事务的性质来确定。《民法典》第929条第2款规定："受托人超越权限造成委托人损失的，应当赔偿损失。"

2. 处理委托事务的义务

处理委托事务是受托人的主给付义务，受托人在处理委托事务时应遵循以下要求：

（1）依照委托人的指示处理委托事务的义务。因受托人处理的事务为委托人的事务，因此，当委托人有指示时，受托人应依委托人的指示处理委托事务。如果指示不妥，或者委托人的指示因情况变化而不符合现状，受托人认为需要变更委托人指示的，根据《民法典》第922条的规定，除非"情况紧急，难以和委托人取得联系"，否则应经委托人同意。

（2）亲自处理委托事务的义务。由于委托人与受托人之间往往存在着信赖关系，因此，原则上，受托人应亲自处理委托事务，不得再委托第三人处理委托事务。若受托人委托第三人处理委托人的事务，则构成转委托。法律例外地允许受托人转委托。根据《民法典》第923条的规定，受托人可以转委托的事由包括：一是委托人同意或者追认。法律不许随意转委托，旨在保护委托人利益，若委托人同意转委托，自无必要禁止。委托人同意的表示，可在委托合同成立之时或成立之后作出。转委托未经委托人同意，但委托人嗣后对转委托表示追认的，发生与同意相同的效果。二是出现紧急情况。我国司法实践一般认为，由于急病、通信联络中断等，受托人自己不能办理委托事项，又不能与委托人及时取得联系的，可视为"紧急情况"，如不及时转托他人处理，会给委托人的利益造成损失或者扩大损失。

3. 报告义务

由于受托人处理的是委托人的事务，因此，受托人应当向委托人报告委托事务的处理经过与结果。报告义务亦为受托人的主给付义务。受托人可随时或定期履行报告义务。《民法典》第924条规定："受托人应当按照委托人的要求，报告委托事务的处理情况。委托合同终止时，受托人应当报告委托事务的结果。"

4. 财产交付义务与权利转移义务

由于受托人是为委托人处理事务，因此，该事务处理的成果应当归属于委托人。对非权利的标的物，受托人应交付给委托人，受托人违反此项义务，应向委托人承担违约责任。对权利，则应区别受托人是否同时被授予代理权，以决定是否应转移给委托人：①当委托人授予代理权时，受托人以委托人名义与第三人为法律行为，由作为被代理人的委托人直接取得权利，不需要另有权利转移行为。②当委托人未授予代理权时，受托人以自己名义为法律行为，由此取得的权利归自己享有，只有受托人将该权利转移给委托人后，委托人才能取得该权利，从而才可向第三人请求履行。转移权利范围包括权利本身及基于该权利所生的损害赔偿请求权。该被请求的第三人，可以其对于受托人的对抗事由向委托人主张抗辩。

5. 利息支付与损害赔偿义务

无论委托合同有偿与否，受托人均不能为自己利益使用委托人的财产。若受托人为自己利益使用应交付给委托人的金钱（如使用代委托人出卖物品所取得的价款），或者使用应为委托人利益而使用的金钱（如使用委托人预付的委托事务处理费用），构成不当得利，受托人自使用之日起支付利息。受托人若使用应交付给委托人的物品并造成损害，则应承担损害赔偿责任。此损害赔偿责任为无过失责任，委托人仅证明受托人有使用事实即可。

6. 受托人的违约责任

（1）违反注意义务的违约责任。《民法典》第929条第1款规定：“有偿的委托合同，因受托人的过错造成委托人损失的，委托人可以请求赔偿损失。无偿的委托合同，因受托人的故意或者重大过失造成委托人损失的，委托人可以请求赔偿损失。”由此可见，就无偿合同而言，受托人应尽普通人的注意，即仅承担重大过失责任；就有偿委托合同而言，受托人应尽善良管理人的注意，即承担抽象轻过失责任。

（2）超越授权的违约责任。《民法典》第929条第2款规定：“受托人超越权限造成委托人损失的，应当赔偿损失。”在受托人违反注意义务时，《民法典》仅要求该受托人承担过错责任，因此，受托人超越授权的责任也应理解为过错责任，且受托人应负责的过错程度根据委托合同有偿与否来判断。

三、隐名代理与不公开本人身份的代理

《民法典》借鉴了英美法系有关代理的规定，于第925条规定了隐名代理，于第926条规定了不公开本人身份的代理。

1. 隐名代理

隐名代理是指代理人虽未以本人名义为法律行为，而实际上有代理的意思，且为相对人明知或可得而知，也发生直接代理效果的代理。

《民法典》第 925 条规定："受托人以自己的名义，在委托人的授权范围内与第三人订立的合同，第三人在订立合同时知道受托人与委托人之间的代理关系的，该合同直接约束委托人和第三人；但是，有确切证据证明该合同只约束受托人和第三人的除外。"根据该条的规定，隐名代理的构成，需要具备以下条件：①受托人以自己名义与第三人订立合同；②第三人知道受托人与委托人之间的代理关系；③无证据证明该合同只约束受托人与第三人。隐名代理的效力表现为可发生直接代理的效果，亦即受托人与第三人订立的合同直接约束委托人与第三人。

2. 不公开本人身份的代理

不公开本人身份的代理是指既不以本人（委托人）名义，也不明示为本人（委托人）利益，而以自己（受托人）的名义为法律行为的代理。

当受托人以自己的名义与第三人订立合同时，第三人不知道受托人与委托人之间的代理关系的，构成不公开本人身份的代理。此际，受托人（代理人）应当对其与第三人所订立的合同负责，因为受托人在同第三人订约时根本没有披露代理关系的存在，从而在实际上把自己置于合同当事人或本人的地位。不过，根据《民法典》第 926 条的规定，委托人与第三人在一定的条件下可以分别行使介入权或者选择权，从而进入合同关系。

（1）委托人的介入权。委托人的介入权，是指在受托人由于第三人的原因对委托人不履行合同义务时，委托人得以进入受托人与第三人之间的合同关系，直接向第三人主张合同权利。

根据《民法典》第 926 条的规定，委托人行使介入权必须具备以下条件：①受托人以自己的名义与第三人订立合同时，第三人不知道受托人与委托人之间的代理关系。②由第三人造成受托人对委托人不履行义务。③受托人向委托人披露第三人。披露义务是指在受托人以自己的名义与第三人订立合同时，如果第三人不知道委托人与受托人之间的代理关系，而由第三人或委托人造成受托人不能履行义务，则受托人应当向委托人披露造成其违约的第三人，或者向第三人披露造成其违约的委托人。

（2）第三人的选择权。第三人的选择权是指在受托人由于委托人的原因对第三人不履行合同义务时，第三人得以选择向受托人或者委托人主张合同权利。

根据《民法典》第 926 条的规定，第三人行使选择权必须具备以下条件：①受托人以自己的名义与第三人订立合同时，第三人不知道受托人与委托人之间的代理关系。②由委托人造成受托人对第三人不履行义务。③受托人向第三人披露委托人。

符合上述条件，第三人即可行使选择权，这表现为委托人可以选择受托人或委托人作为相对人主张其权利。一旦第三人作出了选择，就不能变更已选定的相对人。当第三人选定委托人作为其相对人时，委托人可以向第三人主张其对受托人的抗辩以及受托人对第三人的抗辩。

四、委托合同的终止

（一）任意解除

1. 任意解除权

根据《民法典》第 933 条的规定，委托人或者受托人可以随时解除委托合同。该条赋予委托合同当事人以任意解除权。无论是委托人还是受托人，皆可不附理由地随时解除委托合同。这种解除权为形成权，其行使无须相对人同意，解除的意思表示到达相对人即可使委托合同消灭。由于委托合同为继续性合同，因此其消灭的效力向将来发生。

2. 受托人的报酬请求权

根据《民法典》第 928 条的规定，无论是委托人还是受托人解除合同，只要不可归责于受托人，委托人都应当向受托人支付相应的报酬，亦即受托人可就已处理的部分事务享有报酬请求权。

3. 损害赔偿

根据《民法典》第 933 条的规定，解除合同造成对方损失的，除不可归责于该当事人的事由外，无偿委托合同的解除方应当赔偿解除时间不当造成的直接损失，有偿委托合同的解除方应当赔偿对方的直接损失和可得利益。该条区分有偿委托合同与无偿委托合同，分别规定损害赔偿的范围。

就无偿委托合同而言，解除方应当赔偿解除时间不当造成的直接损失。“直接损失”是指现存利益的积极减少，其含义等同于所受损害。其中，委托人的直接损失主要是指委托人因合理信赖委托合同得以持续履行而受到的信赖利益损失，包括缔约的费用、为准备履行而支出的费用以及为准备受领而支出的费用等。受托人的直接损失主要表现为必要费用以外的前期投入的损失。

就有偿委托合同而言，解除方应当赔偿对方的直接损失和可得利益。其中，委托人的直接损失是指委托人为履行合同而遭受的现存财产的损失，委托人的可得利益则指在委托合同得到完全履行的情况下，委托人能够获得的利益；受托人的直接损失是指受托人支出的必要费用之外的前期投入损失，受托人的可得利益是指受托人在委托合同完全履行时可以获得的利益。

（二）当然法定终止

1. 终止事由

《民法典》第934条规定："委托人死亡、终止或者受托人死亡、丧失民事行为能力、终止的，委托合同终止；但是，当事人另有约定或者根据委托事务的性质不宜终止的除外。"

（1）委托人或受托人死亡。委托合同的存在基于当事人之间的信赖。在当事人为自然人时，无论是一方死亡还是双方同时死亡，因此种信赖关系不复存在，委托合同皆随之消灭。此处的死亡包括自然死亡与宣告死亡。

（2）委托人或受托人终止。当委托合同的当事人为法人或者非法人组织时，若法人或者非法人组织终止，也会导致当事人之间的信赖关系不复存在，则委托合同应随之终止。

（3）受托人丧失民事行为能力。此处所言丧失民事行为能力，是指受托人完全丧失民事行为能力，不包括民事行为能力受限制的情形。当受托人的民事行为能力受限制时，受托人仍可处理委托事务，特别是当民事行为能力受限制不影响受托人从事事实行为时。

发生上述事由之一，委托合同即归于消灭，不过存在着以下例外：一是当事人另有约定。当事人可在合同中约定，即使一方当事人死亡、丧失民事行为能力或者终止，委托合同也不终止。二是因委托事务的性质不宜终止。例如，委托合同约定受托人代收租金三年，以之充抵委托人以前欠受托人的债务。假设受托人仅收取租金两年，委托人即死亡，则该委托合同并不终止。

2. 终止的效力

只要《民法典》第934条规定的终止事由出现，就发生委托合同的效力向将来消灭的效果。不过，为了保护委托人的利益，《民法典》规定受托人或者受托人的继承人、遗产管理人、法定代理人或者清算人仍负有一定义务，以免委托人遭受损害。

（1）受托人的继续处理义务。《民法典》第935条规定："因委托人死亡或者被宣告破产、解散，致使委托合同终止将损害委托人利益的，在委托人的继承人、遗产管理人或者清算人承受委托事务之前，受托人应当继续处理委托事务。"该条的适用应具备以下两个条件：①委托合同因委托人死亡或者被宣告破产、解散而终止。②委托合同终止有害于委托人的利益。在符合这两个条件的情况下，受托人应继续处理委托事务，直至委托人的继承人、遗产管理人或者清算人承受委托事务为止。

（2）受托人的继承人、遗产管理人、法定代理人或者清算人的通知及采取必要措施的义务。《民法典》第936条规定："因受托人死亡、丧失民事行为能力或者被宣告破产、解散，致使委托合同终止的，受托人的继承人、遗产管理人、法定代理人或者清算人应当及时通知委托人。因委托合同终止将损害委托人利益的，在委托人作出善后处理之前，受托人的继承人、遗产管理人、法定代理人或者清算人应当采取必要措施。"该条的适用应具备以下两个条件：①委托合同因受托人死亡、丧失民事行为能力或者被宣告破产、解散而终止。②委托合同终止有害于委托人的利益。在符合这两个条件的情况下，受托人的继承人、遗产管理人、法定代理人或者清算人负有两项义务：①通知委托人的义务；②采取必要措施防免委托人损害的义务。该必要措施，应依具体情况确定，包括继续处理委托事务。

第五节 物业服务合同

一、物业服务合同概述

案例 12-3

（一）物业服务合同的概念和法律特征

1. 物业服务合同的概念

按照《民法典》第937条第1款的规定，物业服务合同是物业服务人在物业服务区域内，为业主提供建筑物及其附属设施的维修养护、环境卫生和相关秩序的管理维护等物业服务，业主支付物业费的合同。

所谓物业，是指各类建筑物及其配套的设施设备，其中，建筑物既可指整个建筑物的住宅区域，也可指一定单位面积的房屋。物业具体来说包括高层住宅楼、商业写字楼、综合性大楼等及其附属的设施。[①] 所谓业主，是指房屋等建筑物及其附属设施的所有权人。所谓物业服务人，是指物业服务企业和其他管理人。

2. 物业服务合同的法律特征

（1）物业服务合同是一种综合性、复合性和专业性的服务合同。物业服务合同当事人双方可以就物业服务事项约定具有委托、代理、承揽以及劳务等诸多性质的

① 黄薇．中华人民共和国民法典合同编解读．北京：中国法制出版社，2020：1359.

具体内容。此外，物业服务人提供的服务，既涉及建筑物及其附属设施的维修养护，又涉及环境卫生和相关秩序的管理维护，也涉及对人的管理。[①]

（2）物业服务合同是一种签约主体与约束主体不尽一致的集体服务合同。《民法典》第939条规定："建设单位依法与物业服务人订立的前期物业服务合同，以及业主委员会与业主大会依法选聘的物业服务人订立的物业服务合同，对业主具有法律约束力。"可见，前期物业服务合同的签约主体是建设单位和物业服务人，而普通物业服务合同的签约主体是业主委员会和物业服务人。物业服务合同的实质意义上的当事人，也即享有和承担合同权利义务的当事人，是全体业主和物业服务人。建设单位、业主委员会是分别依法或者依约代理和代表全体业主这个集体与物业服务人签订合同，他们只是全体业主的代理人或者代表人，通常情形下，并不享有和承担物业服务合同的主要权利义务。因此，在物业服务合同中，存在签约主体与权利义务约束主体不尽一致的情形，物业服务合同权利义务约束的主要主体是全体业主与物业服务人。当然，建设单位、业主委员会作为名义上的签约主体和当事人，也要受到物业服务合同的约束。法定主体依据法定程序和要求订立的物业服务合同，对全体业主都有法律约束力，这充分体现了物业服务合同集体合同的特点。[②]

（3）物业服务合同是订立程序具有一定法定要求的合同。按照《物业管理条例》第24条的规定，建设单位与物业服务人签订前期物业服务合同一般应当采用招标投标方式，特殊情形下才允许当事人协商签订合同，但要履行审批手续。对于普通物业服务合同而言，按照《民法典》第278条的规定，选聘和解聘物业服务企业或者其他管理人，由业主共同决定，应当由专有部分面积占比三分之二以上的业主且人数占比三分之二以上的业主参与表决，并经参与表决专有部分面积过半数的业主且参与表决人数过半数的业主同意。因此，决定是否与某个物业服务人签约，必须先经法定专有面积和人数的业主表决通过，依法完成对业主委员会的授权，才可以由业主委员会代表全体业主对外签订物业服务合同。

（4）物业服务合同通常是一种长期的继续性合同。物业服务合同，尤其是普通物业服务合同，通常是由全体业主采用法定授权程序，由业主委员会与物业服务人签订的合同。因此，一般都为较长期限的合同。物业服务并非一次性完成，物业服务人应当在合同约定的期间内不间断地提供物业服务。因此，物业服务合同是继续性合同。

（5）物业服务合同是双务合同、有偿合同、诺成合同和要式合同。物业服务合

---

① 王利明，杨立新，王轶，程啸．民法学．6版．北京：法律出版社，2020：842.

② 王利明，杨立新，王轶，程啸．民法学．6版．北京：法律出版社，2020：843.

同的双方当事人，即全体业主和物业服务人，互相负有对待给付义务。全体业主支付物业费，换取物业服务人的物业服务。反之亦然。双方当事人取得合同利益，均需付出一定代价。物业服务合同由当事人双方协商一致达成合意即可成立，且需采取书面形式。因此，物业服务合同是双务合同、有偿合同、诺成合同和要式合同。

（二）物业服务合同的主要内容

《民法典》第938条规定："物业服务合同的内容一般包括服务事项、服务质量、服务费用的标准和收取办法、维修资金的使用、服务用房的管理和使用、服务期限、服务交接等条款。物业服务人公开作出的有利于业主的服务承诺，为物业服务合同的组成部分。物业服务合同应当采用书面形式。"

下面对物业服务合同的主要内容，简单加以介绍。

（1）服务事项。《民法典》第942条列举了物业服务人提供物业服务的主要事项："物业服务人应当按照约定和物业的使用性质，妥善维修、养护、清洁、绿化和经营管理物业服务区域内的业主共有部分，维护物业服务区域内的基本秩序，采取合理措施保护业主的人身、财产安全。对物业服务区域内违反有关治安、环保、消防等法律法规的行为，物业服务人应当及时采取合理措施制止、向有关行政主管部门报告并协助处理。"在实践中，物业服务合同双方当事人可以在合同中对物业服务事项作出更为具体、明确甚至个性化的约定。

（2）服务质量。业主不同，对服务质量要求也不尽相同。当事人双方可以根据具体情况，在合同中约定服务的质量标准。

（3）服务费用的标准和收取办法。服务费用又称物业费，是业主对物业服务人提供的服务所支付的报酬。物业服务收费应当遵循合理、公开以及费用与服务水平相适应的原则，区别不同物业的性质和特点，由业主和物业服务人按照国务院价格主管部门会同国务院建设行政主管部门制定的物业服务收费办法，在物业服务合同中约定。

（4）维修资金的使用。维修资金是指由全体业主缴纳的专项用于物业服务区域内建筑物的共用部分、共用设施设备保修期满后的维修和更新、改造的资金。《民法典》第281条规定："建筑物及其附属设施的维修资金，属于业主共有。经业主共同决定，可以用于电梯、屋顶、外墙、无障碍设施等共有部分的维修、更新和改造。建筑物及其附属设施的维修资金的筹集、使用情况应当定期公布。紧急情况下需要维修建筑物及其附属设施的，业主大会或者业主委员会可以依法申请使用建筑物及其附属设施的维修资金。"

（5）服务用房的管理和使用。服务用房，又称物业服务用房、物业管理用房，是指物业服务人为业主提供物业服务而管理和使用的属于业主所有的房屋。对此，《物业管理条例》第 37 条规定："物业管理用房的所有权依法属于业主。未经业主大会同意，物业服务企业不得改变物业管理用房的用途。"

（6）服务期限。服务期限是指物业服务合同当事人双方约定的物业服务人提供物业服务的期限。

（7）服务交接。对此，《民法典》第 949 条第 1 款规定："物业服务合同终止的，原物业服务人应当在约定期限或者合理期限内退出物业服务区域，将物业服务用房、相关设施、物业服务所必需的相关资料等交还给业主委员会、决定自行管理的业主或者其指定的人，配合新物业服务人做好交接工作，并如实告知物业的使用和管理状况。"服务交接的好坏，直接影响全体业主的合法权益能否得到维护。因此，当事人双方应当尽可能在物业服务合同中对服务交接作出明确、具体的约定，以便于服务交接的顺利进行。

另外，物业服务人公开作出的有利于业主的服务承诺，无论是在签订物业服务合同之前的自我宣传内容，还是在物业服务过程中对服务内容、服务质量标准的承诺，均依法成为物业服务合同的组成部分。

（三）物业服务合同的主要类型

1. 前期物业服务合同和普通物业服务合同

《民法典》第 939 条对前期物业服务合同和普通物业服务合同作了规定："建设单位依法与物业服务人订立的前期物业服务合同，以及业主委员会与业主大会依法选聘的物业服务人订立的物业服务合同，对业主具有法律约束力。"其中，前者为前期物业服务合同，后者为普通物业服务合同。两者处于不同的物业服务阶段，签约人也不同，但都对业主产生法律约束力。《民法典》第 940 条规定："建设单位依法与物业服务人订立的前期物业服务合同约定的服务期限届满前，业主委员会或者业主与新物业服务人订立的物业服务合同生效的，前期物业服务合同终止。"可见，前期物业服务合同虽然不是附条件的合同，但在法律效果上类似于附解除条件的合同，这显然是为了更好地保护全体业主的合法权益所设计的制度。

2. 定期物业服务合同和不定期物业服务合同

《民法典》第 948 条规定："物业服务期限届满后，业主没有依法作出续聘或者另聘物业服务人的决定，物业服务人继续提供物业服务的，原物业服务合同继续有效，但是服务期限为不定期。当事人可以随时解除不定期物业服务合同，但是应当提前六十日书面通知对方。"

可见，物业服务合同有定期物业服务合同与不定期物业服务合同之分。定期物业服务合同是指当事人双方在合同中明确约定了物业服务期限的合同。不定期物业服务合同则通常是指当事人没有在合同中约定物业服务期限的合同。此外，不定期物业服务合同还包括第948条第1款规定的情形。定期物业服务合同和不定期物业服务合同在合同解除方面的区别是：前者的解除需要具备法律、法规规定或者合同约定的条件，而后者可以由当事人双方任意解除，只要提前六十日书面通知对方即可。

二、物业服务合同的效力

（一）对物业服务人的效力

1. 依约、依法和依物业性质提供物业服务的义务

物业服务合同具有综合性、复合性和专业性等特点，不仅《民法典》在“业主的建筑物区分所有权”和“物业服务合同”两章对物业服务合同及物业服务人的义务作了规定，而且《物业管理条例》也对物业服务合同及物业服务人的义务作了规定。因此，物业服务人不仅应当按照合同的约定和物业性质为业主提供物业服务，而且应当遵照法律、法规的规定提供物业服务，尤其是在物业服务合同没有约定的情形下更应依法提供物业服务。对此，《民法典》第942条第1款规定：“物业服务人应当按照约定和物业的使用性质，妥善维修、养护、清洁、绿化和经营管理物业服务区域内的业主共有部分，维护物业服务区域内的基本秩序，采取合理措施保护业主的人身、财产安全。”

2. 亲自提供物业服务的义务

物业服务合同有一些委托合同的性质，它与委托合同一样，都是以当事人之间的信赖为基础。业主挑选物业服务人并与之签订合同，是基于对物业服务人自身的履约能力和信用的信赖。因此，物业服务人应当亲自履行提供物业服务的义务。当然，鉴于物业服务合同的专业性，按照《民法典》第941条的规定，物业服务人可以将物业服务区域内的部分专项服务事项委托给专业性服务组织或者其他第三人，以便为业主提供更专业、更妥善的服务。但是，物业服务人应当就该部分专项服务事项向业主负责。基于亲自履行物业服务的义务，物业服务人不得将其应当提供的全部物业服务转委托给第三人，或者将全部物业服务支解后分别转委托给第三人。因为，这样做一方面辜负了业主对物业服务人的信赖与期望；另一方面，无论是全部转委托，还是支解后分别转委托，均会增加接受转委托的第三人的服务成本，第

三人极有可能通过降低服务质量来实现盈利，这必然会损害业主的合法权益。

3. 公开和报告义务

美国法学家布兰戴斯曾说，公开原则是医治企业和社会的良药，阳光是最好的防腐剂，夜灯是最好的警察。鉴于物业服务人与业主以及业主委员会在信息上的不对称，物业服务人有义务遵循公开原则，履行自己的公开和报告义务，以保护业主的知情权。对此，《民法典》第943条明确规定："物业服务人应当定期将服务的事项、负责人员、质量要求、收费项目、收费标准、履行情况，以及维修资金使用情况、业主共有部分的经营与收益情况等以合理方式向业主公开并向业主大会、业主委员会报告。"

4. 对违法行为及时制止、报告和协助处理的义务

按照《民法典》第942条第2款的规定，对物业服务区域内违反有关治安、环保、消防等法律法规的行为，物业服务人应当及时采取合理措施制止、向有关行政主管部门报告并协助处理。例如，物业服务区域内发生斗殴伤人事件时，保安等物业服务人员应及时上前制止、报警，并协助警察处理案件。

5. 不得采取停止供电等不当方式催交物业费的义务

按照《民法典》第944条第3款的规定，即使业主逾期支付物业费，物业服务人也只能限期催促支付，业主仍不支付的，物业服务人也不得采取停止供电、供水、供热、供燃气等不当方式催交物业费。

6. 物业服务合同终止时的交还与交接义务

按照《民法典》第949条的规定，物业服务合同终止的，原物业服务人应当在约定期限或者合理期限内退出物业服务区域，将物业服务用房、相关设施、物业服务所必需的相关资料等交还给业主委员会、决定自行管理的业主或者其指定的人。如果业主已与新物业服务人签订物业服务合同，原物业服务人还有配合新物业服务人作好交接工作并如实告知物业的使用和管理状况的义务。

原物业服务人违反交还和交接义务，不得请求业主支付物业服务合同终止后的物业费；造成业主损失的，应当赔偿损失。

7. 不同意续聘或任意解除时的提前通知义务

按照《民法典》第947条、第948条的相关规定，物业服务期限届满前，业主依法共同决定续聘的，如果物业服务人不同意续聘，应当在合同期限届满前九十日书面通知业主或者业主委员会，但是合同对通知期限另有约定的除外。对于不定期物业服务合同，物业服务人可以随时任意解除合同，但是应当提前六十日书面通知对方。

8. 合同终止后继续处理物业服务事项的义务

按照《民法典》第 950 条的规定，物业服务合同终止后，在业主或者业主大会选聘的新物业服务人或者决定自行管理的业主接管之前，原物业服务人负有继续处理物业服务事项的义务，但可以请求业主支付该期间的物业费。此项义务属于后合同义务，后合同义务是一种基于诚实信用原则产生的法定义务。

（二）对业主的效力

1. 依约支付物业费的义务

依约支付物业费是业主最主要的义务。按照《民法典》第 944 条的规定，业主应当按照约定向物业服务人支付物业费。物业服务人已经按照约定和有关规定提供服务的，业主不得以未接受或者无须接受相关物业服务为由拒绝支付物业费。物业服务合同是集体合同，它对全体业主有法律约束力。业主违反约定逾期不支付物业费的，物业服务人可以催告其在合理期限内支付；合理期限届满仍不支付的，物业服务人可以提起诉讼或者申请仲裁，要求其承担违约责任。

关于业主的范围，有学者指出，业主包括依法登记取得建筑物专有部分所有权者、虽未登记但依据《民法典》第 229 ~ 231 条规定取得建筑物专有部分所有权者，以及基于商品房买卖民事法律行为已合法占有建筑物专有部分但尚未依法办理所有权登记的人。此外，还有特殊的支付义务主体，如建设单位以及物业承租人、借用人等物业使用人。①

2. 支付物业服务合同终止后接管前服务的物业费的义务

按照《民法典》第 950 条的规定，物业服务合同终止后，在业主或者业主大会选聘的新物业服务人或者决定自行管理的业主接管之前的期间内，原物业服务人继续处理物业服务事项，基于诚实信用原则和权利、义务相一致的原则，业主应当参照原物业服务合同的约定，依法支付该期间的物业费。

3. 重要事项告知和配合的义务

按照《民法典》第 945 条的规定，业主应当就以下重要事项履行对物业服务人的告知和配合义务。其一，业主装饰装修房屋的，应当事先告知物业服务人，遵守物业服务人提示的合理注意事项，并配合其进行必要的现场检查。因为，业主对自己的房屋进行装饰装修，很可能会产生噪声、垃圾等，这会影响到相邻业主甚至全体业主的合法权益，因此，业主有义务事先告知物业服务人，并配合其进行现场检

---

① 王利明，杨立新，王轶，程啸．民法学．6 版．北京：法律出版社，2020：847.

查。其二，业主转让、出租物业专有部分、设立居住权或者依法改变共有部分用途的，应当及时将相关情况告知物业服务人。业主对其专有部分即享有所有权的房屋可以进行转让、出租和设立居住权，这就会使物业服务人的服务对象发生变化。业主转让自己的房屋，意味着其不再是业主，而有新业主的加入。业主出租自己的房屋和设立居住权，意味着其业主身份不变，但出现了物业使用人。业主依法改变共有部分的用途，意味着物业服务人需要提供新的管理与服务。因此，发生这些事项时，业主应当及时履行告知义务，并配合物业服务人的检查，以便其了解实际情况，更好地提供物业服务。

4. 解除合同提前通知的义务

按照《民法典》第 946 条、第 948 条的相关规定，业主依照法定程序共同决定解聘物业服务人的，可以解除物业服务合同。决定解聘的，应当提前六十日书面通知物业服务人，但是合同对通知期限另有约定的除外。解除合同造成物业服务人损失的，除不可归责于业主的事由外，业主应当赔偿损失。对于不定期物业服务合同，业主可以随时任意解除合同，但是应当提前六十日书面通知对方。

5. 不得实施妨碍物业服务与管理行为的义务

依照《最高人民法院关于审理物业服务纠纷案件适用法律若干问题的解释》第 1 条的规定，业主应当依约和依法接受、服从和配合物业服务人的物业服务和管理行为。业主违反物业服务合同或者法律、法规、管理规约，实施妨碍物业服务与管理的行为，物业服务人可以请求业主承担停止侵害、排除妨碍、恢复原状等相应的民事责任。

三、物业服务合同的终止

按照《民法典》第 940 条、第 946 条、第 947 条和第 948 条的规定，物业服务合同的终止主要有以下几种情形：

（一）前期物业服务合同届满前因普通物业服务合同的生效而终止

建设单位依法与物业服务人订立的前期物业服务合同约定的服务期限届满前，业主委员会或者业主与新物业服务人订立的物业服务合同生效的，前期物业服务合同终止。

（二）业主依照法定程序共同决定解聘物业服务人而终止

业主依照法定程序共同决定解聘物业服务人的，可以解除物业服务合同，合同因解除而终止。

（三）不定期物业服务合同因当事人一方的任意解除而终止

不定期物业服务合同包括两类：一是建设单位或者业主与物业服务人订立合同时就没有约定服务的具体期限的物业服务合同；二是事实上的不定期物业服务合同，即物业服务期限届满后，业主没有依法作出续聘或者另聘物业服务人的决定，物业服务人继续提供物业服务的，原物业服务合同继续有效，但是服务期限为不定期。

对于不定期物业服务合同，任何一方当事人都可以随时任意解除合同，但是应当提前六十日书面通知对方，合同因解除而终止。

第六节　行纪合同

一、行纪合同概述

行纪合同，根据《民法典》第951条的规定，是指行纪人以自己的名义为委托人从事贸易活动，委托人支付报酬的合同。在行纪合同中，以自己的名义从事贸易活动的一方为行纪人，向行纪人支付报酬的一方为委托人。行纪合同除了为有偿合同、双务合同、诺成合同、不要式合同、劳务合同、委托合同，还具有以下法律特征：

第一，行纪人是从事行纪营业的人。行纪是以自己名义，为他人利益从事贸易活动而获取报酬的营业。各国法律往往对行纪人的资格、业务范围有严格限制并对其业务活动实施专门的监督和管理。行纪人的营业者身份是行纪合同的重要特色。

第二，行纪人以自己的名义与第三人实施法律行为。行纪人与交易相对人为交易行为时，该合同的当事人为行纪人与相对人。行纪合同为提供服务的合同。但行纪人提供的服务非一般服务，而是与第三人实施法律行为。如卖出或买入动产、有价证券或进行其他商业上的交易。行纪人买入动产、有价证券的，称为经收行纪；卖出动产、有价证券的，称为经售行纪。

第三，行纪人为委托人的利益与第三人实施法律行为。行纪人虽以自己名义与第三人实施法律行为，并且与第三人直接发生权利义务关系，然而行纪人并非为自己利益，而是为委托人的利益处理事务。《民法典》第955条第2款规定：“行纪人高于委托人指定的价格卖出或者低于委托人指定的价格买入的，……该利益属于委托人。”

二、行纪合同的效力

（一）行纪人的义务

根据《民法典》的规定，行纪人应履行如下义务：

1. 直接履行义务的义务

（1）对交易相对人的直接履行义务。行纪合同成立后，行纪人以自己名义与相对人从事交易活动，行纪人与相对人为该合同的当事人。行纪人与相对人之间依该合同的内容直接发生权利义务关系。对此，《民法典》第958条规定：“行纪人与第三人订立合同的，行纪人对该合同直接享有权利、承担义务。第三人不履行义务致使委托人受到损害的，行纪人应当承担赔偿责任，但是行纪人与委托人另有约定的除外。”

（2）对委托人的直接履行义务。委托人与相对人之间并无任何法律上的关系，因此，委托人与相对人不得向对方有所主张。当相对人不履行其与行纪人之间的合同债务时，委托人对相对人并不享有任何合同上的权利；当行纪人不履行其与相对人之间的合同债务时，相对人对委托人也不享有任何合同上的权利。若相对人不履行其与行纪人之间的合同债务，则应由行纪人向委托人直接履行合同债务。《民法典》第958条第2款规定：“第三人不履行义务致使委托人受到损害的，行纪人应当承担赔偿责任，但是行纪人与委托人另有约定的除外。”

2. 以自己的费用处理委托事务的义务

《民法典》第952条规定：“行纪人处理委托事务支出的费用，由行纪人负担，但是当事人另有约定的除外。”据此，行纪人处理委托事务，应自行负担处理委托事务的费用。

3. 依委托人指示处理委托事务的义务

行纪人应依委托人指示处理委托事务，除遇有紧急情事并可推知委托人若知有此情事亦允许变更其指示外，行纪人不得变更委托指示，行纪人擅自变更委托人指示的，委托人可以请求损害赔偿，也可否认行纪人与第三人行为对其发生效力。委托人指定了一定价格的，行纪人应遵照执行。按照《民法典》第955条第1款的规定，行纪人低于委托人指定的价格卖出或者高于委托人指定的价格买入的，应当经委托人同意；未经委托人同意，行纪人补偿其差额的，该买卖对委托人发生效力。

4. 保管和处置委托物的义务

行纪人占有依委托人指示买入或卖出的物品时，应当妥善保管。行纪人在保管中，应尽善良管理人的注意；非经委托人同意不得由自己或使第三人使用委托物；原则上应当亲自保管，不得使第三人代为保管；保管的方法、场所等有约定的，行纪人不得变更。行纪人保管不善造成委托物毁损、灭失的，行纪人应承担赔偿责任。根据《民法典》第 954 条的规定，委托物交付给行纪人时有瑕疵或容易腐烂、变质的，经委托人同意，行纪人可以处分该物；不能与委托人及时取得联系的，行纪人可以合理处分。

5. 其他义务

委托人与行纪人之关系，为委托合同关系，因此除《民法典》合同编第二十五章有特别规定外，可以准用委托合同的有关规定。这主要表现为：①行纪人的注意义务。行纪人办理委托事务时，应尽善良管理人的注意，即以通常商人之注意办理其交易行为。②行纪人的报告义务。行纪人应向委托人报告委托事务处理的情况。③交付财产、转移权利的义务。行纪人应将执行委托事务所收取的金钱物品及其孳息交付给委托人，行纪人以自己名义为委托人取得的权利应转移给委托人。

（二）行纪人的权利

根据民法典的规定，行纪人享有以下权利：

1. 报酬请求权

行纪合同为有偿合同，行纪人为委托人办理委托事务，自然可以请求委托人支付报酬（佣金）。根据《民法典》第 959 条的规定，行纪人完成或部分完成委托事务的，委托人应当向其支付相应的报酬。此即行纪人完成或部分完成委托事务时才享有报酬请求权。

2. 对委托物的提存权

按照《民法典》第 957 条的规定，行纪人按照约定买入委托物的，委托人应当及时受领。经行纪人催告，委托人无正当理由拒绝受领的，行纪人依法可以提存委托物。委托物不能卖出或者委托人撤回卖出，经行纪人催告，委托人不取回或者不处分该物的，行纪人依法可以提存委托物。

3. 介入权

《民法典》第 956 条规定了行纪人的介入权。行纪人的介入权是指委托人委托行纪人卖出或买入有价证券或其他有市场定价的物品，除委托人有相反意思表示外，行纪人可以以自己名义充当买受人或出卖人的权利。行纪人行使介入权须具备以下两个条件：①行纪人受委托买卖之物限于货币、股票等有公示价格的商品。因为此类物品有一定市价，不能任意抬高或降低，双方不会发生利害冲突。②委托人无相反的意思表示。若委托人于事先特别约定，不允许行纪人介入，则行纪人不能行使介入权。行纪人在行使介入权的情况下，仍然可以请求委托人支付报酬。

第七节　中介合同

一、中介合同概述

案例 12－4

《合同法》第二十三章的标题为“居间合同”。《民法典》合同编第二分编第二十六章则改用“中介合同”的表述。

中介合同，根据《民法典》第 961 条的规定，是指中介人向委托人报告订立合同的机会或者提供订立合同的媒介服务，委托人支付报酬的合同。在中介合同中，承担报告订立合同机会或者提供订立合同的媒介服务义务的一方为中介人，支付报酬的一方为委托人。

中介合同与委托合同、行纪合同等同属提供服务的合同类型。委托合同在提供服务的合同中具有典范地位。因此，《民法典》第 966 条规定：“本章没有规定的，参照适用委托合同的有关规定。”如中介人应当亲自处理中介事务，不得擅自将中介事务交给他人处理；两个以上的中介人共同处理委托事务的，对委托人承担连带责任等。

从性质上看，中介合同为双务合同、有偿合同、诺成合同以及不要式合同。除此之外，中介合同还具有以下法律特征：

第一，中介合同为一方当事人为他方当事人报告订约机会或充当定约媒介的合同。中介合同为提供服务或劳务的合同，但此种服务为报告订约机会或充当订约媒介。报告订约机会是受委托人之委托，寻觅及指示可与订约之第三人，以供订约之机会。提供报告订约机会服务之中介人，称为指示中介人或报告中介人。充当订约媒介是指斡旋于双方之间为之说合使双方自行订立合同。提供订约媒介服务的中介人，称为媒介中介人。无论中介人提供的是哪种服务，中介合同皆以促成委托人与第三人订立合同为目的。

第二，中介人在合同关系中处于介绍人地位。中介人只是给委托人报告可以与委托人订约的第三人，从而给委托人提供订约机会，或者在双方当事人之间充当“牵线搭桥”的媒介作用，其并不参加委托人与第三人之间具体的订约过程，不是委托人的代理人，更非两个委托人之间所订合同的当事人，其角色只是中介服务人，只是在交易双方当事人之间起介绍、协助作用。

第三，中介合同的主体具有特殊性。虽然《民法典》没有对中介人的资格进行限制，自然人也可以进行中介服务，但是中介活动较多地运用在商业交易中，一般是专业的中介服务机构作为中介人。对特定行业的中介活动，可能由特别法、行政法规或者部门规章作出详细规定。

二、中介合同的效力

（一）中介人的权利

1. 报酬请求权

中介人的报酬通常称作中介费，是中介人完成中介服务后委托人向中介人支付的酬劳。虽然在其他提供服务的合同中，相关当事人也享有报酬请求权，如受托人或行纪人的报酬请求权，但是中介合同的特殊性在于，中介人的报酬请求权以中介人促成合同成立为前提。换言之，中介人提供劳务，不仅要实施给付行为，而且要达到给付效果，才享有报酬请求权。因此，《民法典》第 963 条第 1 款规定：“中介人促成合同成立的，委托人应当按照约定支付报酬……”

委托人是否给付报酬及其数额，应由委托人和中介人约定。对当事人未约定报酬或约定不明确的情形，《民法典》第 963 条第 1 款规定：“……对中介人的报酬没有约定或者约定不明确，依据本法第五百一十条的规定仍不能确定的，根据中介人的劳务合理确定……”据此，如果双方未约定报酬或约定不明确，委托人仍应支付报酬。

中介人所为的中介事务的性质对报酬的支付也有影响。在报告中介中，中介人仅向委托人报告订约机会，中介人不与委托人的相对人发生关系，因此，中介人的报酬应由委托人支付。在媒介中介中，中介人不仅向委托人报告订约机会，而且要找第三人促成合同订立。中介人的中介活动，使委托人与第三人发生了法律关系，委托人与第三人都因此受益。因此，一般而言，除合同另有约定或另有交易习惯外，中介人的报酬原则上应由因媒介中介而订立合同的委托人与第三人平均负担。对此，《民法典》第 963 条第 1 款规定：“……因中介人提供订立合同的媒介服务而促成合同成立的，由该合同的当事人平均负担中介人的报酬。”

在我国司法实践中，委托人“跳单”行为时有发生。“跳单”即委托人接受中介人的服务后，利用中介人提供的订约信息或媒介服务，绕开中介人直接与第三人订立合同的行为，其目的是规避向中介人支付报酬。“跳单”行为违背诚信原则，损害中介人利益，对此，《民法典》第965条规定：“委托人在接受中介人的服务后，利用中介人提供的交易机会或者媒介服务，绕开中介人直接订立合同的，应当向中介人支付报酬。”

2. 必要费用返还请求权

中介人实施中介行为所需费用通常包括在报酬之内，一般而言，中介人不能向委托人请求偿还。但是，如果当事人在中介合同中约定由委托人承担费用，或者虽未约定由委托人承担费用，但中介人支付了必要费用而中介人因委托人与第三人合同未成立不得请求报酬，则中介人对其已付的费用有返还请求权。《民法典》第964条规定：“中介人未促成合同成立的，不得请求支付报酬；但是，可以按照约定请求委托人支付从事中介活动支出的必要费用。”实际上确认了中介人的必要费用返还请求权。

（二）中介人的义务

1. 据实报告及妥为媒介的义务

在报告中介中，中介人对订约的有关情况虽无积极调查的义务，但是应就其所知据实报告给委托人，如相对人的信用状况、相对人将用于交易的标的物存续状态等。在媒介中介中，以媒介订立的合同将来有履行能力为前提，如果一方当事人为无支付能力之人或无订立某种合同能力之人，即使中介人为其媒介，合同订立后也不能履行，因此对无行为能力或无支付能力之人，中介人不得为其媒介。中介人违反上述义务致委托人或其相对人受损的，应当负担赔偿责任。

2. 忠实的义务

中介人接受委托人之委托为其提供媒介服务并从委托人处获得报酬，因此，对于委托人之利益应特别加以注意，必须依诚信原则妥善办理委托事务。中介人违反此义务，实施有利于委托人之相对人的行为或违反诚信原则使相对人收受利益，则不能向委托人请求支付报酬和返还费用。如果因此造成委托人受损的，还应当承担赔偿责任。

3. 尽力的义务

中介人一旦接受委托，就应从委托人的利益出发，尽力促成交易而不得随意消极对待其接受的中介事务。简言之，中介人负有尽力的义务。

本章小结

本章阐述了运输合同、保管合同、仓储合同、委托合同、物业服务合同、行纪合同、中介合同这几种提供服务的合同类型。

运输合同是承运人将旅客及其行李或货物运送至约定地点，旅客、托运人或收货人支付票款或运费的合同。运输合同可区分为客运合同、货运合同等类型。在各合同中，托运人、承运人、收货人的权利义务存在一定差异。

保管合同是保管人保管寄存人交付的保管物并返还该物的合同。仓储合同是保管人储存存货人交付的仓储物，存货人支付仓储费的合同。

委托合同是委托人和受托人约定，由受托人处理委托人事务的合同。物业服务合同是物业服务人在物业服务区域内，为业主提供建筑物及其附属设施的维修养护、环境卫生和相关秩序的管理维护等物业服务，业主支付物业费的合同。行纪合同是行纪人以自己的名义为委托人从事贸易活动，委托人支付报酬的合同。中介合同是中介人向委托人报告订立合同的机会或者提供订立合同的媒介服务，委托人支付报酬的合同。

思考与练习

一、名词解释

1. 运输合同　2. 保管合同　3. 仓储合同
4. 委托合同　5. 物业服务合同　6. 行纪合同
7. 中介合同

二、简答题

1. 运输合同中当事人应承担哪些义务？
2. 中介合同中中介人享有哪些权利、负担哪些义务？

3. 隐名代理与不公开本人身份的代理中委托人行使介入权、第三人行使选择权需要哪些条件?

4. 仓储合同如何适用保管合同的有关规定?

三、案例分析题（请扫描下方二维码）

案例分析

第十三章 技术合同

导 言

技术合同是指当事人就技术开发、转让、许可、咨询或者服务订立的确立相互之间权利和义务的合同。技术合同可分为技术开发合同、技术转让合同、技术许可合同、技术咨询合同、技术服务合同等类型。

《民法典》将技术合同确立为有名合同，体现了立法对技术作为现在社会发展重要动力的深切体认。本章对不同类型技术合同的概念和法律效力等进行阐述，帮助大家掌握相关原理。

学习目标

完成这一章内容的学习之后，你将能够：

了解技术开发合同、技术转让合同、技术许可合同、技术咨询合同、技术服务合同的基本原理。

掌握技术开发合同中成果如何归属与分享，开发失败的风险如何负担；掌握技术咨询合同、技术服务合同履行中所产生的新技术成果如何归属。

第一节 技术合同概述

一、技术合同的概念

技术合同是指当事人就技术开发、转让、许可、咨询或者服务订立的确立相互之间权利和义务的合同。

与买卖合同、赠与合同等其他合同不同，技术合同不是单一类型的合同，而是技术开发合同、技术转让合同、技术许可合同、技术咨询合同、技术服务合同等合同的总称。技术合同的标的物具有特殊性，为技术成果。根据《最高人民法院关于审理技术合同纠纷案件适用法律若干问题的解释》（以下简称为《技术合同解释》）第1条的规定，技术成果是指利用科学技术知识、信息和经验作出的涉及产品、工艺、材料及其改进等的技术方案，包括专利、专利申请、技术秘密、计算机软件、集成电路布图设计、植物新品种等。技术秘密是指不为公众所知悉、具有商业价值并经权利人采取相应保密措施的技术信息。在性质上，技术合同为双务合同、有偿合同。

在现代社会，科学技术为第一生产力，是推动社会、经济发展的主要动力，为引导当事人正确运用技术合同这一法律形式，《民法典》第844条明确规定了订立技术合同的基本原则。该条规定，订立技术合同，应当有利于知识产权的保护和科学技术的进步，促进科学技术成果的研发、转化、应用和推广。

二、技术合同的内容

技术合同的内容是指技术合同的条款，这些条款一般约定了双方当事人的权利与义务。根据《民法典》第845条第1款的规定，技术合同的内容一般包括项目的名称，标的的内容、范围和要求，履行的计划、地点和方式，技术信息和资料的保密，技术成果的归属和收益的分配办法，验收标准和方法，名词和术语的解释等条款。

根据《民法典》第845条第2款的规定，与履行合同有关的技术背景资料、可行性论证和技术评价报告、项目任务书和计划书、技术标准、技术规范、原始设计和工艺文件，以及其他技术文档，按照当事人的约定可以作为合同的组成部分。若当事人就此没有约定，则不能作为合同的组成合同，只能作为履行合同的参考。

根据《民法典》第 845 条第 3 款的规定，技术合同涉及专利的，应当注明发明创造的名称、专利申请人和专利权人、申请日期、申请号、专利号以及专利权的有效期限。

三、技术合同的价款、报酬和使用费

技术合同为有偿合同，一方当事人需向另一方当事人支付对价。因技术合同类型不同，“对价”表现为价款、报酬、使用费等形式。当事人在技术合同中对价款、报酬和使用费作出约定的，从其约定。若当事人没有约定或者约定不明确的，根据《技术合同解释》第 14 条的规定，人民法院可以按照以下原则处理：①对于技术开发合同和技术转让合同、技术许可合同，根据有关技术成果的研究开发成本、先进性、实施转化和应用的程度，当事人享有的权益和承担的责任，以及技术成果的经济效益等合理确定。②对于技术咨询合同和技术服务合同，根据有关咨询服务工作的技术含量、质量和数量，以及已经产生和预期产生的经济效益等合理确定。技术合同价款、报酬、使用费中包含非技术性款项的，应当分项计算。

《民法典》明确规定了技术合同当事人经常采用的支付方式：

（1）一次总算方式。该方式具体包括“一次总算、一次总付”“一次总算、分期支付”等形式。此种方式也称为定额支付方式，是指当事人订约时，将所有合同价款一次算清，在合同中明确约定总的金额。该合同价款中除了技术成果自身的价格，一般还包括技术指导、人员培训等技术服务报酬。

（2）提成支付方式。这是指单纯提成支付，是指全部提成费仅在受让人的产品正式销售后才向转让人支付，在此之前，受让人无须向对方进行任何支付。此种支付方式风险较小，且该支付发生在受让人获得收益后，受让人无须面对预先支付带来的资金负担问题。此种方式一般适用于合同履行期限短、技术较成熟、市场前景较稳定的技术交易项目。根据《民法典》第 846 条的规定，当事人约定提成支付的，可以按照产品价格、实施专利和使用技术秘密后新增的产值、利润或者产品销售额的一定比例提成，也可以按照约定的其他方式计算。提成支付的比例可以采取固定比例、逐年递增比例或者逐年递减比例。约定提成支付的，当事人可以约定查阅有关会计账目的办法。

（3）提成支付附加预付入门费方式。此种支付方式将合同价款分为固定价款和提成价款两部分。固定价款也称为“入门费”或初付费，其支付方式与一次总算的支付方式相同，即在合同生效后的一段时间内一次或者分期付清。提成价款也称为非固定价款或浮动价款，其支付方式与单纯的提成支付方式相同，即在项目投产后，根据合同产品的销售情况、利润、新增产值提成支付。与单纯提成支付方式相同，此种支付方式中提成支付的比例也可以采取固定比例、逐年递增比例或者逐年递减比例，而且当事人也可以约定查阅有关会计账目的办法。

四、技术成果相关权利的归属

《民法典》将技术成果分为职务技术成果与非职务技术成果两种不同类型，并分别确定其权利归属。

（一）职务技术成果

职务技术成果是执行法人或者非法人组织的工作任务，或者主要是利用法人或者非法人组织的物质技术条件所完成的技术成果。因此，职务技术成果可分为两种类型：

（1）执行法人或者非法人组织的工作任务的技术成果。执行法人或者非法人组织的工作任务，既包括工作人员从事其本职工作，也包括履行法人或其他组织交付的本职工作以外的任务。根据《技术合同解释》第 2 条的规定，此类工作任务包括：①履行法人或者非法人组织的岗位职责或者承担其交付的其他技术开发任务。②离职后一年内继续从事与其原所在法人或者非法人组织的岗位职责或者交付的任务有关的技术开发工作，但法律、行政法规另有规定的除外。当然，若法人或者非法人组织与其职工就职工在职期间或者离职以后所完成的技术成果的权益有约定，则从其约定。

（2）主要是利用法人或者非法人组织的物质技术条件所完成的技术成果。这里的“物质技术条件”，包括资金、设备、器材、原材料、未公开的技术信息和资料等。根据《技术合同解释》第 4 条的规定，这里的“主要是利用法人或者非法人组织的物质技术条件”，包括职工在技术成果的研究开发过程中，全部或者大部分利用了法人或者非法人组织的资金、设备、器材或者原材料等物质条件，并且这些物质条件对形成该技术成果具有实质性的影响；还包括该技术成果实质性内容是在法人或者非法人组织尚未公开的技术成果、阶段性技术成果基础上完成的情形。但下列情况除外：①对利用法人或者非法人组织提供的物质技术条件，约定返还资金或者交纳使用费的。②在技术成果完成后利用法人或者非法人组织的物质技术条件对技术方案进行验证、测试的。

不管是上述哪种形式，职务技术成果的使用权、转让权属于法人或者非法人组织的，法人或者非法人组织可以就该项职务技术成果订立技术合同。此外，为了兼顾职务技术成果完成人的利益，《民法典》第 847 条第 1 款规定，法人或者非法人组织订立技术合同转让职务技术成果时，职务技术成果的完成人享有以同等条件优先受让的权利。根据《技术合同解释》第 6 条的规定，这里的“职务技术成果的完成人”，包括对技术成果单独或者共同作出创造性贡献的人，也即技术成果的发明人或者设计人。人民法院在对创造性贡献进行认定时，应当分解所涉及技术成果的实质性技术构成。提出实质性技术构成并由此实现技术方案的人，是作出创造性贡献的人。提供资金、设备、材料、试验条件，进行组织管理，协助绘制图纸、整理资料、翻译文献等人员，不属于职务技术成果的完成人。

此外，根据《技术合同解释》第 5 条的规定，个人完成的技术成果，属于执行原所在法人或者非法人组织的工作任务，又主要利用了现所在法人或者非法人组织的物质技术条件的，应当按照该自然人原所在和现所在法人或者非法人组织达成的协议确认权益。不能达成协议的，根据对完成该项技术成果的贡献大小由双方合理分享。

（二）非职务技术成果

《民法典》所规定的属于职务技术成果以外的技术成果，均为非职务技术成果。《民法典》第 848 条规定：“非职务技术成果的使用权、转让权属于完成技术成果的个人，完成技术成果的个人可以就该项非职务技术成果订立技术合同。”根据《技术合同解释》第 6 条的规定，“完成技术成果的个人”，同样包括对技术成果单独或者共同作出创造性贡献的人，也即技术成果的发明人或者设计人。

为了鼓励创新，《民法典》第 849 条还确立并保障完成技术成果的个人的人身权利。该条规定：“完成技术成果的个人享有在有关技术成果文件上写明自己是技术成果完成者的权利和取得荣誉证书、奖励的权利。”

五、技术合同的无效

技术合同作为民事法律行为的具体形态，其无效应适用《民法典》总则编有关民事法律行为的规定。此外《民法典》第 850 条还特别规定：“非法垄断技术或者侵害他人技术成果的技术合同无效。”

“非法垄断技术”，根据《技术合同解释》第 10 条的规定，包括以下情形：①限制当事人一方在合同标的技术基础上进行新的研究开发或者限制其使用所改进的技术，或者双方交换改进技术的条件不对等，包括要求一方将其自行改进的技术无偿提供给对方、非互惠性转让给对方、无偿独占或者共享该改进技术的知识产权。②限制当事人一方从其他来源获得与技术提供方类似技术或者与其竞争的技术。③阻碍当事人一方根据市场需求，按照合理方式充分实施合同标的技术，包括明显不合理地限制技术接受方实施合同标的技术生产产品或者提供服务的数量、品种、价格、销售渠道和出口市场。④要求技术接受方接受并非实施技术必不可少的附带条件，包括购买非必需的技术、原材料、产品、设备、服务以及接收非必需的人员等。⑤不合理地限制技术接受方购买原材料、零部件、产品或者设备等的渠道或者来源。⑥禁止技术接受方对合同标的技术知识产权的有效性提出异议或者对提出异议附加条件。

技术合同被确认无效后，应适用《民法典》第157条的规定。《技术合同解释》针对技术合同及其无效后果的特殊性，作出了特别规定。阐述如下：

根据《技术合同解释》第11条的规定，技术合同无效或者被撤销后，技术开发合同研究开发人、技术转让合同让与人、技术许可合同许可人、技术咨询合同和技术服务合同的受托人已经履行或者部分履行了约定的义务，并且造成合同无效或者被撤销的过错在对方的，对其已履行部分应当收取的研究开发经费、技术使用费、提供咨询服务的报酬，人民法院可以认定为因对方原因导致合同无效或者被撤销给其造成的损失。技术合同无效或者被撤销后，因履行合同所完成新的技术成果或者在他人技术成果基础上完成后续改进技术成果的权利归属和利益分享，当事人不能重新协议确定的，人民法院可以判决由完成技术成果的一方享有。

根据《技术合同解释》第12条的规定，侵害他人技术秘密的技术合同被确认无效后，除法律、行政法规另有规定的以外，善意取得该技术秘密的一方当事人可以在其取得时的范围内继续使用该技术秘密，但应当向权利人支付合理的使用费并承担保密义务。当事人双方恶意串通或者一方知道或者应当知道另一方侵权仍与其订立或者履行合同的，属于共同侵权，人民法院应当判令侵权人承担连带赔偿责任和保密义务，因此取得技术秘密的当事人不得继续使用该技术秘密。

根据《技术合同解释》第13条的规定，上述可以继续使用技术秘密的人（善意取得该技术秘密的一方当事人）与权利人就使用费支付发生纠纷的，当事人任何一方都可以请求人民法院予以处理。继续使用技术秘密但又拒不支付使用费的，人民法院可以根据权利人的请求判令使用人停止使用。人民法院在确定使用费时，可以根据权利人通常对外许可该技术秘密的使用费或者使用人取得该技术秘密所支付的使用费，并考虑该技术秘密的研究开发成本、成果转化和应用程度以及使用人的使用规模、经济效益等因素合理确定。不论使用人是否继续使用技术秘密，人民法院均应当判令其向权利人支付已使用期间的使用费。使用人已向无效合同的让与人或者许可人支付的使用费应当由让与人或者许可人负责返还。

第二节 技术开发合同

根据《民法典》第851条第1款的规定，技术开发合同是指当事人之间就新技术、新产品、新工艺、新品种或者新材料及其系统的研究开发所订立的合同。根据《技术合同解释》第17条的规定，这里的“新技术、新产品、新工艺、新品种或者新材料及其系统”，包括当事人在订立技术合同时尚未掌握的产品、工艺、材料及其系统等技术方案，但对技术上没有创新的现有产品的改型、工艺变更、材料配方调整以及对技术成果的验证、测试和使用除外。

技术开发合同包括委托开发合同和合作开发合同。技术开发合同应当采用书面形式。当事人之间就具有实用价值的科技成果实施转化订立的合同，参照适用技术开发合同的有关规定。根据《技术合同解释》第18条的规定，所谓“当事人之间就具有实用价值的科技成果实施转化订立的”技术转化合同，是指当事人之间就具有实用价值但尚未实现工业化应用的科技成果包括阶段性技术成果，以实现该科技成果工业化应用为目标，约定后续试验、开发和应用等内容的合同。

一、委托开发合同

1. 委托开发合同的概念

委托开发合同是指一方当事人按照另一方当事人的要求完成研究开发工作，另一方当事人接受研究开发成果并支付报酬的合同。与技术转让合同不同的是，委托开发合同的标的物为尚待研究开发的技术成果。

2. 委托开发合同的效力

（1）委托人的主要义务。具体来说，委托人应履行以下义务。

第一，按照合同约定支付研究开发经费和报酬。研究开发经费是完成研究开发工作所需的成本，包括设备费、器材费、能源费、试验和试制费、安装和调试费、技术资料费和进行研究开发工作所需的其他费用。除合同另有约定外，委托人应当提供全部研究开发经费。报酬是指研究开发成果的使用费和研究开发人的科研补贴。

第二，提供技术资料、原始数据，完成协作事项。委托人按照合同约定提供技术资料、原始数据，并完成协作事项，是研究开发人顺利进行研究开发工作，实现预期目标的基本保证。若委托人不按照合同约定履行应尽的义务，研究开发人可以行使同时履行抗辩权拒绝履行自己的义务，甚至可以解除合同。

第三，按期接受研究开发成果。研究开发人交付研究开发成果后，委托人应及时接受成果。若因委托人无故拒绝或迟延接受成果，造成该研究开发成果丧失应有的新颖性，或意外毁损、灭失，应由委托人承担责任。此外，当报酬支付方式采取利润额或销售额分成方式时，委托人还负有积极实施研究开发人交付的成果的义务。

（2）研究开发人的主要义务。具体来说，研究开发人应履行以下义务。

第一，按照约定制订和实施研究开发计划。研究开发计划一般包括以下内容：项目名称；现状及存在问题；现有技术基础和条件；国内外研究情况；主要任务；攻关的目标（包括阶段性目标和最终目标）和内容；达到的技术水平，社会经济效益，以及推广应用；研究、试验方法和技术路线；计划进度；所需主要仪器设备和材料；经费概算和经费总额；承担单位和主要技术专家及科技人员等。

第二，合理使用研究开发经费。研究开发人应按照经费的预算和概算，专款专用；精打细算，严防浪费和超支，保证把研究开发经费用在实处；以较低耗费获得较大的经济效益。

第三，按期完成研究开发任务，交付研究开发成果。

第四，提供有关技术资料和必要的技术指导，帮助委托人掌握研究开发成果。

二、合作开发合同

1. 合作开发合同的概念

合作开发合同是指两个以上当事人共同参与研究开发工作的协议。在合作开发合同中，各方当事人共同参与研究开发、共同投资、共享成果、共担风险。

2. 合作开发合同的效力

在合作开发合同中，当事人主要应承担以下义务。

第一，依约进行投资的义务。合作开发合同的当事人可以以资金、设备、材料、场地、试验条件、技术情报资料、专利权、非专利技术成果等方式对研究开发项目进行投资。

第二，依约定的分工参与研究开发工作的义务。参与研究开发工作，包括按照约定的计划和分工共同进行或者分别承担设计、工艺、试验、试制等研究开发工作，直至完成研究开发项目。如果技术开发合同当事人一方仅提供资金、设备、材料等物质条件或者承担辅助协作事项，另一方进行研究开发工作，则不属于合作开发合同，而属于委托开发合同。

第三，协作配合完成研究开发工作的义务。各合作开发方不仅要以自己的技术力量参与研究开发工作，而且应密切配合，相互协作。

三、技术开发合同中成果的归属与分享

技术开发是创造技术成果的活动，技术成果的归属与分享攸关技术开发合同当事人的切身利益。按照《民法典》的规定，技术成果的归属与分享应遵循以下规则：

1. 技术秘密成果的归属与分享

根据《民法典》第861条的规定，委托开发或者合作开发完成的技术秘密成果的使用权、转让权以及收益的分配办法，由当事人约定；没有约定或者约定不明确，依据《民法典》第510条的规定仍不能确定的，在没有相同技术方案被授予专利权前，当事人均有使用和转让的权利，包括当事人均有不经对方同意而自己使用或者以普通实施许可的方式许可他人使用技术秘密，并独占由此所获利益的权利。但是，委托开发的研究开发人不得在向委托人交付研究开发成果之前，将研究开发成果转让给第三人。此外，根据《技术合同解释》第20条的规定，当事人一方将技术秘密成果的转让权让与他人，或者以独占或者排他使用许可的方式许可他人使用技术秘密，未经对方当事人同意或者追认的，应当认定该让与或者许可行为无效。

2. 专利申请权的归属与分享

根据《民法典》第859条的规定，在委托开发合同中，除法律另有规定或者当事人另有约定外，申请专利的权利属于研究开发人。委托开发合同的当事人可在合同中约定专利申请权归属委托人或研究开发人，或者由双方当事人共有；若合同没有作出此种约定，则研究开发人享有专利申请权。研究开发人取得专利权的，委托人可以依法实施该专利。研究开发人转让专利申请权的，委托人享有以同等条件优先受让的权利。

根据《民法典》第860条的规定，在合作开发合同中，当事人也可以约定方式确定合作开发技术成果的专利申请权归属，若合同未作约定，则应由合作开发

各方共有专利申请权。在合作开发方共有专利申请权的情况下，若一方共有人转让其共有的专利申请权，则其他共有人享有以同等条件优先受让的权利；若一方共有人放弃其共有的专利申请权，则可由另一方单独申请专利或者由其他各方共同申请专利；若一方共有人不同意申请专利，则另一方或者其他各方也不得申请专利。

3. 专利权与专利实施权的归属与分享

在《民法典》中，对于研究开发成果被授予专利权的，该专利实施权的归属与分享可区分为以下三种情况：①委托开发合同约定申请专利权的权利归研究开发人或者因合同没有约定而归属研究开发人时，委托人对该发明创造专利有免费使用的普通实施权。②合作开发合同的一方声明放弃其共有的专利申请权的，在合作开发合同的另一方就合作开发的发明创造申请并被授予专利权以后，放弃专利申请权的一方可以免费实施该专利。③无论是委托开发合同还是合作开发合同，有关发明创造专利权均可能因合同的约定或者法律的规定归当事人共有。

四、技术开发合同中的风险负担

技术开发合同的风险是指在技术成果的开发过程中，虽经受托人主观努力，但确因现有技术水平和条件的制约出现无法克服的技术困难，导致开发失败或部分失败所发生的损失。技术开发合同中的风险负担，按以下原则确定。

1. 按约定承担

技术开发合同当事人双方在订立技术开发合同时，应当对研究开发过程中可能出现的技术风险问题作出明确约定。

2. 由当事人合理分担

合同没有约定或约定不明确的，由当事人双方协议补充；协议不成的，根据技术开发合同履行中的具体情况并斟酌当事人双方的财产状况，由双方合理分担。

案例 13－1

3. 通知义务与减损义务

根据《民法典》第858条的规定，当一方当事人在合同履行过程中，发现因出现无法克服的技术困难，可能导致研究开发失败或者部分失败的情况时，该预见风险的一方当事人负有通知义务与减损义务。一方当事人如果没有及时通知另一方当事人并采取适当的措施，致使损失扩大，应当就扩大的损失承担责任。

第三节　技术转让合同和技术许可合同

一、技术转让合同

根据《民法典》第 862 条第 1 款的规定，技术转让合同是合法拥有技术的权利人，将现有特定的专利、专利申请、技术秘密的相关权利让与他人所订立的合同。当事人就尚待研究开发的技术成果或者不涉及专利、专利申请、技术秘密的知识、技术、经验和信息所订立的合同，则不属于技术转让合同或者技术许可合同。

根据《技术合同解释》第 22 条的规定，技术转让合同中关于让与人向受让人提供实施技术的专用设备、原材料或者提供有关的技术咨询、技术服务的约定，属于技术转让合同的组成部分。因此发生的纠纷，按照技术转让合同处理。当事人以技术入股方式订立联营合同，但技术入股人不参与联营体的经营管理，并且以保底条款形式约定联营体或者联营对方支付其技术价款或者使用费的，视为技术转让合同或者技术许可合同。

技术转让合同包括专利权转让合同、专利申请权转让合同、技术秘密转让合同等类型。技术转让合同应当采用书面形式。一般而言，技术转让合同具有以下特征：

第一，技术转让合同的标的物是现有的、特定的和权利化的技术成果。作为技术转让合同标的物的技术，必须是在订立合同时已经存在的技术。以尚待研制的技术成果为标的物的合同为技术开发合同，非属技术转让合同。

第二，技术成果上权利的转让只能是经济权利，不包括精神权利。技术成果上存在的权利除具有经济权利的内容外，往往还具有精神权利的内容。

第三，技术转让合同的存续具有长期性。技术商品是一种知识性、经验性很强的商品，技术转让合同的存续期一般较长。若当事人约定的期限过短，一方面会使转让方无利可图，不愿转让技术，另一方面会使受让人难以吸收、消化和掌握该项技术，达不到受让技术的目的。

技术转让合同对让与人的效力表现在：①技术秘密转让合同的让与人应当按照约定提供技术资料，进行技术指导，保证技术的实用性、可靠性，承担保密义务。该保密义务，不限制许可人申请专利，但是当事人另有约定的除外（《民法典》第 868 条）。②技术转让合同的让与人应当保证自己是所提供的技术的合法拥有者，并保证所提供的技术完整、无误、有效，能够达到约定的目标（《民法典》第870条）。③让与人违约的，应当参照《民法典》第872条第1款承担违约责任（《民法典》第872条第2款）。④受让人按照约定使用技术秘密侵害他人合法权益的，由让与人或者许可人承担责任，但是当事人另有约定的除外（《民法典》第874条）。

技术转让合同对受让人的效力表现在：①技术秘密转让合同的受让人应当按照约定使用技术，支付转让费、使用费，承担保密义务（《民法典》第869条）。②技术转让合同的受让人应当按照约定的范围和期限，对让与人、许可人提供的技术中尚未公开的秘密部分，承担保密义务（《民法典》第871条）。③受让人违约的，应当参照《民法典》第873条第1款承担违约责任（《民法典》第873条第2款）。

二、技术许可合同

根据《民法典》第862条第2款的规定，技术许可合同是合法拥有技术的权利人，将现有特定的专利、技术秘密的相关权利许可他人实施、使用所订立的合同。技术许可合同中关于提供实施技术的专用设备、原材料或者提供有关的技术咨询、技术服务的约定，属于合同的组成部分。

技术许可合同包括专利实施许可合同、技术秘密使用许可合同等类型。技术许可合同应当采用书面形式。在该合同中，当事人可以约定实施专利或者使用技术秘密的范围，但是不得限制技术竞争和技术发展。这里的“实施专利或者使用技术秘密的范围”，包括实施专利或者使用技术秘密的期限、地域、方式以及接触技术秘密的人员等。当事人对实施专利或者使用技术秘密的期限没有约定或者约定不明确的，受让人、被许可人实施专利或者使用技术秘密不受期限限制。

1. 专利实施许可合同

专利实施许可合同是指当事人一方许可另一方在一定的期限，一定的地区，以一定的方式实施其专利技术而订立的技术合同。根据《民法典》第865条的规定，专利实施许可合同仅在该专利权的存续期限内有效。专利权有效期限届满或者专利权被宣告无效的，专利权人不得就该专利与他人订立专利实施许可合同。

根据《技术合同解释》第25条的规定，专利实施许可包括以下方式：①独占实施许可，是指许可人在约定许可实施专利的范围内，将该专利仅许可一个被许可人实施，许可人依约定不得实施该专利。②排他实施许可，是指许可人在约定许可实施专利的范围内，将该专利仅许可一个被许可人实施，但许可人依约定可以自行实施该专利。③普通实施许可，是指许可人在约定许可实施专利的范围内许可他人实施该专利，并且可以自行实施该专利。当事人对专利实施许可方式没有约定或者约定不明确的，认定为普通实施许可。专利实施许可合同约定被许可人可以再许可他人实施专利的，认定该再许可为普通实施许可，但当事人另有约定的除外。技术秘密的许可使用方式，参照专利实施许可方式的规定确定。

专利实施许可合同对许可人的效力表现在：①根据《技术合同解释》第 26 条的规定，许可人负有在合同有效期内维持专利权有效的义务，包括依法缴纳专利年费和积极应对他人提出宣告专利权无效的请求，但当事人另有约定的除外。②根据《民法典》第 866 条的规定，许可人应当按照约定许可被许可人实施专利，交付实施专利有关的技术资料，提供必要的技术指导。③根据《民法典》第 870 条的规定，许可人应当保证自己是所提供的技术的合法拥有者，并保证所提供的技术完整、无误、有效，能够达到约定的目标。④根据《民法典》第 872 条第 1 款的规定，许可人未按照约定许可技术的，应当返还部分或者全部使用费，并应当承担违约责任；实施专利超越约定的范围的，违反约定擅自许可第三人实施该项专利的，应当停止违约行为，承担违约责任；违反约定的保密义务的，应当承担违约责任。⑤根据《民法典》第 874 条的规定，被许可人按照约定实施专利侵害他人合法权益的，由许可人承担责任，但是当事人另有约定的除外。

专利实施许可合同对被许可人的效力表现在：①根据《民法典》第 867 条的规定，被许可人应当按照约定实施专利，不得许可约定以外的第三人实施该专利，并按照约定支付使用费。②根据《民法典》第 871 条的规定，被许可人应当按照约定的范围和期限，对许可人提供的技术中尚未公开的秘密部分，承担保密义务。③根据《民法典》第 873 条第 1 款的规定，被许可人未按照约定支付使用费的，应当补交使用费并按照约定支付违约金；不补交使用费或者支付违约金的，应当停止实施专利或者使用技术秘密，交还技术资料，承担违约责任；实施专利超越约定的范围的，未经许可人同意擅自许可第三人实施该专利的，应当停止违约行为，承担违约责任；违反约定的保密义务的，应当承担违约责任。

2. 技术秘密使用许可合同

技术秘密使用许可合同对许可人的效力表现在：①根据《民法典》第 868 条的规定，许可人应当按照约定提供技术资料，进行技术指导，保证技术的实用性、可靠性，承担保密义务。该保密义务，不限制许可人申请专利，但是当事人另有约定的除外。②根据《民法典》第 870 条的规定，许可人应当保证自己是所提供的技术的合法拥有者，并保证所提供的技术完整、无误、有效，能够达到约定的目标。③根据《民法典》第 872 条第 1 款的规定，许可人未按照约定许可技术的，应当返还部分或者全部使用费，并应当承担违约责任；使用技术秘密超越约定的范围的，违反约定擅自许可第三人使用该项技术秘密的，应当停止违约行为，承担违约责任；

违反约定的保密义务的，应当承担违约责任。④根据《民法典》第874条的规定，被放可人按照约定使用技术秘密侵害他人合法权益的，由许可人承担责任，但是当事人另有约定的除外。

技术秘密使用许可合同对被许可人的效力表现在：①根据《民法典》第869条的规定，被许可人应当按照约定使用技术，支付转让费、使用费，承担保密义务。②根据《民法典》第871条的规定，被许可人应当按照约定的范围和期限，对许可人提供的技术中尚未公开的秘密部分，承担保密义务。③根据《民法典》第873条第1款的规定，被许可人未按照约定支付使用费的，应当补交使用费并按照约定支付违约金；不补交使用费或者支付违约金的，应当停止实施专利或者使用技术秘密，交还技术资料，承担违约责任；使用技术秘密超越约定的范围的，未经许可人同意擅自许可第三人使用该技术秘密的，应当停止违约行为，承担违约责任；违反约定的保密义务的，应当承担违约责任。

此外，根据《民法典》第875条的规定，无论是在专利实施许可合同中，还是在技术秘密使用许可合同中，当事人都可以按照互利的原则，在合同中约定实施专利、使用技术秘密后续改进的技术成果的分享办法；没有约定或者约定不明确，依据《民法典》第510条的规定仍不能确定的，一方后续改进的技术成果，其他各方无权分享。

第四节　技术咨询合同和技术服务合同

一、技术咨询合同

根据《民法典》第878条第1款的规定，技术咨询合同是当事人一方以技术知识为对方就特定技术项目提供可行性论证、技术预测、专题技术调查、分析评价报告等所订立的合同。根据《技术合同解释》第30条的规定，这里的“特定技术项目”，包括有关科学技术与经济社会协调发展的软科学研究项目，促进科技进步和管理现代化、提高经济效益和社会效益等运用科学知识和技术手段进行调查、分析、论证、评价、预测的专业性技术项目。

在技术咨询合同中，委托人主要负有以下义务：①依照合同约定阐明咨询的问题。②按照合同约定向受托人提供技术背景材料及有关技术资料、数据。③接受受托人的工作成果。工作成果是受托人完成的咨询报告和意见，在受托人完成咨询报告和意见后，委托人要及时组织评价鉴定，确认工作成果符合合同约定的条件后，予以验收。④按照约定支付报酬。报酬是受托人智力劳动和工作成果的对价，包括一般受托人在工作中进行调查、试验、测试、分析、论证等所支出的费用。⑤受托人发现委托人提供的资料、数据等有明显错误或者缺陷，未在合理期限内通知委托人的，视为其对委托人提供的技术资料、数据等予以认可。根据《技术合同解释》第 32 条的规定，委托人在接到受托人的补正通知后未在合理期限内答复并予补正的，发生的损失由委托人承担。

在技术咨询合同中，受托人主要负有以下义务：①依约提交咨询报告或解答委托人的问题。受托人要尽可能收集与咨询对象有关的经济技术信息、资源信息、人才信息，利用自己的技术知识和经验，综合分析项目的技术内容，预测技术经济前景，为委托人的技术项目决策提供科学依据、参考方案，提出具有较高科学水平和参考价值的咨询报告和意见。②保证咨询报告和意见达到合同约定的要求。③根据《民法典》第 886 条的规定，技术咨询合同对受托人正常开展工作所需费用的负担没有约定或者约定不明确的，由受托人负担。

双方当事人违反上述义务，应当承担违约责任。对此，根据《民法典》第 881 条的规定，技术咨询合同的委托人未按照约定提供必要的资料，影响工作进度和质量，不接受或者逾期接受工作成果的，支付的报酬不得追回，未支付的报酬应当支付。技术咨询合同的受托人未按期提出咨询报告或者提出的咨询报告不符合约定的，应当承担减收或免收报酬等违约责任。技术咨询合同的委托人按照受托人符合约定要求的咨询报告和意见作出决策所造成的损失，由委托人承担，但是当事人另有约定的除外。

二、技术服务合同

根据《民法典》第 878 条第 2 款的规定，技术服务合同是当事人一方以技术知识为对方解决特定技术问题所订立的合同，不包括承揽合同和建设工程合同。根据《技术合同解释》第 33 条的规定，这里的“特定技术问题”，包括需要运用专业技术知识、经验和信息解决的有关改进产品结构、改良工艺流程、提高产品质量、降低产品成本、节约资源能耗、保护资源环境、实现安全操作、提高经济效益和社会效益等专业技术问题。

根据《技术合同解释》第 34 条的规定，当事人一方以技术转让或者技术许可的名义提供已进入公有领域的技术，或者在技术转让合同、技术许可合同履行过程中合同标的技术进入公有领域，但是技术提供方进行技术指导、传授技术知识，为对方解决特定技术问题符合约定条件的，按照技术服务合同处理，约定的技术转让费、使用费可以视为提供技术服务的报酬和费用，但是法律、行政法规另有规定的除外。如果前述技术转让费或者使用费视为提供技术服务的报酬和费用明显不合理的，人民法院可以根据当事人的请求合理确定。

在技术服务合同中，委托人主要负有以下义务：①按照合同的约定提供工作条件，完成配合事项。技术服务合同的受托人要解决特定的技术问题，首先要求委托人明确所要解决技术问题的要点，提供有关的背景材料和数据，在某些情况下，甚至还要求委托人为受托人提供配合事项，这些配合事项包括：技术问题的内容、目标、数据、图纸、人员的组织安排、样品、样机、场地等。②按期接受工作成果并支付报酬。委托人要按合同约定的时间和要求验收工作成果，超过合同约定的期限接受工作成果的，受托人有权要求按有偿保管收取逾期保管费。委托人验收了受托人的工作成果后，应当按照合同约定的支付方式、结算方式向受托人支付报酬。除非合同另有约定，此种报酬一般不包括受托人为完成专业技术工作、解决技术问题所支出的经费。③根据《技术合同解释》第35条的规定，技术服务合同受托人发现委托人提供的资料、数据、样品、材料、场地等工作条件不符合约定，未在合理期限内通知委托人的，视为其对委托人提供的工作条件予以认可。委托人在接到受托人的补正通知后未在合理期限内答复并予补正的，发生的损失由委托人承担。④技术服务合同的委托人不履行合同义务或者履行合同义务不符合约定，影响工作进度和质量，不接受或者逾期接受工作成果的，应当按约定支付报酬，即“支付的报酬不得追回，未支付的报酬应当支付”。

在技术服务合同中，受托人主要负有以下义务：①按照约定完成服务项目。受托人应在约定的时间内，保质保量完成服务任务，并达到解决委托人的技术问题的要求。当事人可以在合同中约定验收的质量标准。合同没有规定技术指标或服务质量的，受托人应按符合国家标准或行业标准的要求来完成工作成果。②传授解决技术问题的知识。技术服务合同中，受托人除要解决技术问题外，还要传授必要的知识，即与解决该技术问题有关的知识。③根据《民法典》第886条的规定，技术服务合同对受托人正常开展工作所需费用的负担没有约定或者约定不明确的，由受托人负担。④受托人未按照约定完成服务工作的，应当承担免收报酬等违约责任。

三、技术咨询合同、技术服务合同履行中所产生的新技术成果的归属

新技术成果是当事人在履行合同义务以外派生完成的，或者后续改进的技术成

果，并非受托人依约应提交的咨询报告或工作成果。这些新技术成果产生于两个途径：一是受托人基于委托人提供的有关背景资料、技术资料、数据、样品和工作条件派生作出新的技术成果；二是委托人在取得受托人咨询报告和工作成果后，进行后续研究开发，利用所掌握的知识取得新的技术成果。对于该新技术成果的归属，根据《民法典》第885条的规定，受托人利用委托人提供的技术资料和工作条件完成的新的技术成果，属于受托人。委托人利用受托人的工作成果完成的新的技术成果，属于委托人。当事人另有约定的，依照其约定。简言之，除当事人有特别约定外，新技术成果归属其完成者。

本章小结

技术合同是指当事人就技术开发、转让、许可、咨询或者服务订立的确立相互之间权利和义务的合同。此种合同可进一步区分为技术开发合同、技术转让合同、技术许可合同、技术咨询合同、技术服务合同等类型。技术开发合同是指当事人之间就新技术、新产品、新工艺、新品种或者新材料及其系统的研究开发所订立的合同。该合同包括委托开发合同与合作开发合同两种。技术开发合同中成果的归属与分享攸关相关当事人的切身利益人。技术转让合同是合法拥有技术的权利人，将现有特定的专利、专利申请、技术秘密的相关权利让与他人所订立的合同。技术许可合同是合法拥有技术的权利人，将现有特定的专利、技术秘密的相关权利许可他人实施、使用所订立的合同。技术咨询合同是当事人一方以技术知识为对方就特定技术项目提供可行性论证、技术预测、专题技术调查、分析评价报告等所订立的合同。技术服务合同是当事人一方以技术知识为对方解决特定技术问题所订立的合同，不包括承揽合同和建设工程合同。在这些合同中，当事人的权利义务存在着一些差异，应予辨识。

思考与练习

小试身手

一、名词解释

1. 技术开发合同　　2. 技术转让合同　　3. 技术许可合同
4. 技术咨询合同　　5. 技术服务合同

二、简答题

1. 如何理解《民法典》第850条有关技术合同无效的规定?

2. 技术开发合同、技术转让合同、技术咨询合同与技术服务合同之间有何差异?

3. 技术开发合同中的风险应如何负担?

4. 如何确定技术开发合同中成果的归属?

5. 技术转让合同对转让人与受让人发生哪些效力?

三、案例分析题（请扫描下方二维码）

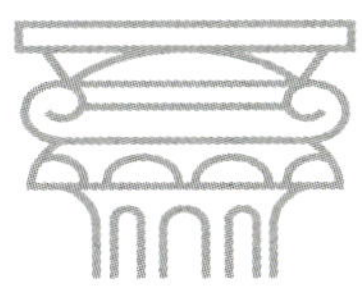

第十四章 其他合同

导 言

本章篇名为“其他合同”，具体包括保证合同、保理合同和合伙合同。这三种典型合同都是《民法典》新增的典型合同类型。其中，保证合同的相关规范以《担保法》关于保证合同的规定为基础制定，而保理合同和合伙合同则是全新的典型合同类型。此三种合同各有其特点，不宜归入“转移所有权合同”“转移使用权合同”“完成工作的合同”和“提供劳务的合同”等类型中，故本教材设“其他合同”一章，下设三节分别加以阐明。

保证属于一种典型的担保方式，其与抵押权、质权等担保物权一同构成了我国的担保法律制度体系，在债法上具有重要的意义。依保证合同的约定，保证人在债务人不履行到期债务时，向债权人负有代为履行或者承担责任的义务。

保理合同是以应收账款债权的转让为基础的综合性金融服务合同，是一种较为复杂的商事合同。

合伙合同是一种共同法律行为。合伙合同与合伙企业设立基础的合伙协议有着剪不断、理还乱的关系，应当注意区别。

学习目标

完成这一章内容的学习之后，你将能够：

正确理解与掌握保证合同的意义、保证的特征、保证的类型、共同保证、保证期间、保证的效力等问题。

正确理解与掌握保理合同的概念和法律特征、保理合同的主要类型、保理合同的效力等问题。

正确理解与掌握合伙合同的概念和法律特征、合伙合同与合伙协议的关系、合伙协议制度与合伙合同制度的适用关系、合伙合同的效力等问题。

第一节　保证合同

一、保证合同的意义与保证的特征

（一）保证合同的意义

根据《民法典》第681条的规定，保证合同是为保障债权的实现，保证人和债权人约定，当债务人不履行到期债务或者发生当事人约定的情形时，保证人履行债务或者承担责任的合同。

保证合同的双方当事人为保证人及被担保之债的债权人。当事人订立保证合同的目的在于为特定的债权提供担保，以强化债权的实现机会。依保证合同的约定，保证人在债务人不履行到期债务时，向债权人负有代为履行或者承担责任的义务。

（二）保证的特征

保证合同旨在调整保证这种债务担保手段。保证具有以下特征：

1. 保证是人的担保方式

保证作为人的担保方式，其担保机制并非像担保物权那样通过确立优先受偿效力增强债权的实现机会，而是在于扩大债权的一般担保范围。债务人之外的第三人作为保证人，以其全部财产加入债权的一般担保中来，由此保证债权的实现。因此，保证人对于主债务的清偿，实际上承担的是无限责任。在由第三人提供抵押物或质押物而成立担保物权的情形下，该第三人承担的是有限责任，即仅以担保物之价值为限承担责任。在设立担保物权的情形下，债权人在担保财产上取得一项物权；在保证的情形下，债权人并没有取得物权，债权人对保证人的权利在性质上仍属债权。

2. 保证是第三人担保

保证是扩大债权一般担保范围的担保方式，只能由第三人作为保证人，债务人不能成为自己债务的保证人。这与物的担保通常是由债务人自己提供担保物构成鲜明的对比。当然，第三人也可为担保他人债务而提供担保财产并在其上设立担保物权。

3. 保证债务具有从属性，并以主债务的不履行为发生条件

从属性是担保制度的一般性质。保证债务的从属性表现在：主合同无效的，保证合同无效；主债务因债务人或第三人的清偿等消灭的，保证债务也消灭。保证债务并不因保证合同的订立而当然发生，而是以债务人的不履行作为其发生条件。

二、保证合同的订立与内容

根据《民法典》的规定，保证合同的订立有以下要求：

1. 须有合适的保证人

保证人，也即保证债务的债务人。对于保证人的资格，法律有特别要求。根据《民法典》第683条的规定，以下两类主体不得担任保证人：①机关法人，但是经国务院批准为使用外国政府或者国际经济组织贷款进行转贷的除外；②以公益为目的的非营利法人、非法人组织。不具有保证人资格的当事人订立保证合同的，保证合同无效，债权人不能据此取得保证债权。

2. 须由债权人与保证人订立书面保证合同

保证属于意定的担保方式，要求当事人间就保证达成合意。保证合同应采用书面形式，但并不仅限于由保证人和债权人签章而单独订立的保证合同书形式。根据《民法典》第685条的规定，保证合同可以是单独订立的书面合同，也可以是主债权债务合同中的保证条款。第三人单方以书面形式向债权人作出保证，债权人接收且未提出异议的，保证合同成立。

保证合同的内容一般包括被保证的主债权的种类、数额，债务人履行债务的期限，保证的方式、范围和期间等条款。关于保证合同所担保债权的具体范围，也可由当事人在保证合同中加以约定；当事人未特别约定的，保证范围包括主债权及其利息、违约金、损害赔偿金、实现债权的费用。

三、保证的类型

《民法典》规定了一般保证与连带责任保证两种保证的类型。

（一）一般保证

一般保证也称补充保证。《民法典》第 687 条第 1 款规定：“当事人在保证合同中约定，债务人不能履行债务时，由保证人承担保证责任的，为一般保证。”结合该条第 2 款关于先诉抗辩权的规定可知，此处所称“债务人不能履行债务时”，应指债权人用尽诉讼、强制执行等手段，而债务人仍然不能履行或不能完全履行债务时。

在一般保证中，在主合同纠纷未经审判或仲裁，并就债务人财产依法强制执行仍不能履行债务前，保证人享有拒绝承担保证责任的抗辩权。此项抗辩权习惯上被称为“先诉抗辩权”（实际上，从一般保证人所享有的抗辩利益出发，将此抗辩权称为“先执行抗辩权”或“先索抗辩权”更为妥当）。一般保证，就是保证人享有先诉抗辩权的保证方式。

先诉抗辩权是我国民法上一个重要的抗辩权类型，法律创设此抗辩权的目的是对保证人提供一项重要保护。该抗辩权的具体行使方式如下：在一般保证中，如果债务人到期不履行债务，而债权人直接要求保证人承担保证责任，则保证人即可行使此项抗辩权，拒绝承担保证责任；由于先诉抗辩权在性质上属于一时性抗辩权，因此，一旦债权人已就主债务纠纷提起诉讼或申请仲裁并执行完毕，该项抗辩权即告消灭。如果债权人在对债务人的财产执行完毕后，其债权仍未得到清偿，则保证人需要对未获清偿的债权部分承担保证责任。由此可见，先诉抗辩权将使保证人对主债务仅负补充责任，即在债务人不能清偿的范围内承担补充清偿责任。

（二）连带责任保证

《民法典》第 688 条规定：“当事人在保证合同中约定保证人和债务人对债务承担连带责任的，为连带责任保证。连带责任保证的债务人不履行到期债务或者发生当事人约定的情形时，债权人可以请求债务人履行债务，也可以请求保证人在其保证范围内承担保证责任。”

在连带责任保证中，一旦发生主债务的不履行，保证人不享有先诉抗辩权，债权人可以请求保证人在其保证范围内承担保证责任。

（三）保证类型的确定

保证属于一般保证还是连带责任保证，这关乎保证人是否享有先诉抗辩权，对保证人和债权人的利益影响甚大。因此，首先应遵循契约自治的精神，由债权人和保证人在保证合同中对保证的类型加以确定。当事人即便未在保证合同中明确保证的类型，但是，经由意思解释有时也能明确保证合同的类型。例如，保证人在保证合同中承诺无条件承担保证责任的，应将其保证方式解释为连带责任保证。

如当事人对保证的类型未作约定或约定不明，根据《担保法》第19条的规定，保证的类型为连带责任保证。《民法典》彻底改变了《担保法》的此项规定。《民法典》第686条第2款规定："当事人在保证合同中对保证方式没有约定或者约定不明确的，按照一般保证承担保证责任。"据此，一般保证成为保证的一般形态，仅在当事人将保证合同的保证方式约定为连带责任保证时，保证的类型才属于连带责任保证。

四、共同保证

针对同一项债权的担保，债权人与两个以上的保证人订立保证合同的，为共同保证。关于共同保证，《民法典》第699条设有如下规范："同一债务有两个以上保证人的，保证人应当按照保证合同约定的保证份额，承担保证责任；没有约定保证份额的，债权人可以请求任何一个保证人在其保证范围内承担保证责任。"

同一债务有两个以上保证人的，依当事人的具体约定，可以是按份共同保证，即两个以上保证人各自对自己的保证份额负责。例如，甲向乙借款10万元，丙、丁作为共同保证人与乙订立保证合同，合同约定，丙、丁对10万元债务各负5万元的保证责任。在按份共同保证，债务人不履行债务时，债权人仅能就各保证人的保证份额主张权利，各保证人也仅就该份额负代为履行的责任。各保证人在自己的份额范围内承担了保证责任后，均可向债务人追偿，但各保证人相互之间不发生求偿和分担的关系。

如果两个以上的保证人并未约定保证份额，则债权人有权请求任何一个保证人在其保证范围内承担保证责任，被请求的保证人不得作份额抗辩。保证人承担了保证责任后，可以向债务人追偿。关于两个以上保证人之间能否要求分担向债务人不能追偿部分损失的问题，《最高人民法院关于适用〈中华人民共和国民法典〉有关担保制度的解释》（以下简称《担保制度解释》）第13条确立了原则上不能要求分担的规则。根据该条规定，同一债务有两个以上第三人提供担保，担保人之间约定相互追偿及分担份额，承担了担保责任的担保人可以请求其他担保人按照约定分担份额；担保人之间约定承担连带共同担保，或者约定相互追偿但是未约定分担份额的，各担保人按照比例分担向债务人不能追偿的部分。如果担保人之间未对相互追偿作出约定且未约定承担连带共同担保，但是各担保人在同一份合同书上签名、盖章或者按指印，承担了担保责任的担保人可以请求其他担保人按照比例分担向债务人不能追偿部分。除此之外，承担了担保责任的担保人不能请求其他担保人分担向债务人不能追偿部分。

五、保证期间

案例14－1

（一）保证期间的性质及规则确定

保证期间是指债权人可以要求保证人承担保证债务的有效期间。在保证期间内，如果债权人不向保证人主张保证债权或依法采取相关法律行动，则保证人于保证期间届满时免除保证责任。

关于保证期间的性质，学理上存在较大的争议。一种观点认为其是特殊的诉讼时效期间，另一种观点认为其是除斥期间。我们认为，上述两种观点均值得商榷，保证期间系民法上一种独立性质的期间。首先，保证期间的性质、效力与诉讼时效期间相去甚远：在我国现行法上，诉讼时效期间具有严格的法定性，当事人不得约定，而保证期间可由当事人自由约定；诉讼时效期间属于弹性期间，存在中止或中断的情形，而保证期间不发生中止、中断；诉讼时效期间届满，债权并不消灭，仅是债务人方面产生一项时效期间届满的抗辩权，而保证期间届满的，保证债权本身发生消灭。其次，保证期间在性质和效力上较为接近除斥期间，但其作用的对象并非形成权，而是保证债权。

根据《民法典》第692条的规定，债权人与保证人可以约定保证期间，但是约定的保证期间早于主债务履行期限或者与主债务履行期限同时届满的，视为没有约定；没有约定或者约定不明确的，保证期间为主债务履行期限届满之日起六个月。债权人与债务人对主债务履行期限没有约定或者约定不明确的，保证期间自债权人请求债务人履行债务的宽限期届满之日起计算。

（二）保证期间届满，保证人免责

根据《民法典》第693条第1款的规定，在一般保证中，债权人未在保证期间内对债务人提起诉讼或申请仲裁的，保证期间届满，保证人免除保证责任。法律之所以要求债权人在保证期间内对债务人采取法律行动，主要是因为一般保证中的保证人享有先诉抗辩权。债权人要想无障碍地对保证人行使保证债权，首先必须消除保证人的先诉抗辩权，因此，保证期间也就成了限制债权人对债务人采取法律行动的期间。

根据《民法典》第693条第2款的规定，在连带责任保证中，债权人未在保证期间内要求保证人承担保证责任的，保证期间届满，保证人免除保证责任。

（三）保证期间与保证债权诉讼时效期间

保证人在保证期间内实施了上述行使权利行为的，保证期间的使命即告终结。此后，对债权人向保证人主张保证债权的时间限制，将适用民法上关于诉讼时效期间的一般规定。

《民法典》第 694 条规定：“一般保证的债权人在保证期间届满前对债务人提起诉讼或者申请仲裁的，从保证人拒绝承担保证责任的权利消灭之日起，开始计算保证债务的诉讼时效。连带责任保证的债权人在保证期间届满前请求保证人承担保证责任的，从债权人请求保证人承担保证责任之日起，开始计算保证债务的诉讼时效。”该条中所称“保证人拒绝承担保证责任的权利”指的就是一般保证人的先诉抗辩权。根据《担保制度解释》第 28 条的规定，一般保证的诉讼时效期间主要从针对债务人的执行程序终结时起算。

六、保证的效力

保证的效力主要体现为以下两个方面：

（一）在保证人和债权人之间的效力

1. 债权人要求保证人履行保证债务的请求权

在一般保证中，当就债务人的强制执行未见效果或未获得完全满足时，债权人可以请求保证人承担保证责任。在连带责任保证中，在主债务履行期届满债务人未履行时，债权人可以直接请求保证人承担保证责任。

2. 保证人的抗辩

保证人承担的毕竟是债务人之债务的清偿责任，无论如何，保证人的法律地位应该强于债务人。因此，《民法典》第 701 条规定：“保证人可以主张债务人对债权人的抗辩。债务人放弃抗辩的，保证人仍有权向债权人主张抗辩。”此条所称抗辩，不限于民法上的抗辩权，指的是广义的抗辩手段，债务人对于债权人能够主张的一切抗辩事由（包括所谓事实抗辩，如主债务未发生、已消灭等），保证人都可主张。

为强化对保证人的保护，《民法典》第 702 条增设如下规定：“债务人对债权人享有抵销权或者撤销权的，保证人可以在相应范围内拒绝承担保证责任。”

除了行使债务人对债权人的抗辩权，一般保证的保证人自身还享有先诉抗辩权。

（二）在保证人和债务人之间的效力

《民法典》第700条规定："保证人承担保证责任后，除当事人另有约定外，有权在其承担保证责任的范围内向债务人追偿，享有债权人对债务人的权利，但是不得损害债权人的利益。"

保证人承担保证后，取得对债务人的代位求偿权。此种求偿权不因保证为一般保证或连带责任保证而有区别，一般保证的保证人放弃先诉抗辩权的，仍享有此项代位求偿权。

案例14－2

保证人享有债权人对债务人的权利，不仅指保证人可在承担保证责任范围内要求债务人向自己履行债务，而且指保证人可享有债权人对债务人的担保权等从权利。例如，甲借款给乙，乙提供A房产为甲设立抵押权，丙与甲订立连带责任保证合同；在乙不履行债务时，如丙履行了保证债务代乙还清了债务，则丙可以向乙追偿，并可享有对A物的抵押权。

第二节　保理合同

一、保理合同概述

（一）保理合同的概念和法律特征

1. 保理合同的概念

保理是指保理人受让市场主体交易过程中订立的货物买卖合同或贸易服务合同所产生的应收账款，由其提供贸易融资、销售分户账管理、应收账款催收、信用风险控制和坏账担保等综合性金融服务的一种民商事行为[①]。

按照《民法典》第761条的规定，保理合同是应收账款债权人将现有的或者将有的应收账款转让给保理人，保理人提供资金融通、应收账款管理或者催收、应收账款债务人付款担保等服务的合同。

---

① 黄和新．保理合同：混合合同的首个立法样本．清华法学，2020（3）：179－180.

所谓“应收账款”，是指权利人因转移财产或者提供服务而获得的要求债务人付款的权利以及依法享有的其他付款请求权，包括现有的或者未来的金钱债权，但不包括因票据或者其他有价证券而产生的付款请求权以及法律、行政法规禁止转让的付款请求权。[①]

2. 保理合同的法律特征

（1）保理人是须经审批的具有经营保理业务资质的商事主体。我国保理人有两大类：一类是商业银行等金融机构，另一类是商业保理公司。目前，无论是哪一类保理人，如欲从事保理业务，均须取得中国银行保险监督管理委员会等相关主管部门的审批，获取从事保理业务的许可证。

（2）应收账款债权的转让是保理合同的前提。保理合同是以债权人转让其应收账款债权为前提，集资金融通、应收账款催收或者管理、应收账款债务人付款担保等服务于一体的综合性金融服务合同。[②]

在保理合同中，保理人提供保理服务的前提就是债权人将其应收账款债权转让给保理人，保理人才能够以此为基础和前提，提供资金融通、应收账款催收或者管理、应收账款债务人付款担保等其中一项或者数项金融服务。可见，应收账款债权的转让虽非保理合同的全部内容，但是保理合同重要的基础性的因素，是保理合同的基础和前提。

（3）债权人转让应收账款债权获取的是保理服务而非价款。在保理合同中，尽管债权人将应收账款债权转让给保理人是基础和前提，但应收账款债权转让与普通债权转让既有共性，也有明显的不同。普通债权转让，债权人转让债权通常是为了获取转让价款，而保理合同中债权人转让应收账款债权的目的在于获取保理服务而非价款。即使是买断型保理合同，保理人也要以受让应收账款债权为基础和前提，先提供保理服务，只不过是要自担风险、自负盈亏而已。有学者从保理合同主给付义务的复合性、多重性等角度分析了应收账款债权转让与普通债权转让的不同之处并指出，相对于普通债权转让制度而言，保理规则极具特殊性，机械地套用普通债权转让的规则解决保理问题，会导致不适当的后果，而应优先适用保理规则来满足特殊情形的需要，只有在保理规则有欠缺时，才能适用普通债权转让的规则。[③]

（4）保理人通常提供的是综合性金融服务。在保理合同中，保理人以受让债权人的应收账款债权为基础，为债权人提供资金融通、应收账款管理或者催收、应收

---

① 王利明，杨立新，王轶，程啸．民法学．6 版．北京：法律出版社，2020：812.

② 王利明，杨立新，王轶，程啸．民法学．6 版．北京：法律出版社，2020：811.

③ 崔建远．保理合同探微．法律适用，2021（4）：63.

账款债务人付款担保等一项或者数项金融服务，通常是综合性的多项金融服务。

所谓资金融通，通常是指保理人应应收账款债权人的请求，在受让应收账款债权后，为债权人提供贷款或者应收账款预付款。应收账款管理，又称销售分户账管理，是指保理人根据债权人的要求，定期或不定期向债权人提供关于应收账款的回收情况、逾期账款情况、对账单等各种财务和统计报表，协助债权人进行应收账款管理。应收账款催收是指保理人根据应收账款账期，主动或应债权人要求，采取电话、函件、上门催款直至法律手段等对债务人进行催收。付款担保，又称坏账担保，是指保理人与债权人签订保理协议后，为债务人核定信用额度，并在核准额度内，对债权人无商业纠纷的应收账款，提供约定的付款担保。除了上述主要的金融服务，保理人还可提供诸如资信调查与评估、信用风险控制等其他具有保理性质的金融服务。

（5）保理合同是双务合同、有偿合同、诺成合同和要式合同。保理合同的双务性体现在：债权人负有转让应付账款债权的主给付义务，而保理人负有提供一项或者数项保理性质的金融服务的主给付义务，两者互为对待给付义务。保理合同的有偿性体现在：债权人付出转让应收账款债权的代价获得资金融通、应收账款管理或催收、债务人保付担保等服务利益，而保理人则通过提供上述金融服务获取一定报酬。保理合同的诺成性体现在：只要债权人与保理人就保理合同的主要条款协商一致，保理合同就成立。保理合同的要式性体现在：《民法典》第762条第2款明文规定“保理合同应当采用书面形式”。

（二）保理合同的主要内容

《民法典》第762条第1款规定：“保理合同的内容一般包括业务类型、服务范围、服务期限、基础交易合同情况、应收账款信息、保理融资款或者服务报酬及其支付方式等条款。”

保理合同约定的业务类型和服务范围与保理的类型直接相关，保理的类型不同，保理合同约定的业务类型和服务范围也不同。服务期限由保理合同具体约定。至于基础交易合同情况，也是保理合同涉及的重要内容。“基础交易合同，是应收账款债权人与债务人签订的据以产生应收账款的有关销售货物、提供服务或出租资产等的交易合同及其全部补充或者修改文件。基础交易合同的存在是保理合同订立的前提，虽然两者有关权利义务关系的约定存有牵连，但两者并非主从合同关系，而是相对独立的两个合同。”①

① 黄薇．中华人民共和国民法典合同编解读．北京：中国法制出版社，2020：910.

（三）保理合同的主要类型

1. 有追索权保理合同和无追索权保理合同

这是保理合同最基本和最重要的分类。

（1）有追索权保理合同。它是指保理人不承担为债务人核定信用额度和提供坏账担保的义务，仅提供包括融资在内的其他金融服务，在应收账款到期无法从债务人处收回时，保理人可以向债权人反转让应收账款，或者要求债权人回购应收账款、归还融资的保理合同。①

有追索权保理合同又称回购型保理合同。对于有追索权保理合同，《民法典》第766条规定："当事人约定有追索权保理的，保理人可以向应收账款债权人主张返还保理融资款本息或者回购应收账款债权，也可以向应收账款债务人主张应收账款债权。保理人向应收账款债务人主张应收账款债权，在扣除保理融资款本息和相关费用后有剩余的，剩余部分应当返还给应收账款债权人。"

可见，在有追索权保理合同中，保理人依约提供相关催收等保理服务，但最终的风险由应收账款债权人承担。

（2）无追索权保理合同。它是指保理人根据债权人提供的债务人核定信用额度，在信用额度内承购债权人对债务人的应收账款并提供坏账担保责任，债务人因发生信用风险未按基础合同约定按时足额支付应收账款时，保理人不能向债权人追索的合同。② 无追索权保理合同又称买断型保理合同。对于无追索权保理合同，《民法典》第767条规定："当事人约定无追索权保理的，保理人应当向应收账款债务人主张应收账款债权，保理人取得超过保理融资款本息和相关费用的部分，无需向应收账款债权人返还。"

可见，在无追索权保理合同中，保理人依约提供相关催收等保理服务，但最终的风险由保理人承担，收回的应收账款本息也由保理人独自享有，不需要向应收账款债权人返还。

2. 国内保理合同和国际保理合同

国内保理合同是应收账款债权人和债务人均在境内的保理合同。国际保理合同是应收账款债权人和债务人中至少有一方在境外的保理合同。

3. 公开型保理合同和隐蔽型保理合同

公开型保理合同，又称明保理合同，是指将应收账款转让的事实通知债务人，

---

① 黄薇. 中华人民共和国民法典合同编解读. 北京：中国法制出版社，2020：908.

② 黄薇. 中华人民共和国民法典合同编解读. 北京：中国法制出版社，2020：908.

通知方式包括但不限于向债务人提交规定格式的通知书、在发票上加注规定格式的转让条款的合同。隐蔽型保理合同，又称暗保理合同，是指保理合同签订后的一定时期内，都未将应收账款转让事实通知债务人，仅在约定期限届满或者约定事由出现后，保理人可将应收账款转让事实通知债务人的合同。

4. 单重保理合同、双重保理合同以及多重保理合同

一项应收账款债权，只有一个保理人承保的保理合同是单重保理合同，有两个保理人各自独立承保的保理合同是双重保理合同，有三个以上的保理人各自独立承保的保理合同是多重保理合同。

对于双重保理合同乃至多重保理合同中保理人取得应收账款的先后顺序，《民法典》第768条规定："应收账款债权人就同一应收账款订立多个保理合同，致使多个保理人主张权利的，已经登记的先于未登记的取得应收账款；均已经登记的，按照登记时间的先后顺序取得应收账款；均未登记的，由最先到达应收账款债务人的转让通知中载明的保理人取得应收账款；既未登记也未通知的，按照保理融资款或者服务报酬的比例取得应收账款。"对于这一条款，也有学者提出一些疑问。[①] 我们认为，尽管该条款确实存在一些缺陷，但我们可以通过目的性解释来适用该条款，并期望将来通过制定司法解释来加以完善，如设置足够权威的登记机构等。

二、保理合同的效力

保理合同通常涉及有一定牵连性的两种合同关系，即保理合同关系和作为保理合同订立与履行前提的基础交易合同关系。在保理合同关系中，应收账款债权人（基础交易合同的债权人）与保理人是双方当事人，而应收账款债务人（基础交易合同的债务人）处于第三人的地位。因此，保理合同的效力体现为对应收账款债权人、保理人以及应收账款债务人的效力。

（一）保理合同对应收账款债权人的效力

1. 应收账款债权人的权利

（1）依约要求保理人提供保理服务的权利。债权人依约将应收账款债权转让给保理人后，有权要求保理人依约提供资金融通、应收账款催收或者管理、应收账款债务人付款担保等其中一项或者数项金融服务。债权人具体可以要求保理人提供哪

---

① 崔建远．保理合同探微．法律适用，2021（4）：67－69.

一种或者哪几种保理业务服务，要根据保理合同的具体约定确定。

（2）有追索权保理的债权人要求保理人返还剩余价值财产的权利。按照《民法典》第766条的规定，在有追索权保理合同的履行中，保理人向应收账款债务人主张应收账款债权，在扣除保理融资款本息和相关费用后有剩余的，剩余部分应当返还给应收账款债权人。换言之，此种情形下，债权人有权要求保理人返还其主张应收账款债权所获财产中的剩余价值财产。

2. 应收账款债权人的义务

（1）依约将应收账款债权转移给保理人的义务。保理合同的债权人应当按照保理合同约定的时间与方式，将应收账款债权转移给保理人，这是债权人的主要义务，也是保理人履行保理服务的前提。依照债权转让的一般规则，通常采取意思主义，而非表示主义。债权转让合同生效之时，通常债权就转移给保理人。当然，保理合同的当事人可以在合同中约定债权转移的具体方式。例如，可以采取登记转移的方式，这种方式已被《民法典》第768条肯认。

（2）支付报酬的义务。保理人依约提供保理服务后，债权人应当依约支付报酬。至于服务报酬的形式、计算方法和支付方式，依照法律、法规的规定或者合同的约定执行。

（3）必要的协助义务。保理人取得应收账款债权后，需要依约履行向债务人主张清偿应收账款的义务。在此过程中，有时可能会要求债权人提供必要的协助，债权人基于合同的约定以及诚实信用原则，不得拒绝保理人合理的请求。

（4）债权转让的通知义务。《民法典》第546条规定："债权人转让债权，未通知债务人的，该转让对债务人不发生效力。债权转让的通知不得撤销，但是经受让人同意的除外。"可见，债权人转让债权后，通常由债权人履行通知义务。保理合同则有所不同，依据《民法典》第764条的规定："保理人向应收账款债务人发出应收账款转让通知的，应当表明保理人身份并附有必要凭证。"这说明，保理人亦可以向应收账款债务人发出债权已经转让的通知。在实践中，保理人为维护自己的合法权益，更有动力履行通知义务。但是，如果保理人不履行通知义务，则债权人亦有义务通知应收账款债务人。

（5）不得在通知债务人后擅自变更和终止基础交易合同的义务。对此，《民法典》第765条规定："应收账款债务人接到应收账款转让通知后，应收账款债权人与债务人无正当理由协商变更或者终止基础交易合同，对保理人产生不利影响的，对保理人不发生效力。"可见，债权转让通知债务人后，债权人与债务人负有不得擅自变更和终止基础交易合同的义务。如果债权人与债务人擅自即无正当理由地协商变更或者终止基础交易合同，对保理人产生不利影响的，对保理人不发生效力。

换言之，保理人仍然可以基于保理合同和原基础交易合同的约定向债务人主张权利。

（二）保理合同对保理人的效力

1. 保理人的权利

（1）请求债权人依约转移即交付债权的权利。通常，保理合同依法成立生效，应收账款债权即自动转移给保理人。但是，在法律、法规另有规定或者保理合同另有约定的情形下，债权转移即交付需要办理一定手续，比如登记手续等。

（2）请求债权人支付报酬的权利。保理人通常提供的是一种综合性的金融服务，当然有权获取报酬。因此，保理人有权请求债权人依约支付报酬。

（3）请求债务人向自己清偿应收账款的权利。获取应收账款债权并通知债务人后，保理人就有权向债务人主张应收账款的清偿。

（4）有追索权保理合同的保理人享有追索的权利。按照《民法典》第766条的规定，在有追索权保理合同中，保理人可以向应收账款债权人主张返还保理融资款本息或者回购应收账款债权，也可以向应收账款债务人主张应收账款债权。当然，保理人不能从债权人与债务人处获得重复清偿。①

2. 保理人的义务

（1）依约提供保理服务的义务。获取应收账款债权后，保理人应当按照保理合同约定的具体保理服务事项，全面履行其承担的保理义务。

（2）通知债务人时提供证明的义务。保理人向应收账款债务人发出应收账款转让通知时，应当提供表明保理人身份的证明，并附有必要凭证。有学者认为："保理人向债务人发出转让通知的，如果表明了保理人身份并且附有经过公证的债权转让合同、保理合同或者转让通知等必要凭证，可以认为具有与债权人发出转让通知同等的效力。"②

（3）有追索权保理合同的保理人返还剩余价值财产的义务。有追索权保理合同的保理人向应收账款债务人主张应收账款债权，在扣除保理融资款本息和相关费用后有剩余财产的，应当将剩余部分财产返还给应收账款债权人。

（三）保理合同对应收账款债务人的效力

1. 应收账款债务人的权利

（1）未获合法通知时拒绝向保理人履行应收账款清偿义务的权利。关于应收账

① 王利明，杨立新，王轶，程啸．民法学．6版．北京：法律出版社，2020：813.
② 王利明，杨立新，王轶，程啸．民法学．6版．北京：法律出版社，2020：812－813.

款债权转让的事实，无论是债权人的通知，还是保理人的通知，都必须依法进行，尤其是保理人的通知，还需要足够的证明。否则，未获合法通知，应收账款债务人有权拒绝保理人的应收账款清偿请求。

（2）抗辩的权利。《民法典》第769条规定："本章没有规定的，适用本编第六章债权转让的有关规定。"按照《民法典》第548条的规定，债务人接到债权转让通知后，债务人对让与人的抗辩，可以向受让人主张。可见，在保理合同的履行过程中，应收账款债务人可以基于其在基础交易合同中对债权人的抗辩事由，对保理人主张同样的抗辩。

2. 应收账款债务人的义务

（1）依约清偿应收账款的义务。获取债权人或者保理人的应收账款债权转让通知后，债务人应当应保理人的请求，向其履行应收账款的清偿义务。

（2）不得在获取通知后擅自变更和终止基础交易合同的义务。如前所述，债权转让通知债务人后，债务人负有不得擅自与债权人协商变更和终止基础交易合同的义务。如果其与债权人擅自即无正当理由地协商变更或者终止基础交易合同，对保理人产生不利影响的，对保理人不发生效力。

（3）虚构应收账款作为转让标的时不得抗辩的义务。《民法典》第763条规定："应收账款债权人与债务人虚构应收账款作为转让标的，与保理人订立保理合同的，应收账款债务人不得以应收账款不存在为由对抗保理人，但是保理人明知虚构的除外。"

案例14－3

虚构应收账款作为转让标的，在保理实践中经常发生。《民法典》第763条的规定，降低了保理人审查义务的标准，倾向于对保理人提供更多的保护。在应收账款债权人与债务人虚构应收账款作为转让标的并与保理人订立保理合同的情形下，只要保理人不属于明知虚构事实，哪怕是应知虚构事实，债务人都不能以应收账款不存在为由对保理人的清偿请求进行抗辩。换言之，只要不属于保理人明知应收账款是虚构的，即使该应收账款纯属子虚乌有，保理人仍有权请求债务人履行如同债权存在时相对应的债务，债务人不得以应收账款实际上不存在为由对保理人提出抗辩。[①] 当然，如果保理人明知应收账款是虚构的，此时，债务人可以提出抗辩，拒绝清偿义务的履行。

① 黄薇．中华人民共和国民法典合同编解读．北京：中国法制出版社，2020：914.

第三节　合伙合同

一、合伙合同概述

（一）合伙合同的概念和法律特征

1. 合伙合同的概念

2021 年 1 月 1 日《民法典》生效，同时《民法通则》废止。目前规范契约型合伙和组织体型合伙即合伙企业的有效法律只有《民法典》和《合伙企业法》。关于《民法典》和《合伙企业法》规范的合伙类型，有学者指出，在《民法典》之前，《合伙企业法》已经作为一类规范而存在，其预设的规范对象是合伙企业，是典型的形成组织的合伙。为避免规则重复，充分发挥规范价值，《民法典》中的合伙合同以未形成组织的合伙为规范重心，从而形成了合伙规范的双规格局。[①]

按照《民法典》第 967 条的规定，合伙合同是两个以上合伙人为了共同的事业目的，订立的共享利益、共担风险的协议。

2. 合伙合同的法律特征

（1）有两个以上的合伙人。合伙合同的合伙人有两个以上，人数无上限限制。合伙人可以是法人、非法人组织和自然人。

（2）有共同的事业目的。合伙人订立合伙合同，是出于共同的事业目的，合伙人即当事人之间是共荣共损的关系，这是合伙合同的重要特征。所谓“共同的事业目的，可以是营利性的事业目的，也可以是非营利性的事业目的”[②]。

（3）是多方法律行为。民事法律行为可以分为单方法律行为、双方法律行为和多方法律行为。合伙合同作为一种多方法律行为，不仅当事人人数较多，更重要的是当事人意思表示的方向是一致的，这与双方法律行为也即一般合同的意思表示方向是对立的大相径庭。

（4）共享利益、共担风险。合伙人共享利益、共担风险是基于合伙合同是出于共同的事业目的而订立，合伙人之间是休戚与共的关系。考虑到合伙合同不仅有以

---

① 王利明，杨立新，王轶，程啸．民法学．6 版．北京：法律出版社，2020：866.

② 黄薇．中华人民共和国民法典合同编解读．北京：中国法制出版社，2020：1507.

营利为目的的商事合伙合同，也有以非营利为目的的民事合伙合同，这里的“共享利益”，不仅包括物质利益，也包括非物质利益。

（5）具有较强的人合性。合伙人之间通常互相信赖、关系良好。没有互相信赖的主体，难有合伙合同的缔结，缺乏同舟共济的理念与运作，难有合同关系的存续，所以，人合性是合伙合同等共同法律行为的显著特性。①

（6）有一定组织性，合伙人对外承担连带责任。如前所述，合伙合同制度规范的是契约型合伙，而《合伙企业法》及合伙协议制度规范的是组织体型合伙即合伙企业。但是，即使是契约型合伙，仍然有一定的组织性，尽管这种组织性很弱，远达不到合伙企业需要依法登记注册并成为独立民事主体那样的程度。合伙合同一定的组织性主要体现在合伙人仍然具有参加合伙人会议并行使表决权、选举或者被选举为执行事务合伙人、执行合伙事务等一系列组织性的规范。此外，合伙合同的当事人即合伙人之间划分内外部关系。对外，合伙人要对合伙的债权人承担连带责任。对内，合伙人对外清偿合伙债务后，可以向其他合伙人追偿。

（7）是不要式合同。《民法典》并未规定合伙合同应当采用书面形式，因此，合伙合同是不要式合同。

（二）合伙合同与合伙协议的关系

20 世纪 70 年代以后，我国大陆地区通常不区分契约、合同和协议，三者含义相同。因此，从理论上讲，合伙合同与合伙协议应当是一个概念。但是，如果我们仔细比较《民法典》对合伙合同和《合伙企业法》对合伙协议的规定内容，就会发现两者虽然有很多相同之处，但亦有一些不同之处。

出现这种情况亦属正常。因为：其一，我国现行对合伙规范的法律只有两部，一部是作为一般法的《民法典》，另一部是作为商事特别法的《合伙企业法》。《民法典》合伙合同制度是为规范契约型合伙而设，而《合伙企业法》及其合伙协议制度是为规范组织体型合伙即合伙企业而设。不同的规范对象就决定了合伙合同与合伙协议不可能完全一致。其二，合伙协议作为合伙企业设立的基础，尽管其名为“协议”，但在内容上既包含合伙人权利义务的内容，也包含关于合伙组织本身的组织机构及活动规范的内容，甚至后一部分内容占据主体。这也决定了组织性较弱的合伙合同与组织性很强的合伙协议在内容上会有一定的区别。

合伙合同与合伙协议的共同之处在于它们均是合伙人订立的合同，均有合伙人权利义务的约定内容等，兹不赘述。下文将重点阐述两者的不同。

---

① 崔建远．合同法．7 版．北京：法律出版社，2021：481.

不同之处主要有以下几点：

第一，合伙协议是合伙企业成立的必备文件，必须采用书面形式，是要式合同。合伙合同对合同形式不作要求，是不要式合同。

第二，合伙协议是为合伙企业而设，既包含合伙人权利义务的内容，也包含关于合伙组织本身的组织机构及活动规范的内容，甚至后一部分内容占据主体。合伙合同主要是合伙人权利义务的约定，虽然也包含一定的组织性规则，但并非主体内容。

第三，合伙协议可能既包含普通合伙人的权利义务内容，也包含有限合伙人的权利义务内容。合伙合同只包含普通合伙人的权利义务内容。

第四，合伙协议的修改和补充，应由全体合伙人协商一致，但合伙协议另有约定的除外。合伙合同的修改或者签订补充协议，应当由全体合伙人协商一致达成合意才行。

第五，合伙协议的合伙人只有在合伙企业不能清偿债务时，普通合伙人承担无限或者无限连带责任，有限合伙人承担有限责任。合伙合同的合伙人只有普通合伙人，直接对合伙的债务承担连带责任。

（三）合伙协议制度与合伙合同制度的适用关系

在法律适用关系上，组织体型合伙即合伙企业，优先适用《合伙企业法》及其合伙协议制度；契约型合伙则适用《民法典》合伙合同制度。《合伙企业法》及其合伙协议制度没有规定而《民法典》合伙合同制度有规定的，可以适用《民法典》合伙合同制度，因为前者是特别法，后者是一般法。

二、合伙合同的效力

（一）合伙人的权利

1. 对合伙财产共有的权利

按照《民法典》第969条第1款的规定，合伙人的出资、因合伙事务依法取得的收益和其他财产，属于合伙财产。合伙人对合伙财产享有共有的权利毫无疑问。问题是合伙人对合伙财产究竟是按份共有，还是共同共有？我们认为，从合伙的份额转让一般须经全体合伙人一致同意、合伙利润与亏损最后的平均分配与分担规则以及合伙人对外承担连带责任等规则看，将合伙人对合伙财产的共有理解为共同共有为宜。

2. 请求分配利润的权利

合伙人有利润分配请求权。关于合伙的利润分配和亏损分担的方法，《民法典》第972条明确规定："合伙的利润分配和亏损分担，按照合伙合同的约定办理；合伙合同没有约定或者约定不明确的，由合伙人协商决定；协商不成的，由合伙人按照实缴出资比例分配、分担；无法确定出资比例的，由合伙人平均分配、分担。"因此，合伙人可以按照上述方法请求分配利润。

3. 合伙终止时请求分配剩余财产的权利

按照《民法典》第978条的规定，合伙合同终止后，合伙财产经过清算，在支付因终止而产生的费用以及清偿合伙债务后有剩余的，应当依据《民法典》第972条的规定进行分配。

4. 特定情形下请求支付报酬的权利

按照《民法典》第971条的规定，合伙人不得因执行合伙事务而请求支付报酬，但是合伙合同另有约定的除外。可见，合伙人通常无执行合伙事务后获取报酬的权利。但是，如果合伙合同约定，在特定情形下合伙人可以因为执行合伙事务而获取报酬，则该执行事务合伙人有请求支付报酬的权利。

5. 出席合伙人会议并行使表决的权利

所有合伙人均有出席合伙人会议的权利，并可以就合伙的重大或者一般事项行使表决权。

6. 享有选举和被选举的权利

在由合伙人会议选举产生执行事务合伙人的情形下，所有合伙人均有选举执行事务合伙人以及被选举为执行事务合伙人的权利。

7. 执行合伙事务的权利

按照《民法典》第970条的规定，合伙人就合伙事务作出决定的，除合伙合同另有约定外，应当经全体合伙人一致同意。合伙事务由全体合伙人共同执行。按照合伙合同的约定或者全体合伙人的决定，可以委托一个或者数个合伙人执行合伙事务；其他合伙人不再执行合伙事务，但是有权监督执行情况。合伙人分别执行合伙事务的，执行事务合伙人可以对其他合伙人执行的事务提出异议；提出异议后，其他合伙人应当暂停该项事务的执行。

据此可知，合伙合同合伙人执行合伙事务的方式基本与合伙企业的合伙事务执行方式一致，只是《合伙企业法》的表述更为准确。所谓执行合伙事务，是指对合伙共同事业进行经营管理、决策和执行的行为。

合伙人有以下事务执行方式：①共同执行方式。共同执行方式也即合伙人各自执行方式，是指每个合伙人均有同等的权利执行合伙事务的方式；②委托执行方式。委托执行方式是指合伙合同约定或者全体合伙人决定，委托一个或者数个合伙人执行合伙事务，其他合伙人不再执行合伙事务的方式。

在共同执行合伙事务方式下，每个合伙人都有同等的合伙事务执行权，因此这更多地体现为一种权利。在委托执行合伙事务的情形下，接受委托的合伙人执行合伙事务是一种权利，但更多地体现为一种义务。因为，他们如果拒绝执行或者怠于执行合伙事务，造成合伙损失的，将承担损害赔偿责任，并将被撤销委托，失去执行事务合伙人的资格。

可见，合伙合同的当事人即合伙人的某些权利同时也是义务，难分彼此。这是因为合伙合同是共同法律行为。

8. 对合伙事务执行提出异议的权利

按照《民法典》第970条的规定，合伙人分别执行合伙事务的，执行事务合伙人可以对其他合伙人执行的事务提出异议；提出异议后，其他合伙人应当暂停该项事务的执行。需要说明的是，理论上所有合伙人均有权对合伙人执行合伙事务的行为提出异议，只不过非执行事务合伙人提出异议后，该项事务不需要暂停执行。执行事务合伙人对其他合伙人执行事务提出异议的，应当暂停执行该项事务。这是因为：作为执行事务合伙人，他们具有较强的经营管理和决策能力，对合伙事务的判断比较专业和精准，如不暂停执行该项合伙事务，有可能给合伙造成较大损失。

9. 非执行事务合伙人享有监督的权利

合伙事务的执行采取委托执行方式的，就有了两种合伙人，一种是执行事务合伙人，另一种是非执行事务合伙人。非执行事务合伙人有权对执行事务合伙人执行事务的行为进行监督。

10. 依法对外转让合伙份额的权利

按照《民法典》第974条的规定，除合伙合同另有约定外，合伙人向合伙人以外的人转让其全部或者部分财产份额的，须经其他合伙人一致同意。可见，合伙人有权向合伙人以外的第三人转让自己的部分或者全部合伙份额，但通常须经其他合伙人的一致同意。当然，合伙合同可以通过约定，降低对外转让合伙份额的同意比例。

11. 享有依法追偿的权利

按照《民法典》第973条的规定，合伙人对合伙债务承担连带责任后，清偿合伙债务超过自己应当承担份额的合伙人，有权向其他合伙人追偿。

12. 对不定期合伙合同任意解除的权利

按照《民法典》第976条的规定，合伙人对合伙期限没有约定或者约定不明确，依据《民法典》第510条的规定仍不能确定的，视为不定期合伙。此外，合伙期限届满，合伙人继续执行合伙事务，其他合伙人没有提出异议的，原合伙合同继续有效，但是合伙期限为不定期。对这两种不定期合伙合同，合伙人有权随时通知解除，但是应当在合理期限之前通知其他合伙人。

（二）合伙人的义务

1. 依约缴纳出资的义务

按照《民法典》第968条的规定，合伙人应当按照约定的出资方式、数额和缴付期限，履行出资义务。出资义务是合伙人最主要的义务。合伙合同合伙人的出资方式与合伙企业普通合伙人的出资方式一样，合伙人可以用货币、实物、知识产权、土地使用权或者其他财产权利出资，也可以用劳务出资。这里所说的用其他财产权利出资，包括但不限于以技术秘密、债权、股权等财产权利出资，但法律、行政法规明令禁止的财产不得用于出资。合伙人应当全面按照合同的约定缴纳出资，否则，构成违约，要对其他合伙人承担违约责任。

2. 保全合伙财产的义务

合伙财产是实现合伙人共同事业目的的物质基础，因此，必须采取一定的措施加以保全，以利于合伙共同事业的运行与发展。保全合伙财产，通常有以下措施：①合伙合同终止前，禁止合伙人请求分割合伙财产，禁止合伙人私下转让或者处分合伙财产，以保持合伙财产的相对独立性与稳定性。②对合伙人对外转让其合伙份额，予以特别限制，以保持合伙的人合性和合伙财产的稳定。对此，《民法典》第974条规定："除合伙合同另有约定外，合伙人向合伙人以外的人转让其全部或者部分财产份额的，须经其他合伙人一致同意。"③合伙人的债权人通常不得代位行使该合伙人对合伙的权利。对此，《民法典》第975条规定："合伙人的债权人不得代位行使合伙人依照本章规定和合伙合同享有的权利，但是合伙人享有的利益分配请求权除外。"这主要是因为订立合伙合同的合伙人之间也有一定的组织性，合伙人对合伙享有的权利既有财产权，也有表决权等身份权，具有身份性质的权利均不得由债权人代位行使，但利益分配请求权可以由合伙人的债权人代位行使。这也与《合伙企业法》第41条[①]明确禁止合伙人的债权人代位行使合伙人在合伙企业中的

① 《合伙企业法》第41条规定："合伙人发生与合伙企业无关的债务，相关债权人不得以其债权抵销其对合伙企业的债务；也不得代位行使合伙人在合伙企业中的权利。"

一切权利有所不同。

3. 特定情形下依约出席合伙人会议的义务

合伙人依约出席合伙人会议，通常是合伙人的权利，但特定情形下亦是合伙人的义务。例如，在合伙合同约定对合伙的重大事项需要全体合伙人一致表决通过的场合，合伙人依约出席合伙人会议并进行表决，就是其应尽的义务。如果合伙人拒绝出席合伙人会议和行使表决权，合伙的重大事项就无法形成决议，这必将影响合伙共同事业的运行和发展。

4. 特定情形下执行合伙事务的义务

依据《民法典》第970条的规定，合伙人执行合伙事务的方式主要有共同执行方式和委托执行方式两种。

如前所述，在共同执行合伙事务方式下，每个合伙人都有同等的合伙事务执行权，执行合伙事务既是权利，也是义务，但更多地体现为一种权利。在委托执行合伙事务的情形下，接受委托的合伙人执行合伙事务既是权利，也是义务，但更多地体现为一种义务。

5. 执行事务合伙人的忠实义务与勤勉义务

执行事务合伙人相当于公司的董事与高级管理人员，依照《公司法》第147条之规定，董事、高级管理人员负有忠实义务与勤勉义务。因此，执行事务合伙人对于合伙及其共同事业，同样负有忠实义务与勤勉义务。

6. 合伙人通常不得因执行合伙事务请求支付报酬的义务

如前所述，在共同执行合伙事务方式下，每个合伙人都有权利执行合伙事务，也有义务执行合伙事务。因此，他们通常无权因执行合伙事务而获取报酬。但是，如果合伙合同明确约定，合伙人执行合伙事业有报酬，则应当尊重合伙人的意思自治和合同自由。通常，在委托执行合伙事务情形下，受托的执行事务合伙人可以基于合同约定获取报酬。

7. 对合伙债务承担连带责任的义务

合伙人运营合伙共同事业过程中，可能对外会发生合同、侵权、不当得利、无因管理之债，此时，合伙人就可能要对外承担民事责任。对此，《民法典》第973条规定，合伙人对合伙债务承担连带责任。

8. 分担合伙亏损的义务

按照《民法典》第972条的规定，合伙人对于合伙的亏损负有分担的义务。分担的方法是：合同约定优先；合同无约定或约定不明确而又协商不成的，由合伙人按照实缴出资比例分担；无法确定出资比例的，由合伙人平均分担。

三、合伙合同的终止

（一）合伙合同终止的事由

1. 不定期合伙合同因合伙人任意解除而终止

按照《民法典》第976条的规定，对于不定期合伙合同，任何一个合伙人都可以随时任意解除合同，但应当在合理期限之前通知其他合伙人。

2. 合伙合同因合伙人死亡、丧失民事行为能力或者终止而终止

《民法典》第977条规定："合伙人死亡、丧失民事行为能力或者终止的，合伙合同终止；但是，合伙合同另有约定或者根据合伙事务的性质不宜终止的除外。"我们认为，对《民法典》第977条的适用，应当限缩解释，即解释为自然人合伙人的死亡或者丧失民事行为能力，以及作为合伙人的法人、非法人组织的终止，使合伙合同只剩下一个合伙人时，合伙合同终止。因为，合伙合同中合伙人可能人数众多，如果从事连续性的经营或者非经营活动，仅仅因为其中一个合伙人的死亡、丧失民事行为能力或者终止就终止合伙合同，无疑会给合伙以及其他合伙人造成损失，这明显是不妥当的。当然，合伙人可以在合伙合同中针对合伙的具体情况作出约定。例如，约定即使合伙人死亡、丧失民事行为能力或者终止的，合伙合同并不终止。此外，如果根据合伙事务的性质合伙合同不宜终止，则合伙合同也不终止。例如，合伙合同约定的事业规模较大且经营良好，一旦终止会给合伙、其他合伙人以及其他利益相关者造成较大损失等。

（二）合伙合同终止后的清算与分配

案例14－4

按照《民法典》第978条的规定，合伙合同终止后，合伙财产在支付因终止而产生的费用以及清偿合伙债务后有剩余的，依据《民法典》第972条的规定进行分配。合伙合同终止后，对合伙合同终止及清算产生的费用，应当用合伙财产优先支付，然后清偿合伙的债务，如果还有剩余财产，则按照《民法典》第972条的规定对合伙人进行分配，即合伙合同有约定的，按照合伙合同的约定分配；合伙合同没有约定或者约定不明确的，由合伙人协商决定分配方案；协商不成的，由合伙人按照实缴出资比例分配；无法确定出资比例的，由合伙人平均分配。

本章小结

本章第一节围绕《民法典》合同编第十三章对保证合同的主要法律问题作了讨论与阐述。保证是人的担保方式，通过保证人与债权人订立保证合同确立保证人的担保责任。保证可分为一般保证与连带责任保证。在一般保证中，保证人享有先诉抗辩权。保证期间系对保证人的重要保护，保证期间届满而债权人未依法行使保证债权的，保证责任消灭。在多个保证人提供共同保证的情形下，如各保证人未约定按份承担保证责任，则债权人可以向任一保证人要求其在担保范围内承担保证责任。保证人可以主张债务人对债权人的抗辩；债务人对债权人享有抵销权或撤销权的，保证人相应免责。保证人承担保证责任后，可以向债务人追偿。

第二节围绕《民法典》合同编第十六章对保理合同的主要法律问题作了讨论与阐述。保理合同是应收账款债权人将现有的或者将有的应收账款转让给保理人，保理人提供资金融通、应收账款管理或者催收、应收账款债务人付款担保等服务的合同。有追索权保理合同和无追索权保理合同是保理合同的最基本、最重要的分类。保理合同的效力涉及对应收账款债权人、保理人和应收账款债务人的效力。

第三节围绕《民法典》合同编第二十七章对合伙合同的主要法律问题作了讨论与阐述。合伙合同是两个以上合伙人为了共同的事业目的，订立的共享利益、共担风险的协议。合伙合同的本质特征是为了共同的事业目的而进行的共同法律行为。《民法典》合伙合同制度是为规范契约型合伙而设，而《合伙企业法》及其合伙协议制度是为规范组织体型合伙即合伙企业而设。不同的规范对象，就决定了合伙合同与合伙协议不可能完全一致。两者是既有很多共同之处，又有一定区别的关系。

思考与练习

小试身手

一、名词解释

1. 连带责任保证　2. 先诉抗辩权　3. 有追索权保理合同
4. 保理人　5. 合伙合同

二、简答题

1. 简述保证期间的确定规则。
2. 概述《民法典》对保证人提供的保护措施。
3. 保理合同有哪些主要类型?
4. 应收账款债权人有哪些义务?
5. 合伙合同与合伙协议是什么关系?
6. 《民法典》规定的合伙合同终止的事由有哪些?

三、案例分析题（请扫描下方二维码）

参考文献

[1] 王利明．合同法研究：第一卷.3版．北京：中国人民大学出版社，2015.

[2] 王利明．合同法研究：第二卷.3版．北京：中国人民大学出版社，2015.

[3] 崔建远．合同法.7版．北京：法律出版社，2021.

[4] 王泽鉴．民法学说与判例研究：第一册．北京：北京大学出版社，2009.

[5] 王泽鉴．民法学说与判例研究：第二册．北京：北京大学出版社，2009.

[6] 王泽鉴．民法学说与判例研究：第三册．北京：北京大学出版社，2009.

[7] 王泽鉴．民法学说与判例研究：第四册．北京：北京大学出版社，2009.

[8] 王泽鉴．民法学说与判例研究：第五册．北京：北京大学出版社，2009.

[9] 王泽鉴．民法学说与判例研究：第六册．北京：北京大学出版社，2009.

[10] 王泽鉴．民法学说与判例研究：第七册．北京：北京大学出版社，2009.

[11] 王泽鉴．民法学说与判例研究：第八册．北京：北京大学出版社，2009.

[12] 王泽鉴．债法原理.2版．北京：北京大学出版社，2013.

[13] 林诚二．民法债编总论：体系化解说．北京：中国人民大学出版社，2003.

[14] 黄立．民法债编总论．北京：中国政法大学出版社，2002.

[15] 孙森焱．民法债编总论．北京：法律出版社，2006.

[16] 黄茂荣．债法总论：第一册．北京：中国政法大学出版社，2002.

[17] 黄茂荣．法学方法与现代民法.5版．北京：法律出版社，2007.

[18] 陈自强．民法讲义Ⅱ：契约之内容与消灭．北京：法律出版社，2004.

[19] 易军．买卖合同之规定准用于其他有偿合同．法学研究，2016（1）：88－109.

[20] 易军，宁红丽．合同法分则制度研究．北京：人民法院出版社，2003.

[21] 李永军，易军．合同法．北京：中国法制出版社，2009.

[22] 梁慧星．民法总论.5版．北京：法律出版社，2017.

[23] 齐晓琨．德国新、旧债法比较研究：观念的转变和立法技术的提升．北京：法律出版社，2006.

[24] 詹森林．民事法理与判决研究．北京：中国政法大学出版社，2002.

[25] 梅迪库斯．德国民法总论．邵建东，译．北京：法律出版社，2013.

[26] 梅迪库斯．德国债法总论．杜景林，卢谌，译．北京：法律出版社，2004.

[27] 霍恩，科茨，莱塞．德国民商法导论．楚建，译．北京：中国大百科全书出版社，1996.

[28] 梅迪库斯．德国债法分论．杜景林，卢谌，译．北京：法律出版社，2007.

[29] 齐默曼，惠特克．欧洲合同法中的诚信原则．丁广宇，杨才然，叶桂峰，译．北京：法律出版社，2005.

[30] 崔建远．物的瑕疵担保责任的定性与定位．中国法学，2006 (6)：32－43.

[31] 崔建远．无权处分合同的效力、不安抗辩、解除及债务承担．法学研究，2013 (6)：73－87.

[32] 王利明．典型合同立法的发展趋势．法制与社会发展，2014 (2)：162－171.

[33] 王利明．论债法总则与合同法总则的关系．广东社会科学，2014 (5)：224－236.

[34] 宁红丽．论合同类型的认定．法商研究，2011 (6)：90－99.

[35] 宁红丽．无偿合同：民法学与社会学之维．政法论坛，2012 (1)：106－116.

[36] 宋晓明，张勇健，王闯．《关于审理买卖合同纠纷案件适用法律问题的解释》的理解与适用．人民司法，2012 (15)：27－42.

[37] 韩世远．减价责任的逻辑构成．清华法学，2008 (1)：15－29.

[38] 韩世远．债权人撤销权研究．比较法研究，2004 (3)：34－48.

[39] 朱广新．违约责任的归责原则探究．政法论坛，2008 (4)：76－89.

[40] 王洪亮．违约金请求权与损害赔偿请求权的关系．法学，2013 (5)：116－125.

[41] 王洪亮．违约金功能定位的反思．法律科学，2014 (2)：115－125.

[42] 杜景林．我国合同法上减价制度的不足与完善．法学，2008 (4)：51－60.

[43] 赵旭东．论合同的法律约束力与效力及合同的成立与生效．中国法学，2000 (1)：80－85.

[44] 刘家安．赠与的法律范畴．中国政法大学学报，2014 (5)：57－63.

[45] 戴世瑛．债权人代位权制度之目的、发展、存废与立法评议//梁慧星．民商法论丛：第十七卷．香港：金桥文化出版（香港）有限公司，2000.

[46] 詹森林．危险负担移转前，出卖人物之瑕疵担保责任及买受人拒绝受领标的物之权利．台大法学论丛，1992 (1)：419－439.

[47] 王利明，杨立新，王轶，程啸．民法学．6版．北京：法律出版社，2020.

[48] 黄薇. 中华人民共和国民法典合同编解读. 北京：中国法制出版社，2020.

[49] 黄和新. 保理合同：混合合同的首个立法样本. 清华法学，2020（3）：179－180.

[50] 崔建远. 保理合同探微. 法律适用，2021（4）：63.